공기업
NCS
고졸채용

최종모의고사 9회분

시대에듀

2026 최신판 시대에듀 공기업 NCS 고졸채용
최종모의고사 9회분

Always with you

사람의 인연은 길에서 우연하게 만나거나 함께 살아가는 것만을 의미하지는 않습니다.
책을 펴내는 출판사와 그 책을 읽는 독자의 만남도 소중한 인연입니다.
시대에듀는 항상 독자의 마음을 헤아리기 위해 노력하고 있습니다. 늘 독자와 함께하겠습니다.

자격증 · 공무원 · 금융/보험 · 면허증 · 언어/외국어 · 검정고시/독학사 · 기업체/취업
이 시대의 모든 합격! 시대에듀에서 합격하세요!
www.youtube.com ➜ 시대에듀 ➜ 구독

PREFACE
머리말

대부분의 공기업은 NCS(국가직무능력표준) 기반의 채용제도를 본격적으로 시행하면서 불필요한 스펙 대신 지원자의 직무능력을 중심으로 채용하고 있다. 추가적으로 정부는 각 공기업이 NCS를 적용하여 인재를 채용할 수 있도록 NCS 기반 채용 도구 개발을 지원하고 채용 컨설팅을 진행하고 있다. NCS를 도입함으로써 취업준비생의 부담을 경감시키고, 능력 있는 인재라면 누구에게나 취업의 기회가 주어질 수 있도록 노력하고 있는 것이다.

이처럼 NCS를 도입함에 따라 공기업의 필기시험은 직무 위주의 상황으로 주어지는 등의 변화를 보이고 있지만, 대부분의 수험생들은 NCS라는 것이 정확히 무엇인지, 어떻게 출제되고 있는지를 모르고 있으며, 단순히 시중에 있는 책 한두 권을 풀고 볼 수 있는 시험이라 생각하여 불합격이라는 고배를 마시고 있는 상황이다.

이에 시대에듀에서는 공기업 NCS 필기시험 문제풀이 실력 향상에 중점을 두어 다음과 같은 특징을 가진 본서를 기획하였다.

도서의 특징

❶ **모듈형부터 PSAT형까지! NCS 대표 유형으로 구성한 모의고사로 실력 UP!**
  - 모듈형 · 피듈형 · PSAT형 등 NCS 대표 유형의 문제들을 자주 출제되는 영역 구성에 맞춰 필수영역/핵심영역/통합 최종모의고사로 구성 및 수록하여 어떤 공기업의 필기시험을 치르더라도 도움이 될 수 있도록 하였다.

❷ **OMR 답안카드와 모바일 OMR을 활용하여 실전처럼 더 확실하게!**
  - OMR 답안카드를 통해 실전처럼 문제를 풀며 답안을 체크해 볼 수 있도록 하였다.
  - 모바일 OMR을 통해 답안채점은 물론, 성적분석 서비스까지 제공하여 자신의 현재 실력이 어느 수준인지 확인해 볼 수 있도록 하였다.

❸ **다양한 콘텐츠로 최종 합격까지!**
  - 인성검사 및 채용 가이드와 주요 공기업 최신 면접 기출질문을 수록하여 채용 전반에 대비할 수 있도록 하였다.
  - 온라인 모의고사 응시 쿠폰을 제공하여 필기시험을 준비하는 데 부족함이 없도록 하였다.

끝으로 본 도서를 통해 공기업 채용을 준비하는 모든 수험생 여러분이 합격의 기쁨을 누리기를 진심으로 기원한다.

SDC(Sidae Data Center) 씀

NCS 문제 유형 소개 NCS TYPES

PSAT형

| 수리능력

04 다음은 신용등급에 따른 아파트 보증률에 대한 사항이다. 자료와 상황에 근거할 때, 갑(甲)과 을(乙)의 보증료의 차이는 얼마인가?(단, 두 명 모두 대지비 보증금액은 5억 원, 건축비 보증금액은 3억 원이며, 보증서 발급일로부터 입주자 모집공고 안에 기재된 입주 예정 월의 다음 달 말일까지의 해당 일수는 365일이다)

- (신용등급별 보증료)=(대지비 부분 보증료)+(건축비 부분 보증료)
- 신용평가 등급별 보증료율

구분	대지비 부분	건축비 부분					
		1등급	2등급	3등급	4등급	5등급
AAA, AA	0.138%	0.178%	0.185%	0.192%	0.203%	0.221%
A^+		0.194%	0.208%	0.215%	0.226%	0.236%
A^-, BBB^+		0.216%	0.225%	0.231%	0.242%	0.261%
BBB^-		0.232%	0.247%	0.255%	0.267%	0.301%
BB^+ ~ CC		0.254%	0.276%	0.296%	0.314%	0.335%
C, D		0.404%	0.427%	0.461%	0.495%	0.531%

※ (대지비 부분 보증료)=(대지비 부분 보증금액)×(대지비 부분 보증료율)×(보증서 발급일로부터 입주자 모집공고 안에 기재된 입주 예정 월의 다음 달 말일까지의 해당 일수)÷365
※ (건축비 부분 보증료)=(건축비 부분 보증금액)×(건축비 부분 보증료율)×(보증서 발급일로부터 입주자 모집공고 안에 기재된 입주 예정 월의 다음 달 말일까지의 해당 일수)÷365
- 기여고객 할인율 : 보증료, 거래기간 등을 기준으로 기여도에 따라 6개 군으로 분류하며, 건축비 부분 요율에서 할인 가능

구분	1군	2군	3군	4군	5군	6군
차감률	0.058%	0.050%	0.042%	0.033%	0.025%	0.017%

〈상황〉

- 갑 : 신용등급은 A^+이며, 3등급 아파트 보증금을 내야 한다. 기여고객 할인율에서는 2군으로 선정되었다.
- 을 : 신용등급은 C이며, 1등급 아파트 보증금을 내야 한다. 기여고객 할인율은 3군으로 선정되었다.

① 554,000원 ② 566,000원
③ 582,000원 ④ 591,000원
⑤ 623,000원

특징
▶ 대부분 의사소통능력, 수리능력, 문제해결능력을 중심으로 출제(일부 기업의 경우 자원관리능력, 조직이해능력을 출제)
▶ 자료에 대한 추론 및 해석 능력을 요구

대행사
▶ 엑스퍼트컨설팅, 커리어넷, 태드솔루션, 한국행동과학연구소(행과연), 휴노 등

모듈형

> **41** 문제해결절차의 문제 도출 단계는 (가)와 (나)의 절차를 거쳐 수행된다. 다음 중 (가)에 대한 설명으로 적절하지 않은 것은?
>
> | (가) | → | (나) |
> |---|---|---|
> | 전체 문제를 개별화된 이슈들로 세분화 | | 문제에 영향력이 큰 핵심이슈를 선정 |
>
> ① 문제의 내용 및 영향 등을 파악하여 문제의 구조를 도출한다.
> ② 본래 문제가 발생한 배경이나 문제를 일으키는 메커니즘을 분명히 해야 한다.
> ③ 현상에 얽매이지 말고 문제의 본질과 실제를 봐야 한다.
> ④ 눈앞의 결과를 중심으로 문제를 바라봐야 한다.
> ⑤ 문제 구조 파악을 위해서 Logic Tree 방법이 주로 사용된다.
>
> ┃문제해결능력

특징
- 이론 및 개념을 활용하여 푸는 유형
- 채용 기업 및 직무에 따라 NCS 직업기초능력평가 10개 영역 중 선발하여 출제
- 기업의 특성을 고려한 직무 관련 문제를 출제
- 주어진 상황에 대한 판단 및 이론 적용을 요구

대행사
- 인트로맨, 휴스테이션, ORP연구소 등

피듈형(PSAT형 + 모듈형)

> **07** 다음 자료를 근거로 판단할 때, 연구모임 A ~ E 중 세 번째로 많은 지원금을 받는 모임은?
>
> 〈지원계획〉
> - 지원을 받기 위해서는 한 모임당 5명 이상 9명 미만으로 구성되어야 한다.
> - 기본지원금은 모임당 1,500천 원을 기본으로 지원한다. 단, 상품개발을 위한 모임의 경우는 2,000천 원을 지원한다.
> - 추가지원금
>
> | 등급 | 상 | 중 | 하 |
> |---|---|---|---|
> | 추가지원금(천 원/명) | 120 | 100 | 70 |
>
> ※ 추가지원금은 연구 계획 사전평가결과에 따라 달라진다.
> - 협업 장려를 위해 협업이 인정되는 모임에는 위의 두 지원금을 합한 금액의 30%를 별도로 지원한다.
>
> 〈연구모임 현황 및 평가결과〉
>
> ┃자원관리능력

특징
- 기초 및 응용 모듈을 구분하여 푸는 유형
- 기초인지모듈과 응용업무모듈로 구분하여 출제
- PSAT형보다 난도가 낮은 편
- 유형이 정형화되어 있고, 유사한 유형의 문제를 세트로 출제

대행사
- 사람인, 스카우트, 인크루트, 커리어케어, 트리피, 한국사회능력개발원 등

주요 공기업 적중 문제 TEST CHECK

코레일 한국철도공사

신재생에너지 ▶ 키워드

02 다음은 2024년 신재생에너지 산업통계에 대한 자료이다. 이를 토대로 작성한 그래프로 옳지 않은 것은?

〈신재생에너지원별 산업 현황〉

(단위 : 억 원)

구분	기업체 수(개)	고용인원(명)	매출액	내수	수출액	해외공장매출	투자액
태양광	127	8,698	75,637	22,975	33,892	18,770	5,324
태양열	21	228	290	290	0	0	1
풍력	37	2,369	14,571	5,123	5,639	3,809	583
연료전지	15	802	2,837	2,143	693	0	47
지열	26	541	1,430	1,430	0	0	251
수열	3	46	29	29	0	0	0
수력	4	83	129	116	13	0	0
바이오	128	1,511	12,390	11,884	506	0	221
폐기물	132	1,899	5,763	5,763	0	0	1,539
합계	493	16,177	113,076	49,753	40,743	22,579	7,966

① 신재생에너지원별 기업체 수(단위 : 개)

한국전력공사

글의 주제 ▶ 유형

02 다음 글의 주제로 가장 적절한 것은?

우리는 주변에서 신호등 음성 안내기, 휠체어 리프트, 점자 블록 등의 장애인 편의 시설을 많이 볼 수 있다. 우리는 이런 편의 시설을 장애인들이 지니고 있는 국민으로서의 기본 권리를 인정한 것이라는 시각에서 바라보고 있다. 물론, 장애인의 일상생활 보장이라는 측면에서 이 시각은 당연한 것이다. 하지만 또 다른 시각이 필요하다. 그것은 바로 편의 시설이 장애인만을 위한 것이 아니라 일상 생활에서 활동에 불편을 겪는 모두를 위한 것이라는 시각이다. 편리하고 안전한 시설은 장애인뿐만 아니라 우리 모두에게 유용하기 때문이다. 예를 들어, 건물의 출입구에 설치되어 있는 경사로는 장애인들의 휠체어만 다닐 수 있도록 설치해 놓은 것이 아니라, 몸이 불편해서 계단을 오르내릴 수 없는 노인이나 유모차를 끌고 다니는 사람들도 편하게 다닐 수 있도록 만들어 놓은 시설이다. 결국 이 경사로는 우리 모두에게 유용한 시설인 것이다.

그런 의미에서 근래에 대두되고 있는 '보편적 디자인', 즉 '유니버설 디자인(Universal Design)'이라는 개념은 우리에게 좋은 시사점을 제공해 준다. 보편적 디자인은 가능한 모든 사람이 이용할 수 있도록 제품, 건물, 공간을 디자인한다는 의미를 가지고 있다. 이러한 시각으로 바라본다면 장애인 편의 시설은 우리 모두에게 편리하고 안전한 시설로 인식될 것이다.

① 우리 주변에서는 장애인 편의 시설을 많이 볼 수 있다.
② 보편적 디자인은 근래에 대두되고 있는 중요한 개념이다.
③ 어떤 집단의 사람들이라도 이용할 수 있는 제품을 만들어야 한다.

국민건강보험공단

참·거짓 ▶ 유형

04 K기업의 가대리, 나사원, 다사원, 라사원, 마대리 중 1명이 어제 출근하지 않았다. 이와 관련하여 5명의 직원이 다음과 같이 말했다. 이들 중 2명이 거짓말을 한다고 할 때, 출근하지 않은 직원은 누구인가?(단, 출근을 하였어도, 결근 사유를 듣지 못할 수도 있다)

- 가대리 : 나는 출근했고, 마대리도 출근했다. 누가 왜 출근하지 않았는지는 알지 못한다.
- 나사원 : 다사원은 출근하였다. 가대리님의 말은 모두 사실이다.
- 다사원 : 라사원은 출근하지 않았다.
- 라사원 : 나사원의 말은 모두 사실이다.
- 마대리 : 출근하지 않은 사람은 라사원이다. 라사원이 개인 사정으로 인해 출석하지 못한다고 가대리님에게 전했다.

① 가대리 ② 나사원
③ 다사원 ④ 라사원

서울교통공사 9호선

공기질 ▶ 키워드

08 다음은 1호선 지하역사 공기질 측정결과에 대한 자료이다. 〈보기〉 중 옳지 않은 것을 모두 고르면?

〈1호선 지하역사 공기질 측정결과〉

역사명	PM-10 $\mu g/m^3$	CO_2 ppm	HCHO $\mu g/m^3$	CO ppm	NO_2 ppm	Rn Bq/m^3	석면 이하/cc	O_3 ppm	TVOC $\mu g/m^3$
기준치	140	1,000	100	9	0.05	148	0.01	0.06	500
1호선 평균	91.4	562	8.4	0.5	0.026	30.6	0.01 미만	0.017	117.7
서울역	86.9	676	8.5	0.6	0.031	25.7	0.01 미만	0.009	56.9
시청	102.0	535	7.9	0.5	0.019	33.7	0.01 미만	0.022	44.4
종각	79.4	562	9.5	0.6	0.032	35.0	0.01 미만	0.016	154.4
종각3가	87.7	495	6.4	0.6	0.036	32.0	0.01 미만	0.008	65.8
종로5가	90.1	591	10.4	0.4	0.020	29.7	0.01 미만	0.031	158.6
동대문	89.4	566	9.2	0.7	0.033	28.5	0.01 미만	0.016	97.7
동묘앞	93.6	606	8.3	0.5	0.018	32.0	0.01 미만	0.023	180.4
신설동	97.1	564	4.8	0.4	0.015	44.5	0.01 미만	0.010	232.1
제기동	98.7	518	8.0	0.5	0.024	12.0	0.01 미만	0.016	98.7
청량리	89.5	503	11.4	0.6	0.032	32.5	0.01 미만	0.014	87.5

보기

㉠ CO가 1호선 평균보다 낮게 측정된 역사는 종로5가역과 신설동역이다.
㉡ HCHO가 가장 높게 측정된 역과 가장 낮게 측정된 역의 평균은 1호선 평균 HCHO 수치보다 높다.
㉢ 시청역은 PM-10이 가장 높게 측정됐지만, TVOC는 가장 낮게 측정되었다.

주요 공기업 적중 문제 TEST CHECK

건강보험심사평가원

자리 배치 ▶ 유형

02 최씨 남매와 김씨 남매, 박씨 남매 6명은 야구 경기를 관람하기 위해 함께 야구장에 갔다. 다음 〈조건〉에 따를 때, 항상 참인 것은?

〈조건〉
- 양 끝자리는 같은 성별이 앉지 않는다.
- 박씨 여성은 왼쪽에서 세 번째 자리에 앉는다.
- 김씨 남매는 서로 인접하여 앉지 않는다.
- 박씨와 김씨는 인접하여 앉지 않는다.
- 김씨 남성은 맨 오른쪽 끝자리에 앉는다.

〈야구장 관람석〉

① 최씨 남매는 왼쪽에서 첫 번째 자리에 앉을 수 없다.
② 최씨 남매는 서로 인접하여 앉는다.
③ 박씨 남매는 서로 인접하여 앉지 않는다.
④ 최씨 남성은 박씨 여성과 인접하여 앉는다.

K-water 한국수자원공사

도덕적 가치 ▶ 키워드

01 다음 글의 내용으로 가장 적절한 것은?

예술과 도덕의 관계, 더 구체적으로는 예술작품의 미적 가치와 도덕적 가치의 관계는 동서양을 막론하고 사상사의 중요한 주제 중 하나이다. 그 관계에 대한 입장들로는 '극단적 도덕주의', '온건한 도덕주의', '자율성주의'가 있다. 이 입장들은 예술작품이 도덕적 가치판단의 대상이 될 수 있느냐는 물음에 각기 다른 대답을 한다.

극단적 도덕주의는 모든 예술작품을 도덕적 가치판단의 대상으로 본다. 이 입장은 도덕적 가치를 가장 우선적인 가치이자 가장 포괄적인 가치로 본다. 따라서 모든 예술작품은 도덕적 가치에 의해서 긍정적으로 또는 부정적으로 평가된다. 또한 도덕적 가치는 미적 가치를 비롯한 다른 가치들보다 우선한다. 이를 대표하는 사람이 바로 톨스토이다. 그는 인간의 형제애에 관한 정서를 전달함으로써 인류의 심정적 통합을 이루는 것이 예술의 핵심적 가치라고 보았다.

온건한 도덕주의는 오직 일부 예술작품만이 도덕적 판단의 대상이 된다고 보는 입장이다. 따라서 일부의 예술작품들에 대해서만 긍정적인 또는 부정적인 도덕적 가치판단이 가능하다고 본다. 이 입장에 따르면, 도덕적 판단의 대상이 되는 예술작품의 도덕적 가치와 미적 가치는 서로 독립적으로 성립하는 것이 아니다. 그것들은 서로 내적으로 연결되어 있기 때문에 어떤 예술작품이 가지는 도덕적 장점이 그 예술작품의 미적 강점이 된다. 또한 어떤 예술작품의 도덕적 결함은 그 예술작품의 미적 결함이 된다.

자율성주의는 어떠한 예술작품도 도덕적 가치판단의 대상이 될 수 없다고 보는 입장이다. 이 입장에 따르면, 도덕적 가치와 미적 가치는 서로 자율성을 유지한다. 즉, 도덕적 가치와 미적 가치는 각각 독립적인 영역에서 구현되고 서로 다른 기준에 의해 평가된다는 것이다. 결국 자율성주의는 예술작품에 대한 도덕적 가치판단을 범주착오에 해당하는 것으로 본다.

한국중부발전

불량 ▶ 키워드

03 자동차 부품을 생산하는 H사는 반자동과 자동 생산라인을 하나씩 보유하고 있다. 최근 일본의 자동차 회사와 수출계약을 체결하여 자동차 부품 34,500개를 납품하였다. 다음 H사의 생산조건을 고려할 때, 일본에 납품할 부품을 생산하는 데 소요된 시간은 얼마인가?

〈자동차 부품 생산조건〉
- 반자동라인은 4시간에 300개의 부품을 생산하며, 그중 20%는 불량품이다.
- 자동라인은 3시간에 400개의 부품을 생산하며, 그중 10%는 불량품이다.
- 반자동라인은 8시간마다 2시간씩 생산을 중단한다.
- 자동라인은 9시간마다 3시간씩 생산을 중단한다.
- 불량 부품은 생산 후 폐기하고 정상인 부품만 납품한다.

비트코인 ▶ 키워드

18 다음 중 김대리가 보낸 메일의 빈칸에 포함될 주의사항으로 보기 어려운 것은?

① 모바일 OS나 인터넷 브라우저 등을 최신 버전으로 유지하십시오.
② 출처가 명확하지 않은 앱이나 프로그램은 설치하지 마십시오.
③ 비트코인 등 전자 화폐를 구입하라는 메시지는 즉시 삭제하고, 유사 사이트에 접속하지 마십시오.
④ 파일이 랜섬웨어에 감염되면 복구 프로그램을 활용해서 최대한 빨리 복구하십시오.

한국수력원자력

발전기 ▶ 키워드

04 A대리는 H도시의 해안지역에 설치할 발전기를 검토 중이다. 설치 환경 및 조건에 대한 정보가 다음과 같을 때, 후보 발전기 중 설치될 발전기로 옳은 것은?

〈발전기 설치 환경 및 조건 정보〉
- 발전기는 동일한 종류를 2기 설치한다.
- 발전기를 설치할 대지는 $1,500m^2$이다.
- 에너지 발전단가가 1,000kWh당 97,500원을 초과하지 않도록 한다.
- 후보 발전기 중 탄소배출량이 가장 많은 발전기는 제외한다.
- 운송수단 및 운송비를 고려하여, 개당 중량은 3톤을 초과하지 않도록 한다.

〈후보 발전기 정보〉

발전기	발전방식	발전단가	탄소배출량	필요면적	중량
A	수력	92원/kWh	45g/kWh	$690m^2$	3,600kg
B	화력	75원/kWh	91g/kWh	$580m^2$	1,250kg
C	화력	105원/kWh	88g/kWh	$450m^2$	1,600kg
D	풍력	95원/kWh	14g/kWh	$800m^2$	2,800kg

도서 200% 활용하기 STRUCTURES

다양한 문제 유형으로 구성된 최종모의고사로 NCS 전 유형 학습

▶ 모듈형·피듈형·PSAT형을 중심으로 필수영역 최종모의고사 2회, 핵심영역 최종모의고사 2회, 통합 최종모의고사 2회를 수록하여 문제 유형 파악과 더불어 문제에 대한 이해력을 높일 수 있도록 하였다.

인성검사부터 면접까지 한 권으로 최종 마무리

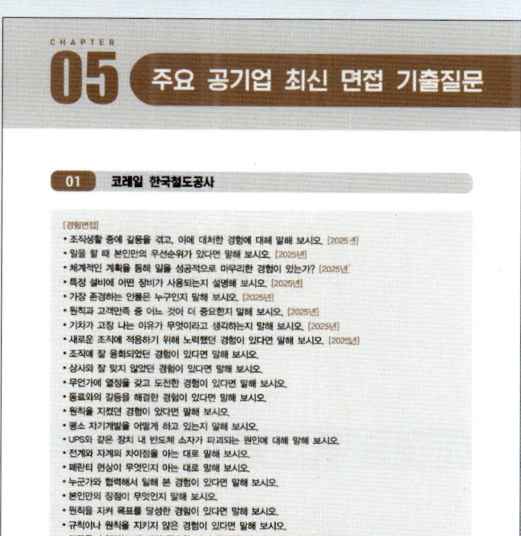

▶ 인성검사 모의테스트를 수록하여 인성검사 유형 및 문항을 확인할 수 있도록 하였다.
▶ 주요 공기업 최신 면접 기출질문을 수록하여 면접에서 나오는 질문을 미리 파악하고 면접에 대비할 수 있도록 하였다.

상세한 해설로 정답과 오답을 완벽하게 이해

▶ 정답과 오답에 대한 상세한 해설을 통해 혼자서도 학습이 가능하도록 하였다.

이 책의 차례 CONTENTS

PART 1 | 최종모의고사

제1회 필수영역 NCS 최종모의고사	2
제2회 필수영역 NCS 최종모의고사	24
제3회 핵심영역 NCS 최종모의고사	68
제4회 핵심영역 NCS 최종모의고사	104
제5회 통합 NCS 최종모의고사	150
제6회 통합 NCS 최종모의고사	208

PART 2 | 채용 가이드

CHAPTER 01 블라인드 채용 소개	262
CHAPTER 02 서류전형 가이드	264
CHAPTER 03 인성검사 소개 및 모의테스트	271
CHAPTER 04 면접전형 가이드	278
CHAPTER 05 주요 공기업 최신 면접 기출질문	288

별 책 | 정답 및 해설

PART 1 최종모의고사

제1회 필수영역 NCS 최종모의고사	2
제2회 필수영역 NCS 최종모의고사	11
제3회 핵심영역 NCS 최종모의고사	24
제4회 핵심영역 NCS 최종모의고사	36
제5회 통합 NCS 최종모의고사	49
제6회 통합 NCS 최종모의고사	68

OMR 답안카드

PART 1
최종모의고사

제1회	필수영역 NCS 최종모의고사
제2회	필수영역 NCS 최종모의고사
제3회	핵심영역 NCS 최종모의고사
제4회	핵심영역 NCS 최종모의고사
제5회	통합 NCS 최종모의고사
제6회	통합 NCS 최종모의고사

제1회 필수영역 NCS 최종모의고사

📋 문항 수 : 50문항   🕐 응시시간 : 50분

정답 및 해설 p.002

01 의사소통능력

01 다음은 기안문 작성 시 유의해야 할 사항에 대한 자료이다. 이를 바탕으로 (가) ~ (라)에 해당하는 유의사항을 〈보기〉에서 찾아 바르게 연결한 것은?

〈기안문 작성 시 유의사항〉

올바른 문서 작성은 정확한 의사소통을 위하여 필요할 뿐만 아니라 문서 자체의 품격을 높이고, 그 기관의 대외적인 권위와 신뢰도를 높여 준다. 문서의 올바른 작성을 위하여 다음과 같은 사항에 유의할 필요가 있다.

보기
㉠ 서식을 통일하여 규정된 서식을 사용하는 것이 경제적이다.
㉡ 상대방의 입장에서 이해하기 쉽게 작성한다.
㉢ 애매모호하거나 과장된 표현에 의하여 사실이 왜곡되지 않도록 한다.
㉣ 감정적이고 위압적인 표현을 쓰지 않는다.

	(가)	(나)	(다)	(라)
①	㉠	㉡	㉢	㉣
②	㉠	㉢	㉣	㉡
③	㉡	㉢	㉠	㉣
④	㉢	㉡	㉣	㉠
⑤	㉢	㉣	㉠	㉡

02 의사표현의 종류는 상황이나 사태와 관련하여 공식적 말하기, 의례적 말하기, 친교적 말하기로 구분할 수 있다. 다음 중 공식적 말하기에 해당하는 것을 〈보기〉에서 모두 고르면?

> **보기**
> ㉠ 토론 ㉡ 연설
> ㉢ 토의 ㉣ 주례
> ㉤ 회의 ㉥ 안부전화

① ㉠, ㉡
② ㉠, ㉥
③ ㉠, ㉡, ㉢
④ ㉠, ㉡, ㉣
⑤ ㉡, ㉢, ㉤

03 다음 중 빈칸 ㉠~㉢에 들어갈 말을 순서대로 바르게 나열한 것은?

> 경청이란 다른 사람의 말을 주의 깊게 들으며, ㉠ 하는 능력이다. 경청은 대화의 과정에서 당신에 대한 ㉡ 을/를 쌓을 수 있는 최고의 방법이다. 우리가 경청하면 상대는 본능적으로 안도감을 느낀다. 그리고 우리가 말을 할 경우, 자신도 모르게 더 ㉢ 하게 한다. 이러한 심리적 효과로 인해 우리의 말과 메시지, 감정은 아주 효과적으로 상대에게 전달된다.

	㉠	㉡	㉢		㉠	㉡	㉢
①	설득	인정	의지	②	설득	신뢰	의지
③	공감	신뢰	집중	④	공감	친분	집중
⑤	공감	친분	의지				

04 다음 자료를 토대로 할 때, 의사소통에 대한 설명으로 가장 적절한 것은?

① 의사소통은 상대방에게 메시지를 전달하는 과정이다.
② 의사소통은 정보 전달만을 목적으로 한다.
③ 일방적인 문서를 통한 의사 전달도 의사소통으로 볼 수 있다.
④ 의사소통은 상대방과의 상호작용을 통해 메시지를 다루는 과정이다.
⑤ 성공적인 의사소통을 위해서는 상대방에게 자신의 정보를 최대한 많이 전달해야 한다.

05 다음과 같은 의사소통의 갈등 상황을 유발하는 원인으로 가장 적절한 것은?

> 기획팀의 K대리는 팀원 3명과 함께 프로젝트를 수행하고 있다. K대리는 이번 프로젝트를 조금 여유 있게 진행할 것을 팀원들에게 요청하였다. 팀원들은 프로젝트 진행을 위해 회의를 진행하였는데, L사원과 P사원의 의견이 서로 대립하는 바람에 결론을 내리지 못한 채 회의를 마치게 되었다. K대리가 회의 내용을 살펴본 결과 L사원은 프로젝트 기획 단계에서 좀 더 꼼꼼하고 상세한 자료를 모으자는 의견이었고, 반대로 P사원은 시간적 여유를 프로젝트 수정·보완 단계에서 사용하자는 의견이었다.

① L사원과 P사원이 K대리의 의견을 서로 다르게 받아들였기 때문이다.
② L사원이 K대리의 고정적 메시지를 잘못 이해하고 있기 때문이다.
③ L사원과 P사원이 자신의 정보를 상대방이 이해하기 어렵게 표현하고 있기 때문이다.
④ L사원과 P사원이 서로 잘못된 정보를 전달하고 있기 때문이다.
⑤ L사원과 P사원이 서로에 대한 선입견을 갖고 있기 때문이다.

06 신입사원 A는 입사 후 처음으로 보고서를 작성하게 되었다. 보고서라는 양식 자체에 대한 이해가 부족하다는 생각이 들어서 인터넷을 통해 보고서에 대해 알아보았다. 다음 중 A사원이 이해한 내용으로 가장 적절한 것은?

① 전문용어는 이해하기 어렵기 때문에 최대한 사용하지 말아야 해.
② 상대가 요구하는 것이 무엇인지 파악하는 것이 가장 중요해. 상대의 선택을 받아야 하니까.
③ 이해를 돕기 위해서 관련 자료는 최대한 많이 첨부하는 것이 좋아.
④ 문서와 관련해서 받을 수 있는 질문에 대비해야 해.
⑤ 한 장에 담아내는 것이 원칙이니까 내용이 너무 길어지지 않게 신경 써야겠어.

07 의사소통이란 두 사람 이상 사이의 상호작용이다. 자신의 의도를 효과적으로 전달하는 것뿐만 아니라 상대의 의도를 제대로 파악하는 것도 매우 중요하다. 그러나 '잘 듣는 것', 즉 '경청'은 단순히 소리를 듣는 것이 아니기 때문에 생각보다 쉽지 않다. 다음 중 효과적으로 경청하는 방법이 아닌 것은?

① 상대방의 메시지를 자신의 삶과 관련시켜 본다.
② 표정, 몸짓 등 말하는 사람의 모든 것에 집중한다.
③ 들은 내용을 요약하는 것은 앞으로의 내용을 예측하는 데도 도움이 된다.
④ 대화 내용에 대해 적극적으로 질문한다.
⑤ 대화 중 상대방이 무엇을 말할 것인가 추측하는 것은 선입견을 갖게 할 가능성이 높기 때문에 지양한다.

08 A사원은 직장 내에서의 의사소통능력 향상 방법에 대한 강연을 들으면서 다음과 같이 메모하였다. 다음 중 A사원이 잘못 작성한 내용은 모두 몇 개인가?

〈2025년 11월 7일 의사소통능력 향상 방법 강연을 듣고…〉

• 의사소통의 저해 요인
　　　　　　　　… 중략 …
• 의사소통에 있어 자신이나 타인의 느낌을 건설적으로 처리하는 방법
　㉠ 얼굴을 붉히는 것과 같은 간접적 표현을 피한다.
　㉡ 자신의 감정을 주체하지 못하고 과격한 행동을 하지 않는다.
　㉢ 자신의 감정 상태에 대한 책임을 타인에게 전가하지 않는다.
　㉣ 자신의 감정을 조절하기 위하여 상대방으로 하여금 그의 행동을 변하도록 강요하지 않는다.
　㉤ 자신의 감정을 명확하게 하지 못할 경우라도 즉각적인 의사소통이 될 수 있도록 노력한다.

① 1개　　　　　　　　　　② 2개
③ 3개　　　　　　　　　　④ 4개
⑤ 5개

09 K기업의 신입사원인 A ~ E는 회사에서 문서작성 시 주의해야 할 사항에 대한 교육을 받은 뒤 이에 대해 서로 이야기를 나누었다. 다음 중 잘못된 내용을 이야기하고 있는 사람을 모두 고르면?

> A사원 : 문서를 작성할 때는 주로 '누가, 언제, 어디서, 무엇을, 어떻게, 왜'의 육하원칙에 따라 작성해야 해.
> B사원 : 물론 육하원칙에 따라 글을 작성하는 것도 중요하지만, 되도록 글이 한눈에 들어올 수 있도록 하나의 사안은 한 장의 용지에 작성해야 해.
> C사원 : 글은 한 장의 용지에 작성하되, 자료는 최대한 많이 첨부하여 문서를 이해하는 데 어려움이 없도록 하는 것이 좋아.
> D사원 : 문서를 작성한 후에는 내용을 다시 한 번 검토해 보면서 높임말로 쓰인 부분은 없는지 살펴보고, 있다면 이를 낮춤말인 '해라체'로 고쳐 써야 해.
> E사원 : 특히 문서나 첨부 자료에 금액이나 수량, 일자 등이 사용되었다면 정확하게 쓰였는지 다시 한 번 꼼꼼하게 검토하는 것이 좋겠지.

① A사원, B사원
② A사원, C사원
③ B사원, D사원
④ C사원, D사원
⑤ D사원, E사원

10 다음 중 의사소통의 종류가 같은 것끼리 연결된 것은?

① 문서이해능력, 문서작성능력
② 의사표현력, 문서이해능력
③ 경청능력, 문서작성능력
④ 문서작성능력, 의사표현력
⑤ 경청능력, 문서이해능력

11 다음 글에서 나타나는 경청의 방해요인은?

> 내 친한 친구는 한 번도 약속을 지킨 적이 없던 것 같다. 작년 크리스마스 때의 약속, 지난 주말에 했던 약속 모두 늦게 오거나 당일에 문자로 취소 통보를 했었다. 그 친구가 오늘 학교에서 나에게 다음 주말에 개봉하는 영화를 함께 보러 가자고 했고, 나는 당연히 다음 주에는 그 친구와 만날 수 없을 것이라고 생각했다.

① 판단하기
② 조언하기
③ 언쟁하기
④ 걸러내기
⑤ 비위 맞추기

12 다음은 설득력 있는 의사표현의 지침 중 어떤 내용인가?

> 자기주장을 일단 양보하여 의견의 일치를 보이는 자세를 취함으로써 강경한 태도를 굽히지 않던 상대방을 결국 이쪽으로 끌어올 수 있다.

① 권위 있는 사람의 말이나 작품을 인용하라.
② 자신의 잘못도 솔직하게 인정하라.
③ 변명의 여지를 만들어 주고 설득하라.
④ 침묵을 지키는 사람의 참여도를 높여라.
⑤ 집단의 요구를 거절하려면 개개인의 의견을 물어라.

13 다음 중 전사 프로젝트 회의에 필요한 문서를 작성하는 방법으로 적절하지 않은 것은?

① 임원들이 참여하므로 문장에 여러 내용을 함축하여 자세하게 쓰되, 한자를 활용한다.
② 문서에는 비관적인 문장보다는 낙관적인 문장으로 쓰되, 경어를 사용한다.
③ 연도별 매출 추이는 비교가 가능하게끔 막대그래프로 표현한다.
④ 문서의 서두에 표제를 붙이고 한 장의 용지에 작성하는 것을 원칙으로 한다.
⑤ 문서는 사람들이 보기 쉽고, 또한 이해하기 쉬워야 한다.

14 다음 중 효과적인 경청 방법으로 적절하지 않은 것은?

① 말하는 사람의 모든 것에 집중해서 적극적으로 들어야 한다.
② 상대방의 의견에 동조할 수 없더라도 일단 수용한다.
③ 질문에 대한 답이 즉각적으로 이루어질 때만 질문을 한다.
④ 대화의 내용을 주기적으로 요약한다.
⑤ 상대방이 전달하려는 메시지를 자신의 삶, 목적, 경험과 관련시켜 본다.

15 다음 중 가장 적절한 의사표현법을 사용하고 있는 사람은?

① A대리 : (늦잠으로 지각한 후배 사원의 잘못을 지적하며) 오늘도 지각을 했네요. 어제도 늦게 출근하지 않았나요? 왜 항상 지각하는 거죠?
② B대리 : (후배 사원의 고민을 들으며) 방금 뭐라고 이야기했죠? 미안해요. 아까 이야기한 고민에 대해서 어떤 답을 해줘야 할지 생각하고 있었어요.
③ C대리 : (후배 사원의 실수가 발견되어 이를 질책하며) 이번 프로젝트를 위해 많이 노력했다는 것 압니다. 다만, 발신 메일 주소를 한 번 더 확인하는 습관을 갖는 것이 좋겠어요. 앞으로는 더 잘할 거라고 믿어요.
④ D대리 : (거래처 직원에게 변경된 계약서에 서명할 것을 설득하며) 이 정도는 그쪽에 큰 손해 사항도 아니지 않습니까? 지금 서명해주지 않으시면 곤란합니다.
⑤ E대리 : (후배 사원에게 업무를 지시하며) 이번 일은 직접 발로 뛰어야 해요. 특히 빨리 처리해야 하니까 반드시 이 순서대로 진행하세요!

16 다음 기사에 나타난 직장생활에서의 원만한 의사소통을 저해하는 요인으로 가장 적절한 것은?

> 한 취업 포털에서 20~30대 남녀 직장인 350명에게 설문 조사한 결과 어떤 상사와 대화할 때 가장 답답함을 느끼는지 질문에 직장 내에서 막내에 해당하는 사원급 직장인들은 '주야장천(晝夜長川) 자기 할 말만 하는 상사(27.3%)'와 대화하기 가장 어렵다고 호소했다. 또 직장 내에서 부하 직원과 상사 간, 그리고 직원들 간에 대화가 잘 이뤄지지 않는 이유에 대해 '일방적으로 상사만 말을 하는 대화 방식 및 문화(34.3%)'가 가장 큰 원인이라고 답했다.
> 직장 내 상사와 부하 직원 간의 대화가 원활해지려면 지시나 명령하는 말투가 아닌 의견을 묻는 대화법 사용하기(34.9%), 서로를 존대하는 말투와 호칭 사용하기(31.4%) 등의 기본 대화 예절을 지켜야 한다고 답했다.

① 평가적이며 판단적인 태도　　② 선입견과 고정관념
③ 잠재적 의도　　　　　　　　　④ 미숙한 의사소통 기법
⑤ 과거의 경험

17 광고회사에 근무 중인 A대리는 K전자의 스마트폰 광고 프로젝트를 진행하게 되었고, 마침내 최종 결과물을 발표할 일만 남겨두고 있다. A대리가 광고를 의뢰한 업체의 관계자를 대상으로 프레젠테이션을 진행한다고 할 때, 다음 〈보기〉에서 A대리가 준비해야 할 일을 모두 고르면?

> **보기**
> ㉠ 프레젠테이션할 내용을 완전히 숙지한다.
> ㉡ 프레젠테이션 예행연습을 한다.
> ㉢ 팀원들의 니즈를 파악한다.
> ㉣ 프레젠테이션에 활용할 다양한 시청각 기자재를 준비한다.
> ㉤ 요점을 구체적이면서도 자세하게 전달할 수 있도록 연습한다.

① ㉠, ㉡　　　　　　　　　　② ㉡, ㉢
③ ㉠, ㉡, ㉢　　　　　　　　④ ㉠, ㉡, ㉣
⑤ ㉡, ㉣, ㉤

18 P대리는 잘못된 의사소통 방식으로 회사 내 후배 직원들로부터 좋지 않은 평가를 받고 있다. 후배 직원들의 하소연을 들은 L부장은 P대리에게 의사표현에서의 오해를 풀 수 있는 방법에 대해 이야기해 주고자 한다. 다음 중 L부장이 P대리에게 해줄 조언으로 적절하지 않은 것은?

① 후배 직원들에게 자주 질문하고, 그들의 이야기에 귀를 기울여 들으려고 노력해 보는 것도 좋겠어.
② 후배 직원들의 잘못을 비판하기보다는 먼저 칭찬할 모습을 찾아보는 것도 좋은 방법이지.
③ 후배 직원이 말하는 게 마음에 들지 않더라도 경청하도록 연습해 보는 것은 어떨까?
④ 중의적인 표현은 상대방의 기분을 상하게 할 수 있으므로 단정적인 말을 사용하는 것이 좋아.
⑤ 강압적인 명령 어투는 후배 직원들의 반항을 일으키는 불씨가 될 수 있으므로 명령하는 듯한 말은 사용하지 않는 것이 좋아.

19 다음 사례에 나타난 A씨의 문제점으로 가장 적절한 것은?

> 안 좋은 일이 발생하면 항상 자신을 탓하는 편인 A씨는 친구가 약속 시간에 늦는 경우에도 "내가 빨리 나온 게 죄지."라고 말한다. 또한 A씨는 평소 사소한 실수에도 '죄송합니다. 미안합니다.' 등의 표현을 입에 달고 산다. 다른 사람에 의해 발생한 실수에도 자신이 미안해하는 탓에 A씨를 잘 모르는 사람들은 A씨를 예의 바른 사람으로 평가한다. 그러나 A씨를 오랫동안 지켜본 사람들은 A씨의 그런 태도가 오히려 A씨의 이미지를 부정적으로 만들고 있다고 이야기한다.

① 무엇을 보든지 부정적으로 평가를 내린다.
② 상대의 말에 공감을 하지 않는다.
③ 낮은 자존감과 열등감으로 자기 자신을 대한다.
④ 자신의 대화 패턴을 제대로 이해하지 못한다.
⑤ 불필요한 어휘나 거부감을 주는 표현을 자주 사용한다.

20 다음은 직장에서 문서를 작성할 경우 지켜야 하는 문서작성 원칙이다. 문서작성 원칙에 대해 잘못 이해하고 있는 사람은?

〈문서작성의 원칙〉
1. 문장은 짧고, 간결하게 작성하도록 한다.
2. 상대방이 이해하기 쉽게 쓴다.
3. 중요하지 않은 경우 한자의 사용을 자제해야 한다.
4. 간결체로 작성한다.
5. 문장은 긍정문의 형식으로 써야 한다.
6. 간단한 표제를 붙인다.
7. 문서의 주요한 내용을 먼저 쓰도록 한다.

① A : 문장에서 끊을 수 있는 부분은 가능한 한 끊어서 짧은 문장으로 작성하되, 실질적인 내용을 담아 작성해야 해.
② B : 상대방이 이해하기 어려운 글은 좋은 글이 아니야. 우회적인 표현이나 현혹적인 문구는 되도록 삭제하는 것이 좋겠어.
③ C : 문장은 되도록 자세하게 작성하여 빠른 이해를 돕도록 하고, 문장마다 행을 바꿔 문서가 깔끔하게 보이도록 해야겠군.
④ D : 표제는 문서의 내용을 일목요연하게 파악할 수 있게 도와줘. 간단한 표제를 붙인다면 상대방이 내용을 쉽게 이해할 수 있을 거야.
⑤ E : 일반적인 글과 달리 직장에서 작성하는 문서에서는 결론을 먼저 쓰는 것이 좋겠군.

02 수리능력

※ 다음 글을 읽고 이어지는 질문에 답하시오. [21~22]

K기업에서는 올해 상반기 신입사원 50명을 대상으로 보고서 작성 관련 교육을 진행하였다. 교육이 모두 끝난 후, 교육을 이수한 신입사원을 대상으로 설문조사를 실시하였다. 설문 문항은 총 5문항이며, 전반적인 강의 만족도, 교육 강사의 전문성, 강의 장소 및 시간에 대한 만족도, 강의 내용의 도움 정도, 향후 타 강의 참여 의향에 대해 질문하였다. 각 문항은 '매우 그렇다', '그렇다', '보통이다', '그렇지 않다', '매우 그렇지 않다'로 답변할 수 있도록 설문지를 구성하였다.
다음 표는 각 문항에 대하여 '매우 그렇다'와 '그렇다'라고 답변한 빈도와 백분율을 나타낸 것이다.

〈올해 상반기 보고서 작성 세미나 만족도 조사 결과 - 긍정 답변〉

구분	빈도	백분율
1. 나는 전반적으로 교육에 대해 만족한다.	30	㉠
2. 교육 강사의 전문성에 대해 만족하였다.	25	㉡
3. 강의 공간과 강의 시간에 대해 만족하였다.	48	㉢
4. 강의 내용은 향후 업무 수행에 도움이 될 것이다.	41	㉣
5. 향후 비슷한 강의가 있다면 참여하고 싶다.	30	㉤

21 K기업 인사팀 A씨는 각 만족도 문항의 긍정 답변에 대해 백분율을 산출하려고 한다. 빈칸 ㉠~㉤에 들어갈 백분율이 바르게 연결된 것은?(단, 소수점 둘째 자리에서 반올림한다)

	㉠	㉡	㉢	㉣	㉤
①	15%	12.5%	24%	20.5%	15%
②	30%	25%	48%	41%	60%
③	30%	35%	60%	41%	96%
④	60%	30%	53%	46%	46%
⑤	60%	50%	96%	82%	60%

22 K기업은 매년 신입사원 교육을 S교육 컨설팅에게 의뢰하여 진행하고 있는데, 매년 재계약 여부를 만족도 조사 점수를 통해 결정한다. K기업은 올해 만족도 조사 점수가 낮아 내년에도 S교육 컨설팅에게 교육을 맡겨야 하는지 고민 중이다. 다음 중 K기업의 만족도 점수 활용에 대한 설명으로 옳은 것은?

① 관찰 가능한 자료를 통해 논리적으로 어떠한 결론을 추출 또는 검증한다.
② 의사결정의 보조적인 수단으로 활용하였다.
③ 표본을 통해 연구대상 집단의 특성을 유추한다.
④ 많은 수량적 자료를 처리 가능하고 쉽게 이해할 수 있는 형태로 축소한다.
⑤ 불확실성을 제거해 일반화를 이루는 데 도움이 된다.

23 터널의 길이가 10km이고 열차의 길이가 2km, 열차의 속력이 3km/h라면 열차가 터널을 완전히 통과하는 데 걸리는 시간은 몇 시간인가?

① 3시간　　　　　　　　　② 4시간
③ 5시간　　　　　　　　　④ 6시간
⑤ 7시간

24 농도가 10%인 설탕물 300g에서 일정량의 물을 증발시켰더니 농도가 30%인 설탕물이 되었다. 증발시킨 물의 양은 얼마인가?

① 50g　　　　　　　　　　② 100g
③ 150g　　　　　　　　　④ 180g
⑤ 200g

25 동석이는 같은 날 서로 다른 인터넷 쇼핑몰 A, B에서 상품을 주문했다. A쇼핑몰의 상품은 오늘 오전에 도착할 예정이고, B쇼핑몰의 상품은 내일 오전에 도착할 예정이다. 택배가 정시에 도착할 확률은 $\frac{1}{3}$, 늦게 도착할 확률은 $\frac{1}{2}$이라고 할 때, A쇼핑몰의 상품은 예정대로 도착하고, B쇼핑몰의 상품은 예정보다 늦게 도착할 확률은?

① $\frac{1}{6}$　　　　　　　　　　② $\frac{1}{3}$
③ $\frac{2}{3}$　　　　　　　　　　④ $\frac{5}{6}$
⑤ $\frac{3}{5}$

※ 일정한 규칙으로 수를 나열할 때, 빈칸에 들어갈 알맞은 수를 고르시오. [26~28]

26

$$-2 \quad \frac{7}{2} \quad -4 \quad \frac{21}{2} \quad -6 \quad (\ )$$

① -2
② $-\frac{1}{2}$
③ $\frac{54}{2}$
④ $\frac{63}{2}$
⑤ $\frac{74}{3}$

27

$$0.8 \quad 2.0 \quad 1.0 \quad 2.2 \quad 1.1 \quad (\ ) \quad 1.15$$

① 2.0
② 2.3
③ 2.6
④ 2.9
⑤ 3.1

28

$$-81 \quad -30 \quad -27 \quad -21 \quad -9 \quad -12 \quad (\ )$$

① -3
② -1
③ 0
④ 1
⑤ 2

29 어느 과수원에서 작년에 생산된 사과와 배의 개수를 모두 합하면 500개였다. 올해는 작년보다 사과의 생산량은 절반으로 감소하고 배의 생산량은 두 배로 증가하였다. 올해 사과와 배의 개수를 합하여 모두 700개를 생산했을 때, 올해 생산한 사과의 개수는?

① 100개
② 200개
③ 300개
④ 400개
⑤ 500개

30 K기업은 신입사원 연수를 위해 숙소를 배정하려고 한다. 한 숙소를 4명씩 사용하면 8명이 남고, 5명씩 사용하면 숙소가 5개가 남고 한 개의 숙소는 4명이 사용하게 된다. 이때 숙소의 수를 a개, 전체 신입사원 수를 b명이라고 할 때 $b-a$는?

① 105
② 110
③ 115
④ 120
⑤ 125

31 K공사에서 2025년 신입사원을 채용하기 위해 필기시험을 진행하였다. 시험 결과 합격자 전체평균이 83.35점이고, 이 중 남성 합격자의 평균은 82점, 여성 합격자의 평균은 85점이었다. 합격자 전체 인원이 40명일 때, 남성과 여성 합격자는 각각 몇 명인가?

	남성 합격자	여성 합격자
①	22명	18명
②	18명	22명
③	23명	17명
④	17명	23명
⑤	21명	19명

32 A사원은 콘퍼런스에 참석하기로 했다. 공항버스, 비행기, 시외버스를 모두 이용하여 도착한다고 할 때, A사원이 콘퍼런스에 제시간에 도착하지 못할 확률은?(단, 소수점 이하는 버림한다)

- 공항버스를 타고 제시간에 □□공항에 도착할 확률은 95%이다.
- □□공항에서 비행기를 타고 제시간에 ○○공항에 도착할 확률은 88%이다.
- ○○공항에서 시외버스를 타고 제시간에 콘퍼런스에 도착할 확률은 92%이다.

① 20% ② 23%
③ 25% ④ 28%
⑤ 30%

33 A, B 두 명이 호텔에 묵으려고 한다. 선택할 수 있는 호텔 방이 301, 302, 303호 3개일 때, 호텔 방을 선택할 수 있는 경우의 수는?(단, 한 명당 한 방만 선택할 수 있고, 둘 중 한 명이 방을 선택을 하지 않거나 두 명 모두 방을 선택하지 않을 수도 있다)

① 10가지 ② 11가지
③ 12가지 ④ 13가지
⑤ 14가지

34 다음 〈조건〉에 따라 〈보기〉의 값을 구하면?

> **조건**
> - 기호 ◇는 그 기호의 양측의 수의 차를 제곱하는 연산이다.
> - 기호 ☆은 그 기호의 우측의 수에 5를 곱한 뒤, 좌측의 수에서 빼는 연산이다.

> **보기**
> $$(1 ◇ 4) ☆ 2$$

① -1
② 2
③ -5
④ 8
⑤ 10

35 다음 〈보기〉에서 10진법에 대한 내용으로 옳은 것을 모두 고르면?

> **보기**
> ㄱ. 10진법이란 1, 10, 100, 1000, …과 같이 10배마다 새로운 자리로 옮겨가는 기수법을 의미한다.
> ㄴ. 10진법에서 수를 취급할 때에는 한 자리의 수가 0부터 시작해서 0, 1, 2, 3, 4, 5, 6, 7, 8, 9로 증가하여 10으로 될 때마다 자리올림을 한다.
> ㄷ. 2진법으로 나타낸 수인 10001을 10진법으로 나타내면 17이다.

① ㄴ
② ㄱ, ㄴ
③ ㄱ, ㄷ
④ ㄴ, ㄷ
⑤ ㄱ, ㄴ, ㄷ

03 문제해결능력

※ 다음 글을 읽고 이어지는 질문에 답하시오. [36~37]

> K기업 기획팀의 이현수 대리는 금일 오후 5시까지 전산시스템을 통해 제출해야 하는 사업계획서를 제출하지 못하였다. 이는 K기업이 정부로부터 지원금을 받을 수 있는 매우 중요한 사안으로, 이번 사건으로 K기업 전체에 비상이 걸렸다. 이현수 대리를 비롯하여 사업계획서와 관련된 담당자들은 금일 오후 4시 30분까지 제출 준비를 모두 마쳤으나, 회사 전산망 마비로 전산시스템 접속이 불가능해 사업계획서를 제출하지 못하였다. 이들은 정부기관 측 담당자에게 사정을 설명하였으나, 담당자는 예외는 없다고 답변하였다. 이를 지켜본 강민호 부장은 'ⓘ 이현수 대리는 기획팀을 대표하는 인재인데 이런 실수를 하다니 기획팀이 하는 업무는 모두 실수투성일 것이 분명할 것'이라고 말하였다.

36 다음 중 윗글에서 나타난 문제와 문제점을 바르게 연결한 것은?

	문제	문제점
①	정부 담당자 설득 실패	사업계획서 제출 실패
②	사업계획서 제출 실패	정부 담당자 설득 실패
③	사업계획서 제출 실패	전산망 마비
④	전산망 마비	사업계획서 제출 실패
⑤	전산망 마비	정부 담당자 설득 실패

37 다음 중 윗글의 ⓘ에서 나타난 논리적 오류는?

① 권위나 인신공격에 의존한 논증
② 무지의 오류
③ 애매성의 오류
④ 연역법의 오류
⑤ 허수아비 공격의 오류

38 다음은 논리적 사고를 개발하기 위한 방법에 대한 그림이다. 이에 대한 설명으로 옳은 것은?

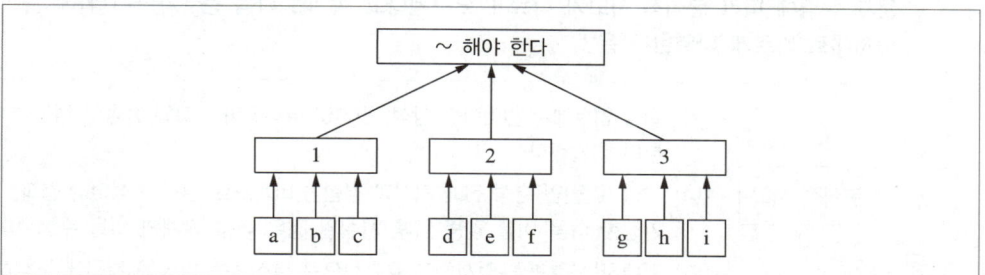

① 눈앞에 있는 정보로부터 의미를 찾아내어 가치 있는 정보를 이끌어 낸다.
② 논리적으로 분해한 문제의 원인을 나무 모양으로 나열하여 문제를 해결한다.
③ '중복 없이, 누락 없이'를 통해 상위의 개념을 하위의 개념으로 논리적으로 분해한다.
④ 내·외부적으로 발생되는 장점 및 단점을 종합적으로 고려하여 해결 방안을 찾는다.
⑤ 하위의 사실이나 현상부터 사고하여 상위의 주장을 만들어 간다.

39 K기업의 A사원은 신제품을 개발하여 중국시장에 진출하고자 한다. A사원의 상사가 3C 분석 결과를 건네며, 이를 사업 계획에 반영하고 향후 해결해야 할 K기업의 전략 과제가 무엇인지 정리하여 보고하라는 지시를 내렸다. 다음 중 3C 분석 결과에 따라 K기업에서 해결해야 할 전략 과제로 적절하지 않은 것은?

<K기업 3C 분석 결과>

고객(Customer)	경쟁사(Competitor)	자사(Company)
• 매년 10%씩 성장하는 중국시장 • 20~30대 젊은 층이 중심 • 온라인 구매가 약 80% 이상 • 인간공학 지향	• 중국기업들의 압도적인 시장점유 • 중국기업들 간의 치열한 가격경쟁 • A/S 및 사후관리 취약 • 생산 및 유통망 노하우 보유	• 국내시장 점유율 1위 • A/S 등 고객서비스 부문 우수 • 해외 판매망 취약 • 온라인 구매시스템 미흡(보안, 편의 등) • 높은 생산원가 구조 • 높은 기술개발력

① 중국시장의 판매유통망 구축
② 온라인 구매 시스템 강화
③ 고객서비스 부문 강화
④ 원가 절감을 통한 가격경쟁력 강화
⑤ 인간공학을 기반으로 한 제품 개발 강화

40 문제 해결을 위해서는 전체를 각각의 요소로 나누어 분석하는 분석적 사고가 필요하다. 지향하는 문제 유형에 따라 분석적 사고가 다르게 요구된다고 할 때, 다음 중 (가) ~ (다)에 들어갈 말을 순서대로 바르게 나열한 것은?

	(가)	(나)	(다)
①	사실 지향의 문제	가설 지향의 문제	성과 지향의 문제
②	사실 지향의 문제	성과 지향의 문제	가설 지향의 문제
③	성과 지향의 문제	가설 지향의 문제	사실 지향의 문제
④	성과 지향의 문제	사실 지향의 문제	가설 지향의 문제
⑤	가설 지향의 문제	사실 지향의 문제	성과 지향의 문제

41 다음은 창의적 사고에 대한 설명이다. 빈칸에 들어갈 말로 적절하지 않은 것은?

창의적 사고란 당면한 문제를 해결하기 위해 이미 알고 있는 경험·지식을 해체하여 새로운 아이디어를 다시 도출하는 것을 말한다. 즉, 창의적 사고는 개인이 가지고 있는 경험과 지식을 통해 새로운 가치 있는 아이디어로 다시 결합함으로써 참신한 아이디어를 산출하는 힘을 의미하며, _____ 특징을 지닌다.

① 발산적
② 독창성
③ 가치 지향성
④ 다양성
⑤ 통상적

42 논리적 사고를 하기 위해서는 생각하는 습관, 상대 논리의 구조화, 구체적인 생각, 타인에 대한 이해, 설득의 5가지 요소가 필요하다. 다음 중 글에서 설명하는 '설득'에 해당하는 것은?

> 논리적 사고의 구성 요소 중 설득은 자신의 사상을 강요하지 않고, 자신이 함께 일을 진행하는 상대와 의논하기도 하고 설득해 나가는 가운데 자신이 깨닫지 못했던 새로운 가치를 발견하고 발견한 가치에 대해 생각해 내는 과정을 의미한다.

① 네가 말한 내용이 업무 개선에 좋을 것 같다고 하지만, 명확히 왜 좋은지 알 수 없어 생각해 봐야 할 거 같아.
② 네가 왜 그런 생각을 하게 됐는지 이해가 됐어. 그래, 너와 같은 경험을 했다면 나도 그렇게 생각했을 것 같아.
③ 네가 하는 말이 이해가 잘 안 되는데, 내가 이해한 게 맞는지 구체적인 사례를 들어서 한번 얘기해 볼게.
④ 네 말은 지금처럼 불안정한 시장 상황에서 무리하게 사업을 확장할 경우 리스크가 너무 크게 발생할 수 있다는 거지?
⑤ 아, 네가 아까 했던 말이 이거였구나. 그래, 지금 해보니 아까 했던 이야기가 무슨 말인지 이해가 될 것 같아.

43 다음 중 비판적 사고를 개발하기 위한 태도로 적절하지 않은 것은?

① 주관성
② 개방성
③ 융통성
④ 지속성
⑤ 체계성

44 다음 글에서 말하는 '문제점'에 대해 바르게 이야기한 사람은 누구인가?

> 문제란 목표와 현실과의 차이이다. 한마디로 목표는 '어떻게 되었으면 좋겠는가?'라는 전망을 말하고, 현 상황은 '어떻게 되어 있는가?'라는 상태를 말한다. 여기서 차이는 목표와 현재 상황이 어긋났음을 의미한다. 문제점이란 '무엇 때문에 목표와 어긋났는가?'라는 질문에 대한 답변이다. 다시 말하면 문제점은 문제가 아니라 원인이다.

① 지혜 : 매출 목표를 100억 원으로 정했지만, 60억 원밖에 달성하지 못했어.
② 미란 : 교육훈련 시간이 부족해서 인력의 조기전력화가 불가능해졌어.
③ 건우 : 공사 착공 후 13개월이 지났는데도 진척률이 95%밖에 안 돼.
④ 경현 : 태블릿 PC 생산 목표를 4만 대에서 3만 대로 줄일 수밖에 없었어.
⑤ 연준 : 해외 공장에서 상반기 65% 이상 생산이 목표였지만 50% 미만이었어.

45 다음 중 창의적 사고의 의미에 대한 설명으로 적절하지 않은 것은?

① 발산적 사고로서 아이디어가 많고 다양한 것이다.
② 기존의 정보는 제외하고 새로운 정보만을 사용한다.
③ 유용하고 적절하며 가치가 있어야 한다.
④ 통상적인 것이 아니라 기발한 것이다.
⑤ 기존의 정보를 특정한 요구조건에 맞거나 유용하도록 새롭게 조합한 것이다.

46 다음 중 빈칸에 들어갈 말로 적절하지 않은 것은?

> 창의적 사고는 창조적인 가능성이다. 여기에는 '문제를 사전에 찾아내는 힘', '문제해결에 있어서 다각도로 힌트를 찾아내는 힘' 그리고 '문제해결을 위해 끈기 있게 도전하는 태도' 등이 포함된다. 다시 말해서 창의적 사고에는 사고력을 비롯하여 성격, 태도에 걸친 전인격적인 가능성까지도 포함된다. 이러한 창의적 사고는 창의력 교육훈련을 통해 개발할 수 있으며, _____일수록 높은 창의력을 보인다.

① 모험적   ② 적극적
③ 예술적   ④ 객관적
⑤ 자유분방적

47 다음 글은 어떤 창의적 사고를 개발하는 방법에 대한 설명인가?

> '신차 출시'라는 같은 주제에 대해서 판매 방법, 판매 대상 등의 힌트를 통해 사고 방향을 미리 정해서 발상한다. 이때, 판매 방법이라는 힌트에 대해서는 '신규 해외 수출 지역을 물색한다.'라는 아이디어를 떠올릴 수 있을 것이다.

① 자유 연상법   ② 강제 연상법
③ 비교 발상법   ④ 비교 연상법
⑤ 자유 발상법

48 다음 중 논리적 사고에 대한 설명으로 옳은 것은?

① 다른 사람을 공감시키기 어렵다.
② 짧은 시간에 사고를 할 수 있다.
③ 행동을 하고 생각하게 한다.
④ 주위를 설득하는 일이 어렵다.
⑤ 직장생활에서 요구되는 능력으로 볼 수 없다.

49 다음 중 문제해결을 위한 기본 요소가 아닌 것은?

① 체계적인 교육훈련
② 문제 관련 지식에 대한 가용성
③ 문제에 대한 추상적 접근
④ 문제해결자의 도전의식과 끈기
⑤ 문제해결 방법에 대한 지식

50 다음 중 문제해결의 장애 요소가 아닌 것은?

① 문제를 철저하게 분석하지 않는 경우
② 다양한 발상을 하려는 경우
③ 쉽게 떠오르는 단순한 정보에 의지하는 경우
④ 너무 많은 자료를 수집하려고 노력하는 경우
⑤ 고정관념에 얽매이는 경우

제2회 필수영역 NCS 최종모의고사

모바일 OMR

문항 수 : 50문항   응시시간 : 50분

정답 및 해설 p.011

01 의사소통능력

01 다음 글을 읽고 추론한 내용으로 적절한 것을 〈보기〉에서 모두 고르면?

> 피부색은 멜라닌, 카로틴 및 헤모글로빈이라는 세 가지 색소에 의해 나타난다. 흑색 또는 흑갈색의 색소인 멜라닌은 멜라노사이트라고 하는 세포에서 만들어지며, 계속적으로 표피세포에 멜라닌 과립을 공급한다. 멜라닌의 양이 많을수록 피부색이 황갈색에서 흑갈색을 띠고, 적을수록 피부색이 엷어진다. 멜라닌은 피부가 햇빛에 노출될수록 더 많이 생성된다. 카로틴은 주로 각질층과 하피의 지방조직에 존재하며, 특히 동양인의 피부에 풍부하여 그들의 피부가 황색을 띠게 한다. 서양인의 혈색이 분홍빛을 띠는 것은 적혈구 세포 내에 존재하는 산화된 헤모글로빈의 진홍색에 기인한다. 골수에서 생성된 적혈구는 산소를 운반하는 역할을 하는데, 1개의 적혈구는 3억 개의 헤모글로빈을 가지고 있으며, 1개의 헤모글로빈에는 4개의 헴이 있다. 헴 1개가 산소 분자 1개를 운반한다.
> 한편 태양이 방출하는 여러 파장의 빛, 즉 적외선·자외선 그리고 가시광선 중 피부에 주된 영향을 미치는 것이 자외선이다. 자외선은 파장이 가장 길고 피부 노화를 가져오는 자외선 A, 기미와 주근깨 등의 색소성 질환과 피부암을 일으키는 자외선 B, 화상과 피부암 유발 위험을 지니며 파장이 가장 짧은 자외선 C로 구분된다.
> 자외선으로부터 피부를 보호하기 위해서는 자외선 차단제를 발라주는 것이 좋다. 자외선 차단제에 표시되어 있는 자외선 차단지수(SPF; Sun Protection Factor)는 자외선 B를 차단해주는 시간을 나타낼 뿐 자외선 B의 차단 정도와는 관계가 없다. SPF 수치는 1부터 시작하며, SPF 1은 자외선 차단 시간이 15분임을 의미한다. SPF 수치가 1단위 올라갈 때마다 자외선 차단 시간은 15분씩 증가한다. 따라서 SPF 4는 자외선을 1시간 동안 차단시켜 준다는 것을 의미한다.

보기
ㄱ. 멜라닌의 종류에 따라 피부색이 결정된다.
ㄴ. 1개의 적혈구는 산소 분자 12억 개를 운반할 수 있다.
ㄷ. SPF 50은 SPF 30보다 1시간 동안 차단하는 자외선 B의 양이 많다.
ㄹ. SPF 40을 얼굴에 한 번 바르면 10시간 동안 자외선 B의 차단 효과가 있다.

① ㄱ, ㄴ
② ㄱ, ㄷ
③ ㄴ, ㄹ
④ ㄱ, ㄷ, ㄹ
⑤ ㄴ, ㄷ, ㄹ

02 다음 글을 읽고 이해한 내용으로 적절하지 않은 것은?

> A효과란 기업이 시장에 최초로 진입하여 무형 및 유형의 이익을 얻는 것을 의미한다. 반면 뒤늦게 뛰어든 기업이 앞서 진출한 기업의 투자를 징검다리로 이용하여 성공적으로 시장에 안착하는 것을 B효과라고 한다. 물론 B효과는 후발 진입 기업이 최초 진입 기업과 동등한 수준의 기술 및 제품을 보다 낮은 비용으로 개발할 수 있을 때만 가능하다.
>
> 생산량이 증가할수록 평균생산비용이 감소하는 규모의 경제 효과 측면에서 후발 진입 기업에 비해 최초 진입 기업이 유리하다. 즉, 대량 생산, 인프라 구축 등에서 우위를 미리 확보하여 효율성 증대와 생산성 향상을 꾀할 수 있다. 반면, 후발 진입 기업 역시 연구 개발 투자 측면에서 최초 진입 기업에 비해 상대적으로 유리한 면이 있다. 후발 진입 기업의 모방 비용은 최초 진입 기업이 신제품 개발에 투자한 비용 대비 65% 수준이기 때문이다. 최초 진입 기업의 경우, 규모의 경제 효과를 얼마나 단기간에 이룰 수 있는가가 성공의 필수 요건이 된다. 후발 진입 기업의 경우, 절감된 비용을 마케팅 등에 효과적으로 투자하여 최초 진입 기업의 시장 점유율을 단기간에 빼앗아 오는 것이 성공의 핵심 조건이다.
>
> 규모의 경제 달성으로 인한 비용상의 이점 이외에도 최초 진입 기업이 누릴 수 있는 강점은 강력한 진입 장벽을 구축할 수 있다는 것이다. 시장에 최초로 진입했기에 소비자에게 우선으로 인식된다. 그로 인해 후발 진입 기업에 비해 적어도 인지도 측면에서는 월등한 우위를 확보한다. 또한 기술적 우위를 확보하여 라이선스(License), 특허 전략 등을 통해 후발 진입 기업의 시장 진입을 방해하기도 한다. 그뿐만 아니라 소비자들이 후발 진입 기업의 브랜드로 전환하려고 할 때 발생하는 노력, 비용, 심리적 위험 등을 마케팅에 활용하여 후발 진입 기업이 시장에 진입하기 어렵게 할 수도 있다. 결국 A효과를 극대화할 수 있는지는 규모의 경제 달성 이외에도 얼마나 오랫동안 후발 주자를 진입하지 못하도록 할 수 있는가에 달려 있다.

① 최초 진입 기업은 후발 진입 기업에 비해 매년 더 많은 마케팅 비용을 사용한다.
② 후발 진입 기업의 모방 비용은 최초 진입 기업이 신제품 개발에 투자한 비용보다 적다.
③ 최초 진입 기업이 후발 진입 기업에 비해 인지도 측면에서 우위에 있다는 것은 A효과에 해당한다.
④ 후발 진입 기업이 성공하려면 절감된 비용을 효과적으로 투자하여 최초 진입 기업의 시장 점유율을 단기간에 빼앗아 와야 한다.
⑤ 후발 진입 기업이 최초 진입 기업과 동등한 수준의 기술 및 제품을 보다 낮은 비용으로 개발할 수 없다면 B효과를 얻을 수 없다.

03 다음 글의 주제로 가장 적절한 것은?

> 맹자는 다음과 같은 이야기를 전한다. 송나라의 한 농부가 밭에 나갔다 돌아오면서 처자에게 말한다. "오늘 일을 너무 많이 했다. 밭의 싹들이 빨리 자라도록 하나하나 잡아당겨줬더니 피곤하구나." 아내와 아이가 밭에 나가보았더니 싹들이 모두 말라 죽어 있었다. 이렇게 자라는 것을 억지로 돕는 일, 즉 조장(助長)을 하지 말라고 맹자는 말한다. 싹이 빨리 자라기를 바란다고 싹을 억지로 잡아올려서는 안 된다. 목적을 이루기 위해 가장 빠른 효과를 얻고 싶겠지만 이는 도리어 효과를 놓치는 길이다. 억지로 효과를 내려고 했기 때문이다. 싹이 자라기를 바라 싹을 잡아당기는 것은 이미 시작된 과정을 거스르는 일이다. 효과가 자연스럽게 나타날 가능성을 방해하고 막는 일이기 때문이다. 당연히 싹의 성장 가능성은 땅 속의 씨앗에 들어 있는 것이다. 개입하고 힘을 쏟고자 하는 대신에 이 잠재력을 발휘할 수 있도록 하는 것이 중요하다.
> 피해야 할 두 개의 암초가 있다. 첫째는 싹을 잡아당겨서 직접적으로 성장을 이루려는 것이다. 이는 목적성이 있는 적극적 행동주의로, 성장의 자연스러운 과정을 존중하지 않는 것이다. 달리 말하면 효과가 숙성되도록 놔두지 않는 것이다. 둘째는 밭의 가장자리에 서서 자라는 것을 지켜보는 것이다. 싹을 잡아당겨서도 안 되고 그렇다고 단지 싹이 자라는 것을 지켜만 봐서도 안 된다. 그렇다면 무엇을 해야 하는가? 싹 밑의 잡초를 뽑고 김을 매주는 일을 해야 하는 것이다. 경작이 용이한 땅을 조성하고 공기를 통하게 함으로써 성장을 보조해야 한다. 기다리지 못함도 삼가고 아무것도 안 함도 삼가야 한다. 작동 중에 있는 자연스런 성향이 발휘되도록 기다리면서도 전력을 다할 수 있도록 돕는 노력을 멈추지 말아야 한다.

① 자연의 한계를 극복하려는 인류사회의 인위적 노력과 그를 통한 발전
② 싹이 스스로 성장하도록 그대로 두어 수확량을 극대화하는 방법
③ 명확한 목적성을 설정하는 것이 중요한 이유
④ 자연의 순조로운 운행을 방해하는 인간의 개입과 그 결과
⑤ 의도적 개입과 방관적 태도 모두를 경계하는 태도의 중요성

04 다음 글의 빈칸에 들어갈 내용으로 가장 적절한 것은?

포논(Phonon)이라는 용어는 'Pho(소리)'라는 접두어에 'non(입자)'이라는 접미어를 붙여 만든 단어로, 실제로 포논이 고체 안에서 소리를 전달하기 때문에 이런 이름이 붙었다. 어떤 고체의 한쪽을 두드리면 포논이 전파해 반대쪽에서 소리를 들을 수 있다.

아인슈타인이 새롭게 만든 고체의 비열 공식(아인슈타인 모형)은 실험 결과와 상당히 잘 맞았다. 그런데 그의 성공은 고체 내부의 진동을 포논으로 해석한 데만 있지 않다. 그는 포논이 보손(Boson) 입자라는 사실을 간파하고, 고체 내부의 세상에 보손의 물리학(보스–아인슈타인 통계)을 적용하여 비로소 고체의 비열이 온도에 따라 달라진다는 결론을 얻을 수 있었다.

양자역학의 세계에서 입자는 스핀 상태에 따라 분류된다. 스핀이 1/2의 홀수배(1/2, 3/2, …)인 입자들은 원자로를 개발한 유명한 물리학자 엔리코 페르미의 이름을 따 '페르미온'이라고 부른다. 오스트리아의 이론물리학자 볼프강 파울리는 페르미온들은 같은 에너지 상태를 가질 수 없고 서로 배척한다는 사실을 알아냈다(즉, 같은 에너지 상태에서는 +/– 반대의 스핀을 갖는 페르미온끼리만 같이 존재할 수 있다). 이를 '파울리의 배타 원리'라고 한다. 페르미온은 대개 양성자·중성자·전자 같은 물질을 구성하며, 파울리의 배타 원리에 따라 페르미온 입자로 이뤄진 물질은 우리가 손으로 만질 수 있다.

스핀이 0, 1, 2, … 등 정수 값인 입자도 있다. 바로 보손이다. 인도의 무명 물리학자였던 사티엔드라 나트 보스의 이름을 본땄다. 보스는 페르미가 개발한 페르미 통계를 공부하고 보손의 물리학을 만들었다. 당시 그는 박사학위도 없는 무명의 물리학자여서 논문을 작성한 뒤 아인슈타인에게 편지로 보냈다. 다행히 아인슈타인은 그 논문을 쓰레기통에 넣지 않고 꼼꼼히 읽어본 뒤 자신의 생각을 첨가하고 독일어로 번역해 학술지에 제출했다. 바로 보손 입자의 물리학(보스–아인슈타인 통계)이다. 이에 따르면, 보손 입자는 페르미온과 달리 파울리의 배타 원리를 따르지 않는다. 그래서 같은 에너지 상태를 지닌 입자라도 서로 겹쳐서 존재할 수 있다. 만져지지 않는 에너지 덩어리인 셈이다. 이들 보손 입자는 대개 힘을 매개한다.

빛 알갱이, 즉 _____ 빛은 실험해보면 입자의 특성을 보이지만, 질량이 없고 물질을 투과하며 만져지지 않는다. 포논은 어떨까? 원자 사이의 용수철 진동을 양자화한 것이므로 물질이 아니라 단순한 에너지의 진동으로서 파울리의 배타 원리를 따르지 않는다. 따라서 포논은 광자와 마찬가지로 스핀이 0인 보손 입자이다.

① 광자는 보손의 대표적인 예다.
② 광자는 페르미온의 대표적인 예다.
③ 광자는 파울리의 배타 원리를 따른다.
④ 광자는 스핀 상태에 따라 분류할 수 없다.
⑤ 광자는 스핀이 1/2의 홀수배인 입자의 대표적인 예다.

※ 다음 글의 내용으로 가장 적절한 것을 고르시오. [5~6]

05

무선으로 전력을 주고받으면, 전원을 직접 연결하는 유선보다 효율은 떨어지지만 전자 제품을 자유롭게 이동하며 사용할 수 있는 장점이 있다. 이처럼 무선으로 전력을 주고받을 수 있도록 전자기를 활용하여 전기를 공급하거나 이용하는 기술이 무선 전력 전송 방식인데, 대표적으로 '자기 유도 방식'과 '자기 공명 방식' 두 가지를 들 수 있다.

자기 유도 방식은 변압기의 원리와 유사하다. 변압기는 네모 모양의 철심 좌우에 코일을 감아, 1차 코일에 '+, -' 극성이 바뀌는 교류 전류를 보내면 마치 자석을 운동시켜서 자기장을 형성하는 것처럼 1차 코일에서도 자기장을 형성한다. 이 자기장에 의해 2차 코일에 전류가 만들어지는데, 이 전류를 유도전류라 한다. 변압기는 자기장의 에너지를 잘 전달할 수 있는 철심이 있으나, 자기 유도 방식은 철심이 없이 무선 전력 전송을 하는 것이다.

이러한 자기 유도 방식은 전력 전송 효율이 90% 이상으로 매우 높다는 장점이 있다. 하지만 1차 코일에 해당하는 송신부와 2차 코일에 해당하는 수신부가 수 센티미터 이상 떨어지거나 송신부와 수신부의 중심이 일치하지 않게 되면 전력 전송 효율이 급격히 저하된다는 문제점이 있다. 휴대전화 같은 경우, 충전 패드에 휴대전화를 올려놓는 방식으로 거리 문제를 해결하고 충전 패드 전체에 코일을 배치하여 송수신부 간 전송 효율을 높임으로써 무선 충전이 가능하도록 하였다. 다만 휴대전화는 직류 전류를 사용하기 때문에 충전 단계 전에 1차 코일로부터 2차 코일에 유도된 교류 전류를 직류 전류로 변환해 주는 정류기가 필요하다.

두 번째 전송 방식은 자기 공명 방식이다. 다양한 소리굽쇠 중에 하나를 두드리면 동일한 고유 진동수를 가지는 소리굽쇠가 같이 진동하는 물리적 현상이 공명이다. 자기장에 공명이 일어나도록 1차 코일과 공진기를 설계하여 공진 주파수를 만든다. 이후 2차 코일과 공진기를 설계하여 공진 주파수가 전달되도록 하는 것이 자기 공명 방식의 원리이다.

이러한 특성으로 인해 자기 공명 방식은 자기 유도 방식과 달리 수 미터가량 근거리 전력 전송이 가능하다는 장점이 있다. 이 방식이 상용화된다면, 전원을 연결하지 않아도 송신부와 공명되는 여러 전자 제품을 사용하거나 충전할 수 있다. 그러나 실험 단계의 코일 크기로는 일반 가전제품에 적용할 수 없으므로 코일을 소형화해야 할 필요가 있다. 따라서 이를 해결하기 위한 연구가 필요하다.

① 자기 유도 방식은 변압기의 핵심인 유도 전류와 철심을 이용한 방식이다.
② 자기 공명 방식에서 2차 코일은 공진 주파수를 생성하는 역할을 한다.
③ 휴대전화와 자기 유도 방식의 '2차 코일'은 모두 직류 전류 방식이다.
④ 자기 유도 방식을 사용하면 무선 전력 전송임에도 어떠한 환경에서든 유실되는 전력이 많이 없다는 장점이 있다.
⑤ 자기 공명 방식에서 해결이 시급한 것은 전력을 생산하는 데 필요한 코일의 크기가 너무 크다는 것이다.

06

레드와인이란 포도 과육을 압착하여 과즙을 만든 뒤, 여기에 포도 껍질과 씨를 넣고 양조통에서 일정 시간 발효시켜 당분을 제거한 주류를 말한다. 이 과정에서 포도 껍질과 씨앗 등에 있던 탄닌 성분이 우러나게 되면서 레드와인은 특유의 떫고 신맛이 생긴다.

레드와인은 원재료인 포도의 품종에 따라 붉은색에서 보라색까지 색상에 차이가 생기는데, 이러한 차이는 특히 포도 껍질과 관련이 있다. 또한 포도의 재배 환경에 따라 산도와 향, 와인 색상에도 차이가 생기는데, 날씨가 더울수록 산도는 약해지고 향은 진해진다.

이렇게 만들어진 레드와인을 적정량 섭취하면 항산화 성분을 얻을 수 있어 인체에 유익한 영향을 준다. 레드와인의 섭취를 통해 얻은 항산화 성분의 대표적인 효능으로는 혈관 질환의 개선, 인지 기능의 향상, 호흡기관의 보호, 암 예방이 있다.

이 외에도 지질 산화를 감소시키고 혈관 내벽을 두껍게 만들어 주기 때문에 고혈압과 관련된 심혈관계 질환에 도움이 되고, 세포의 노화를 감소시켜 치매와 세포 파괴 위험을 낮출 수 있다. 또한 소염 살균 효과도 가지고 있어 호흡기에 환경 오염 물질이 침투하지 않도록 보호하고, 폐에 악성 종양이 생기는 것도 예방한다.

① 레드와인은 포도에서 과육만을 추출하여 만든다.
② 기온이 높은 환경에서 재배한 포도로 만든 와인일수록 레드와인 특유의 신맛이 강해진다.
③ 진한 향의 레드와인을 선호할 경우 더운 지역의 포도로 제조한 것을 구매해야 한다.
④ 같은 품종의 포도로 만든 레드와인의 색상은 동일하다.
⑤ 심혈관 질환이 있는 모든 환자에게 일정량의 레드와인 섭취는 유익한 영향을 준다.

07 다음 글의 제목으로 가장 적절한 것은?

> 중세 유럽에서는 토지나 자원을 왕실이 소유하고 있었다. 사람들은 이러한 토지나 자원을 이용하려면 일정한 비용을 지불해야 했다. 예를 들어 광산을 개발하거나 수산물을 얻는 사람들은 해당 자원의 이용에 대한 비용을 왕실에 지불하였고, 이는 왕실의 권력과 부의 유지를 돕는 동시에 국가의 재정을 보충하는 역할을 하였는데, 이때 지불한 비용이 바로 로열티이다.
> 로열티의 개념은 산업 혁명과 함께 발전하였다. 산업 혁명을 통해 특허, 상표 등의 지적 재산권이 보호되기 시작하면서 기업들은 이러한 권리를 보유한 개인이나 조직에게 사용에 대한 보상을 지불하였다. 지적 재산권은 기업이 특정한 기술·디자인·상표 등을 보유하고 있을 때 그들에게 독점적인 권리를 제공하는데, 이러한 지적 재산권의 보호와 보상을 위해 로열티 제도가 도입되었다.
> 로열티는 기업과 지적 재산권 소유자 간의 계약에 의해 설정되는 형태로 발전하였다. 기업이 특정 제품을 판매하거나 특정 기술을 이용하는 경우 지적 재산권 소유자에게 계약에 따라 정해진 로열티를 지불한다. 이로써 지적 재산권을 보유한 개인이나 조직은 자신들의 창작물이나 기술의 사용에 대한 보상을 받을 수 있으며, 기업들은 이러한 지적 재산권의 이용을 허가받아 경쟁 우위를 확보할 수 있게 되었다.
> 현재 로열티는 제품 판매나 라이선스, 저작물의 이용 등 다양한 형태로 나타나며, 지적 재산권의 보호와 경제적 가치를 확보하는 중요한 수단으로 작용하고 있다. 로열티는 지식과 창조성의 보상으로서의 역할을 수행하며, 기업들의 연구 개발을 촉진하고 혁신을 격려한다. 이처럼 로열티 제도는 기업과 지적 재산권 소유자 간의 협력과 혁신적인 경제 발전에 기여하는 중요한 구조적 요소이다.

① 지적 재산권을 보호하는 방법
② 로열티 지급 시 유의 사항
③ 지적 재산권의 정의
④ 로열티 제도의 유래와 발전
⑤ 로열티 제도의 모순

08 다음 글의 논지를 강화하기 위한 내용으로 적절하지 않은 것은?

> 뉴턴은 이렇게 말했다. "플라톤은 내 친구이다. 아리스토텔레스는 내 친구이다. 하지만 진리야말로 누구보다 소중한 내 친구이다." 케임브리지에서 뉴턴에게 새로운 전환점을 준 사람이 있다. 수학자이며 당대 최고의 교수였던 아이작 배로우(Isaac Barrow)였다. 배로우는 뉴턴에게 수학과 기하학을 가르치고 그의 탁월함을 발견하여 후원자가 됐다. 이처럼 뉴턴은 타고난 천재가 아니라, 자신의 피나는 노력과 위대한 스승들의 도움을 통해 키워진 것이다.
> 뉴턴이 시대를 관통하는 천재로 여겨진 시작은 "사과는 왜 땅에 수직으로 떨어질까?"라는 질문이었다. 이 질문을 던진 지 20여 년이 지나고 마침내 모든 물체가 땅으로 떨어지는 것은 지구 중력에 의한 만유인력 때문이라는 사실을 발견한 것이 계기가 되었다. 사과가 떨어지는 것을 관찰하여 온갖 질문을 던지고, 새로운 가설을 만든 후에 그것을 증명하기 위해 오랜 시간 연구하고 실험을 한 결과가 위대한 발견으로 이어진 것이다. 위대한 발명이나 발견은 어느 한 순간 섬광처럼 오는 것이 아니다. 시작 단계의 작은 아이디어가 질문과 논쟁을 통해 점차 다른 아이디어들과 충돌하고 합쳐지면서 숙성의 시간을 갖고, 그런 후에야 세상에 유익한 발명이나 발견이 나오는 것이다.
> 이전부터 천재가 선천적인 것인지, 후천적인 것인지에 대한 논란은 계속되어 왔다. 과거에는 천재가 신적인 영감을 받아 선천적으로 탄생한다는 주장이 힘을 얻었다. 플라톤의 저서 『이온』에도 음유시인이 기술이나 지식이 아닌 신적인 힘과 영감을 받는 존재임이 언급된다. 그러나 아리스토텔레스의 『시학』은 『이온』과 조금 다른 관점을 취하고 있다. 기본적으로 시가 모방미학이라는 입장은 같지만, 아리스토텔레스는 이것이 신적인 힘을 모방한 것이 아닌 인간의 모방이라고 믿었다.
> 최근 연구에 의하면 천재라 불리는 모든 사람들은 타고난 것이 아니고 후천적인 학습을 통해 자신의 수준을 점차 더 높은 단계로 발전시킨 것이라고 한다. 선천적 재능과 후천적 학습을 모두 거친 절충적 천재가 각광받는 것이다. 이것이 우리에게 주는 시사점은 비록 지금은 창의적이지 않더라도 꾸준히 포기하지 말고 창의성을 개발하고 실현하는 방법을 배워서 실천한다면 모두가 창의적인 사람이 될 수 있다는 교훈이다. 타고난 천재가 아니고 훈련과 노력으로 새롭게 태어나는 창재(창의적인 인재)로 거듭나야 한다.

① 칸트는 천재가 선천적인 것이라고 하였다.
② 세계적인 발레리나 강수진은 고된 연습으로 발이 기형적으로 변해버렸다.
③ 신적인 것보다 연습이 영감을 가져다주는 경우가 있다.
④ 뉴턴뿐만 아니라 아인슈타인 역시 끊임없는 연구와 노력을 통해 천재로 인정받았다.
⑤ 1만 시간의 법칙은 한 분야에서 전문가가 되기 위해서는 최소 1만 시간의 훈련이 필요하다는 것이다.

09 다음 문단을 논리적 순서대로 바르게 나열한 것은?

(가) 매년 수백만 톤의 황산이 애팔래치아 산맥에서 오하이오 강으로 흘러들어 간다. 이 황산은 강을 붉게 물들이고 산성으로 변화시킨다. 이렇듯 강이 붉게 물드는 것은 티오바실러스라는 세균으로 인해 생성된 침전물 때문이다. 철2가 이온(Fe^{2+})과 철3가 이온(Fe^{3+})의 용해도가 이러한 침전물의 생성에 중요한 역할을 한다.

(나) 애팔래치아 산맥의 석탄 광산에 있는 황철광에는 이황화철(FeS_2)이 함유되어 있다. 티오바실러스는 이 황철광에 포함된 이황화철(FeS_2)을 산화시켜 철2가 이온(Fe^{2+})과 강한 산인 황산을 만든다. 이 과정에서 티오바실러스는 일차적으로 에너지를 얻는다. 일단 만들어진 철2가 이온(Fe^{2+})은 티오바실러스에 의해 다시 철3가 이온(Fe^{3+})으로 산화되는데, 이 과정에서 또 다시 티오바실러스는 에너지를 이차적으로 얻는다.

(다) 이황화철(FeS_2)의 산화는 다음과 같이 가속된다. 티오바실러스에 의해 생성된 황산은 황철광을 녹이게 된다. 황철광이 녹으면 황철광 안에 들어 있던 이황화철(FeS_2)은 티오바실러스와 공기 중의 산소에 더 노출되어 화학반응이 폭발적으로 증가하게 된다. 티오바실러스의 생장과 번식에는 이와 같이 에너지의 원료가 되는 이황화철(FeS_2)과 산소 그리고 세포 구성에 필요한 무기질이 꼭 필요하다. 이러한 환경조건이 자연적으로 완비된 광산 지역에서는 일반적인 방법으로 티오바실러스의 생장을 억제하기가 힘들다. 이황화철(FeS_2)과 무기질이 다량으로 광산에 있으므로 이 경우 오하이오 강의 오염을 막기 위한 방법은 광산을 밀폐시켜 산소의 공급을 차단하는 것뿐이다.

(라) 철2가 이온(Fe^{2+})은 강한 산(pH 3.0 이하)에서 물에 녹은 상태를 유지한다. 그러한 철2가 이온(Fe^{2+})은 자연 상태에서 pH 4.0 ~ 5.0 사이가 되어야 철3가 이온(Fe^{3+})으로 산화된다. 놀랍게도 티오바실러스는 강한 산에서 잘 자라고 강한 산에 있는 철2가 이온(Fe^{2+})을 적극적으로 산화시켜 철3가 이온(Fe^{3+})을 만든다. 그리고 물에 녹지 않는 철3가 이온(Fe^{3+})은 다른 무기 이온과 결합하여 붉은 침전물을 만든다. 환경에 영향을 미칠 정도로 다량의 붉은 침전물을 만들기 위해서는 엄청난 양의 철2가 이온(Fe^{2+})과 강한 산이 있어야 한다. 이것들은 어떻게 만들어지는 것일까?

① (가) - (나) - (라) - (다)
② (가) - (라) - (나) - (다)
③ (라) - (가) - (다) - (나)
④ (라) - (나) - (가) - (다)
⑤ (라) - (나) - (다) - (가)

10 다음 글의 서술 방식으로 가장 적절한 것은?

> 현대의 도시에서는 정말 다양한 형태를 가진 건축물들을 볼 수 있다. 건물의 형태뿐만 아니라 건물 외벽에 주로 사용된 소재 또한 유리나 콘크리트 등으로 다양하다. 이렇듯 현대에는 몇 가지로 규정하는 것이 아예 불가능할 만큼 다양한 건축 양식이 존재한다. 그러나 다양하고 복잡한 현대의 건축 양식에 비해 고대의 건축 양식은 매우 제한적이었다.
> 그리스 시기에는 주주식·주열식·원형식 신전을 중심으로 몇 가지의 공통된 건축 양식을 보인다. 이러한 신전 중심의 그리스 건축 양식은 시기가 지나면서 다른 건축물에 영향을 주었다. 신전에만 쓰이던 건축 양식이 점차 다른 건물들의 건축에도 사용이 되며 확대되었던 것이다. 대표적으로 그리스 연못은 신전에 쓰이던 기둥의 양식들을 바탕으로 회랑을 구성하기도 하였다.
> 헬레니즘 시기를 맞이하면서 건축 양식을 포함하여 예술 분야가 더욱 발전함에 따라 고대 그리스 시기에 비해 다양한 건축 양식이 생겨났다. 이뿐만 아니라 건축 기술이 발달하면서 조금 더 다양한 형태의 건축이 가능해졌다. 다층 구조나 창문이 있는 벽을 포함한 건축 양식 등 필요에 따라서 실용적이고 실측적인 건축 양식이 나오기 시작한 것이다. 또한 연극의 유행으로 극장이나 무대 등의 건축 양식도 등장하기 시작하였다.
> 로마 시대에 이르러서는 원형 경기장이나 온천, 목욕탕 등 특수한 목적을 가진 건축물들에도 아름다운 건축 양식이 적용되었다. 현재에도 많은 사람들이 관광지로서 찾을 만큼, 로마 시민들의 위락 시설들에는 다양하고 아름다운 건축 양식들이 적용되었다.

① 역사적 순서대로 주제의 변천에 대해서 서술하고 있다.
② 전문가의 말을 인용하여 신뢰도를 높이고 있다.
③ 비유적인 표현 방법을 사용하여 문학적인 느낌을 주고 있다.
④ 현대에서 찾을 수 있는 건축물의 예시를 들어 독자의 이해를 돕고 있다.
⑤ 시대별 건축 양식의 장단점을 분석하고 있다.

11 다음 글에서 나타나는 '아재 개그'에 대한 견해로 적절하지 않은 것은?

> 아재 개그는 '아재'가 하는 개그입니다. 아재의 의미가 '아저씨의 낮춤말' 정도로 해석이 되니, 나이가 좀 있는 남자가 실없는 농담, 웃긴 이야기를 하는 것이라 할 수 있습니다. 일본에서는 비슷한 상황에서 '오야지 개그'라는 표현을 합니다. 오야지가 아버지라는 의미이니까 '아버지의 농담'이라는 뜻입니다. 나이 든 남자의 농담은 국경을 초월해서 어색한 것 같습니다. 그래도 웃기려고 애쓰는 아재들의 마음은 이해해 주면 좋겠습니다. 어쩌면 나이 든 남자가 자신이 살아있음을 느끼는 순간이라고 할 수도 있습니다. 자신이 세상에 기여하는 방법이라고 믿기도 합니다. 세상을 밝게 만든다는 거죠. 그런 면에서 아재 개그가 자랑스럽네요.
> 아재 개그를 보면 하는 사람은 무지 웃긴데 듣는 사람의 반응은 제각각입니다. 보통은 헛웃음을 웃는 경우가 많고, 얼굴 표정이 잠시 굳어 있는 경우도 있습니다. 어이가 없다는 반응이지요. 하지만 대부분의 경우는 어떤 모습으로든 서로 웃게 됩니다. 싱겁다는 반응도 나옵니다. 그래서일까요? 아재 개그는 여러 번 생각하면 웃긴 경우도 많습니다. 어이없다고 이야기해 놓고서는 다른 사람에게 전달하는 경우도 있습니다. 누가 이렇게 어이없는 아재 개그를 했다고 말입니다. 뜻밖에도 아재 개그는 이렇게 파급력도 있습니다.
> 아재 개그의 주요 소재는 말장난입니다. 한자로 이야기할 때는 언어유희(言語遊戱)라고도 합니다. 비슷한 발음의 단어를 이용해서 웃기는 거죠. 동음이의어는 오래 전부터 개그의 소재가 되었습니다. '친구가 군대에서 전역했어요.'라는 아들의 이야기를 듣고, '점심은 안 했냐?'라고 반응하면 아재 개그가 됩니다. 처음에는 무슨 이야기인지 몰라 어리둥절하다가 표정이 잠시 굳는 거죠.
> 예측이 되는 말장난은 아재 개그에도 속하지 못합니다. 그렇게 말할 줄 알았다는 게 아재 개그에서는 가장 치명적인 반응입니다. 청자의 허점을 찌르는 빠른 말장난이 핵심입니다. 어이없지만 웃어줄 만한 개그여야 합니다. 그런 의미에서라면 아재 개그는 언어 감각이 좋아야 할 수 있습니다. 타고난 거라고도 할 수 있습니다. 아재 개그에 천재적인 사람도 있습니다. 그런 사람은 예능계로 나가거나 글을 써야 할 겁니다.
> 물론 아재 개그는 노력도 필요합니다. 아재 개그를 하는 사람에게 물어보면 생각나는 아재 개그를 다 말하는 게 아닙니다. 고민 끝에 열 개 중 몇 개만 입 밖으로 내 놓는 겁니다. 너무 많이 아재 개그를 하면 사람들의 반응이 차갑습니다. 아재 개그계에서 퇴출될 수도 있습니다. 아재들의 피나는 노력이 아재 개그를 오래 가게 합니다. 치고 빠질 줄도 알아야 합니다.

① 아재 개그는 실없는 농담이나 어느 정도의 파급력도 가지고 있다.
② 아재 개그 중에서는 몇 번 생각해야 웃긴 것들이 있다.
③ 아재 개그를 너무 많이 하는 것은 오히려 분위기를 굳게 만들 수 있다.
④ 아재 개그에는 동음이의어나 발음의 유사성을 활용한 말장난이 많다.
⑤ 아재 개그를 잘하기 위해서는 노력이 중요하지 타고난 능력이 중요하지는 않다.

12 다음 글의 밑줄 친 ㉠~㉤의 수정 방안으로 적절하지 않은 것은?

> 교열(校閱)을 '남이 써 놓은 글의 오자와 탈자를 바로잡는 작업' 쯤으로 생각하는 사람이 많을 것이다. ㉠ 즉, 교열은 독자들이 쉽게 이해할 수 있도록 눈높이에 맞게 문장을 다듬는 것이다. 아울러 글쓴이가 잘못 알고 있는 지식도 바르게 수정하며 글쓴이 특유의 어조를 지켜 줘야 하고 언어적 습관도 유지해줘야 한다. 이처럼 교열은 폭넓은 상식과 풍부한 언어적 지식으로 '업무'를 처리해야 하는 ㉡ <u>단순한</u> 과정이다.
> 교열자에게 가장 필요한 자질은 첫째, 폭넓은 우리말 지식이다. 그것은 기본 중의 기본이다. 둘째, 인문·과학·기술·문화 등에 대한 풍부한 상식이다. 인터넷에도 숱한 거짓 정보가 떠다닌다. 예를 들어 '달에서 볼 수 있는 지구의 유일한 인공 구조물은'이라는 질문에 대부분의 사람은 '만리장성'이라고 답한다. 그러나 실제로 달에서 ㉢ <u>맨 눈</u>으로 볼 수 있는 지구의 인공 구조물은 없다. 이처럼 교열자는 자기만의 다양한 거름 장치로 이러한 ㉣ <u>잘못된 오류들</u>을 찾아내 바로잡아 주어야 한다. 셋째, 글쓰기 실력 역시 빼놓을 수 없는 교열자의 자질이다. 교열자의 능력은 글쓴이의 거친 문장, 잔뜩 꼬인 문장을 부드럽고 매끈하게 다듬을 때 빛난다. 그런 일을 하기 위해서는 교열자 스스로가 글을 쓰는 요령을 알고 있어야 한다. 작문 실력이 없으면 거친 문장과 꼬인 문장을 알기 힘들고, 이를 다듬기는 더욱 힘들다.
> 교열은 힘들고 지겨운 과정이다. 하지만 ㉤ <u>출간된 책을 접하면 삶의 보람을 느끼게 된다</u>.

① ㉠ : 앞 문장과의 관계를 고려하여 '그러나'로 고친다.
② ㉡ : 문맥에 어울리지 않으므로 '복잡한'으로 고친다.
③ ㉢ : 띄어쓰기가 올바르지 않으므로 '맨눈'으로 고친다.
④ ㉣ : 의미가 중복되므로 '잘못된'을 삭제한다.
⑤ ㉤ : 필요한 문장 성분이 생략되었으므로 앞에 '독자는'을 추가한다.

13 다음 글에 대한 반론으로 가장 적절한 것은?

> 어떤 모델이든지 상품의 특성에 적합한 이미지를 갖는 인물이어야 광고 효과가 제대로 나타날 수 있다. 예를 들어, 자동차, 카메라, 공기 청정기, 치약과 같은 상품의 경우에는 자체의 성능이나 효능이 중요하므로 대체로 전문성과 신뢰성을 갖춘 모델이 적합하다. 이와 달리 상품이 주는 감성적인 느낌이 중요한 보석, 초콜릿, 여행 등과 같은 상품은 매력성과 친근성을 갖춘 모델이 잘 어울린다. 그런데 유명인이 그들의 이미지에 상관없이 여러 유형의 상품 광고에 출연하면 모델의 이미지와 상품의 특성이 어울리지 않는 경우가 많아 광고 효과가 나타나지 않을 수 있다.
> 유명인의 중복 출연이 소비자가 모델을 상품과 연결시켜 기억하기 어렵게 한다는 점도 광고 효과에 부정적인 영향을 미친다. 유명인의 이미지가 여러 상품으로 분산되면 광고 모델과 상품 간의 결합력이 약해질 것이다. 이는 유명인 광고 모델의 긍정적인 이미지를 광고 상품에 전이하여 얻을 수 있는 광고 효과를 기대하기 어렵게 만든다.
> 또한 유명인의 중복 출연 광고는 광고 메시지에 대한 신뢰를 얻기 힘들다. 유명인 광고 모델이 여러 광고에 중복하여 출연하면, 그 모델이 경제적인 이익만을 추구한다는 이미지가 소비자에게 강하게 각인된다. 그러면 소비자들은 유명인 광고 모델의 진실성을 의심하게 되어 광고 메시지가 객관성을 결여하고 있다고 생각하게 될 것이다.
> 유명인 모델의 광고 효과를 높이기 위해서는 유명인이 자신과 잘 어울리는 한 상품의 광고에만 지속적으로 나오는 것이 좋다. 이렇게 할 경우 상품의 인지도가 높아지고, 상품을 기억하기 쉬워지며, 광고 메시지에 대한 신뢰도가 제고된다. 유명인의 유명세가 상품에 전이되고 소비자가 유명인이 진실하다고 믿게 되기 때문이다.

① 광고 효과를 높이기 위해서는 제품의 이미지와 맞는 모델을 골라야 한다.
② 연예인이 여러 광고의 모델일 경우 소비자들은 광고 브랜드에 대한 신뢰를 잃게 된다.
③ 유명 연예인이 많은 광고에 출연하게 되면 소비자들은 모델과 상품 간의 연관성을 찾지 못한다.
④ 사람들은 특정 인물이 광고에 출연한 것만으로 특정 브랜드를 선택하지 않는다.
⑤ 유명인이 한 광고에만 지속적으로 나올 경우 긍정적인 효과를 기대할 수 있다.

14 다음 글에서 〈보기〉의 문장이 들어갈 위치로 가장 적절한 곳은?

그럼 이제부터 제형에 따른 특징과 복용 시 주의점을 알아보겠습니다. 먼저 산제나 액제는 복용해야 하는 용량에 맞게 미세하게 조절이 가능합니다. 그리고 정제나 캡슐제에 비해 노인이나 소아가 약을 삼키기 쉽고 약효도 빠르게 나타납니다. (가) 캡슐제는 캡슐로 약물을 감싸서 자극이 강한 약물을 복용할 때 생기는 불편을 줄일 수 있고, 정제로 만들면 약효가 떨어질 수 있는 경우에 사용되어 약효를 유지할 수 있습니다. (나) 하지만 캡슐제는 캡슐이 목구멍이나 식도에 달라붙을 수 있기 때문에 충분한 양의 물과 함께 복용해야 합니다. (다)
그리고 정제는 일정한 형태로 압축되어 있어 산제나 액제에 비해 보관이 간편하고 정량을 복용하기 쉽습니다. 정제는 약물의 성분이 빠르게 방출되는 속방정과 서서히 지속적으로 방출되는 서방정으로 구분할 수 있습니다. (라) 서방정은 오랜 시간 일정하게 약의 효과를 유지할 수 있어 복용 횟수를 줄일 수 있습니다. 그런데 서방정은 함부로 쪼개거나 씹어서 먹으면 안 됩니다. 왜냐하면 약물의 방출 속도가 달라져 부작용의 위험이 커질 수 있기 때문입니다.
오늘 강연 내용은 유익하셨나요? 이번 강연이 약에 대한 이해를 높일 수 있는 계기가 되었으면 합니다. 또한 약과 관련해 더 궁금한 내용이 있다면 '온라인 의약 도서관'을 통해 찾아보실 수 있습니다. (마) 마지막으로 상세한 복약 정보는 꼭 의사나 약사에게 확인하시기 바랍니다. 경청해 주셔서 감사합니다.

보기
하지만 이 둘은 정제에 비해 변질되기 쉬우므로 특히 보관에 주의해야 하고 복용 전 변질 여부를 잘 확인해야 합니다.

① (가) ② (나)
③ (다) ④ (라)
⑤ (마)

15 '고령화 사회에 대비하자.'라는 주제로 글을 쓰기 위해 (가) 개요를 작성하였다가 (나) 개요로 고쳤다고 할 때, 다음 중 개요를 고친 이유로 가장 적절한 것은?

(가)
Ⅰ. 서론 : 고령화 사회로의 진입
Ⅱ. 본론
　　1. 고령화 사회의 실태
　　　(1) 인구 증가율 마이너스
　　　(2) 초고속 고령화 사회로의 진입
　　2. 고령화 사회의 문제점
　　　(1) 사회 비용 증가
　　　(2) 인구 감소로 인한 문제 발생
　　3. 고령화 사회 해결 방안
　　　(1) 노인에게 일자리 제공
　　　(2) 국민연금 제도의 개편
　　　(3) 법과 제도의 개선
Ⅲ. 결론 : 고령화 사회 대비 강조

(나)
Ⅰ. 서론 : 고령화 사회의 심각성
Ⅱ. 본론
　　1. 고령화 사회의 실태
　　　(1) 인구 증가율 마이너스
　　　(2) 초고속 고령화 사회로의 진입
　　2. 고령화 사회의 문제점
　　　(1) 의료・복지 비용 증가
　　　(2) 노동력 공급 감소
　　　(3) 노동 생산성 저하
　　3. 고령화 사회 해결 방안
　　　(1) 노인에게 일자리 제공
　　　(2) 국민연금 제도의 개편
　　　(3) 법과 제도의 개선
Ⅲ. 결론 : 고령화 사회 대비 촉구

① 문제 상황을 보는 관점이 다양함을 드러내기 위해서이다.
② 문제 상황을 구체화하여 주제의 설득력을 높이기 위해서이다.
③ 문제 해결 과정에 발생할 불필요한 논쟁을 피하기 위해서이다.
④ 논의 대상의 범위를 보다 구체적으로 한정하기 위해서이다.
⑤ 문제 해결책의 범위를 보다 폭넓게 확장하기 위해서이다.

16 다음 글의 수정 방안으로 가장 적절한 것은?

> 최근 사물 인터넷에 대한 사람들의 관심이 부쩍 늘고 있다. 사물 인터넷은 '인터넷을 기반으로 모든 사물을 연결하여 사람과 사물, 사물과 사물 간에 정보를 상호 소통하는 지능형 기술 및 서비스'를 말한다.
> ㉠ 통계에 따르면 사물 인터넷은 전 세계적으로 민간 부문 14조 4,000억 달러, 공공 부문 4조 6,000억 달러에 달하는 경제적 가치를 창출할 것으로 ㉡ 예상되며, 그 가치는 더욱 커질 것으로 기대된다. 그래서 사물 인터넷 사업은 국가 경쟁력을 확보할 수 있는 미래 산업으로서 그 중요성이 강조되고 있으며, 이에 선진국들은 에너지・교통・의료・안전 등 다양한 분야에 걸쳐 투자하고 있다. 그러나 우리나라는 정부 차원의 경제적 지원이 부족하여 사물 인터넷 산업이 활성화되는 데 어려움이 있다. 또한 국내의 기업들은 사물 인터넷 시장의 불확실성 때문에 적극적으로 투자에 나서지 못하고 있으며, 사물 인터넷 관련 기술을 확보하지 못하고 있는 실정이다. ㉢ 그 결과 우리나라의 사물 인터넷 시장은 선진국에 비해 확대되지 못하고 있다.
> 그렇다면 국내 사물 인터넷 산업을 활성화하기 위한 방안은 무엇일까? 우선 정부에서는 사물 인터넷 산업의 기반을 구축하는 데 필요한 정책과 제도를 정비하고, 관련 기업에 경제적 지원책을 마련해야 한다. 또한 수익성이 불투명하다고 느끼는 기업이 투자하도록 유도해 사물 인터넷 산업의 발전을 이끌어야 한다. 그리고 기업들은 이동 통신 기술 및 차세대 빅데이터 기술 개발에 집중해 사물 인터넷으로 인해 발생하는 대용량의 데이터를 원활하게 수집・분석할 수 있는 기술력을 ㉣ 확증해야 할 것이다.
> ㉤ 사물 인터넷은 세상을 연결하여 소통하도록 잇는 끈이다. 이런 사물 인터넷은 우리에게 편리한 삶을 약속할 뿐만 아니라 경제적 가치를 창출할 미래 산업으로 자리매김할 것이다.

① ㉠ : 서로 다른 내용을 다루고 있는 부분이 있으므로 문단을 두 개로 나눈다.
② ㉡ : 불필요한 피동 표현에 해당하므로 '예상하며'로 수정한다.
③ ㉢ : 앞 문장의 결과라기보다는 원인이므로 '그 이유는 우리나라의 사물 인터넷 시장은 선진국에 비해 확대되지 못하고 있기 때문이다'로 수정한다.
④ ㉣ : 문맥상 어울리지 않는 단어이므로 '확인'으로 바꾼다.
⑤ ㉤ : 글과 상관없는 내용이므로 삭제한다.

17 다음 글의 빈칸에 들어갈 내용으로 가장 적절한 것은?

조선 후기에는 이앙법이 전국적으로 확산되었다. 이앙법을 수용하면 잡초 제거에 드는 시간과 노동력이 줄어든다. 상당수 역사학자들은 조선 후기 이앙법의 확대 수용 결과 광작(廣作)이 확산되고 상업적 농업 경영이 가능하게 되었다고 생각한다. 즉, 한 사람이 경작할 수 있는 면적이 늘어남은 물론 많은 양의 다양한 농작물 수확이 가능하게 되어 판매까지 활성화되었다는 것이다. 그 결과 양반과 농민 가운데 다수의 부농이 나타나게 되었다고 주장한다.

그런데 A는 조선 후기에 다수의 양반이 광작을 통해 부농이 되었다는 주장을 근거가 없다고 비판한다. 그에 의하면 조선 전기에는 자녀 균분 상속이 일반적이었다. 그런데 균분 상속을 하게 되면 자식들이 소유하게 될 땅의 면적이 선대에 비해 줄어들게 된다. 이에 조선 후기 양반들은 가문의 경제력을 보전해야 한다고 생각해 대를 이을 장자에게만 전답을 상속해주기 시작했고, 그 결과 장자를 제외한 사람들은 영세한 소작인으로 전락했다는 것이 그의 주장이다.

또한 A는 조선 후기의 대다수 농민은 소작인이었으며, 그나마 이들이 소작할 수 있는 땅도 적었다고 주장한다. 그는 반복된 자연재해로 전답의 상당수가 황폐해져 전체적으로 경작지가 줄어들었기 때문에 이앙법 확산의 효과를 기대하기 어려운 여건이었다고 하였다. 이런 여건에서 정부의 재정 지출 증가로 농민의 부세 부담 또한 늘어났고, 늘어난 부세를 부담하기 위해 한정된 경작지에 되도록 많은 작물을 경작하려 한 결과 집약적 농업이 성행하게 되었다고 보았다. 그런데 집약적으로 농사를 짓게 되면 농업 생산력이 높아질 리 없다는 것이 그의 주장이다. 가령 면화를 재배하면서도 동시에 다른 작물을 면화 사이에 심어 기르는 경우가 많았는데, 이렇듯 제한된 면적에 한꺼번에 많은 양의 작물을 재배하면 지력이 떨어지고 수확량은 줄어들어 자연히 시장에 농산물을 내다 팔 여력이 거의 없게 된다는 것이다. 요컨대 A의 주장은 _____는 내용이다.

① 이앙법의 확산 효과는 시기별, 신분별로 다르게 나타났다
② 자녀 균분 상속제가 사라져 농작물 수확량이 급속히 감소하였다
③ 집약적 농업이 성행하였기 때문에 이앙법의 확산을 기대하기 어려웠다
④ 조선 후기에는 양반이든 농민이든 부농으로 성장할 수 있는 가능성이 크지 않았다
⑤ 대다수 농민이 광작과 상업적 농업에 주력했음에도 불구하고 자연재해로 인해 생산력은 오히려 낮아졌다

18 다음 글에 대한 설명으로 가장 적절한 것은?

> 보름달 중에 가장 크게 보이는 보름달을 슈퍼문이라고 한다. 이때 보름달이 크게 보이는 이유는 달이 평소보다 지구에 가까이 있기 때문이다. 슈퍼문이 되려면 보름달이 되는 시점과 달이 지구에 가장 가까워지는 시점이 일치하여야 한다. 달의 공전 궤도가 완벽한 원이라면 지구에서 달까지의 거리가 항상 똑같을 것이다. 하지만 실제로는 타원 궤도여서 달이 지구에 가까워지거나 멀어지는 현상이 생긴다. 유독 달만 그런 것은 아니고 태양계의 모든 행성이 태양을 중심으로 타원 궤도로 돈다. 이것이 바로 그 유명한 케플러의 행성 운동 제1법칙이다.
> 지구와 달의 평균 거리는 약 38만km인 반면 슈퍼문일 때는 그 거리가 35만 7,000km 정도로 가까워진다. 달의 반지름은 약 1,737km이므로, 지구와 달의 거리가 평균 정도일 때 지구에서 보름달을 바라보는 시각도*는 0.52도 정도인 반면, 슈퍼문일 때는 시각도가 0.56도로 커진다. 반대로 보름달이 가장 작게 보일 때, 다시 말해 보름달이 지구에서 제일 멀 때는 그 거리가 약 40만km여서 보름달을 보는 시각도가 0.49도로 작아진다.
> 밀물과 썰물이 생기는 원인은 지구에 작용하는 달과 태양의 중력 때문인데, 달이 태양보다는 지구에 훨씬 더 가깝기 때문에 더 큰 영향을 미친다. 달이 지구에 가까워지면 평소 달이 지구를 당기는 힘보다 더 강하게 지구를 당긴다. 그리고 달의 중력이 더 강하게 작용하면, 달을 향한 쪽의 해수면은 평상시보다 더 높아진다. 실제 우리나라에서도 슈퍼문일 때 제주도 등 해안가에 바닷물이 평소보다 더 높게 밀려 들어와서 일부 지역이 침수 피해를 겪기도 했다.
> 한편 달의 중력 때문에 높아진 해수면이 지구와 함께 자전을 하다보면 지구의 자전을 방해하게 된다. 일종의 브레이크가 걸리는 셈이다. 이 때문에 지구의 자전 속도가 느려지게 되고 그 결과 하루의 길이에 미세하게 차이가 생긴다. 실제 연구 결과에 따르면 100만 년에 17초 정도씩 길어지는 효과가 생긴다고 한다.
> *시각도 : 물체의 양끝에서 눈의 결합점을 향하여 그은 두 선이 이루는 각

① 지구에서 태양까지의 거리는 1년 동안 항상 일정하다.
② 해수면의 높이는 지구와 달의 거리와 관계가 없다.
③ 달이 지구에서 멀어지면 궤도에서 벗어나지 않기 위해 평소보다 더 강하게 지구를 잡아당긴다.
④ 달의 중력 때문에 지구가 자전하는 속도는 점점 빨라지고 있다.
⑤ 지구와 달의 거리가 36만km 정도인 경우, 지구에서 보름달을 바라보는 시각도는 0.49도보다 크다.

19 다음 글을 통해 역모기지론 정책이 효과적으로 시행될 수 있는 조건을 〈보기〉에서 모두 고르면?

> 정부가 역모기지론*을 도입한다고 발표하였다. 역모기지론을 이용할 수 있는 대상자는 공시 가격 8억 원 이하 주택을 한 채만 소유하고 있는 만 65세 이상의 중산·서민층으로 한정된다.
> 역모기지론 운영 방법에 의하면, 담보로 맡긴 주택 가격과 가입 당시의 연령에 따라 매월 지급받는 금액이 달라진다. 주택 가격이 높을수록, 가입 당시의 연령이 높을수록 받는 금액이 많아진다. 월 지급 금액 산정은 일반 주택 담보대출 때처럼 감정가(시세 수준)를 기초로 한다. 예를 들어, 감정가 8억 원짜리 주택을 만 70세에 맡기면 매달 198만 원을 받게 되고, 같은 주택을 만 65세에 맡기면 매달 186만 원을 받게 된다. 감정가 5억 원짜리 주택을 소유하고 있는 고령자가 역모기지론을 신청하면 가입 연령에 따라 월 수령액은 △만 65세 93만 원, △만 68세 107만 원, △만 70세 118만 원 등이 된다. 월 수령액은 5년마다 주택 시세를 재평가하여 조정된다.
> 정부가 역모기지론 이용자에게 부여하는 혜택은 △등록세 면제, △국민주택채권 매입 의무 면제, △재산세 25% 감면, △대출이자 비용 200만 원 한도 내 소득공제 등이다. 다만, 등록세 면제는 감정가 5억 원 이하 주택에 해당되며, 나머지 3개의 혜택은 감정가 5억 원 이하, 국민주택 규모(전용면적 $85m^2$ 이하), 연간 소득 1,000만 원 이하의 조건을 모두 갖추어야 한다.
>
> * 역모기지론 : 주택을 소유하고 있으나 일정 소득 이하의 고령자에게 소유 주택을 담보로 매월 또는 일정 기간마다 노후 생활 자금을 연금 형식으로 대출하는 금융 상품

보기

㉠ 현재 주택을 소유한 노년층은 대부분 청장년기에 노후 생활을 위한 소득 축적 기회가 적었고, 현재도 특별한 소득이 없다.
㉡ 만 65세 이상인 가구주의 주택 소유 비율은 80%로서 만 30세 미만의 24%, 30대의 47%, 40대의 67%에 비하여 매우 높다.
㉢ 한 은행의 조사에 따르면, 만 65세 이상의 노인들이 보유하고 있는 주택의 공시 가격은 대부분이 8억 원 이하인 것으로 나타났다.
㉣ 어떤 연구기관의 조사에 따르면, 86%에 달하는 노인들이 양로원이나 기타 사회복지 시설을 이용하는 것보다 자기 집에 그대로 머물러 살기를 원한다고 응답했다.

① ㉠, ㉡
② ㉡, ㉢
③ ㉠, ㉡, ㉢
④ ㉡, ㉢, ㉣
⑤ ㉠, ㉡, ㉢, ㉣

20 다음 글의 내용으로 적절하지 않은 것은?

시간 예술이라고 지칭되는 음악에서 템포의 완급은 대단히 중요하다. 동일한 곡이지만 템포의 기준을 어떻게 잡아서 재현해 내느냐에 따라서 그 음악의 악상은 달라진다. 그런데 이처럼 중요한 템포의 인지 감각도 문화권에 따라, 혹은 민족에 따라서 상이할 수 있으니, 동일한 속도의 음악을 듣고도 누구는 빠르게 느끼는 데 비해서 누구는 느린 것으로 인지하는 것이다. 결국 문화권에 따라서 템포의 인지 감각이 다를 수도 있다는 사실은 바꿔 말해서 서로 문화적 배경이 다르면 사람에 따라 적절하다고 생각하는 모데라토의 템포도 큰 차이가 있을 수 있다는 말과 같다.

한국의 전통 음악은 서양 고전 음악에 비해서 비교적 속도가 느린 것이 분명하다. 대표적 정악곡(正樂曲)인 '수제천(壽齊天)'이나 '상령산(上靈山)' 등의 음악을 들어보면 수긍할 것이다. 또한 이 같은 구체적인 음악의 예가 아니더라도 국악의 첫인상을 일단 '느리다'고 간주해 버리는 일반의 통념을 보더라도 전래의 한국 음악이 보편적인 서구 음악에 비해서 느린 것은 틀림없다고 하겠다.

그런데 한국의 전통 음악이 서구 음악에 비해서 상대적으로 속도가 느린 이유는 무엇일까? 이에 대한 해답도 여러 가지 문화적 혹은 민족적인 특질과 연결해서 생각할 때 결코 간단한 문제가 아니겠지만, 여기서는 일단 템포의 계량적 단위인 박(Beat)의 준거를 어디에 두느냐에 따라서 템포 관념의 차등이 생겼다는 가설 아래 설명을 하기로 한다.

한국의 전통 문화를 보면 그 저변의 잠재의식 속에는 호흡을 중시하는 징후가 역력함을 알 수 있는데, 이 점은 심장의 고동을 중시하는 서양과는 상당히 다른 특성이다. 우리의 문화 속에는 호흡에 얽힌 생활 용어가 한두 가지가 아니다. 숨을 한 번 내쉬고 들이마시는 동안을 하나의 시간 단위로 설정하여 일식간(一息間) 혹은 이식간(二息間)이니 하는 양식척(量息尺)을 써 왔다. 그리고 감정이 격앙되었을 때는 긴 호흡을 해서 감정을 누그러뜨리거나 건강을 위해 단전 호흡법을 수련한다. 이것은 모두 호흡을 중시하고 호흡에 뿌리를 둔 문화 양식의 예들이다. 더욱이 심장의 정지를 사망으로 단정하는 서양과는 달리 우리의 경우에는 '숨이 끊어졌다.'는 말로 유명을 달리했음을 표현한다. 이와 같이 확실히 호흡의 문제는 모든 생리 현상에서부터 문화 현상에 이르기까지 우리의 의식 저변에 두루 퍼져 있는 민족의 공통적 문화소가 아닐 수 없다.

이와 같은 동서양 간의 상호 이질적인 의식 성향을 염두에 두고 각자의 음악을 관찰해 보면, 서양의 템포 개념은 맥박, 곧 심장의 고동에 기준을 두고 있으며, 우리의 그것은 호흡의 주기, 즉 폐부의 운동에 뿌리를 두고 있음을 알 수 있다. 서양의 경우 박자의 단위인 박을 비트(Beat), 혹은 펄스(Pulse)라고 한다. 펄스라는 말이 곧 인체의 맥박을 의미하듯이 서양 음악은 원초적으로 심장을 기준으로 출발한 것이다. 이에 비해 한국의 전통 음악은 모음 변화를 일으켜 가면서까지 길게 끌며 호흡의 리듬을 타고 있음을 볼 때, 근원적으로 호흡에 뿌리를 둔 음악임을 알 수 있다. 결국 한국 음악에서 안온한 마음을 느낄 수 있는 모데라토의 기준 속도는, 1분간의 심장 박동 수와 호흡의 주기와의 차이처럼, 서양 음악의 그것에 비하면 무려 3배쯤 느린 것임을 알 수 있다.

① 각 민족의 문화에는 민족의식이 반영되어 있다.
② 서양 음악은 심장 박동 수를 박자의 준거로 삼았다.
③ 템포의 완급을 바꾸어도 동일한 곡의 악상은 변하지 않는다.
④ 우리 음악은 서양 음악에 비해 상대적으로 느리다.
⑤ 우리 음악의 박자는 호흡 주기에 뿌리를 두고 있다.

02 수리능력

21 다음은 지역별 교통위반 단속 건수에 대한 자료이다. 이에 대한 설명으로 옳은 것은?

〈지역별 교통위반 단속 건수〉

구분	무단횡단	신호위반	과속	불법주정차	음주운전	전체
서울시	80	960	1,320	240	410	3,010
경기도	70	820	1,020	210	530	2,650
인천시	50	870	1,380	240	280	2,820
대구시	5	880	1,210	45	30	2,170
부산시	20	950	1,350	550	210	3,080
강원도	5	180	550	15	70	820
대전시	5	220	470	80	55	830
광주시	15	310	550	180	35	1,090
울산시	10	280	880	55	25	1,250
제주시	10	980	550	140	120	1,800
세종시	20	100	240	90	30	480
전체	290	6,550	9,520	1,845	1,795	20,000

① 수도권 지역의 단속 건수는 전체 단속 건수의 절반 이상이다.
② 경기도의 모든 항목에서 교통위반 단속 건수는 서울시보다 적다.
③ 신호위반이 가장 많이 단속된 지역이 과속도 가장 많이 단속되었다.
④ 울산시의 단속 건수가 전체 단속 건수에서 차지하는 비중은 6.4%이다.
⑤ 광주시의 단속 건수가 전체 단속 건수에서 차지하는 비중은 대전시보다 1.3%p 더 높다.

22 다음은 2025년 상반기 경상수지 및 무역수지에 대한 자료이다. 이에 대해 바르게 해석한 사람을 〈보기〉에서 모두 고르면?

〈경상수지 및 무역수지〉

■ 상품수지 ■ 서비스수지 ■ 소득수지 ■ 경상이전수지 ■ 경상수지 ─○─ 무역수지

※ 무역수지는 오른쪽 축에 해당함

- 상품수지 : 상품 수출과 수입의 차이로, 소유권 이전 기준으로 작성되며 가격조건은 수출입 모두 FOB로 평가 – 일반상품, 가공용 재화, 비화폐용금수지로 세분
- 서비스수지 : 서비스 수출과 수입의 차이로, 운수, 여행, 통신서비스, 보험서비스, 특허권 등 사용료, 사업서비스, 정부서비스 및 기타수지로 세분
- 소득수지 : 비거주자 노동자에게 지급되는 급료 및 임금, 대외 금융자산 및 부채와 관련된 투자소득이 포함
- 경상이전수지 : 개인송금, 국제기구 출연금 및 구호를 위한 식량, 의약품 등의 무상원조가 포함

보기

난정 : 미국에서 유학 중인 수현이가 부모님으로부터 학비를 받았다면, 이는 소득수지에 해당해.
희수 : 상품수지는 기간 내에 항상 흑자였어.
소정 : 대외 금융자산 및 부채와 관련된 투자소득이 0이라고 할 때, 우리나라에 있는 외국인 노동자에게 지급되는 임금 총량보다 외국에 있는 우리나라 노동자에게 지급되는 임금 총량이 더 커.
만호 : 2025년 2월에 무역수지는 적자였어.

① 난정, 희수 ② 난정, 소정
③ 희수, 소정 ④ 희수, 만호
⑤ 소정, 만호

23 다음은 2024년과 2025년 추석교통대책기간 중 고속도로 교통현황에 대한 자료이다. 이에 대한 보고서의 내용으로 옳은 것을 모두 고르면?

〈일자별 고속도로 이동인원 및 교통량〉

연도 일자 구분	2024년		2025년	
	이동인원(만 명)	교통량(만 대)	이동인원(만 명)	교통량(만 대)
D-5	-	-	525	470
D-4	-	-	520	439
D-3	-	-	465	367
D-2	590	459	531	425
D-1	618	422	608	447
추석 당일	775	535	809	588
D+1	629	433	742	548
D+2	483	346	560	433
D+3	445	311	557	440
D+4	-	-	442	388
D+5	-	-	401	369
계	3,540	2,506	6,160	4,914

※ 2024년, 2025년 추석교통대책기간은 각각 6일(D-2~D+3), 11일(D-5~D+5)임

〈고속도로 구간별 최대 소요시간 현황〉

연도	서울 - 대전		서울 - 부산		서울 - 광주		서서울 - 목포		서울 - 강릉	
	귀성	귀경	귀성	귀경	귀성	귀경	귀성	귀경	귀성	귀경
2024년	4:15	3:30	7:15	7:20	7:30	5:30	8:50	6:10	5:00	3:40
2025년	4:00	4:20	7:50	9:40	7:00	7:50	7:00	9:50	4:50	5:10

※ 'A:B'에서 A는 시간, B는 분을 의미함. 예를 들어, 4:15는 4시간 15분을 의미함

〈보고서〉

㉠ 2025년 추석교통대책기간 중 총 고속도로 이동인원은 6,160만 명으로 전년 대비 70% 이상 증가하였으나, ㉡ 1일 평균 이동인원은 560만 명으로 전년 대비 10% 이상 감소하였다. 2025년 추석 당일 고속도로 이동인원은 사상 최대인 809만 명으로 전년 대비 약 4.4% 증가하였다. 2025년 추석 연휴기간의 증가로 나들이 차량 등이 늘어 추석교통대책기간 중 1일 평균 고속도로 교통량은 약 447만 대로 전년 대비 4% 이상 증가하였다. 특히 ㉢ 추석 당일 고속도로 교통량은 588만 대로 전년 대비 9% 이상 증가하였다. ㉣ 2025년 고속도로 최대 소요시간은 귀성의 경우, 제시된 구간에서 전년보다 모두 감소하였으며, 특히 '서서울 - 목포' 7시간, '서울 - 광주' 7시간이 걸려 전년 대비 각각 1시간 50분, 30분 감소하였다. 반면 귀경의 경우, '서서울 - 목포' 9시간 50분, '서울 - 부산' 9시간 40분으로 전년 대비 각각 3시간 40분, 2시간 20분 증가하였다.

① ㉠, ㉡
② ㉠, ㉢
③ ㉡, ㉢
④ ㉡, ㉣
⑤ ㉢, ㉣

24 다음은 연도별 국가지정문화재 현황을 나타낸 자료이다. 이에 대한 설명으로 옳은 것을 〈보기〉에서 모두 고르면?

〈연도별 국가지정문화재 현황〉

(단위 : 건)

구분	2020년	2021년	2022년	2023년	2024년	2025년
합계	3,385	3,459	3,513	3,583	3,622	3,877
국보	314	315	315	315	317	328
보물	1,710	1,758	1,774	1,813	1,842	2,060
사적	479	483	485	488	491	495
명승	82	89	106	109	109	109
천연기념물	422	429	434	454	455	456
국가무형문화재	114	116	119	120	122	135
중요민속문화재	264	269	280	284	286	294

> **보기**
> ㉠ 2021 ~ 2025년 동안 전년 대비 전체 국가지정문화재가 가장 많이 증가한 해는 2025년이다.
> ㉡ 국보 문화재는 2020년에 비해 2025년에 지정된 건수가 증가했으며, 전체 국가지정문화재에서 차지하는 비중 또한 증가했다.
> ㉢ 2020년 대비 2025년의 국가지정문화재 건수의 증가율이 가장 높은 문화재 종류는 명승 문화재이다.
> ㉣ 조사기간 중 사적 문화재 지정 건수는 매해 국가무형문화재 지정 건수의 4배가 넘는 수치를 보이고 있다.

① ㉠, ㉡
② ㉠, ㉢
③ ㉡, ㉢
④ ㉡, ㉣
⑤ ㉢, ㉣

25 다음은 국제우편 접수 매출액 현황 자료이다. 이에 대한 해석으로 옳지 않은 것은?

〈국제우편 접수 매출액 현황〉

(단위 : 백만 원)

구분	2021년	2022년	2023년	2024년	2025년				
					계	1/4분기	2/4분기	3/4분기	4/4분기
국제통상	16,595	17,002	19,717	26,397	34,012	7,677	7,552	8,000	10,783
국제소포	17,397	17,629	19,794	20,239	21,124	5,125	4,551	5,283	6,165
국제특급	163,767	192,377	229,012	243,416	269,674	62,784	60,288	61,668	84,934
합계	197,759	227,008	268,523	290,052	324,810	75,586	72,391	74,951	101,882

① 2025년 4/4분기 매출액이 2025년 다른 분기에 비해 가장 높다.
② 2025년 국제소포 분야 매출액의 2021년 대비 증가율은 10% 미만이다.
③ 2025년 매출액 증가율이 2021년 대비 가장 큰 분야는 국제통상 분야의 매출액이다.
④ 2024년 국제통상 분야의 매출액 비율은 10% 미만이다.
⑤ 2025년 총매출액에서 2/4분기 매출액이 차지하고 있는 비율은 20% 이상이다.

26 다음은 2024년 9월 인천국제공항 원인별 지연 및 결항 통계 자료이다. 이를 해석한 내용으로 옳은 것은?(단, 소수점 첫째 자리에서 반올림한다)

〈2024년 9월 인천국제공항 원인별 지연 및 결항 통계〉

(단위 : 편)

구분	기상	A/C 접속	A/C 정비	여객처리 및 승무원관련	복합원인	기타	합계
지연	118	1,676	117	33	2	1,040	2,986
결항	17	4	10	0	0	39	70

① 기상으로 지연된 경우는 기상으로 결항된 경우의 약 5배이다.
② 기타를 제외하고 항공편 지연과 결항에서 가장 높은 비중을 차지하고 있는 원인이 같다.
③ 9월에 인천국제공항을 이용하는 비행기가 지연되었을 확률은 98%이다.
④ 9월 한 달간 인천국제공항 날씨는 좋은 편이었다.
⑤ 항공기 지연 중 A/C 정비가 차지하는 비율은 결항 중 기상이 차지하는 비율의 $\frac{1}{6}$ 수준이다.

27 다음은 A, B국의 에너지원 수입액에 대한 자료이다. 이에 대한 설명으로 옳은 것은?

<A, B국의 에너지원 수입액>

(단위 : 달러)

구분	연도	1985년	2005년	2025년
A국	석유	74	49.9	29.5
	석탄	82.4	60.8	28
	LNG	29.2	54.3	79.9
B국	석유	75	39	39
	석탄	44	19.2	7.1
	LNG	30	62	102

① 1985년의 석유 수입액은 A국이 B국보다 많다.
② 2005년의 A국의 석유 및 석탄의 수입액의 합은 LNG 수입액의 2배보다 적다.
③ 2025년의 석탄 수입액은 A국이 B국의 4배보다 적다.
④ 1985년 대비 2025년의 LNG 수입액의 증가율은 A국이 B국보다 크다.
⑤ 1985년 대비 2025년의 석탄 수입액의 감소율은 A국이 B국보다 크다.

28 K통신사 대리점에서 근무하는 귀하는 판매율을 높이기 위해 핸드폰을 구매한 고객에게 사은품을 나누어 주는 이벤트를 실시하고자 한다. 본사로부터 할당받은 예산은 총 500만 원이며, 예산 내에서 고객 1명당 2가지 사은품을 증정하고자 한다. 고객 만족도 대비 비용이 낮은 순으로 상품을 확보하였을 때, 최대 몇 명의 고객에게 사은품을 전달할 수 있는가?

상품명	개당 구매비용(원)	확보 가능한 최대물량(개)	상품 고객 만족도(점)
차량용 방향제	7,000	300	5
식용유 세트	10,000	80	4
유리용기 세트	6,000	200	6
32GB USB	5,000	180	4
머그컵 세트	10,000	80	5
육아 관련 도서	8,800	120	4
핸드폰 충전기	7,500	150	3

① 360명 ② 370명
③ 380명 ④ 390명
⑤ 400명

※ 다음은 환경지표와 관련된 통계 자료이다. 이어지는 질문에 답하시오. [29~30]

〈녹색제품 구매 현황〉

(단위 : 백만 원)

구분	총구매액(A)	녹색제품 구매액(B)	비율
2023년	1,800	1,700	94%
2024년	3,100	2,900	㉠%
2025년	3,000	2,400	80%

※ 지속가능한 소비를 촉진하고 친환경경영 실천을 강화하기 위해 환경표지인증 제품 등의 녹색제품 구매를 적극 실천함
※ 비율은 (B/A)×100으로 계산하며, 소수점 첫째 자리에서 반올림함

〈온실가스 감축〉

구분	2023년	2024년	2025년
온실가스 배출량(tCO$_2$eq)	1,604,000	1,546,000	1,542,000
에너지 사용량(TJ)	30,000	29,000	30,000

※ 온실가스 및 에너지 감축을 위한 전사 온실가스 및 에너지 관리 체계를 구축하여 운영하고 있음

〈수질관리〉

(단위 : m^3)

구분	2023년	2024년	2025년
오수처리량(객차)	70,000	61,000	27,000
폐수처리량	208,000	204,000	207,000

※ 철도차량 등의 수선, 세차, 세척 과정에서 발생되는 폐수와 열차 화장실에서 발생되는 오수, 차량검수시설과 역 운영시설 등에서 발생되는 생활하수로 구분되며, 모든 오염원은 처리시설을 통해 기준 이내로 관리함

29 다음 중 자료를 이해한 내용으로 옳지 않은 것은?

① ㉠에 들어갈 수치는 94이다.
② 온실가스 배출량은 2023년부터 매년 줄어들었다.
③ 폐수처리량이 가장 적었던 연도에 오수처리량도 가장 적었다.
④ 2023 ~ 2025년 동안 녹색제품 구매액의 평균은 약 23억 3,300만 원이다.
⑤ 에너지 사용량의 전년 대비 증감률의 절댓값은 2024년보다 2025년이 더 크다.

30 다음 〈조건〉은 환경지표점수 산출 기준이다. 가장 점수가 높은 연도와 그하의 환경지표점수를 바르게 짝지은 것은?

> **조건**
> - 녹색제품 구매액 : 20억 원 미만이면 5점, 20억 원 이상이면 10점
> - 에너지 사용량 : 30,000TJ 이상이면 5점, 30,000TJ 미만이면 10점
> - 폐수처리량 : 205,000m³ 초과이면 5점, 205,000m³ 이하이면 10점

① 2023년 – 25점
② 2024년 – 20점
③ 2024년 – 30점
④ 2025년 – 25점
⑤ 2025년 – 30점

31 다음은 A ~ F국의 2025년 GDP와 GDP 대비 국가자산총액을 나타낸 자료이다. 이에 대한 설명으로 옳은 것을 〈보기〉에서 모두 고르면?

> **보기**
> ㄱ. GDP가 높은 국가일수록 GDP 대비 국가자산총액이 작다.
> ㄴ. A국의 GDP는 나머지 5개국 GDP의 합보다 크다.
> ㄷ. 국가자산총액은 F국이 D국보다 크다.

① ㄱ
② ㄴ
③ ㄷ
④ ㄱ, ㄴ
⑤ ㄴ, ㄷ

32 다음은 K기업 체육대회 결과 자료이다. 이에 대한 설명으로 옳은 것을 〈보기〉에서 모두 고르면?

〈종목별 체육대회 결과〉
- K기업은 청팀과 백팀으로 나누어 체육대회를 진행하였다.
- 각 팀에 속한 부서의 점수의 합산하여 청팀과 백팀의 최종점수를 산정하며, 최종점수가 더 높은 쪽이 승리한다.
- 종목별로 부서들이 획득한 승점은 다음과 같다.

구분		청팀			백팀		
		재정팀	운영팀	기획팀	전략팀	기술팀	지원팀
구기종목	축구	590	742	610	930	124	248
	배구	470	784	842	865	170	443
육상종목	50m 달리기	471	854	301	441	653	321
	100m 달리기	320	372	511	405	912	350

보기

ㄱ. 모든 종목에서 가장 높은 승점을 획득한 부서는 운영팀이며, 가장 낮은 승점을 획득한 부서는 기술팀이다.
ㄴ. 청팀이 축구에서 획득한 승점은 청팀이 구기종목에서 획득한 승점의 45% 미만이다.
ㄷ. 체육대회 결과, 백팀의 최종점수는 청팀의 최종점수의 75% 이상이다.
ㄹ. 백팀이 구기종목에서 획득한 승점은 백팀이 육상종목에서 획득한 승점의 85% 이상이다.

① ㄱ, ㄴ ② ㄱ, ㄷ
③ ㄴ, ㄷ ④ ㄴ, ㄹ
⑤ ㄷ, ㄹ

※ 다음은 K카페의 커피 종류별 하루 평균 판매량 비율과 한 잔당 가격을 나타낸 그래프이다. 이어지는 질문에 답하시오. **[33~34]**

33 K카페가 하루 평균 200잔의 커피를 판매한다고 할 때, 카페라테는 에스프레소보다 하루에 몇 잔이 더 팔리는가?

① 38잔 ② 40잔
③ 41잔 ④ 42잔
⑤ 45잔

34 K카페에서 어느 날 음료를 총 180잔을 팔았다고 할 때, 이날의 아메리카노의 매출은?(단, 매출량은 하루 평균 판매량 비율을 따른다)

① 150,000원 ② 165,000원
③ 180,000원 ④ 200,000원
⑤ 205,000원

35 다음은 A씨의 보유 반찬 및 칼로리 정보와 A씨의 하루 식단에 대한 자료이다. A씨가 하루에 섭취하는 총 열량은?

〈A씨의 보유 반찬 및 칼로리 정보〉

반찬	현미밥	미역국	고등어구이	시금치나물	버섯구이	블루베리
무게(g)	300	500	400	100	150	80
열량(kcal)	540	440	760	25	90	40
반찬	우유식빵	사과잼	된장찌개	갈비찜	깍두기	연근조림
무게(g)	100	40	200	200	50	100
열량(kcal)	350	110	176	597	50	96

〈A씨의 하루 식단〉

구분	식단
아침	우유식빵 80g, 사과잼 40g, 블루베리 60g
점심	현미밥 200g, 갈비찜 200g, 된장찌개 100g, 버섯구이 50g, 시금치나물 20g
저녁	현미밥 100g, 미역국 200g, 고등어구이 150g, 깍두기 50g, 연근조림 50g

① 1,940kcal
② 2,120kcal
③ 2,239kcal
④ 2,352kcal
⑤ 2,520kcal

03 문제해결능력

36 다음 자료를 바탕으로 이해한 내용으로 옳지 않은 것은?

수신자 : 전 부서
제목 : 전자제품 판매 프로모션 안내
해당 부서에서는 아래와 같이 전자제품 판매 프로모션을 기획하였으니 업무에 참고하시기 바랍니다.

— 아래 —

- 기간 : 2025년 7월 7일(월) ~ 8월 26일(화)
- 대상 : 행사 품목 구매 고객 중 응모한 자에 한함
- 내용 : 해당 프로모션 당첨자에게 평생 전기세 지원 명목으로 일정 금액을 증정함(무상 A/S지원 포함)
- 혜택 : 품목별 혜택이 상이함

품목	혜택	당첨자 수
냉장고	전기세 200만 원 지원, 10년 무상 A/S	2명
에어컨	전기세 200만 원 지원, 5년 무상 A/S	2명
세탁기	전기세 100만 원 지원, 5년 무상 A/S	3명
TV	전기세 50만 원 지원, 5년 무상 A/S	4명
PC	전기세 50만 원 지원, 3년 무상 A/S	4명

- 기타
  - 제세공과금(22%, 현금)은 당첨자 본인 부담
  - 지정된 행사 매장에 방문 또는 상담 시 구매 여부와 관계없이 당해 다이어리 증정(1,000부 선착순)
  - 9월 중순 당첨자 발표 예정(홈페이지 게시, 개별 통보)

별첨1. 프로모션 제품별 가격표   1부
별첨2. 지정 행사장 위치 및 진행 계획   1부
별첨3. 온라인 홍보물   1부. 끝.

---

① 이번 프로모션은 본 회사의 행사 품목 제품을 구매한 고객 중 당첨자에게 전기세를 지원하는 데 의의를 두고 있다.
② 이번 프로모션은 품목별 혜택이 서로 다르긴 하지만 공통적으로 전기세 지원과 무상 A/S를 받을 수 있다.
③ 전국 매장에 방문하거나 상담 시 구매 여부와 관계없이 다이어리를 증정한다.
④ 프로모션 당첨자는 제세공과금 22%를 현금으로 부담해야 한다는 것을 응모자들에게 사전에 알려 줄 필요가 있다.
⑤ 행사 품목 구매 고객 중 응모한 자에 한해서만 프로모션을 진행한다.

※ 다음은 K공사의 시설별 견학 안내에 대한 자료이다. 이어지는 질문에 답하시오. [37~38]

〈K공사 시설별 견학 안내〉

1. 본사 견학
   - 견학 시간 : 평일(월~금) 오전 10시~오후 4시
   - 견학 내용
     - 집단에너지 사업 및 지역난방에 관한 교육(20분 소요)
     - 홍보전시실 견학(20분 소요)
   - 대상 : 초·중·고교 학생 단체(인솔자 필수 참석)
   - 견학 가능 인원 : 15~30명
   - 접수 방법 : 견학 일정 7일 전 K공사 홈페이지 또는 공문을 통한 접수(연락 가능한 전화번호 필수 기재)
   - 담당부서 : 홍보실

2. 지사 견학
   - 견학 시간 : 평일(월~금) 오전 10시~오후 4시
   - 견학 내용 : 집단에너지 사업 및 지역난방에 관한 교육(지사별 여건에 따라 진행, 50분 소요)
   - 견학 장소 : 강남지사, 고양지사, 수원지사 등 각 지사
   - 대상 : 만 5세 이상(인솔자 필수 참석)
   - 견학 가능 인원 : 15~30명
   - 접수 방법 : 견학 일정 7일 전 K공사 홈페이지 또는 공문을 통한 접수(연락 가능한 전화번호 필수 기재)
   - 담당부서 : 각 지사 홍보과

3. 통합운영센터 견학
   - 견학 시간 : 평일(월~금) 오전 10시~오후 5시
   - 견학 내용
     - K공사 및 통합운영센터 역할 소개(30분 소요)
     - 열병합발전 전시 모형 관람 및 브리핑(30분 소요)
   - 대상 : 초·중·고교 학생 단체(인솔자 필수 참석), 일반인 단체
   - 견학 가능 인원 : 5~40명
   - 접수 방법 : 견학 일정 7일 전 K공사 홈페이지 "견학 신청"을 통해 가능(연락 가능한 전화번호 필수 기재)
   - 담당부서 : 통합운영부

37 다음 중 K공사 견학 안내에 대한 내용으로 옳은 것은?

① 모든 시설의 견학 시간은 동일하다.
② 모든 시설은 시설별 홍보과에서 담당한다.
③ 모든 견학은 인솔자가 반드시 참석해야 한다.
④ 모든 시설의 견학 신청은 K공사 홈페이지를 통해 할 수 있다.
⑤ K공사를 견학하려면 최소 10명 이상의 단체를 구성해야 한다.

38 K고등학교는 다음과 같이 견학 계획을 세웠다. 이에 대한 설명으로 옳은 것을 〈보기〉에서 모두 고르면?

〈K고등학교 견학 계획〉
• 견학 인원 : 2학년 8개 학급, 학급당 20명
• 각 학급은 9월 22일(월요일) 1일 동안 동일한 시설에서 견학을 실시한다.
• 각 학급은 1개 학급이 1개 조를 이루어 순서대로 견학을 실시한다.
• 1일 동안 모든 학생이 견학을 완료하여야 한다.

보기
ㄱ. K고등학교에서 견학 계획을 완료할 수 있는 시설은 본사뿐이다.
ㄴ. K고등학교가 9월 16일까지 K공사 홈페이지를 통해 견학 신청을 하면 견학이 가능하다.
ㄷ. 만일 각 조의 규모를 24명으로 변경하고, 마지막 조를 나머지 학생들로 구성하여 견학한다면 모든 시설에서 견학 계획을 완료할 수 있다.

① ㄴ
② ㄷ
③ ㄱ, ㄷ
④ ㄴ, ㄷ
⑤ ㄱ, ㄴ, ㄷ

※ 김대리는 사내 메신저의 보안을 위해 암호화 규칙을 만들어 동료들과 대화하기로 하였다. 이어지는 질문에 답하시오. [39~40]

〈암호화 규칙〉
- 한글 자음은 사전 순서에 따라 바로 뒤의 한글 자음으로 변환한다.
  예 ㄱ → ㄴ … ㅎ → ㄱ
- 쌍자음의 경우 자음 두 개로 풀어 표기한다.
  예 ㄲ → ㄴㄴ
- 한글 모음은 사전 순서에 따라 알파벳 a, b, c …으로 변환한다.
  예 ㅏ → a, ㅐ → b … ㅓ → t, ㅣ → u
- 겹받침의 경우 풀어 표기한다.
  예 맑다 → ㅂaㅁㄴㄹa
- 공백은 0으로 표현한다.

39 메신저를 통해 김대리가 오늘 점심 메뉴로 'ㄴuㅂㅋuㅊㅊuㄴb'를 먹자고 했을 때, 김대리가 말한 메뉴는?

① 김치김밥　　　　　　② 김치찌개
③ 계란말이　　　　　　④ 된장찌개
⑤ 부대찌개

40 김대리는 이번 주 금요일의 사내 워크숍에서 사용할 조별 구호를 '존중과 배려'로 결정하였고, 메신저를 통해 조원들에게 알리려고 한다. 다음 중 김대리가 전달할 구호를 암호화 규칙에 따라 바르게 변환한 것은?

① ㅊiㄷuㄴjㅅbㅁg　　　　② ㅊiㄷㅊnㅈㄴjㅅbㅁg
③ ㅊiㄷㅊnㅈㄴj0ㅅbㅁg　　④ ㅊiㄷㅊnㅈㄴia0ㅅbㅁg
⑤ ㅊiㄷㅊuㄴia0ㅅbㅁg

41 조선 시대에는 12시진(정시법)과 '초(初)', '정(正)', '한시진(2시간)' 등의 표현을 통해 시간을 나타내었다. 다음 중 조선 시대의 시간과 현대의 시간에 대한 비교로 옳지 않은 것은?

〈12시진〉

조선 시대 시간		현대 시간	조선 시대 시간		현대 시간
자시(子時)	초(初)	23시 1분 ~ 60분	오시(午時)	초(初)	11시 1분 ~ 60분
	정(正)	24시 1분 ~ 60분		정(正)	12시 1분 ~ 60분
축시(丑時)	초(初)	1시 1분 ~ 60분	미시(未時)	초(初)	13시 1분 ~ 60분
	정(正)	2시 1분 ~ 60분		정(正)	14시 1분 ~ 60분
인시(寅時)	초(初)	3시 1분 ~ 60분	신시(申時)	초(初)	15시 1분 ~ 60분
	정(正)	4시 1분 ~ 60분		정(正)	16시 1분 ~ 60분
묘시(卯時)	초(初)	5시 1분 ~ 60분	유시(酉時)	초(初)	17시 1분 ~ 60분
	정(正)	6시 1분 ~ 60분		정(正)	18시 1분 ~ 60분
진시(辰時)	초(初)	7시 1분 ~ 60분	술시(戌時)	초(初)	19시 1분 ~ 60분
	정(正)	8시 1분 ~ 60분		정(正)	20시 1분 ~ 60분
사시(巳時)	초(初)	9시 1분 ~ 60분	해시(亥時)	초(初)	21시 1분 ~ 60분
	정(正)	10시 1분 ~ 60분		정(正)	22시 1분 ~ 60분

① 한 초등학교의 점심시간이 오후 1시부터 2시까지라면, 조선 시대 시간으로 미시(未時)에 해당한다.
② 조선 시대에 어떤 사건이 인시(寅時)에 발생하였다면, 현대 시간으로는 오전 3시와 5시 사이에 발생한 것이다.
③ 현대인이 오후 2시부터 4시 30분까지 운동을 하였다면, 조선 시대 시간으로 미시(未時)부터 유시(酉時)까지 운동을 한 것이다.
④ 축구 경기가 연장 없이 각각 45분의 전반전과 후반전으로 진행되었다면, 조선 시대 시간으로 한시진이 채 되지 않은 것이다.
⑤ 현대인이 오후 8시 30분에 저녁을 먹었다면, 조선 시대 시간으로 술시(戌時) 정(正)에 저녁을 먹은 것이다.

※ 다음 그림과 〈조건〉을 보고 이어지는 질문에 답하시오. [42~43]

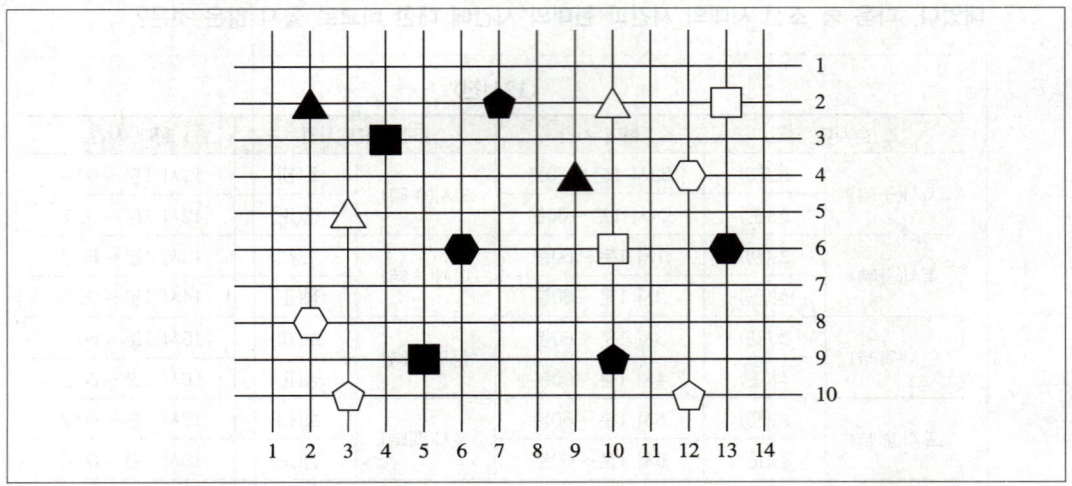

조건
1. W는 White, B는 Black이다.
2. 알파벳 뒤에 숫자는 도형의 각의 개수이다.
3. 좌표는 도형이 위치해 있는 열과 행을 가리킨다.

42 다음 중 그림에 대한 좌표로 옳은 것은?

① W3(3, 6)
② B3(8, 4)
③ W5(13, 6)
④ B6(2, 8)
⑤ W6(12, 4)

43 다음 중 그림과 일치하지 않은 좌표는?

① B4(5, 9), B5(7, 2), B6(13, 6)
② W3(3, 5), W4(10, 6), W5(12, 10)
③ W4(13, 2), W5(3, 10), W6(13, 6)
④ B3(2, 2), B3(9, 4), B6(6, 6)
⑤ W4(10, 6), B5(7, 2), B6(6, 6)

44. 다음은 고용노동부에서 제공하는 퇴직금 산정 기준과, K공사 직원 5명의 관련 정보이다. 다섯 명 모두 미사용 연차 일수가 5일일 때, 퇴직금이 두 번째로 적은 직원은?(단, 모든 계산은 소수점 첫째 자리에서 반올림한다)

⟨퇴직금 산정 기준⟩

- (퇴직금) = (1일 평균임금) × 30 × $\dfrac{(근속연수)}{(1년)}$
- (1일 평균임금) = (A+B+C) ÷ 90
  - A = (3개월간의 임금 총액) = [(기본급) + (기타수당)] × 3
  - B = (연간 상여금) × $\dfrac{(3개월)}{(12개월)}$
  - C = (연차수당) × (미사용 연차 일수) × $\dfrac{(3개월)}{(12개월)}$

⟨K공사 직원 퇴직금 관련 정보⟩

구분	근속연수	기본급	기타수당	연차수당	연간 상여금
최과장	12년	3,000,000원	–	140,000원	1,800,000원
박과장	10년	2,700,000원	–	115,000원	1,500,000원
홍대리	8년	2,500,000원	450,000원	125,000원	1,350,000원
신대리	6년	2,400,000원	600,000원	97,500원	1,200,000원
양주임	3년	2,100,000원	–	85,000원	900,000원

① 최과장　　　　　　　　　　② 박과장
③ 홍대리　　　　　　　　　　④ 신대리
⑤ 양주임

45 K기업은 가전전시회에서 자사의 제품을 출품하기로 하였다. 자사의 제품을 보다 효과적으로 홍보하기 위하여 다음과 같이 행사장의 A~G 중 세 곳에서 홍보판촉물을 배부하기로 하였다. 가장 많은 사람들에게 홍보판촉물을 나눠 줄 수 있는 위치는?

- 전시관은 제1전시관 → 제2전시관 → 제3전시관 → 제4전시관 순서로 배정되어 있다.
- 행사장 출입구는 한 곳이며, 다른 곳으로는 출입이 불가능하다.
- 방문객은 행사장 출입구로 들어와서 시계 반대 방향으로 돌며, 4개의 전시관 중 2개의 전시관만을 골라 관람한다.
- 방문객은 자신이 원하는 2개의 전시관을 모두 관람하면 행사장 출입구를 통해 나가기 때문에 한 바퀴를 초과해서 도는 방문객은 없다.
- 방문객은 전시관 입구로 들어가면 출구로 나오기 때문에 전시관의 입구와 출구 사이에 있는 외부 통로를 동시에 지나치지 않는다.
- 행사장에는 시간당 평균 400명이 방문하며, 각 전시관의 시간당 평균 방문객 수는 다음과 같다.

제1전시관	제2전시관	제3전시관	제4전시관
100명	250명	150명	300명

① A, B, C
② A, D, G
③ B, C, E
④ B, D, F
⑤ C, D, G

46 K공단에서 근무하고 있는 김인턴은 경기본부로 파견 근무를 나가고자 한다. 〈조건〉에 따라 파견일을 결정할 때, 다음 중 김인턴이 경기본부 파견 근무를 갈 수 있는 기간으로 옳은 것은?

〈10월 달력〉

일요일	월요일	화요일	수요일	목요일	금요일	토요일
				1	2	3
4	5	6	7	8	9	10
11	12	13	14	15	16	17
18	19	20	21	22	23	24
25	26	27	28	29	30	31

조건
- 김인턴은 10월 중에 경기본부로 파견 근무를 나간다.
- 파견 근무는 2일 동안 진행되며, 이틀 동안 연이어 진행하여야 한다.
- 파견 근무는 주중에만 진행된다.
- 김인턴은 10월 1일부터 10월 7일까지 연수에 참석하므로 해당 기간에는 근무를 진행할 수 없다.
- 김인턴은 10월 27일부터는 부서이동을 하므로, 27일부터는 파견 근무를 포함한 모든 담당 업무를 후임자에게 인계하여야 한다.
- 김인턴은 목요일마다 H본부로 출장을 가며, 출장일에는 파견 근무를 수행할 수 없다.

① 10월 6~7일
② 10월 11~12일
③ 10월 14~15일
④ 10월 20~21일
⑤ 10월 27~28일

47 갑은 효율적인 월급 관리를 위해 펀드에 가입하고자 한다. A~D펀드 중에 하나를 골라 가입하려고 하는데, 안정적이고 우수한 펀드에 가입하기 위해 〈조건〉에 따라 비교하여 다음과 같은 결과를 얻었다. 〈보기〉에서 옳은 것을 모두 고르면?

> **조건**
> - 두 펀드를 비교하여 우열을 가릴 수 있으면 우수한 쪽에는 5점, 아닌 쪽에는 2점을 부여한다.
> - 두 펀드를 비교하여 어느 한 쪽이 우수하다고 말할 수 없는 경우에는 둘 다 0점을 부여한다.
> - 각 펀드는 다른 펀드 중 두 개를 골라 총 4번의 비교를 했다.
> - 총합의 점수로는 우열을 가릴 수 없으며 각 펀드와의 비교를 통해서만 우열을 가릴 수 있다.

〈결과〉

A펀드	B펀드	C펀드	D펀드
7점	7점	4점	10점

> **보기**
> ㄱ. D펀드는 C펀드보다 우수하다.
> ㄴ. B펀드가 D펀드보다 우수하다고 말할 수 없다.
> ㄷ. A펀드와 B펀드의 우열을 가릴 수 있으면 A~D까지의 우열순위를 매길 수 있다.

① ㄱ
② ㄱ, ㄴ
③ ㄱ, ㄷ
④ ㄴ, ㄷ
⑤ ㄱ, ㄴ, ㄷ

48 K공사에 근무하는 A대리는 국내 자율주행자동차 산업에 대한 SWOT 분석 결과를 토대로 국내 자율주행자동차 산업 발달을 위한 방안을 고안하는 중이다. A대리가 SWOT 분석에 의한 경영전략에 따라 판단하였다고 할 때, 다음 〈보기〉 중 적절하지 않은 판단을 모두 고르면?

〈국내 자율주행자동차 산업에 대한 SWOT 분석 결과〉

구분	분석 결과
강점(Strength)	• 민간 자율주행기술 R&D지원을 위한 대규모 예산 확보 • 국내외에서 우수한 평가를 받는 국내 자동차기업 존재
약점(Weakness)	• 국내 민간기업의 자율주행기술 투자 미비 • 기술적 안전성 확보 미비
기회(Opportunity)	• 국가의 지속적 자율주행자동차 R&D 지원법안 본회의 통과 • 완성도 있는 자율주행기술을 갖춘 외국 기업들의 등장
위협(Threat)	• 자율주행차에 대한 국민들의 심리적 거부감 • 자율주행차에 대한 국가의 과도한 규제

〈SWOT 분석에 의한 경영전략〉

• SO전략 : 기회를 이용해 강점을 활용하는 전략
• ST전략 : 강점을 활용하여 위협을 최소화하거나 극복하는 전략
• WO전략 : 기회를 활용하여 약점을 보완하는 전략
• WT전략 : 약점을 최소화하고 위협을 회피하는 전략

보기

ㄱ. 자율주행기술 수준이 우수한 외국 기업과의 기술이전협약을 통해 국내 우수 자동차기업들의 자율주행기술 연구 및 상용화 수준을 향상시키려는 전략은 SO전략에 해당한다.
ㄴ. 민간의 자율주행기술 R&D를 적극 지원하여 자율주행기술의 안전성을 높이려는 전략은 ST전략에 해당한다.
ㄷ. 자율주행자동차 R&D를 지원하는 법률을 토대로 국내 기업의 기술개발을 적극 지원하여 안전성을 확보하려는 전략은 WO전략에 해당한다.
ㄹ. 자율주행기술개발에 대한 국내기업의 투자가 부족하므로 국가기관이 주도하여 기술개발을 추진하는 전략은 WT전략에 해당한다.

① ㄱ, ㄴ
② ㄱ, ㄷ
③ ㄴ, ㄷ
④ ㄴ, ㄹ
⑤ ㄱ, ㄴ, ㄹ

49 K제품을 운송하는 Q씨는 업무상 편의를 위해 고객의 주문 내역을 임의의 기호로 기록하고 있다. 다음과 같은 주문 전화가 왔을 때 Q씨가 기록한 기호로 옳은 것은?

〈임의기호〉

재료	연강	고강도강	초고강도강	후열처리강
	MS	HSS	AHSS	PHTS
판매량	낱개	1묶음	1box	1set
	01	10	11	00
지역	서울	경기남부	경기북부	인천
	E	S	N	W
윤활유 사용	청정작용	냉각작용	윤활작용	밀폐작용
	P	C	I	S
용도	베어링	스프링	타이어코드	기계구조
	SB	SS	ST	SM

※ Q씨는 [재료] – [판매량] – [지역] – [윤활유 사용] – [용도]의 순서로 기호를 기록함

〈주문전화〉

어이~ Q씨 나야, 나. 인천 지점에서 같이 일했던 P. 내가 필요한 것이 있어서 전화했어. 일단 서울 지점의 B씨가 스프링으로 사용할 제품이 필요하다고 하는데 한 박스 정도면 될 것 같아. 이전에 주문했던 대로 연강에 윤활용으로 윤활유를 사용한 제품으로 부탁하네. 나는 이번에 경기 남쪽으로 가는데 거기에 있는 내 사무실 알지? 거기로 초고강도강 타이어코드용으로 1세트 보내줘. 튼실한 걸로 밀폐용 윤활유 사용해서 부탁해. 저번에 냉각용으로 사용한 제품은 생각보다 좋진 않았어.

① MS11EISB, AHSS00SSST
② MS11EISS, AHSS00SSST
③ MS11EISS, HSS00SSST
④ MS11WISS, AHSS10SSST
⑤ MS11EISS, AHSS00SCST

50 다음은 도서코드(ISBN)에 대한 자료이다. 도서코드가 아래와 같을 때, 주문한 도서에 대한 설명으로 옳은 것은?

⟨[예시] 도서코드(ISBN)⟩

국제표준도서번호					부가기호		
접두부	국가번호	발행자번호	서명식별번호	체크기호	독자대상	발행형태	내용분류
123	12	1234567		1	1	1	123

*국제표준도서번호는 5개의 군으로 나누어지고 군마다 '-'로 구분함

⟨도서코드(ISBN) 세부사항⟩

접두부	국가번호	발행자번호	서명식별번호	체크기호
978 또는 979	한국 89 미국 05 중국 72 일본 40 프랑스 22	발행자번호 – 서명식별번호 7자리 숫자 예 8491 – 208 : 발행자번호가 8491번인 출판사에서 208번째 발행한 책		0~9

독자대상	발행형태	내용분류
0 교양 1 실용 2 여성 3 (예비) 4 청소년 5 중고등 학습참고서 6 초등 학습참고서 7 아동 8 (예비) 9 전문	0 문고본 1 사전 2 신서판 3 단행본 4 전집 5 (예비) 6 도감 7 그림책, 만화 8 혼합자료, 점자자료, 전자책, 마이크로자료 9 (예비)	030 백과사전 100 철학 170 심리학 200 종교 360 법학 470 생명과학 680 연극 710 한국어 770 스페인어 740 영미문학 720 유럽사

⟨주문도서⟩

978 – 05 – 441 – 1011 – 3   14710

① 한국에서 출판한 도서이다.
② 441번째 발행된 도서이다.
③ 발행자번호는 총 7자리이다.
④ 한 권으로만 출판되지는 않았다.
⑤ 한국어로 되어 있다.

제3회 핵심영역 NCS 최종모의고사

문항 수 : 50문항 응시시간 : 50분

정답 및 해설 p.024

01 의사소통능력

01 다음 글의 ㉠~㉤의 수정 방안으로 적절하지 않은 것은?

> 요즘은 안심하고 야외 활동을 즐기기가 어려워졌다. 초미세먼지로 인해 우리나라의 대기 오염이 부쩍 ㉠ 심각해졌다. 공기의 질은 우리 삶의 질과 직결되어 있다. 그렇기 때문에 우리는 초미세먼지가 어떤 것이고 얼마나 위험한지를 알아야 하며, 생활 속 초미세먼지에 대한 대응 방안 또한 알아야 한다.
> 초미세먼지란 입자의 크기가 매우 작은 먼지를 말한다. 입자가 큰 일반적인 먼지는 코나 기관지에서 걸러지지만, 초미세먼지는 걸러지지 않는다. 그래서 초미세먼지는 인체에 미치는 유해성이 매우 크다. ㉡ 초미세먼지는 호흡기의 가장 깊은 곳까지 침투해 혈관으로 들어간다.
> 우리나라의 초미세먼지는 중국에서 ㉢ 날라온 것들도 있지만 국내에서 발생한 것들도 많다. 화석 연료를 사용하며 배출된 공장 매연이 초미세먼지의 주요한 국내 발생원이다. 현재 정부에서는 매연을 통한 오염 물질의 배출 총량을 규제하고 대체 에너지원 개발을 장려하는 등 초미세먼지를 줄이기 위한 노력을 하고 있다. 초미세먼지를 줄이기 위해서는 정부의 노력뿐만 아니라 우리의 노력도 필요하다. 과도한 난방을 자제하고, ㉣ 주·정차시 불필요하게 자동차 시동을 걸어 놓는 공회전을 줄이기 위한 캠페인 활동에 참여하는 것 등이 우리가 할 수 있는 일이다.
> 생활 속에서 초미세먼지에 적절히 대응하기 위해서는 매일 초미세먼지에 대한 기상 예보를 확인하는 것을 습관화해야 한다. 특히 초미세먼지가 '나쁨' 단계 이상일 때는 외출을 삼가고 부득이 외출할 때는 특수 마스크를 착용해야 한다. ㉤ 그리고 초미세먼지로부터 우리 몸을 보호하기 위해 물을 충분히 마시고, 항산화 식품을 자주 섭취하는 것이 좋다. 항산화 식품으로는 과일과 채소가 대표적이다. 자신의 건강도 지키고 깨끗한 공기도 만들기 위한 실천을 시작해 보자.

① ㉠ : 호응 관계를 고려하여 '심각해졌기 때문이다'로 고친다.
② ㉡ : 문장의 연결 관계를 고려하여 앞의 문장과 위치를 바꾼다.
③ ㉢ : 맞춤법에 어긋나므로 '날아온'으로 고친다.
④ ㉣ : 띄어쓰기가 옳지 않으므로 '주·정차 시'로 고친다.
⑤ ㉤ : 앞 문장과의 관계를 고려하여 '그러므로'로 고친다.

02 다음 글의 빈칸에 들어갈 내용으로 가장 적절한 것은?

> 오존층 파괴의 주범인 프레온 가스로 대표되는 냉매는 그 피해를 감수하고도 사용할 수밖에 없는 필요악으로 인식되어 왔다. 지구 온난화 문제를 해결할 수 있는 대체 물질이 요구되는 이러한 상황에서 최근 이를 만족할 수 있는 4세대 신냉매가 새롭게 등장해 각광을 받고 있다. 그중 온실가스 배출량을 크게 줄인 대표적인 4세대 신냉매가 수소불화올레핀(HFO)계 냉매이다.
> HFO는 기존 냉매에 비해 비싸고 불에 탈 수 있다는 단점이 있으나, 온실가스 배출이 거의 없고 에너지 효율성이 높은 장점이 있다. 이러한 장점으로 4세대 신냉매에 대한 관심이 최근 급격히 증가하고 있다. 지난 2003~2017년 중 냉매 관련 특허 출원 건수는 총 686건이었고, 온실가스 배출량을 크게 줄인 4세대 신냉매 관련 특허 출원들은 꾸준히 늘어나고 있다. 특히 2008년부터 HFO계 냉매를 포함한 출원 건수가 큰 폭으로 증가하면서 같은 기간의 HFO계 비중이 65%까지 증가했다. 이러한 출원 경향은 국제 규제로 2008년부터 온실가스를 많이 배출하는 기존 3세대 냉매의 생산과 사용을 줄이면서 4세대 신냉매가 필수적으로 요구됐기 때문으로 분석된다.
> 냉매는 자동차·냉장고·에어컨 등 우리 생활 곳곳에 사용되는 물질로서 시장 규모가 대단히 크지만, 최근 환경 피해와 관련된 엄격한 국제 표준이 요구되고 있다. 우수한 친환경 냉매가 조속히 개발될 수 있도록 관련 특허 동향을 제공해야 할 것이며, 4세대 신냉매 개발은 _____

① 인공지능 기술의 확장을 열게 될 것이다.
② 엄격한 환경 국제 표준을 약화시킬 것이다.
③ 또 다른 오존층 파괴의 원인으로 이어질 것이다.
④ 지구 온난화 문제 해결의 열쇠가 될 것이다.
⑤ 새로운 일자리 창출에 많은 도움이 될 것이다.

03 다음은 K공사 사보에 게시된 내용 중 일부이다. 이를 이해한 내용으로 적절하지 않은 것은?

> 리더는 자신이 가진 권위로 인해 쉽게 힘에 의존하는 경우가 있는데, 이런 리더를 권위적이라 부른다. 대화나 공감보다는 힘을 앞세워 문제를 해결하려 하거나, 구성원들과 인간적인 측면의 교류보다는 권력을 가진 상위자로서 대접받고 싶어 한다는 말이다. 이는 개인의 성향과도 밀접한 관련이 있지만, 그렇지 않은 사람도 분위기에 휩쓸리다 보면 자신도 모르는 사이에 권위주의적으로 바뀔 수 있다. 리더십은 개인의 스타일 외에 조직문화에 의해서도 영향을 받기 때문이다.
> 종종 신문 지상을 장식하는 기업들처럼 '시키면 시키는 대로 하는' 조직문화에서 리더의 명령은 절대적인 힘을 가질 수밖에 없다. 구성원들이 리더의 요구 사항에 적절하게 대응하지 못하는 경우 리더는 권위에 대한 유혹을 느낀다. 이러한 과정에서 구성원들에게 욕설이나 협박, 인간적인 모욕감을 안겨주는 일이 일어날 수 있다. 그러다 보면 해야 할 말이 있어도 입을 꼭 다물고 말을 하지 않는 '침묵 효과'나, 무엇을 해도 소용이 없을 것이라 여겨 저항 없이 시킨 일만 하는 '학습된 무기력'의 증상이 구성원들에게 나타날 수 있다.
> 조직에서 성과를 끌어내기 위한 가장 좋은 방법은 구성원들 스스로 목표를 인식(認識)하고 자발적으로 맡은 일에 전념함으로써 성과를 창출해 내도록 만드는 것이다. 리더가 구성원들의 머리와 가슴을 사로잡아 스스로 업무에 헌신(獻身)하도록 만들어야 하는데, 그러자면 리더는 덕(德)을 베풀 줄 알아야 한다.
> 한비자(韓非子)는 '덕(德)은 득(得)이다.'라고 말했다. 이는 덕이 단순히 도덕적인 품성을 갖추는 것뿐만 아니라 덕을 갖추면 얻는 것이 있다는 것을 나타낸다. 여기에서 얻을 수 있는 것이란 무엇일까? 다름 아닌 '사람'이다. 리더가 덕을 베풀면 구성원들은 마음을 열고 리더의 편이 된다. 구성원들이 리더의 편이 되면 강압적인 지시나 욕설이 아니어도 스스로 해야 할 일을 찾아 가치를 창출할 수 있게 된다.
> 권위는 자신도 모르는 사이에 외부로 드러날 수 있지만 분명한 한계를 가질 수밖에 없다. 처음에는 구성원들의 복종을 가져올 수 있겠지만, 그것에 익숙해지면 더욱 강력한 권위 없이는 그들을 통제할 수 없게 된다. 반발을 불러일으키고 일정 수준을 넘어서게 되면 더 이상 리더가 가진 권위는 통하지 않게 된다. 그렇게 되면 리더는 더욱 강력한 권위에 의지하고 싶은 욕망이 생기게 되고, 그것이 욕설이나 인격적인 모욕 등의 형태로 표출될 수밖에 없다. 이러한 것이 조직의 문화로 굳어지게 되면 그 조직은 권위 없이 움직일 수 없는 비효율적인 집단이 되고 만다. 아이오와 대학의 연구에 따르면 권위적인 리더가 이끄는 조직의 생산성은 높은 편이지만, 리더가 자리를 비우게 되면 생산성은 급격히 떨어진다고 한다. 그러므로 리더는 구성원을 다루는 데 있어 권위를 제한적으로 사용하지 않으면 안 된다.

① 리더가 덕(德)을 바탕으로 행동하면 이는 리더에 대한 충성으로 이어지게 된다.
② 권위적인 행동은 구성원들의 생산성을 떨어뜨리므로 하지 않아야 한다.
③ 리더의 강압적인 행동이나 욕설은 구성원들의 침묵과 학습된 무기력을 초래할 수 있다.
④ 덕(德)으로 조직을 이끌면 구성원들로부터 긍정적인 감정을 얻게 된다.
⑤ 지속적으로 권위적인 행동을 하는 것은 구성원의 긴장을 야기하므로 좋지 않다.

04 다음 글의 서술 전개 방식으로 가장 적절한 것은?

식물명에는 몇 가지 작명 원리가 있다. 가장 흔한 건 생김새를 보고 짓는 것이다. 그중 동물에 비유해서 지어진 이름이 많다. 강아지 꼬리를 닮은 풀이면 강아지풀, 호랑이 꼬리를 닮으면 범꼬리, 잎에 털이 부숭한 모양이 노루의 귀 같아서 노루귀, 열매가 매의 발톱처럼 뾰족해서 매발톱, 마디가 소의 무릎처럼 굵어져서 쇠무릎, 호랑이 눈을 닮은 버드나무라 해서 호랑버들이라고 부르는 것들이 그렇다.

물건에 비유해 붙이기도 한다. 혼례식 때 켜는 초롱을 닮았다 하여 초롱꽃, 조롱조롱 매달린 꽃이 은방울을 닮아서 은방울꽃, 꽃이 피기 전의 꽃봉오리가 붓 같아서 붓꽃, 꽃대가 한 줄기로 올라오는 모습이 홀아비처럼 외로워 보여서 홀아비꽃대로 불리는 것이 그렇다.

생김새나 쓰임새가 아닌 다른 특징에 의해 짓기도 한다. 애기똥풀이나 피나물은 잎을 자르면 나오는 액을 보고 지은 이름이다. 피나물은 잎을 자르면 정말로 핏빛 액이 나온다. 식물명에 '애기'가 들어가면 대개 기본종에 비해 작거나 앙증맞은 경우를 일컫는다. 애기나리, 애기중의무릇, 애기부들, 애기메꽃처럼 말이다. 그와 달리 애기똥풀의 '애기'는 진짜 애기를 가리킨다. 자르면 나오는 노란 액이 애기의 똥 같아서 붙여진 이름인 것이다.

향기가 이름이 된 경우도 있다. 오이풀을 비벼 보면 싱그러운 오이 향이 손에 묻어난다. 생강나무에서는 알싸한 생강 향기가 난다. 분꽃나무의 꽃에서는 여자의 화장품처럼 분내가 풍겨 온다. 누리장나무는 고기의 누린내가 나서 붙여진 이름이다.

소리 때문에 지어진 경우도 있다. 한지를 만드는 데 썼던 닥나무는 가지를 꺾으면 딱 하는 소리가 나서 딱나무로 불리다가 닥나무가 됐다. 꽝꽝나무는 불 속에 던져 넣으면 "꽝꽝" 하는 소리가 난다고 해서 붙여졌다. 나무에서 정말로 그런 소리가 나는지는 몰라도 잎을 태워 보면 "빵" 하는 소리가 난다. 자작나무도 소리로 인해 붙여진 이름이다. 자작나무의 껍질에는 지방분이 많아 불을 붙이면 "자자자작" 하는 소리를 내면서 탄다. 기름이 귀했던 옛날에는 자작나무 기름으로 신방(新房)의 불을 밝혔다.

① 다양한 관점들을 제시한 뒤 예를 들어 설명하고 있다.
② 대상들을 분류한 뒤 예를 들어 설명하고 있다.
③ 여러 가지 대상들의 원리에 대해 설명하고 있다.
④ 현상에 대한 해결 방안에 대해 제시하고 있다.
⑤ 대상에 대한 옳은 예와 옳지 않은 예를 제시하고 있다.

※ 다음 글을 읽고 이어지는 질문에 답하시오. [5~7]

모르모트(Marmotte)는 신약 등의 생체실험 시 사람 대신 동물실험에 쓰이는 쥐와 같은 설치류의 통칭이다. 흔히 '모르모트'라는 말을 들으면 실험체 이미지가 떠오르는 이유가 이 때문이며, 각 계층에서 실험적으로 쓰이는 모습을 비유적으로 표현할 때 '실험쥐', '모르모트' 등을 사용한다.

모르모트는 '마멋(Marmot)'에서 유래된 말이다. 더 정확하게 말하면 네덜란드에서 기니피그를 마멋이란 동물로 착각하여 마멋이라 불렀고, 일본으로 전파되어 국내에 들어오며 모르모트는 기니피그를 가리키는 말이 되었다. 즉, 모르모트는 기니피그를 칭하는 말이지만 모르모트의 어원인 마멋과는 다른 동물이라 다소 혼동의 여지가 있는 상황이 된 것이다.

기니피그는 이름만 들어서는 돼지의 일종으로 생각될 수 있으나 실제로 기니피그는 돼지보다 쥐에 가까운 설치류이고, 애완용 쥐로 잘 알려진 햄스터와는 다른 독특한 매력으로 햄스터와 더불어 애완용으로 키우는 사람들도 있으며, 쥐에 가깝다는 특성상 실험용으로 쓰이기도 한다.

기니피그와 같은 쥐가 동물실험에 쓰이는 비율은 원숭이, 돼지 등에 비해 압도적으로 높다. 그렇다면 동물실험에서 인간과 유사하다고 알려진 원숭이나 침팬지 등의 영장류를 쓰지 않고 외형부터 인간과 동떨어져 있으며 더러움의 상징 중 하나인 쥐를 동물실험으로 쓰는 이유는 무엇일까? 의외로 쥐는 인간의 유전자와 매우 흡사하다고 한다. 쥐와 인간은 약 99% 정도 유사한 유전자를 가졌으며, 약 300개의 유전자만이 다르다는 연구 결과도 있다. 심지어 인간과 쥐의 유전자 지도를 대조하여 새로 발견한 사람의 유전자가 1,000개 이상이라는 자료도 있다.

뛰어난 번식력 또한 실험용으로 쓰이는 이유 중 하나이다. 쥐는 한 번 새끼를 낳을 때 적게는 5마리에서 많게는 15마리도 넘게 낳을 수 있으며, 임신 기간 또한 30일 미만으로 짧고 새끼를 낳은 후에도 바로 임신이 가능한 생물로 알려져 있다. 또한 한 세대가 2 ~ 3년으로 짧아 어떤 약물이 세대 간에 미치는 영향을 빠르게 조사할 수 있다는 점 또한 실험 대상으로서 적합한 조건이다.

_____㉠_____ 동물윤리적인 관점에서 동물실험은 반갑지 않은 면이다. 신약 개발을 위한 동물실험은 꽤 오랫동안 동물보호 단체들이 끊임없이 던져 온 문제이며, 시민의식도 성장하면서 동물실험의 필요성에 대한 시민들의 생각 또한 달라졌다. 농림축산검역본부의 동물실험윤리위원회 운영 및 동물실험 실태조사에 따르면 동물실험에 쓰인 동물의 수는 쥐만 하더라도 연간 약 347만 마리이며, 이는 전체 동물실험의 약 71%이고, 실험에 쓰였던 다른 동물의 수까지 합치면 그 수는 결코 무시할 수 없다. 이에 농림축산검역본부는 동물실험에 대한 지침을 발표하였다. 동물실험 진행 시 규정에 따른 동물실험 계획서를 먼저 제출하여 승인 후에 비로소 동물실험을 진행할 수 있도록 한 것이다. 게다가 2022년 12월 미국 FDA는 신약 개발 시 동물실험 의무 조항을 폐지하였다.

단순히 동물을 향한 연민만으로 동물실험을 반대하는 사람이 있는 것은 아니다. 아무리 인간과 유사한 동물로 안전성을 검증했다 하더라도 인간과 동물은 엄연히 다른 종이므로 예상치 못한 위험 요인이 도사릴 수 있다는 것이다. 실제로 1950년대 독일에서는 '㉡ 탈리도마이드'라는 약품이 쥐를 통한 동물실험으로 안전성이 입증되어 약으로서 대중들에게 시판되었다. 하지만 판매 후 유통된 5년간 전 세계에서 약 12,000명의 기형아를 출산하게 된 원인으로 지목되었고 임산부 복용이 금지되었으며, 현재 매우 제한적으로 사용되고 있다. 이는 인류 역사상 손에 꼽을 만한 약물 부작용 사건으로 남게 되었다.

05 다음 중 빈칸 ㉠에 들어갈 접속어로 가장 적절한 것은?

① 예를 들면
② 그랬더니
③ 또한
④ 왜냐하면
⑤ 하지만

06 다음 중 윗글을 읽고 이해한 내용으로 적절하지 않은 것은?

① 실험실에서 동물실험에 쓰이는 설치류의 통칭은 '모르모트'이다.
② 기니피그와 마멋은 다른 종이다.
③ 쥐와 인류의 유전자는 300여 개의 유전자가 같을 정도로 매우 유사하다.
④ 2022년 상반기까지는 미국 FDA에서도 동물실험을 통해 안전성을 검증해야만 했다.
⑤ 동물실험을 거쳐 안전성을 입증한 약물도 사람에게 치명적일 수 있다.

07 다음 중 밑줄 친 ㉡과 유사한 사례로 적절하지 않은 것은?

① A푸드점은 자재관리 비용 절약을 위해 매출 실적이 저조한 햄버거 5개의 판매를 중단하였다.
② 1950년대 미국에서는 방사성 물질을 이용한 원자력 실험 장난감을 출시하였으나, 소아백혈병 발병률이 크게 늘면서 해당 장난감 판매가 금지되었다.
③ 카페인이 청소년에게 부정적인 영향을 끼친다는 연구 결과가 나오면서 교내 매점에서는 고카페인 음료를 판매할 수 없게 되었다.
④ 수은의 유해성이 끊임없이 지적되어 2020년 이후로 모든 제품의 수은 사용이 단계적으로 금지되었다.
⑤ 불에 잘 타지 않고 내마모성과 내부식성이 강한 석면은 오랫동안 쓰인 건축 자재였으나 그 위험성이 알려지며 발암 물질로 지정되고 2009년부터 사용이 금지되었다.

08 다음 글의 빈칸에 들어갈 내용으로 가장 적절한 것은?

> 소독이란 물체의 표면 및 그 내부에 있는 병원균을 죽여 전파력 또는 감염력을 없애는 것이다. 이때, 소독의 가장 안전한 형태로는 멸균이 있다. 멸균이란 대상으로 하는 물체의 표면 또는 그 내부에 분포하는 모든 세균을 완전히 죽여 무균의 상태로 만드는 조작으로, 살아 있는 세포뿐만 아니라 포자·박테리아·바이러스 등을 완전히 파괴하거나 제거하는 것이다.
> 물리적 멸균법은 열, 햇빛, 자외선, 초단파 따위를 이용하여 균을 죽여 없애는 방법이다. 열(Heat)에 의한 멸균에는 건열 방식과 습열 방식이 있는데, 건열 방식은 소각과 건식 오븐을 사용하여 멸균하는 방식이다. 건열 방식이 활용되는 예로는 미생물 실험실에서 사용하는 많은 종류의 기구를 물 없이 멸균하는 것이 있다. 이는 습열 방식을 활용했을 때 유리를 포함하는 기구가 파손되거나 금속 재질로 이루어진 기구가 습기에 의해 부식할 가능성을 보완한 방법이다. 그러나 건열 방식은 습열 방식에 비해 멸균 속도가 느리고 효율이 떨어지며, 열에 약한 플라스틱이나 고무 제품은 대상물의 변성이 이루어져 사용할 수 없다. 예를 들어 많은 세균의 내생포자는 습열 멸균 온도 조건(121℃)에서는 5분 이내에 사멸되나, 건열 방식을 활용할 경우 이보다 더 높은 온도(160℃)에서도 약 2시간 정도가 지나야 사멸되는 양상을 나타낸다. 반면, 습열 방식은 바이러스, 세균, 진균 등의 미생물들을 손쉽게 사멸시킨다. 습열은 효소 및 구조단백질 등의 필수 단백질의 변성을 유발하고, 핵산을 분해하며 세포막을 파괴하여 미생물을 사멸시킨다. 끓는 물에 약 10분간 노출하면 대개의 영양세포나 진핵포자를 충분히 죽일 수 있으나, 100℃의 끓는 물에서는 세균의 내생포자를 사멸시키지는 못한다. 따라서 물을 끓여서 하는 열처리는 _____ 멸균을 시키기 위해서는 100℃가 넘는 온도(일반적으로 121℃)에서 압력(약 $1.1\text{kg}/\text{cm}^2$)을 가해 주는 고압증기멸균기를 이용한다. 고압증기멸균기는 물을 끓여 증기를 발생시키고 발생한 증기와 압력에 의해 멸균을 시키는 장치이다. 고압증기멸균기 내부가 적정 온도와 압력(121℃, 약 $1.1\text{kg}/\text{cm}^2$)에 이를 때까지 뜨거운 포화 증기를 계속 유입시킨다. 해당 온도에서 포화 증기는 15분 이내에 모든 영양세포와 내생포자를 사멸시킨다. 고압증기멸균기에 의해 사멸되는 미생물은 고압에 의해서라기보다는 고압하에서 수증기가 얻을 수 있는 높은 온도에 의해 사멸되는 것이다.

① 더 많은 세균을 사멸시킬 수 있다.
② 멸균 과정에서 더 많은 비용이 소요된다.
③ 멸균 과정에서 더 많은 시간이 소요된다.
④ 소독을 시킬 수는 있으나, 멸균을 시킬 수는 없다.
⑤ 멸균을 시킬 수는 있으나, 소독을 시킬 수는 없다.

09 다음은 신입사원 A가 작성한 보고서의 일부이다. A사원의 보고서를 확인한 B대리는 띄어쓰기가 적절하게 사용되지 않은 것을 보고, A사원에게 문서 작성 시 유의해야 할 띄어쓰기에 대해 조언을 하려고 한다. B대리가 조언할 내용으로 적절하지 않은 것은?

> 국내의 한 운송 업체는 총 무게가 만톤에 달하는 고대 유적을 안전한 장소로 이전하는 해외 프로젝트에 성공하였습니다.
> 이번 프로젝트는 댐 건설로 인해 수몰 위기에 처한 지역의 고대 유적을 약 5km 가량 떨어진 문화공원으로 옮기는 문화유적 이송 프로젝트입니다.
> 운송 업체 관계자인 김민관 씨는 "글로벌 종합물류 기업에 걸맞은 시너지 효과를 창출하기 위해 더욱 더 노력하겠다."라고 말했습니다.

① 접사는 뒷말과 붙여 써야 하므로 '전체를 합한'의 뜻을 나타내는 접사인 '총'은 '총무게'와 같이 붙여 써야 합니다.
② 단위를 나타내는 명사는 앞말과 띄어 써야 하므로 '만톤'은 '만 톤'으로 띄어 써야 합니다.
③ '-여, -쯤, -가량'과 같은 접미사는 앞말과 붙여 써야 하므로 '5km 가량'은 '5km가량'으로 붙여 써야 합니다.
④ 성과 이름, 이에 덧붙는 호칭어, 관직명 등은 모두 붙여 써야 하므로 '김민관 씨'는 '김민관씨'와 같이 붙여 써야 합니다.
⑤ 한 단어는 붙여 써야 하므로 '더욱'을 강조하는 단어인 '더욱더'는 붙여 써야 합니다.

10 직장생활에서 필요한 의사소통능력을 문서적인 의사소통능력으로서의 문서이해능력과 문서작성능력, 언어적인 의사소통능력으로서의 경청능력, 의사표현력으로 구분할 수 있다. 다음 사례에 필요한 의사소통능력을 종류에 따라 바르게 구분한 것은?

> 출판사에 근무하는 K대리는 오늘 아침 출근하자마자 오늘의 주요 업무를 다음과 같이 정리하였다.
>
> 〈주요 업무〉
>
> ㉠ 입사 지원 이력서 메일 확인
> ㉡ 팀 회의 – 팀원 담당 업무 지시
> ㉢ 금일 출간 도서 발주서 작성
> ㉣ 유선 연락을 통한 채용 면접 일정 안내
> ㉤ 퇴근 전 업무 일지 작성

	문서적인 의사소통	언어적인 의사소통
①	㉠, ㉤	㉡, ㉢, ㉣
②	㉠, ㉢, ㉣	㉡, ㉤
③	㉠, ㉢, ㉤	㉡, ㉣
④	㉡, ㉢, ㉤	㉠, ㉣
⑤	㉡, ㉣, ㉤	㉠, ㉢

02 수리능력

11 다음은 K국의 인구성장률과 합계출산율에 대한 자료이다. 이에 대한 설명으로 옳지 않은 것은?

〈인구성장률〉
(단위 : %)

구분	2020년	2021년	2022년	2023년	2024년	2025년
인구성장률	0.53	0.46	0.63	0.53	0.45	0.39

〈합계출산율〉
(단위 : 명)

구분	2020년	2021년	2022년	2023년	2024년	2025년
합계출산율	1.297	1.187	1.205	1.239	1.172	1.052

※ 합계출산율 : 가임여성 1명이 평생 낳을 것으로 예상되는 평균 출생아 수

① K국의 인구성장률은 2022년 이후로 계속해서 감소하고 있다.
② 2020년부터 2025년까지 인구성장률이 가장 낮았던 해는 합계출산율도 가장 낮았다.
③ 2021년부터 2022년까지 합계출산율과 인구성장률의 전년 대비 증감추세는 동일하다.
④ 2020년부터 2025년까지 인구성장률과 합계출산율이 두 번째로 높은 해는 2023년이다.
⑤ 2025년의 인구성장률은 2022년 대비 40% 이상 감소하였다.

12 다음은 A~E 5개국의 경제 및 사회 지표 자료이다. 이에 대한 설명으로 옳지 않은 것은?

〈주요 5개국의 경제 및 사회 지표〉

구분	1인당 GDP(달러)	경제성장률(%)	수출(백만 달러)	수입(백만 달러)	총 인구(백만 명)
A	27,214	2.6	526,757	436,499	50.6
B	32,477	0.5	624,787	648,315	126.6
C	55,837	2.4	1,504,580	2,315,300	321.8
D	25,832	3.2	277,423	304,315	46.1
E	56,328	2.3	188,445	208,414	24.0

※ (총 GDP)=(1인당 GDP)×(총 인구)

① 경제성장률이 가장 큰 나라가 총 GDP는 가장 작다.
② 총 GDP가 가장 큰 나라의 GDP는 가장 작은 나라의 GDP보다 10배 이상 더 크다.
③ 5개국 중 수출과 수입에 있어서 규모에 따라 나열한 순위는 서로 일치한다.
④ A국이 E국보다 총 GDP가 더 크다.
⑤ 1인당 GDP에 따른 순위와 총 GDP에 따른 순위는 서로 일치한다.

13 다음은 G은행 영업부의 2024년 분기별 영업 실적을 나타낸 그래프이다. 2024년 전체 실적에서 1 ~ 2분기와 3 ~ 4분기가 각각 차지하는 비율을 바르게 나열한 것은?(단, 소수점 둘째 자리에서 반올림한다)

	1 ~ 2분기	3 ~ 4분기
①	48.6%	51.4%
②	50.1%	49.9%
③	51.4%	48.6%
④	49.9%	50.1%
⑤	50.0%	50.0%

14 지하철이 A역에는 3분마다 오고, B역에는 2분마다 오고, C역에는 4분마다 온다. 지하철이 오전 4시 30분에 처음으로 A, B, C역에 동시에 도착했다면, 5번째로 세 지하철역에서 지하철이 동시에 도착하는 시각은 언제인가?

① 4시 45분 ② 5시
③ 5시 15분 ④ 5시 18분
⑤ 5시 20분

15 다음은 K기업의 매출액과 분기별 매출액의 영업팀 구성비를 나타낸 자료이다. 연간 영업팀의 매출 순위와 1위 팀이 기록한 연간 매출액을 차례대로 나열한 것은?

① A-B-C-D, 120억 원
② B-A-C-D, 120억 원
③ B-A-D-C, 155억 원
④ D-B-A-C, 120억 원
⑤ D-B-C-A, 155억 원

16 다음은 기술개발 투자 현황 자료이다. 이를 근거로 일본의 GDP 총액을 산출하면 얼마인가?(단, 소수점 이하는 버림한다)

<기술개발 투자 및 성과>

구분	한국	미국	일본
R&D 투자 총액(억 달러)	313	3,688	1,508
GDP 대비(%)	3.37	2.68	3.44
(기술수출액)÷(기술도입액)	0.45	1.70	3.71

※ GDP 대비 : GDP 총액 대비 R&D 투자 총액의 비율

① 26,906억 달러
② 31,047억 달러
③ 37,208억 달러
④ 43,837억 달러
⑤ 45,326억 달러

17 수학시험에서 민수는 101점, 현아는 105점, 윤진이는 108점을 받았다. 성재의 점수까지 합친 평균이 105점일 때 성재의 점수는?

① 105점
② 106점
③ 107점
④ 108점
⑤ 109점

18 K회사는 신입사원들을 대상으로 3개월 동안 의무적으로 강연을 듣게 하였다. 강연은 월요일과 수요일에 1회씩 열리고 금요일에는 격주로 1회씩 열리고 8월 1일이 월요일이라고 할 때, 처음 강연을 들은 신입사원들이 13번째 강연을 듣는 날은?(단, 강연을 시작한 첫 주의 금요일에는 강연이 열리지 않았다)

① 8월 31일
② 9월 2일
③ 9월 5일
④ 9월 7일
⑤ 9월 9일

19 다음은 전 산업 노동생산성을 비교한 자료이다. 이에 대한 설명으로 옳지 않은 것은?

〈전 산업 노동생산성 비교〉

(단위 : US$/PPP)

구분		2021년	2022년	2023년	2024년	2025년
한국	노동생산성	44,103	45,787	47,536	48,333	48,627
	노동생산성 지수	92.78	96.32	100.0	101.68	102.30
일본	노동생산성	54,251	55,116	56,209	55,749	53,017
	노동생산성 지수	96.52	98.06	100.0	99.18	94.32
독일	노동생산성	56,570	58,116	58,686	58,454	55,702
	노동생산성 지수	96.39	99.03	100.0	99.60	94.92
미국	노동생산성	77,444	78,052	78,700	79,032	79,876
	노동생산성 지수	98.40	99.18	100.0	100.42	101.49
중국	노동생산성	6,514	7,276	8,247	N/A	9,733
	노동생산성 지수	78.99	88.23	100.0	N/A	118.02

※ N/A(Not Available) – 참고 예상 수치 없음
※ 노동생산성 지수는 2020년을 기준으로 함

① 2023년을 기점으로 볼 때, 2021년 독일의 노동생산성 지수는 일본보다 약간 앞서 있었다.
② 독일, 일본의 노동생산성은 2023년을 기점으로 하향 추세를 보이고 있다.
③ 2021년에 비해 2025년에 노동생산성이 4,000포인트 이상 변동된 나라는 1개뿐이다.
④ 2022년의 각 나라의 노동생산성 지수가 전년에 비해 가장 크게 변한 나라와 가장 적게 변한 나라의 증감량의 차이는 8포인트 이상이다.
⑤ 우리나라의 전 산업 노동생산성 지수는 소폭의 상승세이나, 중국은 상대적으로 큰 폭으로 상승하는 추세이다.

20 다음은 2025년 A~E 테니스 팀의 인원수 및 총연봉과 각각의 전년 대비 증가율을 나타낸 자료이다. 이에 대한 설명으로 옳지 않은 것은?

〈2025년 테니스 팀 A~E의 인원수 및 총연봉〉

(단위 : 명, 억 원)

테니스 팀	인원수	총연봉
A	5	15
B	10	25
C	10	24
D	6	30
E	6	24

※ (팀 선수 평균 연봉) = $\dfrac{(총연봉)}{(선수 인원수)}$

〈2025년 테니스 팀 A~E의 인원수 및 총연봉의 전년 대비 증가율〉

① 2025년의 테니스 팀 선수당 평균 연봉은 D팀이 가장 많다.
② 2025년의 C팀과 D팀의 전년 대비 증가한 인원수는 동일하다.
③ 2025년의 A팀의 평균 연봉은 전년 대비 증가하였다.
④ 2025년의 인원수가 전년 대비 가장 많이 증가한 팀은 총연봉도 가장 많이 증가하였다.
⑤ 2024년의 총연봉은 A팀이 E팀보다 많다.

21. K씨는 콘택트 렌즈를 구매하려 한다. 아래 표를 보고 가격을 비교하여 1년 동안 가장 적은 비용으로 사용할 수 있는 렌즈는 무엇인가?(단, 1년 동안 똑같은 제품만을 사용하며 1년은 52주이다)

렌즈	가격	착용기한	서비스
A	30,000원	1달	–
B	45,000원	2달	1+1
C	20,000원	1달	1+2(3월, 7월, 11월에만)
D	5,000원	1주	–
E	65,000원	2달	1+2

① A
② B
③ C
④ D
⑤ E

22. 표준 업무시간이 80시간인 업무를 각 부서에 할당해 본 결과가 다음과 같을 때, 업무효율이 가장 높은 부서는?

〈부서별 업무시간 분석 결과〉

구분		A	B	C	D	E
투입인원(명)		2	3	4	3	5
개인별 업무시간(시간)		41	30	22	27	17
회의	횟수(회)	3	2	1	2	3
	소요시간(시간/회)	1	2	4	1	2

- (업무효율) = $\dfrac{(\text{표준 업무시간})}{(\text{총 투입시간})}$
- (총투입시간) = (개인별 투입시간) × (투입인원)
  ※ 개인별 투입시간 : (개인별 업무시간) + (회의 횟수) × (회의 소요시간)
- 부서원은 업무를 분담하여 동시에 수행할 수 있음
- 투입된 인원의 개인별 업무능력과 인원당 소요시간은 동일함

① A부서
② B부서
③ C부서
④ D부서
⑤ E부서

23 다음은 대형마트 이용자를 대상으로 소비자 만족도를 조사한 결과이다. 이에 대한 설명으로 옳은 것은?(단, 소수점 둘째 자리에서 반올림한다)

〈대형마트 업체별 소비자 만족도〉

(단위 : 점 / 5점 만점)

업체명	종합만족도	서비스 품질					서비스 쇼핑 체험
		쇼핑 체험 편리성	상품경쟁력	매장환경/시설	고객접점직원	고객관리	
A마트	3.72	3.97	3.83	3.94	3.70	3.64	3.48
B마트	3.53	3.84	3.54	3.72	3.57	3.58	3.37
C마트	3.64	3.96	3.73	3.87	3.63	3.66	3.45
D마트	3.56	3.77	3.75	3.44	3.61	3.42	3.33

〈대형마트 인터넷 / 모바일쇼핑 소비자 만족도〉

(단위 : %, 점 / 5점 만점)

분야별 이용 만족도	이용률	A마트	B마트	C마트	D마트
인터넷쇼핑	65.4	3.88	3.80	3.88	3.64
모바일쇼핑	34.6	3.95	3.83	3.91	3.69

① 인터넷쇼핑과 모바일쇼핑의 소비자 만족도가 가장 큰 차이를 보이는 곳은 D마트이다.
② 종합만족도는 5점 만점에 평균 3.61점이며, 업체별로는 A마트가 가장 높고, C마트, B마트, D마트 순서로 나타났다.
③ 서비스 품질 부문에 있어 대형마트는 평균적으로 쇼핑 체험 편리성에 대한 만족도가 상대적으로 가장 높게 평가되었으며, 반대로 고객접점직원 서비스가 가장 낮게 평가되었다.
④ 대형마트를 이용하면서 느낀 감정이나 기분을 반영한 서비스 쇼핑 체험 부문의 만족도는 평균 3.41점으로, 서비스 품질 부문들보다 낮았다.
⑤ 대형마트 인터넷쇼핑 이용률이 65.4%로 모바일쇼핑에 비해 높으나, 만족도에서는 모바일쇼핑이 평균 0.1점 더 높게 평가되었다.

24 출장을 가는 K사원은 오후 2시에 출발하는 KTX를 타기 위해 오후 12시 30분에 역에 도착하였다. K사원은 남은 시간을 이용하여 음식을 포장해 오려고 하는데, 역에서 음식점까지의 거리는 아래와 같으며, 음식을 포장하는 데 15분이 걸린다고 한다. K사원이 시속 3km로 걸어서 갔다 올 때, 구입할 수 있는 음식의 종류는?

음식점	G김밥	P빵집	N버거	M만두	B도시락
거리	2km	1.9km	1.8km	1.95km	1.7km

① 김밥, 빵
② 김밥, 햄버거
③ 빵, 만두
④ 만두, 도시락
⑤ 햄버거, 도시락

25 다음은 연도별 평균 기온 추이를 나타낸 자료이다. 이에 대한 설명으로 옳지 않은 것은?(단, 각 계절의 날짜 수는 모두 같다고 가정한다)

〈연도별 평균 기온 추이〉

(단위 : ℃)

구분	2021년	2022년	2023년	2024년	2025년
연평균	13.3	12.9	12.5	12.4	12.4
봄	12.5	12.6	10.8	10.7	12.2
여름	23.7	23.3	24.9	24.0	24.7
가을	15.2	14.8	14.5	15.3	13.7
겨울	1.9	0.7	−0.4	( )	−1.0

① 2025년의 봄의 평균 기온은 2023년보다 1.4℃ 상승했다.
② 2024년의 겨울의 평균 기온은 −0.4℃이다.
③ 연평균 기온은 2024년까지 감소하는 추이를 보이고 있다.
④ 가을의 평균 기온은 계속해서 감소하고 있다.
⑤ 2025년에 가을의 평균 기온이 전년 대비 감소한 정도는 여름의 평균 기온이 전년 대비 상승한 정도를 초과한다.

03 문제해결능력

26 어느 도시에 있는 병원의 공휴일 진료 현황은 다음과 같다. 공휴일에 진료하는 병원의 수는?

- B병원이 진료를 하지 않으면, A병원은 진료를 한다.
- B병원이 진료를 하면, D병원은 진료를 하지 않는다.
- A병원이 진료를 하면, C병원은 진료를 하지 않는다.
- C병원이 진료를 하지 않으면, E병원이 진료를 한다.
- E병원은 공휴일에 진료를 하지 않는다.

① 1곳　　　　　　　　　　② 2곳
③ 3곳　　　　　　　　　　④ 4곳
⑤ 5곳

27 K대학교의 기숙사에 거주하는 A ~ D는 1층부터 4층에 매년 새롭게 방을 배정받고 있으며, 올해도 방을 배정받는다. 다음 〈조건〉을 참고할 때, 반드시 참인 것은?

조건
- 한 번 배정받은 층에는 다시 배정받지 않는다.
- A와 D는 2층에 배정받은 적이 있다.
- B와 C는 3층에 배정받은 적이 있다.
- A와 B는 1층에 배정받은 적이 있다.
- A, B, D는 4층에 배정받은 적이 있다.

① C는 4층에 배정될 것이다.
② D는 3층에 배정받은 적이 있을 것이다.
③ D는 1층에 배정받은 적이 있을 것이다.
④ C는 2층에 배정받은 적이 있을 것이다.
⑤ 기숙사에 3년 이상 산 사람은 A밖에 없다.

28 다음은 아동수당에 대한 매뉴얼이다. 〈보기〉 중에서 고객의 문의에 대한 처리로 옳은 것을 모두 고르면?

〈아동수당〉
- 아동수당은 만 6세 미만 아동의 보호자에게 월 10만 원의 수당을 지급하는 제도이다.
- 아동수당은 보육료나 양육수당과는 별개의 제도로서 다른 복지급여를 받고 있어도 수급이 가능하지만, 반드시 신청을 해야 혜택을 받을 수 있다.
- 6월 20일부터 사전 신청 접수가 시작되고, 9월 21일부터 수당이 지급된다.
- 아동수당 수급대상 아동을 보호하고 있는 보호자나 대리인은 20일부터 아동 주소지 읍·면·동 주민센터에서 방문 신청 또는 복지로 홈페이지 및 모바일 앱에서 신청할 수 있다.
- 아동수당 제도 첫 도입에 따라 초기에 아동수당 신청이 한꺼번에 몰릴 것으로 예상되어 연령별 신청기간을 운영한다(연령별 신청기간은 만 0~1세는 20~25일, 만 2~3세는 26~30일, 만 4~5세는 7월 1~5일, 전 연령은 7월 6일부터이다).
- 아동수당은 신청한 달의 급여분(사전신청은 제외)부터 지급한다. 따라서 9월분 아동수당을 받기 위해서는 9월 말까지 아동수당을 신청해야 한다(단, 소급 적용은 되지 않는다).
- 아동수당 관련 신청서 작성 요령이나 수급 가능성 등 자세한 내용은 아동수당 홈페이지에서 확인 가능하다.

보기
고객 : 저희 아이가 만 5세인데요. 아동수당을 지급받을 수 있나요?
(가) : 네, 만 6세 미만의 아동이면 9월 21일부터 10만 원의 수당을 지급받을 수 있습니다.
고객 : 제가 보육료를 지원받고 있는데, 아동수당도 받을 수 있는 건가요?
(나) : 아동수당은 보육료와는 별개의 제도로 신청만 하면 수당을 받을 수 있습니다.
고객 : 그럼 아동수당을 신청하려면 어떻게 해야 하나요?
(다) : 아동 주소지의 주민센터를 방문하거나 복지로 홈페이지 또는 모바일 앱에서 신청하시면 됩니다.
고객 : 따로 정해진 신청기간은 없나요?
(라) : 6월 20일부터 사전 신청 접수가 시작되고, 9월 말까지 아동수당을 신청하면 되지만 소급 적용이 되지 않습니다. 10월에 신청하시면 9월 아동수당은 지급받을 수 없으므로 9월 말까지 신청해 주시면 될 것 같습니다.
고객 : 네, 감사합니다.
(마) : 아동수당 관련 신청서 작성 요령이나 수급 가능성 등의 자세한 내용은 메일로 문의해 주세요.

① (가), (나)
② (가), (다)
③ (가), (나), (다)
④ (나), (다), (라)
⑤ (나), (다), (마)

29 K공장에서 제조하는 볼트의 일련번호는 다음과 같이 구성된다. 일련번호는 형태 – 허용압력 – 직경 – 재질 – 용도 순으로 표시할 때, 다음 중 직경이 14mm이고, 자동차에 쓰이는 스테인리스 볼트의 일련번호로 옳은 것은?

형태	나사형	육각	팔각	별
	SC	HX	OT	ST
허용압력(kg/cm²)	10~20	21~40	41~60	61 이상
	L	M	H	P
직경(mm)	8	10	12	14
	008	010	012	014
재질	플라스틱	크롬 도금	스테인리스	티타늄
	P	CP	SS	Ti
용도	항공기	선박	자동차	일반
	A001	S010	M110	E100

① SCP014TiE100
② OTH014SSS010
③ STM012CPM110
④ HXL014SSM110
⑤ SCM012TiM110

30 K공사에서는 직원들을 해외로 파견하고자 한다. 제시된 파견 조건이 항상 참일 때, 다음 〈보기〉 중 반드시 참인 것을 모두 고르면?

〈파견 조건〉
- A대리가 인도네시아로 파견되지 않는다면, E주임은 몽골로 파견되지 않는다.
- D주임이 뉴질랜드로 파견된다면, B대리는 우즈베키스탄으로 파견된다.
- C주임은 아일랜드로 파견된다.
- E주임이 몽골로 파견되거나, C주임이 아일랜드로 파견되지 않는다.
- A대리가 인도네시아로 파견되지 않거나, B대리가 우즈베키스탄으로 파견되지 않는다.

보기
ㄱ. B대리는 우즈베키스탄으로 파견되지 않는다.
ㄴ. D주임은 뉴질랜드로 파견되지 않는다.
ㄷ. A대리는 인도네시아로 파견되고, E주임은 몽골로 파견되지 않는다.
ㄹ. C주임과 E주임은 같은 국가로 파견된다.

① ㄱ, ㄴ
② ㄱ, ㄷ
③ ㄴ, ㄷ
④ ㄴ, ㄹ
⑤ ㄷ, ㄹ

31 K공사에서는 냉방 효율을 위하여 층별 에어컨 수와 종류를 조정하려고 한다. 판매하는 구형 에어컨과 구입하는 신형 에어컨의 수를 최소화하고자 할 때, 다음 중 에어컨을 사고팔 때 드는 비용으로 옳은 것은?

〈냉방 효율 조정 방안〉

구분	조건	조건 미충족 시 조정 방안
1	층별 전기료 월 75만 원 미만	구형 에어컨을 판매
2	층별 구형 에어컨 대비 신형 에어컨 비율 $\frac{1}{2}$ 이상 유지	신형 에어컨을 구입

※ 구형 에어컨 1대 전기료는 월 5만 원이고, 신형 에어컨 1대 전기료는 월 3만 원임
※ 구형 에어컨 1대 중고 판매가는 10만 원이고, 신형 에어컨 1대 가격은 50만 원임
※ 조건과 조정 방안은 1번부터 적용하며 2번 적용 후 1번 조정 방안을 다시 적용하지 않음

〈층별 냉방시설 현황〉

(단위 : 대)

구분	1층	2층	3층	4층	5층
구형	10	13	15	11	12
신형	4	5	7	6	5

① 50만 원
② 55만 원
③ 60만 원
④ 65만 원
⑤ 70만 원

32 철수는 장미에게 "43 41 54"의 문자를 전송하였다. 장미는 문자가 16진법으로 표현된 것을 발견하고 아래의 아스키 코드표를 이용하여 해독을 진행하려고 한다. 철수가 장미에게 보낸 문자의 의미는 무엇인가?

문자	아스키	문자	아스키	문자	아스키	문자	아스키
A	65	H	72	O	79	V	86
B	66	I	73	P	80	W	87
C	67	J	74	Q	81	X	88
D	68	K	75	R	82	Y	89
E	69	L	76	S	83	Z	90
F	70	M	77	T	84	–	–
G	71	N	78	U	85	–	–

① CAT
② SIX
③ BEE
④ CUP
⑤ SUN

33 다음은 K은행에 대한 SWOT 분석 결과이다. 빈칸 ㉠ ~ ㉢에 들어갈 내용으로 적절하지 않은 것은?

〈K은행 SWOT 분석 결과〉

구분	분석 결과
강점(Strength)	• 안정적 경영상태 및 자금흐름 • 풍부한 오프라인 인프라
약점(Weakness)	• 담보 중심의 방어적 대출운영으로 인한 혁신 기업 발굴 및 투자 가능성 저조 • 은행업계의 저조한 디지털 전환 적응력
기회(Opportunity)	• 테크핀 기업들의 성장으로 인해 협업 기회 풍부
위협(Threat)	• 핀테크 및 테크핀 기업들의 금융업 점유율 확대

〈K은행 SWOT 대응 전략〉

구분	강점(Strength)	약점(Weakness)
기회(Opportunity)	• 안정적 자금상태를 기반으로 혁신적 기술을 갖춘 테크핀과의 협업을 통해 실적을 증대시킨다.	• 테크핀 기업과의 협업을 통해 혁신적 문화를 학습하여 디지털 전환을 위한 문화적 개선을 추진한다. • ㉠
위협(Threat)	• ㉡	• 전당포식 대출운영 기조를 변경하여 혁신 금융기업으로부터 점유율을 방어한다. • ㉢

① ㉠ : 테크핀 기업의 기업운영 방식을 벤치마킹 후 현재 운영 방식에 융합하여 디지털 전환에 필요한 혁신동력을 배양한다.
② ㉠ : 금융 혁신 기업과의 협업을 통해 혁신 기업의 특성을 파악하고, 이를 조기에 파악할 수 있는 안목을 키워 도전적 대출 운영에 반영한다.
③ ㉡ : 신생 금융 기업에 비해 풍부한 오프라인 인프라를 바탕으로, 아직 오프라인 채널을 주로 이용하는 고령층 고객에 대한 점유율 우위를 선점한다.
④ ㉢ : 조직문화를 개방적으로 혁신하여 디지털 전환에의 적응력을 제고해 급성장하는 금융업 신생 기업으로부터 점유율 우위를 확보한다.
⑤ ㉢ : 풍부한 자본을 토대로 한 온라인 채널 투자를 통해 핀테크 및 테크핀 기업의 점유율 확보로부터 방어한다.

34 K공사는 공휴일 세미나 진행을 위해 인근의 사무용품점 A ~ F에서 필요한 물품을 구매하고자 한다. 다음 〈조건〉을 참고할 때, 공휴일에 영업하는 사무용품점의 수는?

> **조건**
> • C는 공휴일에 영업하지 않는다.
> • B가 공휴일에 영업하지 않으면, C와 E는 공휴일에 영업한다.
> • E 또는 F가 영업하지 않는 날이면, D는 영업한다.
> • B가 공휴일에 영업하면, A와 E는 공휴일에 영업하지 않는다.
> • B와 F 중 한 곳만 공휴일에 영업한다.

① 1곳 ② 2곳
③ 3곳 ④ 4곳
⑤ 5곳

35 문제 해결을 위해 개인에게 요구되는 기본 요소를 다섯 가지로 나누어 볼 때, 다음 사례에서 문제 해결에 어려움을 겪고 있는 A씨에게 부족한 기본 요소는 무엇인가?

> 스마트폰 앱을 개발하는 A씨는 관련 지식을 바탕으로 다양한 앱을 개발하기 위해 노력하고 있지만, 큰 성공을 거두지는 못하고 있다. A씨는 처음에 사용자 맞춤형 정보를 제공하는 앱을 개발하여 사용자들의 관심을 끌었으나, 사람들의 관심은 오래가지 못했다. 결국 A씨가 개발한 앱은 광고성 정보만 제공하는 플랫폼으로 전락하고 말았다. 광고비로 많은 수익을 얻은 경쟁사의 앱을 따라잡기 위해 처음 개발할 때의 목적과 비전을 쉽게 포기해 버렸기 때문이다. A씨가 최초의 비전을 끝까지 추구하지 못하고 중간에 경로를 변경해 실패한 사례는 이외에도 많았다. A씨는 자신이 유연하고 변화에 개방된 자세를 견지하고 있다고 생각했지만, 사실은 자신의 아이디어에 대한 확신과 계속해서 추진할 수 있는 자세가 부족한 것이었다.

① 체계적인 교육훈련 ② 문제 해결 방법에 대한 지식
③ 문제 관련 지식에 대한 가용성 ④ 문제 해결자의 도전 의식과 끈기
⑤ 문제에 대한 체계적인 접근

36 다음은 콘크리트 유형별 기준강도 및 시험체 강도 판정 결과에 대한 자료이다. 빈칸 (가) ~ (다)에 해당하는 강도 판정 결과를 순서대로 바르게 나열한 것은?

〈콘크리트 유형별 기준강도 및 시험체 강도 판정 결과〉

(단위 : MPa)

구분 콘크리트 유형	기준강도	시험체 강도				강도 판정 결과
		시험체 1	시험체 2	시험체 3	평균	
A	24	22.8	29.0	20.8		(가)
B	27	26.1	25.0	28.1		불합격
C	35	36.9	36.8	31.6		(나)
D	40	36.4	36.3	47.6	40.1	합격
E	45	40.3	49.4	46.8		(다)

※ 강도 판정 결과는 '합격'과 '불합격'으로 구분됨

〈판정 기준〉

다음 조건을 모두 만족하는 경우에만 강도 판정 결과가 '합격'이다.
- 시험체 강도의 평균은 기준강도 이상이어야 한다.
- 기준강도가 35MPa 초과인 경우에는 각 시험체 강도가 모두 기준강도의 90% 이상이어야 한다.
- 기준강도가 35MPa 이하인 경우에는 각 시험체 강도가 모두 기준강도에서 3.5MPa을 뺀 값 이상이어야 한다.

	(가)	(나)	(다)
①	합격	합격	합격
②	합격	합격	불합격
③	합격	불합격	불합격
④	불합격	합격	합격
⑤	불합격	합격	불합격

37 K중학교 백일장에 참여한 A ~ E학생에게 다음 〈조건〉에 따라 점수를 부여할 때, 점수가 가장 높은 학생은?

〈K중학교 백일장 채점표〉

학생	오탈자(건)	글자 수(자)	주제의 적합성	글의 통일성	가독성
A	33	654	A	A	C
B	7	476	B	B	B
C	28	332	B	B	C
D	25	572	A	A	A
E	12	786	C	B	A

조건
- 기본 점수는 80점이다.
- 오탈자가 10건 이상일 때 1점을 감점하고, 5건이 추가될 때마다 1점을 추가로 감점한다.
- 전체 글자 수가 350자 미만일 때 10점을 감점하고, 600자 이상일 때 1점을 부여하며, 25자가 추가될 때마다 1점을 추가로 부여한다.
- 주제의 적합성, 글의 통일성, 가독성을 A · B · C등급으로 나누며 등급 개수에 따라 추가 점수를 부여한다.
  - A등급 3개 : 25점
  - A등급 2개, B등급 1개 : 20점
  - A등급 2개, C등급 1개 : 15점
  - A등급 1개, B등급 2개 또는 A등급, B등급, C등급 1개 : 10점
  - B등급 3개 : 5점

[예] 오탈자 46건, 전체 글자 수 626자, 주제의 적합성, 글의 통일성, 가독성이 각각 A · B · A일 때 점수는 80-8+2+20=94점이다.

① A
② B
③ C
④ D
⑤ E

※ K공사는 신입사원 채용 안내를 위한 현수막을 설치하려고 한다. 다음 자료를 보고 이어지는 질문에 답하시오. [38~39]

- 현수막 설치 일자 : 3월 28일 월요일 ~ 4월 5일 화요일
- 현수막 설치 후보 장소

구분		공사 본관	A고등학교	B대학교	C마트	D주유소
게시 가능 기간		4월 내	3월 내	평일	4월 내 평일	4월 3일 이전
하루 평균 유동인구		200명	240명	280명	300명	250명
1일 게시비용	평일	8만 원	10만 원	12만 원	26만 원	9만 원
	주말	13만 원	7만 원	10만 원	20만 원	11만 원
설치비용		250만 원	280만 원	240만 원	200만 원	220만 원

- 장소 선정 기준
  1) 하루 평균 유동인구가 가장 많은 곳
  2) 게시 가능한 기간이 제일 긴 곳
  3) 총비용[(총 게시비용)+(설치비용)+(철거비용)]이 가장 적게 드는 곳
  ※ 선정 기준에 따라 장소마다 1개씩 총 3개의 현수막을 설치하되, 장소가 중복될 경우 설치 현수막 수가 줄어들 수 있음(예 하루 평균 유동인구가 가장 많은 곳과 게시 가능 기간이 제일 긴 곳, 총비용이 가장 적게 드는 곳이 모두 동일 장소일 경우 1개의 현수막만 설치함)
  ※ 설치비용은 한 번만 지불하며, 설치비용의 20%인 철거비용을 별도로 지불해야 함

38 다음 중 현수막이 설치될 장소를 모두 고르면?

① 공사 본관, C마트
② 공사 본관, D주유소
③ 공사 본관, B대학교
④ B대학교, C마트
⑤ B대학교, C마트, D주유소

39 현수막 게시 지침이 변경됨에 따라 4월 1일부터 4월 5일까지 하루 평균 유동인구가 상대적으로 많은 2곳에 현수막을 설치하기로 결정하였다. 다음 중 현수막 설치 과정에 필요한 총비용은?

① 588만 원 ② 642만 원
③ 668만 원 ④ 702만 원
⑤ 748만 원

40 다음 글과 상황을 근거로 판단할 때, K복지관에 채용될 2명의 후보자는?

K복지관은 청소년업무 담당자 2명을 채용하고자 한다. 청소년업무 담당자들은 심리상담, 위기청소년지원, 진학지도, 지역안전망구축 등 4가지 업무를 수행해야 한다. 채용되는 2경은 서로 다른 업무를 맡아 4가지 업무를 빠짐없이 분담해야 한다.

4가지 업무에 관련된 직무역량으로는 의사소통역량, 대인관계역량, 문제해결역량, 정보수집역량, 자원관리역량 등 5가지가 있다. 각 업무를 수행하기 위해서는 반드시 해당 업무에 필요한 직무역량을 모두 갖춰야 한다. 아래는 이를 표로 정리한 것이다.

업무	필요 직무역량
심리상담	의사소통역량, 대인관계역량
위기청소년지원	의사소통역량, 문제해결역량
진학지도	문제해결역량, 정보수집역량
지역안전망구축	대인관계역량, 자원관리역량

〈상황〉

- K복지관의 채용후보자는 4명(갑·을·병·정)이며, 각 채용후보자는 5가지 직무역량 중 3가지씩을 갖추고 있다.
- 자원관리역량은 병을 제외한 모든 채용후보자가 갖추고 있다.
- 정이 진학지도업무를 제외한 모든 업무를 수행하려면 의사소통역량만 추가로 갖추면 된다.
- 갑은 심리상담업무를 수행할 수 있고, 을과 병은 진학지도업무를 수행할 수 있다.
- 대인관계역량을 갖춘 채용후보자는 2명이다.

① 갑, 을
② 갑, 병
③ 을, 병
④ 을, 정
⑤ 병, 정

04 자원관리능력

41 다음 중 1분기 예산서에서 간접비의 총액은 얼마인가?

1분기 예산서		
비목	금액	세목
( )	930,000원	가. 인건비(5명) - 1월 : 300,000원 - 2월 : 250,000원 - 3월 : 380,000원
( )	4,500,000	나. 장비 및 재료비 - 프로그램 구입비 : 1,000,000원 - 컴퓨터 구입비 : 1,500,000원 - 시제품 제작비 : 2,000,000원
( )	1,200,000원	다. 활동비 - 조사비 : 800,000원 - 인쇄비 : 400,000원
( )	1,000,000원	라. 프로젝트 추진비 - 여비 : 700,000원 - 회의비 : 300,000원
( )	7,500,000원	마. 일반관리비 - 공과금 : 4,000,000 - 건물관리비 : 3,500,000원
합계	15,130,000원	–

① 7,500,000원
② 8,630,000원
③ 9,700,000원
④ 10,700,000원
⑤ 11,130,000원

42 K공사에서는 건물 보수공사를 할 업체를 선정하려고 한다. 다음은 A ~ E 다섯 개의 후보업체에 대한 부문별 점수와 부문별 가중치를 나타낸 자료이다. 가중치를 적용한 가중평균점수가 가장 높은 업체를 선정한다고 할 때, K공사에서 선정할 업체는 어디인가?

〈후보업체별 점수 현황〉

(단위 : 점)

구분	규모	가격	위치
A업체	8	8	7
B업체	7	9	8
C업체	6	10	5
D업체	5	7	10
E업체	8	6	8

〈부문별 가중치〉

구분	규모	가격	위치
가중치	0.2	0.5	0.3

① A업체 ② B업체
③ C업체 ④ D업체
⑤ E업체

43 다음 글의 밑줄 친 '이것'에 대해 바르게 이해한 사람을 〈보기〉에서 모두 고르면?

이것은 과제를 수행하기 위해 소비된 비용 중 생산에 직접 관련되지 않은 비용을 말한다. 과제에 따라 매우 다양하게 발생하며, 과제가 수행되는 상황에 따라서도 다양하게 나타날 수 있다. 여기에는 보험료, 건물관리비, 광고비, 각종 공과금 등이 포함되며, 이러한 비용을 적절히 예측하여 계획을 세우고 관리하는 것이 중요하다.

보기

창수 : '이것'의 구성은 과제를 위해 활동이나 과업을 수행하는 사람들에게 지급되는 비용도 포함이군.
장원 : '이것'은 직접비용에 상대되는 비용을 뜻해.
휘동 : 기업의 사무비품비가 '이것'에 포함되겠군.
경원 : 개인의 보험료도 '이것'에 포함돼.

① 창수, 장원 ② 창수, 휘동
③ 장원, 휘동 ④ 창수, 장원, 경원
⑤ 장원, 휘동, 경원

44. 최대리는 노트북을 사고자 K전자제품 홈페이지에 방문하였다. 노트북 5개를 최종 후보로 선정 후 〈조건〉에 따라 점수를 부여하여 점수가 가장 높은 제품을 고를 때, 최대리가 고른 노트북은?

〈노트북 최종 후보〉

구분	A노트북	B노트북	C노트북	D노트북	E노트북
저장용량 / 저장매체	512GB / HDD	128GB / SDD	1,024GB / HDD	128GB / SDD	256GB / SDD
배터리 지속시간	최장 10시간	최장 14시간	최장 8시간	최장 13시간	최장 12시간
무게	2kg	1.2kg	2.3kg	1.5kg	1.8kg
가격	120만 원	70만 원	135만 원	90만 원	85만 원

조건
- 항목별 만점은 5점이며 그다음 순위에는 4점, 3점, 2점, 1점을 부여한다.
- 순위가 같으면 같은 점수를 부여하며, 그다음 순위는 더 낮은 점수를 부여한다. 예를 들어, 4위가 두 개면 두 개 모두 4점을 부여하고 그다음은 2점을 부여한다.
- 저장용량이 가장 많은 노트북에 만점을 부여한다.
- 배터리 지속시간이 가장 긴 노트북에 만점을 부여한다.
- 무게가 가장 가벼운 노트북에 만점을 부여한다.
- 가격이 가장 저렴한 노트북에 만점을 부여한다.
- 저장매체가 SDD일 경우 3점을 추가로 부여한다.

① A노트북
② B노트북
③ C노트북
④ D노트북
⑤ E노트북

②

46 K기업은 작업을 위해 A기업으로부터 2월 14일에 트랙터 2대를 빌려 2월 24일까지 전체 작업을 마치고자 한다. 작업을 빨리 끝내기 위해 트랙터 2대를 추가로 대여하여 20일까지 작업을 끝내려고 할 때, 트랙터는 언제 추가로 빌릴 수 있으며, 대여료는 총 얼마인가?(단, A기업이 보유한 총 트랙터는 8대이며, 정비 완료된 트랙터가 출고된 당일에는 기계점검 등의 이유로 대여가 불가하다)

- 트랙터 1대 대여 시간 : 오전 10시 ~ 오후 4시
- 트랙터 1대 대여 비용 : 1일 기준 12,000원
- 4일 이상 대여 시 : 전체 금액에서 10% 할인

〈A기업 트랙터 입·출고 현황〉

29	30	31	2/1	2	3	4
					B기업 대여(3대)	
5	6	7	8	9	10	11
					C기업 대여(1대)	
12	13	14	15	16	17	18
	트랙터 정비 입고(2대)				정비완료 트랙터 출고 예정(2대)	
19	20	21	22	23	24	25
				B기업 반납 예정(3대)		
26	27	28	3/1	2	3	4
	C기업 반납 예정(1대)					

① 17일, 72,000원
② 17일, 151,200원
③ 18일, 202,400원
④ 18일, 223,200원
⑤ 18일, 302,000원

47 다음은 K기업의 당직 근무 규칙과 이번 주 당직 근무자들의 일정표이다. 당직 근무 규칙에 따라 이번 주에 당직 근무 일정을 추가해야 하는 사람으로 옳은 것은?

〈당직 근무 규칙〉

- 1일 당직 근무 최소 인원은 오전 1명, 오후 2명으로 총 3명이다.
- 1일 최대 6명을 넘길 수 없다.
- 같은 날 오전·오후 당직 근무는 서로 다른 사람이 해야 한다.
- 오전 또는 오후 당직을 모두 포함하여 당직 근무는 주당 3회 이상 5회 미만으로 해야 한다.

〈당직 근무 일정〉

성명	일정	성명	일정
공주원	월 오전 / 수 오후 / 목 오전	최민관	월 오후 / 화 오후 / 토 오전 / 일 오전
이지유	월 오후 / 화 오전 / 금 오전 / 일 오후	이영유	수 오전 / 화 오후 / 금 오후 / 토 오후
강리환	수 오전 / 목 오전 / 토 오전	지한준	월 오전 / 수 오후 / 금 오전
최유리	화 오전 / 목 오후 / 토 오후	강지공	수 오후 / 화 오후 / 금 오후 / 토 오전
이건율	목 오전 / 일 오전	김민정	월 오전 / 수 오후 / 토 오전 / 일 오후

① 공주원 ② 이지유
③ 최유리 ④ 지한준
⑤ 김민정

48 K공사에서 승진 대상자 후보 중 2명을 승진시키려고 한다. 승진의 조건은 동료 평가에서 '하'를 받지 않고 합산점수가 높은 순이다. 합산점수는 100점 만점의 점수로 환산한 승진시험 성적, 영어 성적, 성과 평가의 수치를 합산한다. 승진시험의 만점은 100점, 영어 성적의 만점은 500점, 성과 평가의 만점은 200점이라고 할 때, 승진 대상자 2명은?

〈K공사 승진 대상자 후보 평가 현황〉

(단위 : 점)

구분	승진시험 성적	영어 성적	동료 평가	성과 평가
A	80	400	중	120
B	80	350	상	150
C	65	500	상	120
D	70	400	중	100
E	95	450	하	185
F	75	400	중	160
G	80	350	중	190
H	70	300	상	180
I	100	400	하	160
J	75	400	상	140
K	90	250	중	180

① A, C
② B, K
③ E, I
④ F, G
⑤ H, D

49 K통신사 멤버십 회원인 B씨는 ○○랜드 K통신사 멤버십 할인 이벤트를 보고 우대쿠폰을 출력해 아내와 15살 아들, 7살 딸과 ○○랜드로 가족 나들이를 가기로 했다. B씨 가족이 주간권을 구매할 때와 야간권을 구매할 때 받는 할인금액의 차이는?

〈○○랜드 K통신사 멤버십 할인 이벤트〉

- K통신사 멤버십 카드 소지 시 본인은 정상가의 40%를 할인받을 수 있습니다.
- K통신사 멤버십 카드 우대쿠폰을 통해 동반 3인까지 10%를 할인받을 수 있습니다.
- ○○랜드 이용권 정상가는 아래와 같습니다.

구분	주간권(종일)	야간권(17시 이후)
대인	54,000원	45,000원
청소년	46,000원	39,000원
소인	43,000원	36,000원

※ 소인 : 36개월 ~ 만 12세
※ 청소년 : 만 13세 ~ 만 18세

① 5,900원 ② 6,100원
③ 6,300원 ④ 6,500원
⑤ 6,700원

50 K공사에서는 투자 대안을 마련하기 위해 투자 대상을 검토할 때, 기대수익률(Expected Profit Rate)과 표준편차(Standard Deviation)를 이용한다. 특히, 표준편차는 투자 대안의 위험 수준을 평가하는 데 활용된다. 바람직한 투자 대안을 평가하는 데 있어서는 지배 원리를 적용하며, 위험 한 단위당 기대수익률이 높은 투자 대안을 선호한다. 다음 중 K공사의 투자 대안에 대한 설명으로 옳은 것은?

〈K공사 투자 대안〉

투자 대안	A	B	C	D	E	F	G
기대수익률(%)	8	10	6	5	8	6	12
표준편차(%)	5	5	4	2	4	3	7

※ 지배원리 : 동일한 기대수익률이면 최소의 위험을, 동일한 위험이면 최대의 수익률을 가지는 포트폴리오를 선택하는 원리

① 투자 대안 A와 E, C와 F는 동일한 기대수익률이 예상되기 때문에 서로 우열을 가릴 수 없다.
② 투자 대안 A, B, C, D 중에서 어느 것이 낫다고 평가할 수는 없다.
③ 투자 대안 G가 기대수익률이 가장 높기 때문에 가장 바람직한 대안이다.
④ 위험 한 단위당 기대수익률이 같은 투자 대안은 E와 F이다.
⑤ 투자 대안 E는 B와 G에 비해 우월하다.

제4회 핵심영역 NCS 최종모의고사

문항 수 : 50문항 응시시간 : 50분

정답 및 해설 p.036

01 의사소통능력

01 다음 글에서 밑줄 친 ㉠~㉤의 수정 방안으로 가장 적절한 것은?

> 우울증을 잘 초래하는 성향은 창조성과 결부되어 있기 때문에 생존에 유리한 측면이 있었다. 따라서 우울증과 관련이 있는 유전자는 오랜 역사를 거쳐 오면서도 사멸하지 않고 살아남아 오늘날 현대인에게도 그 유전자가 상당수 존재할 가능성이 있다. 베토벤, 뉴턴, 헤밍웨이 등 위대한 음악가, 과학자, 작가들의 상당수가 우울한 성향을 갖고 있었다. ㉠ 천재와 우울증은 어찌 보면 동전의 양면으로, 인류 문명의 진보를 이끈 하나의 동력이자 그 부산물이라 할 수 있을지도 모른다.
> 우울증은 일반적으로 자기 파괴적인 질환으로 인식되어 왔지만 실은 자신을 보호하고 미래를 준비하기 위한 보호 기제일 수도 있다. 달성할 수 없거나 달성하기 매우 어려운 목표에 도달하기 위해 엄청난 에너지를 소모하는 것은 에너지와 자원을 낭비할 뿐만 아니라, 정신과 신체를 소진시킴으로써 사회적 기능을 수행할 수 없게 한다. 또한 주위의 도움이 없으면 생명을 유지하기 어려운 상태에 ㉡ <u>이르게도 할 수 있다</u>. 이를 막기 위한 기제가 스스로의 자존감(自尊感)을 낮추고 그 목표를 포기하게 만드는 것이다. 이를 통해 고갈된 에너지를 보충하고 다시 도전할 수 있는 기회를 모색할 수 있다. ㉢ <u>또한 지금과 같은 경쟁 사회는 새로운 기술이나 생각에 대한 사회적 요구가 커지기 때문에 정신적 소진 상태를 초래하기 쉬운 환경이 되고 있다.</u>
> 오늘날 우울증은 왜 이렇게 급격하게 늘어나는 것일까? 창조성이란 그 사회에 존재하고 있는 기술이나 생각에 대한 도전이자 대안 제시이며, 기존의 기술이나 생각을 엮어서 새로운 조합을 만들어 내는 것이다. 과거에 비해 현대 사회는 경쟁이 심화되고 혁신들이 더 가치를 인정받기 때문에 창조성이 있는 사람은 상당히 큰 선택적 이익을 갖게 된다. ㉣ <u>그렇지만</u> 현대 사회처럼 기존에 존재하는 기술이나 생각이 엄청나게 많아 우리의 뇌가 그것을 담기에도 벅찬 경우에는 새로운 조합을 만들어 내는 일은 무척이나 많은 에너지를 요한다. 결국 경쟁은 창조성을 ㉤ <u>발휘하게 하지만</u> 지나친 경쟁은 정신적 소진을 초래하기 때문에 우울증이 많이 발생할 수 있다.

① ㉠ : 첫 번째 문단과 관련 없는 내용이므로 삭제한다.
② ㉡ : 문장의 주어와 호응되지 않으므로 '이른다'로 수정한다.
③ ㉢ : 두 번째 문단의 내용과 어울리지 않으므로 세 번째 문단으로 옮긴다.
④ ㉣ : 뒷 문장이 앞 문장의 결과이므로 '그리하여'로 수정한다.
⑤ ㉤ : 문맥상의 내용과 반대되는 내용이므로 '억제하지만'으로 수정한다.

02 다음 글의 서술상 특징으로 가장 적절한 것은?

> 내가 감각하는 사물들이 정말로 존재하는가? 내가 지금 감각하고 있는 이 책상이 내가 보지 않을 때에도 여전히 존재하는지, 혹시 이것들이 상상의 산물은 아닌지, 내가 꿈을 꾸고 있는 것은 아닌지 어떻게 알 수 있는가? 내 감각을 넘어서 물리적 대상들이 독립적으로 존재한다는 것을 증명할 길은 없다. 데카르트가 방법적 회의를 통해서 보여 주었듯이, 인생이 하나의 긴 꿈에 불과하다는 '꿈의 가설'에서 어떤 논리적 모순도 나오지 않기 때문이다. 그러나 논리적 가능성이 진리를 보장하지는 않으므로, 꿈의 가설을 굳이 진리라고 생각해야 할 이유도 없다.
> 꿈의 가설보다는, 나의 감각들은 나와 독립적으로 존재하는 대상들이 나에게 작용하여 만들어 낸 것들이라는 '상식의 가설'이 우리가 경험하는 사실들을 더 잘 설명한다. 개 한 마리가 한순간 방 한 편에서 보였다가 잠시 후 방의 다른 곳에 나타났다고 해 보자. 이 경우에 그것이 처음 위치에서 일련의 중간 지점들을 차례로 통과하여 나중 위치로 연속적인 궤적을 따라서 이동하였다고 생각하는 것이 자연스럽다. 그러나 그 개가 감각들의 집합에 불과하다면 내게 보이지 않는 동안에는 그것은 존재할 수가 없다. 꿈의 가설에 따르면 그 개는 내가 보고 있지 않은 동안에 존재하지 않다가 새로운 위치에서 갑자기 생겨났다고 해야 한다.
> 그 개가 내게 보일 때나 보이지 않을 때나 마찬가지로 존재한다면, 내 경우에 미루어 그 개가 한 끼를 먹고 나서 다음 끼니때까지 어떻게 차츰 배고픔을 느끼게 되는지 이해할 수 있다. 그러나 그 개가 내가 보고 있지 않을 때에 존재하지 않는다면, 그것이 존재하지 않는 동안에도 점점 더 배고픔을 느끼게 된다는 것은 이상해 보인다. 따라서 나의 변화하는 감각 경험은, 실재하는 개를 표상하는 것으로 간주하면 아주 자연스럽게 이해되지만, 단지 나에게 감각되는 색깔과 형태들의 변화에 지나지 않는다고 간주하면 전혀 설명할 길이 없다.
> 사람의 경우 문제는 더 분명하다. 사람들이 말하는 것을 들을 때 내가 듣는 소리가 어떤 생각, 즉 내가 그러한 소리를 낼 때에 갖는 생각과 비슷한 어떤 생각을 표현하는 것이 아니라고 여기기는 어렵다. 그러므로 '최선의 설명을 제공하는 가설을 택하라.'라는 원칙에 따르면 나 자신과 나의 감각 경험을 넘어서 나의 지각에 의존하지 않는 대상들이 정말로 존재한다는 상식의 가설을 택하는 것이 합당하다.
>
> — 러셀, 『철학의 문제들』

① 상반된 이론을 제시한 후 절충적 견해를 이끌어 내고 있다.
② 구체적인 사례를 통해 독자의 이해를 돕고 있다.
③ 권위 있는 학자의 주장을 인용하여 내용을 전개하고 있다.
④ 정의를 통해 새로운 개념을 소개하고 있다.
⑤ 객관적 자료를 활용하여 자신의 주장을 강화하고 있다.

03 다음 글의 내용으로 적절하지 않은 것은?

일반적으로 문화는 '생활양식' 또는 '인류의 진화로 이룩된 모든 것'이라는 포괄적인 개념을 갖고 있다. 이렇게 본다면 언어는 문화의 하위 개념에 속하는 것이다. 그러나 언어는 문화의 하위 개념에 속하면서도 문화 자체를 표현하여 그것을 전파·전승하는 기능도 한다. 이로 보아 언어에는 그것을 사용하는 민족의 문화와 세계 인식이 녹아 있다고 할 수 있다. 가령 '사촌'이라고 할 때, 영어에서는 'Cousin'으로 이를 통칭(通稱)하는 것을 우리말에서는 친·외, 고종·이종 등으로 구분하고 있다. 친족 관계에 대한 표현에서 우리말이 영어보다 좀 더 섬세하게 되어 있는 것이다. 이것은 친족 관계를 좀 더 자세히 표현하여 차별 내지 분별하려 한 우리 문화와 그것을 필요로 하지 않는 영어권 문화의 차이에서 기인한 것이다.

문화에 따른 이러한 언어의 차이는 낱말에서만이 아니라 어순(語順)에서도 나타난다. 우리말은 영어와 주술 구조가 다르다. 우리는 주어 다음에 목적어, 그 뒤에 서술어가 온다. 이에 비해 영어에서는 주어 다음에 서술어, 그 뒤에 목적어가 온다. 우리말의 경우 '나는 너를 사랑한다.'라고 할 때, '나'와 '너'를 먼저 밝히고, 그 다음에 '나의 생각'을 밝히는 것에 비하여, 영어에서는 '나'가 나오고, 그 다음에 '나의 생각'이 나온 뒤에 목적어인 '너'가 나온다. 이러한 어순의 차이는 결국 나의 의사보다 상대방에 대한 관심을 먼저 보이는 우리와 나의 의사를 밝히는 것이 먼저인 영어를 사용하는 사람들의 문화 차이에서 기인한 것이다. 대화를 할 때 다른 사람을 대우하는 것에서도 이런 점을 발견할 수 있다.

손자가 할아버지에게 무엇을 부탁하는 경우를 생각해 보자. 이 경우 영어에서는 'You do it, please.'라고 하고, 우리말에서는 '할아버지께서 해주세요.'라고 한다. 영어에서는 상대방이 누구냐에 관계없이 상대방을 가리킬 때 'You'라는 지칭어를 사용하고, 서술어로는 'do'를 사용한다. 그런데 우리말에서는 상대방을 가리킬 때, 무조건 영어의 'You'에 대응하는 '당신(너)'이라는 말만을 쓰는 것은 아니고 상대에 따라 지칭어를 달리 사용한다. 이뿐만 아니라, 영어의 'do'에 대응하는 서술어도 상대에 따라 '해 주어라, 해 주게, 해 주오, 해 주십시오, 해 줘, 해 줘요'로 높임의 표현을 달리한다. 이는 우리말이 서열을 중시하는 전통적인 유교 문화를 반영하고 있기 때문이다. 언어는 단순한 음성기호 이상의 의미를 지니고 있다. 앞의 예에서 알 수 있듯이 언어에는 그 언어를 사용하는 민족의 문화가 용해되어 있다. 따라서 우리 민족이 한국어라는 구체적인 언어를 사용한다는 것은 단순히 지구상에 있는 여러 언어 가운데 개별 언어 한 가지를 쓴다는 사실만을 의미하지는 않는다. 한국어에는 우리 민족의 문화와 세계 인식이 녹아 있기 때문이다. 따라서 우리말에 대한 애정은 우리 문화에 대한 사랑이요, 우리의 정체성을 살릴 수 있는 길일 것이다.

① 언어는 문화를 표현하고 전파·전승하는 기능을 한다.
② 문화의 하위 개념인 언어는 문화와 밀접한 관련이 있다.
③ 영어에 비해 우리말은 친족 관계를 나타내는 표현이 다양하다.
④ 우리말에 높임 표현이 발달한 것은 서열을 중시하는 문화가 반영된 것이다.
⑤ 우리말의 문장 표현에서는 상대방에 대한 관심보다는 나의 생각을 우선시한다.

04 다음 글을 토대로 〈보기〉를 바르게 해석한 것은?

> 제2차 세계대전이 끝나고 나서 미국과 소련 및 그 동맹국들 사이에서 공공연하게 전개된 제한적 대결 상태를 냉전(冷戰)이라고 한다. 냉전의 기원에 대한 논의는 냉전이 시작된 직후부터 최근까지 계속 진행되었다. 이는 단순히 냉전의 발발 시기와 이유에 대한 논의만이 아니라, 그 책임 소재를 묻는 것이기도 하다. 그 연구의 결과를 편의상 세 가지로 나누어 볼 수 있다.
> 가장 먼저 나타난 전통주의는 냉전을 유발한 근본적 책임이 소련의 팽창주의에 있다고 보았다. 소련은 세계를 공산화하기 위한 계획을 수립했고, 이 계획을 실행하기 위해 특히 동유럽 지역을 시작으로 적극적인 팽창 정책을 수행하였다. 그리고 미국이 자유 민주주의 세계를 지켜야 한다는 도덕적 책임감에 기초하여 그에 대한 봉쇄 정책을 추구하는 와중에 냉전이 발생했다고 본다. 그리고 미국의 봉쇄 정책이 성공적으로 수행된 결과 냉전이 종식되었다는 것이 이들의 입장이다.
> 여기에 비판을 가한 수정주의는 기본적으로 냉전의 책임이 미국 쪽에 있고, 미국의 정책은 경제적 동기에서 비롯했다고 주장했다. 즉, 미국은 전후 세계를 자신들이 주도해 나가야 한다고 생각했고, 전쟁 중에 급증한 생산력을 유지할 수 있는 시장을 얻기 위해 세계를 개방 경제 체제로 만들고자 했다. 그러므로 미국 정책 수립의 기저에 깔린 것은 이념이 아니라는 것이다. 무엇보다 소련은 미국에 비해 국력이 미약했으므로 적극적 팽창 정책을 수행할 능력이 없었다는 것이 수정주의의 기본적 입장이었다. 오히려 미국이 유럽에서 공격적인 정책을 수행했고, 소련은 이에 대응했다는 것이다.

보기
> 탈수정주의는 냉전의 책임을 일방적으로 어느 한쪽에 부과해서는 안 된다고 보았다. 즉, 냉전은 양국이 추진한 정책의 '상호 작용'에 의해 발생했다는 것이다. 또 경제를 중심으로만 냉전을 보아서는 안 되며, 안보 문제 등도 같이 고려하여 파악해야 한다고 보았다. 소련의 목적은 주로 안보 면에서 제한적으로 추구되었는데, 미국은 소련의 행동에 과잉 반응했고, 이것이 상황을 악화시켰다는 것이다. 이로 인해 냉전 책임론은 크게 후퇴하고 구체적인 정책 형성에 대한 연구가 부각되었다.

① 탈수정주의는 전통주의와 마찬가지로 냉전의 책임을 소련에게 부여하고 있다.
② 탈수정주의는 수정주의와 마찬가지로 냉전의 책임을 미국에게 부여하고 있다.
③ 탈수정주의와 달리 전통주의는 미국의 봉쇄 정책으로 인해 냉전이 발생했다고 본다.
④ 탈수정주의와 달리 수정주의는 소련의 적극적인 팽창 정책을 냉전의 원인으로 본다.
⑤ 수정주의와 탈수정주의 모두 냉전을 파악하는 데 있어 경제적인 측면을 고려한다.

05 다음 문단을 논리적 순서대로 바르게 나열한 것은?

> (가) 그런데 '의사·변호사·사장' 등은 그 직업이나 직책에 있는 모든 사람을 가리키는 것이어야 함에도 불구하고, 실제로는 남성을 가리키는 데 주로 사용되고, 여성을 가리킬 때는 '여의사·여변호사·여사장' 등이 따로 사용되고 있다. 즉, 여성을 예외적인 경우로 취급함으로써 남녀차별의 가치관을 이 말들에 반영하고 있는 것이다.
> (나) 언어에는 사회상의 다양한 측면이 반영되어 있다. 그렇기 때문에 남성과 여성의 차이도 언어에 반영되어 있다. 한편 우리 사회는 꾸준히 양성평등을 향해서 변화하고 있지만, 언어의 변화 속도는 사회의 변화 속도를 따라가지 못한다. 따라서 국어에는 남녀 차별의 사회상을 알게 해 주는 증거들이 있다.
> (다) 오늘날 남녀의 사회적 위치가 과거와 다르고 지금 이 순간에도 계속 변하고 있다. 여성의 사회적 지위 향상의 결과가 앞으로 언어에 반영되겠지만, 현재 언어에 남아 있는 과거의 흔적은 우리 스스로의 노력으로 지워감으로써 남녀의 '차이'가 더 이상 '차별'이 되지 않도록 노력을 기울여야 하겠다.
> (라) 우리말에는 그 자체에 성별을 구분해 주는 문법적 요소가 없다. 따라서 남성을 지칭하는 말과 여성을 지칭하는 말, 통틀어 지칭하는 말이 따로 존재해야 하지만, 국어에는 그런 경우도 있고 그렇지 않은 경우도 있다. 예를 들어 '아버지'와 '어머니'는 서로 대등하게 사용되고, '어린이'도 남녀를 구별하지 않고 가리킬 때 쓰인다.

① (나) – (가) – (라) – (다) ② (나) – (라) – (가) – (다)
③ (다) – (가) – (라) – (나) ④ (다) – (나) – (라) – (가)
⑤ (다) – (라) – (나) – (가)

06 다음 글의 주장에 대한 반박으로 적절하지 않은 것은?

> 프랑크푸르트학파는 대중문화의 정치적 기능을 중요하게 본다. 20세기 들어 서구 자본주의 사회에서 혁명이 불가능하게 된 이유 가운데 하나는 바로 대중문화가 대중들을 사회의 권위에 순응하게 함으로써 사회를 유지하는 기능을 하고 있기 때문이라는 것이다. 이 순응의 기능은 두 방향으로 진행된다. 한편으로 대중문화는 대중들에게 자극적인 오락거리를 제공함으로써 정신적인 도피를 유도하여 정치에 무관심하도록 만든다는 것이다. 유명한 3S(Sex, Screen, Sports)는 바로 현실도피와 마취를 일으키는 대표적인 도구들이다. 다른 한편으로 대중문화는 자본주의적 가치관과 이데올로기를 은연중에 대중들이 받아들이게 하는 적극적인 세뇌 작용을 한다는 것이다. 영화나 드라마, 광고나 대중음악의 내용이 규격화되어 현재의 지배적인 가치관을 지속해서 주입함으로써 대중은 현재의 문제를 인식하고 더 나은 상태로 생각할 수 있는 부정의 능력을 상실한 일차원적 인간으로 살아가게 된다는 것이다. 프랑크푸르트학파의 대표자 가운데 한 사람인 아도르노(Adorno)는 특별히「대중음악에 대하여」라는 글에서 대중음악이 어떻게 이러한 기능을 수행하는지 분석했다. 그의 분석에 따르면, 대중음악은 우선 규격화되어 누구나 쉽고 익숙하게 들을 수 있는 특징을 가진다. 그리고 이런 익숙함은 어려움 없는 수동적인 청취를 조장하여 자본주의 안에서의 지루한 노동의 피난처 구실을 한다. 그리고 나아가 대중음악의 소비자들이 기존 질서에 심리적으로 적응하게 함으로써 사회적 접착제의 역할을 한다.

① 대중문화의 영역은 지배계급이 헤게모니를 얻고자 하는 시도와 이에 대한 반대 움직임이 서로 얽혀 있는 곳으로 보아야 한다.
② 대중문화를 소비하는 대중이 문화 산물을 생산한 사람이 의도하는 그대로 문화 산물을 소비하는 존재에 불과하다는 생각은 현실과 맞지 않는다.
③ 대중문화는 지배 이데올로기를 강요하는 지배문화로만 구성되는 것도 아니고, 이에 저항하여 자발적으로 발생한 저항문화로만 구성되는 것도 아니다.
④ 대중의 평균적 취향에 맞추어 높은 질을 유지하는 것이 어렵다 하더라도 19세기까지의 대중이 즐겼던 문화에 비하면 현대의 대중문화는 훨씬 수준 높고 진보된 것으로 평가할 수 있다.
⑤ 발표되는 음악의 80%가 인기를 얻는 데 실패하고, 80% 이상의 영화가 엄청난 광고에도 불구하고 흥행에 실패한다는 사실은 대중이 단순히 수동적인 존재가 아니라는 것을 단적으로 드러내 보여주는 예이다.

※ 다음 글을 읽고 이어지는 질문에 답하시오. [7~8]

특허권은 발명에 대한 정보의 소유자가 특허 출원 및 담당 관청의 심사를 통하여 획득한 특허를 일정 기간 독점적으로 사용할 수 있는 법률상 권리를 말한다. 한편 영업 비밀은 생산 방법, 판매 방법, 그 밖에 영업 활동에 유용한 기술상 또는 경영상의 정보 등으로, 일정 조건을 갖추면 법으로 보호받을 수 있다. 법으로 보호되는 특허권과 영업 비밀은 모두 지식 재산인데, 정보 통신 기술(ICT) 산업은 이 같은 지식 재산을 기반으로 창출된다. 지식 재산 보호 문제와 더불어 최근에는 ICT 다국적 기업이 지식 재산으로 거두는 수입에 대한 과세 문제가 불거지고 있다.

일부 국가에서는 ICT 다국적 기업에 대해 ㉠ 디지털세 도입을 진행 중이다. 디지털세는 이를 도입한 국가에서 ICT 다국적 기업이 거둔 수입에 대해 부과하는 세금이다. 디지털세의 배경에는 법인세 감소에 대한 각국의 우려가 있다. 법인세는 국가가 기업으로부터 걷는 세금 중 가장 중요한 것으로, 재화나 서비스의 판매 등을 통해 거둔 수입에서 제반 비용을 제외하고 남은 이윤에 대해 부과하는 세금이라 할 수 있다.

많은 ICT 다국적 기업이 법인세율이 현저하게 낮은 국가에 자회사를 설립하고 그 자회사에 이윤을 몰아주는 방식으로 법인세를 회피한다는 비판이 있었다. 예를 들면 ICT 다국적 기업 Z사는 법인세율이 매우 낮은 A국에 자회사를 세워 특허의 사용 권한을 부여한다. 그리고 법인세율이 A국보다 높은 B국에 설립된 Z사의 자회사에서 특허 사용으로 수입이 발생하면 Z사는 B국의 자회사로 하여금 A국의 자회사에 특허 사용에 대한 수수료인 로열티를 지출하도록 한다. 그 결과 Z사는 B국의 자회사에 법인세가 부과될 이윤을 최소화한다. ICT 다국적 기업의 본사를 많이 보유한 국가에서도 해당 기업에 대한 법인세 징수는 문제가 된다. 그러나 그중 어떤 국가들은 ICT 다국적 기업의 활동이 해당 산업에서 자국이 주도권을 유지하는 데 중요하기 때문에라도 디지털세 도입에는 방어적이다.

ICT 산업을 주도하는 국가에서 더 중요한 문제는 ICT 지식 재산 보호의 국제적 강화일 수 있다. 이론적으로 봤을 때 지식 재산의 보호가 약할수록 유용한 지식 창출의 유인이 저해되어 지식의 진보가 정체되고, 지식 재산의 보호가 강할수록 해당 지식에 대한 접근을 막아 소수의 사람만이 혜택을 보게 된다. 전자로 발생한 손해를 유인 비용, 후자로 발생한 손해를 접근 비용이라고 한다면, 지식 재산 보호의 최적 수준은 두 비용의 합이 최소가 될 때일 것이다. 각국은 그 수준에서 자국의 지식 재산 보호 수준을 설정한다. 특허 보호 정도와 국민 소득의 관계를 보여 주는 한 연구에서는 국민 소득이 일정 수준 이상인 상태에서는 국민 소득이 증가할수록 특허 보호 정도가 강해지는 경향이 있지만, 가장 낮은 소득 수준을 벗어난 국가들은 그들보다 소득 수준이 낮은 국가들보다 오히려 특허 보호가 약한 것으로 나타났다. 이는 지식 재산 보호의 최적 수준에 대해서도 국가별 입장이 다름을 시사한다.

07 다음 중 윗글에서 언급하지 않은 것은?

① 영업 비밀의 범위
② 디지털세를 도입하게 된 배경
③ 법으로 보호되는 특허권과 영업 비밀의 공통점
④ 영업 비밀이 법적 보호 대상으로 인정받기 위한 절차
⑤ 이론적으로 지식 재산 보호의 최적 수준을 설정하는 기준

08 다음 중 밑줄 친 ㉠에 대한 설명으로 적절하지 않은 것은?

① ICT 다국적 기업이 여러 국가에 자회사를 설립하는 것과 관련이 있다.
② 도입된 국가에서 ICT 다국적 기업이 거둔 수입에 대해 부과된다.
③ 지식 재산 보호와는 관련이 없다.
④ 법인세 감소에 대한 우려가 디지털세를 도입하게 된 배경이다.
⑤ ICT 다국적 기업의 본사를 많이 보유한 국가 중에는 디지털세 도입에 방어적인 곳이 있다.

09 다음 글의 논증을 약화하는 것을 〈보기〉에서 모두 고르면?

> 인간 본성은 기나긴 진화 과정의 결과로 생긴 복잡한 전체다. 여기서 '복잡한 전체'란 그 전체가 단순한 부분들의 합보다 더 크다는 의미이다. 인간을 인간답게 만드는 것, 즉 인간에게 존엄성을 부여하는 것은 인간이 갖고 있는 개별적인 요소들이 아니라 이것들이 모여 만들어 내는 복잡한 전체이다. 또한 인간 본성이라는 복잡한 전체를 구성하고 있는 하부 체계들은 상호 간에 극단적으로 밀접하게 연관되어 있다. 따라서 그중 일부라도 인위적으로 변경하면, 이는 불가피하게 전체의 통일성을 무너지게 한다. 이 때문에 과학기술을 이용해 인간 본성을 인위적으로 변경하여 지금의 인간을 보다 향상된 인간으로 만들려는 시도는 금지되어야 한다. 이런 시도를 하는 사람들은 인간이 가져야 할 훌륭함이 무엇인지 스스로 잘 안다고 생각하며, 거기에 부합하지 않는 특성들을 선택해 이를 개선하고자 한다. 그러나 인간 본성의 '좋은' 특성은 '나쁜' 특성과 밀접하게 연결되어 있기 때문에, 후자를 개선하려는 시도는 전자에 대해서도 영향을 미칠 수밖에 없다. 예를 들어, 우리가 질투심을 느끼지 못한다면 사랑 또한 느끼지 못하게 된다는 것이다. 사랑을 느끼지 못하는 인간들이 살아가는 사회에서 어떤 불행이 펼쳐질지 우리는 가늠조차 할 수 없다. 즉, 인간 본성을 선별적으로 개선하려 들면, 복잡한 전체를 무너뜨리는 위험성이 불가피하게 발생하게 된다. 따라서 우리는 인간 본성을 구성하는 어떠한 특성에 대해서도 그것을 인위적으로 개선하려는 시도에 반대해야 한다.

보기

㉠ 인간 본성은 인간이 갖는 도덕적 지위와 존엄성의 궁극적 근거이다.
㉡ 모든 인간은 자신을 포함하여 인간 본성을 지닌 모든 존재가 지금의 상태보다 더 훌륭하게 되길 희망한다.
㉢ 인간 본성의 하부 체계는 상호 분리된 모듈들로 구성되어 있기 때문에 인간 본성의 특정 부분을 인위적으로 변경하더라도 그 변화는 모듈 내로 제한된다.

① ㉠
② ㉢
③ ㉠, ㉡
④ ㉡, ㉢
⑤ ㉠, ㉡, ㉢

10 다음 글의 내용으로 적절하지 않은 것은?

> 아무리 튤립이 귀하다 한들 알뿌리 하나의 값이 요즈음 돈으로 쳐서 45만 원이 넘는 수준까지 치솟을 수 있을까? 엄지손가락만한 크기의 메추리알 하나의 값이 달걀 한 꾸러미 값보다도 더 비싸질 수 있을까? 이 두 물음에 대한 대답은 모두 '그렇다'이다.
>
> 역사책을 보면 1636년 네덜란드에서는 튤립 알뿌리 하나의 값이 정말로 그 수준으로 뛰어오른 적이 있었다. 그리고 그때를 기억하는 사람은 알겠지만, 실제로 1950년대 말 우리나라에서 한때 메추리알 값이 그렇게까지 비쌌던 적이 있었다.
>
> 어떤 상품의 가격은 기본적으로 수요와 공급의 힘에 의해 결정된다. 시장에 참여하고 있는 경제 주체들은 자신이 갖고 있는 정보를 기초로 하여 수요와 공급을 결정한다. 이들이 똑같은 정보를 함께 갖고 있으며 이 정보가 아주 틀린 것이 아닌 한, 상품의 가격은 어떤 기본적인 수준에서 크게 벗어나지 않을 것이라고 예상할 수 있다. 예를 들어 튤립 알뿌리 하나의 값은 수선화 알뿌리 하나의 값과 비슷하고, 메추리알 하나는 달걀 하나보다 더 쌀 것으로 짐작해도 무방하다는 말이다.
>
> 그러나 현실에서는 사람들이 서로 다른 정보를 갖고 시장에 참여하는 경우가 많다. 어떤 사람은 특정한 정보를 갖고 있는데 거래 상대방은 그 정보를 갖고 있지 못한 경우도 있다. 이뿐만 아니라 거래에 참여하는 목적이나 재산 등의 측면에서 큰 차이가 존재하는 것이 보통이다. 이런 경우에는 어떤 상품의 가격이 우리의 상식으로는 도저히 이해하기 힘든 수준까지 일시적으로 뛰어오르는 현상이 나타날 가능성이 있다. 이런 현상은 특히 투기의 대상이 되는 자산의 경우에 자주 목격되는데, 우리는 이를 '거품(Bubbles)'이라고 부른다.
>
> 일반적으로 거품은 어떤 상품(특히 자산)의 가격이 지속적으로 급격히 상승하는 현상을 가리킨다. 이와 같은 지속적인 가격 상승이 일어나는 이유는 애초에 생긴 가격 상승이 추가적인 가격 상승의 기대로 이어져 투기 바람이 형성되기 때문이다. 어떤 상품의 가격이 올라 그것을 미리 사둔 사람이 재미를 보았다는 소문이 돌면 너도나도 사려고 달려들기 때문에 가격이 천정부지*로 뛰어오르게 된다. 물론 이 같은 거품이 무한정 커질 수는 없고 언젠가는 터져 정상적인 상태로 돌아올 수밖에 없다. 이때 거품이 터지는 충격으로 인해 경제에 심각한 위기가 닥칠 수도 있다.
>
> *천정부지(天井不知) : 물가 따위가 한 없이 오르기만 함을 비유적으로 이르는 말

① 거품은 투기의 대상이 되는 자산에서 자주 일어난다.
② 거품이 터지면 경제에 심각한 위기를 초래할 수 있다.
③ 거래에 참여하는 사람의 목적이나 재산에 큰 차이가 없다면 거품이 일어날 수 있다.
④ 상품의 가격이 일반적인 상식으로는 이해되지 않는 수준까지 일시적으로 상승할 수도 있다.
⑤ 일반적으로 시장에 참여하고 있는 경제 주체들은 자신의 정보를 바탕으로 수요와 공급을 결정한다.

02 수리능력

11 K통신회사는 휴대전화의 통화시간에 따라 월 2시간까지는 기본요금, 2시간 초과 3시간까지는 분당 a원, 3시간 초과부터는 $2a$원을 부과한다. 다음과 같이 요금이 청구되었을 때, a의 값은 얼마인가?

〈휴대전화 이용요금〉

구분	통화시간	요금
8월	3시간 30분	21,600원
9월	2시간 20분	13,600원

① 50
② 80
③ 100
④ 120
⑤ 150

12 다음은 첨단산업 현황에 대한 자료이다. 〈보기〉의 빈칸 (가), (나)에 들어갈 수를 바르게 짝지은 것은?

〈첨단산업 현황〉

(단위 : 억 달러, %)

구분	평판TV	비즈니스 항공기	핸드폰	의료기기	반도체	SW
시장 규모	964	1,980	1,689	2,216	2,410	10,090
SW 규모 대비 비중	9.6	19.6	16.7	22	23.9	-

> **보기**
>
> SW산업은 디지털 컨버전스 시대의 신성장동력으로 세계시장 규모, 고용창출 및 부가가치율 면에서 여타 산업을 압도하고 있다. 시장 규모는 10,090억 달러로 반도체 시장의 약 __(가)__ 배, 핸드폰 시장의 약 __(나)__ 배 규모이다.

	(가)	(나)
①	4	4
②	4	6
③	5	5
④	5	7
⑤	6	7

13 다음은 K공항의 에너지 소비량 및 온실가스 배출량을 나타낸 자료이다. 〈보기〉 중 이에 대한 설명으로 옳은 것을 모두 고르면?

〈K공항 에너지 소비량〉

(단위 : TOE)

구분	에너지 소비량									
	합계	건설 부문				이동 부문				
		소계	경유	도시가스	수전전력	소계	휘발유	경유	도시가스	천연가스
2023년	11,658	11,234	17	1,808	9,409	424	25	196	13	190
2024년	17,298	16,885	58	2,796	14,031	413	28	179	15	191

〈K공항 온실가스 배출량〉

(단위 : 톤CO_2eq)

구분	온실가스 배출량				
	합계	고정 연소	이동 연소	공정 배출	간접 배출
2023년	30,823	4,052	897	122	25,752
2024년	35,638	6,121	965	109	28,443

보기

ㄱ. 에너지 소비량 중 이동 부문에서 경유가 차지하는 비중은 2024년에 전년 대비 10%p 이상 감소하였다.
ㄴ. 건설 부문의 도시가스 소비량은 2024년에 전년 대비 30% 이상 증가하였다.
ㄷ. 2024년 온실가스 배출량 중 간접 배출이 차지하는 비중은 2023년 온실가스 배출량 중 고정 연소가 차지하는 비중의 5배 이상이다.

① ㄱ
② ㄴ
③ ㄱ, ㄴ
④ ㄴ, ㄷ
⑤ ㄱ, ㄴ, ㄷ

14 다음은 한국, 미국, 일본, 프랑스가 화장품산업 경쟁력 4대 분야에서 획득한 점수에 대한 자료이다. 이에 대한 설명으로 옳은 것은?

① 기술력 분야에서는 한국의 점수가 가장 높다.
② 성장성 분야에서 점수가 가장 높은 국가는 시장지배력 분야에서도 점수가 가장 높다.
③ 브랜드파워 분야에서 각국 점수 중 최댓값과 최솟값의 차이는 3 이하이다.
④ 미국이 4대 분야에서 획득한 점수의 합은 프랑스가 4대 분야에서 획득한 점수의 합보다 높다.
⑤ 시장지배력 분야의 점수는 일본이 프랑스보다 높지만 미국보다는 낮다.

15. 다음은 K기업 직원 250명을 대상으로 조사한 독감 예방접종 여부에 대한 자료이다. 이에 대한 설명으로 옳은 것은?(단, 소수점 첫째 자리에서 버림한다)

〈부서별 직원 현황〉
(단위 : %)

구분	총무부서	회계부서	영업부서	제조부서	합계
비율	16	12	28	44	100

※ 제시된 것 외의 부서는 없음
※ 2023년과 2024년 부서별 직원 현황은 변동이 없음

① 2023년의 독감 예방접종자가 모두 2024년에도 예방접종을 했다면, 2023년에는 예방접종을 하지 않았지만 2024년에 예방접종을 한 직원은 총 54명이다.
② 2023년 대비 2024년에 예방접종을 한 직원의 수는 49% 이상 증가했다.
③ 2024년 독감 예방접종 여부 그래프가 2023년의 예방접종을 하지 않은 직원들을 대상으로 2024년의 독감 예방접종 여부를 조사한 자료라고 한다면, 2023년과 2024년 모두 예방접종을 하지 않은 직원은 총 65명이다.
④ 위의 2023년과 2024년 독감 예방접종 여부 그래프가 총무부서에 대한 자료라고 한다면, 총무부서 직원 중 예방접종을 한 직원은 2023년 대비 2024년에 7명 증가했다.
⑤ 제조부서를 제외한 모든 부서 직원들이 2024년에 예방접종을 했다고 할 때, 제조부서 중 예방접종을 한 직원의 비율은 2%이다.

16 다음은 2021 ~ 2025년 4종목의 스포츠에 대한 경기 수를 나타낸 자료이다. 이에 대한 설명으로 옳지 않은 것은?

〈국내 연도별 스포츠 경기 수〉

(단위 : 회)

구분	2021년	2022년	2023년	2024년	2025년
농구	413	403	403	403	410
야구	432	442	425	433	432
배구	226	226	227	230	230
축구	228	230	231	233	233

① 농구의 경기 수는 2022년의 전년 대비 감소율이 2025년의 전년 대비 증가율보다 높다.
② 2021년의 농구와 배구의 경기 수 차이는 야구와 축구의 경기 수 차이의 90% 이상이다.
③ 2021년부터 2025년까지의 야구의 평균 경기 수는 축구 평균 경기 수의 2배 이하이다.
④ 2022년부터 2024년까지 경기 수가 증가하는 스포츠는 1종목이다.
⑤ 2025년의 경기 수가 5년 동안의 종목별 평균 경기 수보다 적은 스포츠는 1종목이다.

17 다음 중 자료를 판단한 내용으로 옳지 않은 것은?(단, 증감률은 전년 대비 수치이다)

〈천연가스 생산·내수·수출 현황〉

(단위 : TOE, %)

구분		2020년	2021년	2022년	2023년	2024년
생산	생산량	4,086,308	3,826,682	3,512,926	4,271,741	4,657,094
	증감률	6.4	−6.4	−8.2	21.6	9.0
내수	생산량	1,219,335	1,154,483	1,394,000	1,465,426	1,474,637
	증감률	4.7	−5.3	20.7	5.1	0.6
수출	생산량	2,847,138	2,683,965	2,148,862	2,772,107	3,151,708
	증감률	7.5	−5.7	−19.9	29.0	13.7

① 2020년에는 전년 대비 생산, 내수, 수출이 모두 증가했다.
② 내수가 가장 큰 폭으로 증가한 해에는 생산과 수출이 모두 감소했다.
③ 수출이 증가했던 해는 생산과 내수도 증가했다.
④ 생산이 증가한 해에도 내수나 수출이 감소한 해가 있다.
⑤ 수출이 가장 큰 폭으로 증가한 해에는 생산도 가장 큰 폭으로 증가했다.

18 다음은 중학생의 주당 운동시간 현황을 조사한 자료이다. 이에 대한 설명으로 옳은 것을 〈보기〉에서 모두 고르면?

〈중학생의 주당 운동시간 현황〉

(단위 : %, 명)

구분		남학생			여학생		
		1학년	2학년	3학년	1학년	2학년	3학년
1시간 미만	비율	10.0	5.7	7.6	18.8	19.2	25.1
	인원수	118	66	87	221	217	281
1시간 이상 2시간 미만	비율	22.2	20.4	19.7	26.6	31.3	29.3
	인원수	261	235	224	312	353	328
2시간 이상 3시간 미만	비율	21.8	20.9	24.1	20.7	18.0	21.6
	인원수	256	241	274	243	203	242
3시간 이상 4시간 미만	비율	34.8	34.0	23.4	30.0	27.3	14.0
	인원수	409	392	266	353	308	157
4시간 이상	비율	11.2	19.0	25.2	3.9	4.2	10.0
	인원수	132	219	287	46	47	112
합계	비율	100.0	100.0	100.0	100.0	100.0	100.0
	인원수	1,176	1,153	1,138	1,175	1,128	1,120

보기

㉠ 1시간 미만 운동하는 3학년 남학생 수는 4시간 이상 운동하는 1학년 여학생 수보다 많다.
㉡ 동일 학년의 남학생과 여학생을 비교하면, 남학생 중 1시간 미만 운동하는 남학생의 비율이 여학생 중 1시간 미만 운동하는 여학생의 비율보다 각 학년에서 모두 낮다.
㉢ 남학생과 여학생 각각, 학년이 높아질수록 3시간 이상 운동하는 학생의 비율이 낮아진다.
㉣ 모든 학년별 남학생과 여학생 각각에서, 3시간 이상 4시간 미만 운동하는 학생의 비율이 4시간 이상 운동하는 학생의 비율보다 높다.

① ㉠, ㉡
② ㉠, ㉣
③ ㉡, ㉢
④ ㉢, ㉣
⑤ ㉠, ㉡, ㉢

※ 다음은 교육부에서 발표한 고등학생의 졸업 후 진로 계획에 대한 자료이다. 이어지는 질문에 답하시오 (단, 소수점 둘째 자리에서 반올림한다). [19~20]

〈고등학생의 졸업 후 진로 계획〉

(단위 : %, 명)

학교 유형 진로	일반고		과학고·외고·국제고		예술·체육고		마이스터고		특성화고	
	빈도	비율	빈도	비율	빈도	비율	빈도	비율	빈도	비율
대학 진학	6,773	80.7	164	84.3	80	82.1	3	3.7	512	31.1
취업	457	5.4	11	5.7	3	3.3	64	80.2	752	45.6
창업	118	1.4	5	2.6	5	5.6	1	1.4	37	2.2
기타 (군 입대, 해외 유학)	297	3.5	5	2.4	3	2.7	6	8.1	86	5.3
진로 미결정	749	9.0	10	5.0	6	6.3	5	6.6	260	15.8

19 다음 중 고등학생의 졸업 후 진로 계획에 대한 설명으로 옳은 것은?

① 졸업 후 창업하는 졸업생들 중 특성화고 졸업생이 차지하는 비율은 20% 이상이다.
② 졸업생들 중 대학 진학률이 가장 높은 학교 유형과 창업률이 가장 높은 학교 유형은 동일하다.
③ 진로를 결정하지 않은 졸업생 수가 가장 많은 학교 유형은 예술·체육고이다.
④ 일반고 졸업생 중 졸업 후 대학에 진학하는 졸업생의 수는 특성화고 졸업생 중 대학에 진학하는 졸업생 수의 14배 이상이다.
⑤ 졸업 후 군 입대를 하거나 해외 유학을 가는 졸업생들 중 과학고·외고·국제고와 마이스터고 졸업생들이 차지하는 비율은 5% 이상이다.

20 다음은 고등학생의 졸업 후 진로 계획에 대한 보고서의 일부이다. 밑줄 친 내용 중 옳은 것을 모두 고르면?

> 지난 8일, 진학점검부는 일반고, 과학고·외고·국제고, 예술·체육고, 마이스터고, 특성화고 졸업생들의 졸업 후 진로 계획에 대한 조사 결과를 발표하였다. 진학점검부는 졸업생들의 졸업 후 진로를 크게 대학 진학, 취업, 창업, 기타(군 입대, 해외 유학), 진로 미결정으로 구분하여 조사하였다. 이에 따르면, ㉠ 모든 유형의 학교에서 졸업 후 대학에 진학한 졸업생 수가 가장 많았다. 진로를 결정하지 않은 학생들도 모든 유형의 학교를 통틀어 1,000명이 넘는 등 상당히 많았고, ㉡ 졸업 후 취업한 인원은 모든 유형의 학교를 통틀어 총 1,200명이 넘었다. 창업에 뛰어든 졸업생들은 비교적 적은 숫자였다.
> 학교 유형별로 보면, ㉢ 일반고의 경우 졸업 후 취업한 졸업생 수는 창업한 졸업생 수의 4배가 넘었다. 반면, 예술·체육고의 경우 창업한 졸업생 수가 취업한 졸업생 수보다 많았다. ㉣ 특성화고의 경우 진로를 결정하지 않은 졸업생 수가 대학에 진학한 졸업생 수의 40% 이상이었다. 과학고·외고·국제고 졸업생들의 경우 $\frac{4}{5}$ 이상이 대학으로 진학하였다.

① ㉠, ㉡
② ㉠, ㉢
③ ㉡, ㉢
④ ㉡, ㉣
⑤ ㉢, ㉣

21 다음은 K패스트푸드점의 메인·스낵·음료 메뉴의 단위당 영양성분표이다. 이에 대한 설명으로 옳은 것은?(단, 소수점 둘째 자리에서 반올림한다)

〈메인 메뉴 단위당 영양성분표〉

구분 메뉴	중량(g)	열량(kcal)	성분함량			
			당(g)	단백질(g)	포화지방(g)	나트륨(mg)
치즈버거	114	297	7	15	7	758
햄버거	100	248	6	13	5	500
새우버거	197	395	9	15	5	882
치킨버거	163	374	6	15	5	719
불고기버거	155	399	13	16	2	760
칠리버거	228	443	7	22	5	972
베이컨버거	242	513	15	26	13	1,200
스페셜버거	213	505	8	26	12	1,059

〈스낵 메뉴 단위당 영양성분표〉

구분 메뉴	중량(g)	열량(kcal)	성분함량			
			당(g)	단백질(g)	포화지방(g)	나트륨(mg)
감자튀김	114	352	0	4	4	181
조각치킨	68	165	0	10	3	313
치즈스틱	47	172	0	6	6	267

〈음료 메뉴 단위당 영양성분표〉

구분 메뉴	중량(g)	열량(kcal)	성분함량			
			당(g)	단백질(g)	포화지방(g)	나트륨(mg)
콜라	425	143	34	0	0	19
커피	400	10	0	0	0	0
우유	200	130	9	6	5	100
오렌지주스	175	84	18	0	0	5

① 중량 대비 열량의 비율이 가장 낮은 메인 메뉴는 새우버거이다.
② 모든 메인 메뉴는 나트륨 함량이 당 함량의 50배 이상이다.
③ 메인 메뉴 각각의 단위당 중량은 모든 스낵 메뉴의 단위당 중량 합보다 작다.
④ 서로 다른 두 메인 메뉴를 한 단위씩 주문한다면, 총 단백질 함량은 항상 총 포화지방 함량의 2배 이상이다.
⑤ 메인 메뉴, 스낵 메뉴 및 음료 메뉴에서 한 단위씩 주문하여 총 열량이 500kcal 이하가 되도록 할 때 주문할 수 있는 음료 메뉴는 커피뿐이다.

22 다음은 상업용 무인기 국내 시장 판매량 및 수출입량과 매출액을 나타낸 자료이다. 이에 대한 설명으로 옳은 것을 〈보기〉에서 모두 고르면?

〈상업용 무인기의 국내 시장 판매량〉

(천 대)
- 2021년: 53.0
- 2022년: 72.0
- 2023년: 116.0
- 2024년: 154.0
- 2025년: 202.0

〈상업용 무인기 수출입량〉
(단위 : 천 대)

구분	2021년	2022년	2023년	2024년	2025년
수출량	1.2	2.5	18.0	67.0	240.0
수입량	1.1	2.0	3.5	4.2	5.0

※ 수출량은 국내 시장 판매량에 포함되지 않음
※ 수입량은 당해 연도 국내 시장에서 모두 판매됨

〈K기업의 상업용 무인기 매출액〉
(단위 : 백만 달러)

구분	2021년	2022년	2023년	2024년	2025년
매출액	4.3	43.0	304.4	1,203.1	4,348.4

보기

ㄱ. 2025년의 상업용 무인기의 국내 시장 판매량 대비 수입량의 비율은 3.0% 이하이다.
ㄴ. 2022 ~ 2025년 동안 상업용 무인기 국내 시장 판매량의 전년 대비 증가율이 가장 큰 해는 2023년이다.
ㄷ. 2022 ~ 2025년 동안 상업용 무인기 수입량의 전년 대비 증가율이 가장 작은 해에는 상업용 무인기 수출량의 전년 대비 증가율이 가장 크다.
ㄹ. 2023년의 상업용 무인기 수출량의 전년 대비 증가율과 2023년의 K기업의 상업용 무인기 매출액의 전년 대비 증가율의 차이는 30% 이하이다.

① ㄱ, ㄴ
② ㄷ, ㄹ
③ ㄱ, ㄴ, ㄷ
④ ㄱ, ㄴ, ㄹ
⑤ ㄴ, ㄷ, ㄹ

23 K국 정부에서는 지나친 음주와 흡연으로 인한 사회문제의 발생을 막기 위해 술과 담배에 세금을 부과하려고 한다. 이때 부과할 수 있는 세금에는 종가세와 정액세가 있다. 술과 담배를 즐기는 A씨의 소비량과 술, 담배 예상 세금 부과량이 아래와 같을 때, 조세 수입 극대화를 위해서 술과 담배에 부과해야 하는 세금의 종류와 이때의 조세 총수입을 순서대로 바르게 나열한 것은?

〈술, 담배 가격 및 A씨의 술, 담배 소비량〉

구분	가격	현재 소비량	세금 부과 후 예상 소비량
술	2,000원	50병	20병
담배	4,500원	100갑	100갑

〈술, 담배 예상 세금 부과량〉

구분	종가세하의 예상 세율	정액세하의 예상 개당 세액
술	20%	300원
담배		800원

※ 종가세 : 가격의 일정 비율을 세금으로 부과하는 제도
※ 정액세 : 가격과 상관없이 판매될 때마다 일정한 액수의 세금을 부과하는 제도

	술	담배	조세 총수입
①	정액세	종가세	99,000원
②	정액세	종가세	96,000원
③	정액세	정액세	86,000원
④	종가세	정액세	88,000원
⑤	종가세	종가세	98,000원

24 다음은 국가별 이산화탄소 배출량에 대한 자료이다. 〈조건〉에 따라 빈칸 ㉠~㉣에 해당하는 국가명을 순서대로 바르게 나열한 것은?

〈국가별 이산화탄소 배출량〉

(단위 : 백만 CO_2톤)

구분	1999년	2009년	2019년	2023년	2024년
일본	1,041	1,141	1,112	1,230	1,189
미국	4,803	5,642	5,347	5,103	5,176
㉠	232	432	551	572	568
㉡	171	312	498	535	556
㉢	151	235	419	471	507
독일	940	812	759	764	723
인도	530	890	1,594	1,853	2,020
㉣	420	516	526	550	555
중국	2,076	3,086	7,707	8,980	9,087
러시아	2,163	1,474	1,529	1,535	1,468

조건
- 한국과 캐나다는 제시된 5개 연도의 이산화탄소 배출량 순위에서 8위를 두 번 했다.
- 사우디아라비아의 2023년 대비 2024년의 이산화탄소 배출량 증가율은 5% 이상이다.
- 이란과 한국의 이산화탄소 배출량의 합은 2019년부터 이란과 캐나다의 배출량의 합보다 많아진다.

① 캐나다, 이란, 사우디아라비아, 한국
② 한국, 사우디아라비아, 이란, 캐나다
③ 한국, 이란, 캐나다, 사우디아라비아
④ 이란, 한국, 사우디아라비아, 캐나다
⑤ 한국, 이란, 사우디아라비아, 캐나다

25 다음은 2021년부터 2025년까지의 전국 주택보급률을 나타낸 자료이다. 이에 대한 설명으로 옳지 않은 것은?

〈전국 주택보급률〉

(단위 : 천 호, 천 가구, %)

구분		2021년	2022년	2023년	2024년	2025년
전국	가구 수	19,111	19,368	19,674	19,979	20,343
	주택 수	19,559	19,877	20,313	20,818	21,310
	주택보급률	102.3	102.6	103.3	104.2	104.8
서울	가구 수	3,785	3,785	3,813	3,840	3,896
	주택 수	3,633	3,644	3,672	3,682	3,739
	주택보급률	96	96.3	96.3	95.9	96
부산	가구 수	1,336	1,344	1,354	1,364	1,377
	주택 수	1,370	1,376	1,396	1,413	1,439
	주택보급률	102.6	102.3	103.1	103.6	104.5
대구	가구 수	929	936	948	958	969
	주택 수	943	966	988	996	1,001
	주택보급률	101.6	103.3	104.3	104	103.3
인천	가구 수	1,045	1,063	1,080	1,095	1,121
	주택 수	1,055	1,073	1,084	1,108	1,123
	주택보급률	101	100.9	100.4	101.2	100.2
광주	가구 수	567	569	576	579	587
	주택 수	587	595	606	617	628
	주택보급률	103.5	104.5	105.3	106.6	107
대전	가구 수	583	591	598	602	609
	주택 수	595	601	605	612	618
	주택보급률	102.2	101.7	101.2	101.6	101.4

① 5년간 서울을 제외한 5개 도시 중 가구 수가 가장 많이 증가한 도시는 인천이다.
② 5년간 가구 수보다 주택 수가 더 많이 늘어난 도시는 부산, 광주이다.
③ 2023년의 서울의 가구 수는 대구, 인천, 광주, 대전 가구 수를 합친 것보다 많다.
④ 2024년의 서울과 부산 그리고 대구의 가구 수는 전국 가구 수의 30% 이상이다.
⑤ 5년간 6개 주요 도시의 가구 수와 주택 수는 모두 증가하는 추세이다.

03 문제해결능력

26 귀하는 점심식사 중 식당에 있는 TV에서 정부의 정책에 대한 뉴스가 나오는 것을 보았다. 함께 점심을 먹는 동료들과 뉴스를 보고 나눈 대화의 내용으로 적절하지 않은 것은?

〈뉴스〉

앵커 : 저소득층에게 법률서비스를 제공하는 정책을 구상 중입니다. 정부는 무료로 법률자문을 하겠다고 자원하는 변호사를 활용하는 자원봉사 제도, 정부에서 법률구조공단 등의 기관을 신설하고 변호사를 유급으로 고용하여 법률서비스를 제공하는 유급법률구조 제도, 정부가 법률서비스의 비용을 대신 지불하는 법률보호 제도 등의 세 가지 정책대안 중 하나를 선택할 계획입니다.

이 정책대안을 비교하는 데 고려해야 할 정책목표는 비용저렴성, 접근용이성, 정치적 실현가능성, 법률서비스의 전문성입니다. 정책대안과 정책목표의 상관관계는 화면으로 보여드립니다. 각 대안이 정책목표를 달성하는 데 유리한 경우는 (+)로, 불리한 경우는 (−)로 표시하였으며, 유·불리 정도는 같습니다. 정책목표에 대한 가중치의 경우, '0'은 해당 정책목표를 무시하는 것을, '1'은 해당 정책목표를 고려하는 것을 의미합니다.

〈정책대안과 정책목표의 상관관계〉

정책목표	가중치		정책대안		
	A안	B안	자원봉사 제도	유급법률구조 제도	법률보호 제도
비용저렴성	0	0	+	−	−
접근용이성	1	0	−	+	−
정치적 실현가능성	0	0	+	−	+
전문성	1	1	−	+	−

① 전문성 면에서는 유급법률구조 제도가 자원봉사 제도보다 더 좋은 정책 대안으로 평가받게 되겠군.
② A안에 가중치를 적용할 경우 유급법률구조 제도가 적절한 정책대안으로 평가받게 되지 않을까?
③ 반대로 B안에 가중치를 적용할 경우 자원봉사 제도가 적절한 정책대안으로 평가받게 될 것 같아.
④ A안과 B안 중 어떤 것을 적용하더라도 정책대안 비교의 결과는 달라지지 않을 것으로 보여.
⑤ 비용저렴성을 달성하기에 가장 유리한 정책대안은 자원봉사 제도로군.

27 다음 글과 상황을 근거로 판단할 때, 출장을 함께 갈 수 있는 직원들의 조합으로 가능한 것은?

K공사 B지사에서는 2월 11일 회계감사 관련 서류 제출을 위해 본사로 출장을 가야 한다. 오전 8시 정각 출발이 확정되어 있으며, 출발 후 B지사에 복귀하기까지 총 8시간이 소요된다. 단, 비가 오는 경우 1시간이 추가로 소요된다.
- 출장인원 중 한 명이 직접 운전하여야 하며, '운전면허 1종 보통' 소지자만 운전할 수 있다.
- 출장시간에 사내 업무가 겹치는 경우에는 출장을 갈 수 없다.
- 출장인원 중 부상자가 포함되어 있는 경우, 서류 박스 운반 지연으로 인해 30분이 추가로 소요된다.
- 차장은 책임자로서 출장인원에 적어도 한 명은 포함되어야 한다.
- 주어진 조건 외에는 고려하지 않는다.

〈상황〉
- 2월 11일은 하루 종일 비가 온다.
- 2월 11일 당직 근무는 17시 10분에 시작한다.

직원	직위	운전면허	건강 상태	출장 당일 사내 업무
갑	차장	1종 보통	부상	없음
을	차장	2종 보통	건강	17시 15분 계약업체 면담
병	과장	없음	건강	17시 35분 관리팀과 회의
정	과장	1종 보통	건강	당직 근무
무	대리	2종 보통	건강	없음

① 갑, 을, 병
② 갑, 병, 정
③ 을, 병, 무
④ 을, 정, 무
⑤ 병, 정, 무

28. K공사는 최근 새로운 건물로 이사하면서 팀별 층 배치를 변경하기로 하였다. 층 배치 변경 사항과 현재 층 배치가 다음과 같을 때, 이사 후 층 배치에 대한 설명으로 옳지 않은 것은?

〈층 배치 변경 사항〉
- 인사팀과 생산팀이 위치한 층 사이에 한 팀을 배치합니다.
- 연구팀과 영업팀은 기존 층보다 아래층으로 배치합니다.
- 총무팀은 6층에 배치합니다.
- 탕비실은 4층에 배치합니다.
- 생산팀은 연구팀보다 높은 층에 배치합니다.
- 전산팀은 2층에 배치합니다.

〈현재 층 배치도〉

층수	부서
7층	전산팀
6층	영업팀
5층	연구팀
4층	탕비실
3층	생산팀
2층	인사팀
1층	총무팀

① 생산팀은 7층에 배치될 수 있다.
② 인사팀은 5층에 배치될 수 있다.
③ 영업팀은 3층에 배치될 수 있다.
④ 생산팀은 3층에 배치될 수 있다.
⑤ 연구팀은 1층에 배치될 수 있다.

29 K가스공사에 대한 SWOT 분석 결과가 다음과 같을 때, SWOT 대응 전략으로 적절한 것을 〈보기〉에서 모두 고르면?

〈K가스공사 SWOT 분석 결과〉

구분	분석 결과
강점(Strength)	• 해외 가스공급기관 대비 높은 LNG 구매력 • 세계적으로 우수한 배관 인프라
약점(Weakness)	• 타 연료 대비 높은 단가
기회(Opportunity)	• 북아시아 가스관 사업 추진 논의 지속 • 수소 자원 개발 고도화 추진 중
위협(Threat)	• 천연가스에 대한 수요 감소 추세 • 원전 재가동 확대 전망에 따른 에너지 점유율 감소 가능성

보기

ㄱ. 해외 기관 대비 LNG 확보가 용이하다는 점을 근거로 북아시아 가스관 사업 추진 시 우수한 효율을 이용하는 것은 SO전략에 해당한다.
ㄴ. 지속적으로 감소할 것으로 전망되는 천연가스 수요를 북아시아 가스관 사업을 통해 확보하는 것은 ST전략에 해당한다.
ㄷ. 수소 자원 개발을 고도화하여 다른 연료 대비 상대적으로 높았던 공급단가를 낮추려는 R&D 사업 추진은 WO전략에 해당한다.
ㄹ. 높은 LNG 확보 능력을 이용해 상대적으로 높은 가스 공급단가가 더욱 상승하는 것을 방지하는 것은 WT전략에 해당한다.

① ㄱ, ㄴ
② ㄱ, ㄷ
③ ㄴ, ㄷ
④ ㄴ, ㄹ
⑤ ㄷ, ㄹ

30. 다음은 K공단이 공개한 부패공직자 사건 및 징계 현황이다. 이에 대한 설명으로 옳지 않은 것을 〈보기〉에서 모두 고르면?

〈부패공직자 사건 및 징계 현황〉

구분	부패행위 유형	부패금액	징계종류	처분일	고발 여부
1	이권개입 및 직위의 사적사용	23만 원	감봉 1월	2020.06.19.	미고발
2	직무관련자로부터 금품 및 향응 수수	75만 원	해임	2021.05.20.	미고발
3	직무관련자로부터 향응 수수	6만 원	견책	2022.12.22.	미고발
4	직무관련자로부터 금품 및 향응 수수	11만 원	감봉 1개월	2023.02.03.	미고발
5	직무관련자로부터 금품 수수	40만 원가량	경고 (무혐의 처분, 징계시효 말소)	2024.03.06.	미고발
6	직권남용(직위의 사적이용)	-	해임	2024.05.24.	고발
7	직무관련자로부터 금품 수수	526만 원	해임	2024.09.19.	고발
8	직무관련자로부터 금품 수수 등	300만 원	해임	2025.05.19.	고발

보기

ㄱ. K공단에서 해당 사건의 부패금액이 일정 수준 이상인 경우 고발한 것으로 해석할 수 있다.
ㄴ. 해임당한 공직자들은 모두 고발되었다.
ㄷ. 직무관련자로부터 금품을 수수한 사건은 총 5건 있었다.
ㄹ. 동일한 부패행위 유형에 해당하더라도 다른 징계처분을 받을 수 있다.

① ㄱ, ㄴ ② ㄱ, ㄷ
③ ㄴ, ㄷ ④ ㄴ, ㄹ
⑤ ㄷ, ㄹ

31 K공사의 평가지원팀 A팀장, B대리, C대리, D주임, E주임, F주임, G사원, H사원 8명은 기차를 이용해 대전으로 출장을 가려고 한다. 다음 〈조건〉에 따라 직원들의 좌석이 배정될 때, 팀원들이 앉을 좌석에 대한 설명으로 옳지 않은 것을 〈보기〉에서 모두 고르면?(단, 이웃하여 앉는다는 것은 두 사람 사이에 복도를 두지 않고 양옆으로 붙어 앉는 것을 의미한다)

〈기차 좌석표〉

앞

창가	1(가)	1(나)	복도	1(다)	1(라)	창가
	2(가)	2(나)		2(다)	2(라)	

뒤

조건
- 팀장은 반드시 두 번째 줄에 앉는다.
- D주임은 2(다) 석에 앉는다.
- 주임끼리는 이웃하여 앉지 않는다.
- 사원은 (나) 열 혹은 (다) 열에만 앉을 수 있다.
- 팀장은 대리와 이웃하여 앉는다.
- F주임은 업무상 지시를 위해 H사원과 이웃하여 앉아야 한다.
- B대리는 창가 쪽 자리에 앉는다.

보기
ㄱ. E주임은 1(가) 석에 앉는다.
ㄴ. C대리는 (라) 열에 앉는다.
ㄷ. G사원은 E주임과 이웃하여 앉지 않는다.
ㄹ. A팀장의 앞 좌석에는 G사원 혹은 H사원이 앉는다.

① ㄱ
② ㄱ, ㄹ
③ ㄴ, ㄷ
④ ㄷ, ㄹ
⑤ ㄱ, ㄴ, ㄹ

※ K공사의 별관 신축을 위한 건설업체 입찰에 A ~ F업체가 참여하였다. 다음은 입찰 기준에 따른 업체별 점수와 업체별 입찰 비용을 나타낸 자료이다. 이어지는 질문에 답하시오. **[32~33]**

〈업체별 입찰 기준 점수〉

입찰업체	경영평가 점수	시공실적 점수	친환경소재 점수
A	18점	11점	15점
B	14점	15점	17점
C	17점	13점	13점
D	16점	12점	14점
E	13점	10점	17점
F	16점	14점	16점

〈업체별 입찰 비용〉

(단위 : 억 원)

A	B	C	D	E	F
16.9	17.4	17.1	12.9	14.5	15.2

32 K공사는 비용이 17억 원 이하인 업체 중, 경영평가 점수와 시공실적 점수의 반영 비율을 1 : 2의 가중치로 합산한 값이 가장 높은 3개 업체를 1차로 선정한다. 1차 선정 업체 중 친환경소재 점수가 가장 높은 곳을 최종 선정한다고 할 때, 최종 선정될 업체는?

① A업체 ② B업체
③ D업체 ④ E업체
⑤ F업체

33 K공사가 외부 권고로 인해 선정 방식을 변경하였다. 새로운 방식에 따르면, 비용이 17억 2천만 원 이하인 업체 중, 시공실적 점수와 친환경소재 점수의 반영 비율을 3 : 2의 가중치로 합산한 값이 가장 높은 2개 업체를 1차로 선정한다. 1차 선정 업체 중 입찰 비용이 가장 낮은 곳을 최종 선정한다고 할 때, 최종 선정될 업체는?

① A업체 ② C업체
③ D업체 ④ E업체
⑤ F업체

34 K공단의 D과장은 우리나라 사람들의 해외취업을 돕기 위해 박람회를 열고자 한다. 제시된 〈조건〉이 다음과 같을 때, D과장이 박람회 장소로 선택할 나라는?

> **조건**
> - K공단의 해외 EPS센터가 있는 나라여야 한다.
>   - 해외 EPS센터(15개국) : 필리핀, 태국, 인도네시아, 베트남, 스리랑카, 몽골, 우즈베키스탄, 파키스탄, 캄보디아, 중국, 방글라데시, 키르기스스탄, 네팔, 미얀마, 동티모르
> - 100개 이상의 한국 기업이 진출해 있어야 한다.

〈국가별 상황〉

국가	경쟁력	비고
인도네시아	한국 기업이 100개 이상 진출해 있으며, 안정적인 정치 및 경제 구조를 가지고 있다.	두 번의 박람회를 열었으나 실제 취업까지 연결되는 성과가 미미하였다.
아랍에미리트	아랍에미리트 자유무역지역에 다양한 다국적 기업이 진출해 있다.	석유가스산업, 금융산업에는 외국 기업의 진출이 불가하다.
중국	한국 기업이 170개 이상 진출해 있으며, 현지 기업의 80% 이상이 우리나라 사람의 고용을 원한다.	중국 청년의 실업률이 높아 사회문제가 되고 있다.
미얀마	많은 수의 한인이 거주 중이며, 한류 열풍이 거세게 불고 있다.	쿠데타와 내전으로 우리나라 사람들의 치안이 보장되지 않는다.
베트남	여성의 사회 진출률이 높고, 정치·경제·사회 각 분야에서 많은 여성이 활약 중이다.	한국 기업 진출을 위한 인프라 구축이 잘 되어 있다.

① 인도네시아　　　　　　　　　② 아랍에미리트
③ 중국　　　　　　　　　　　　④ 미얀마
⑤ 베트남

35 K프랜차이즈 카페에서는 디저트로 빵, 케이크, 마카롱, 쿠키를 판매하고 있다. 최근 각 지점에서 디저트를 섭취하고 땅콩 알레르기가 발생했다는 민원이 제기되었다. 해당 디저트에는 모두 땅콩이 들어가지 않으며, 땅콩을 사용한 제품과 인접한 시설에서 제조하고 있다. 다음 자료를 참고할 때, 반드시 거짓인 경우는?

- 땅콩 알레르기 유발 원인이 된 디저트는 빵, 케이크, 마카롱, 쿠키 중 하나이다.
- 각 지점에서 땅콩 알레르기가 있는 손님이 섭취한 디저트와 알레르기 유무는 다음과 같다.

A지점	빵과 케이크를 먹고, 마카롱과 쿠키를 먹지 않은 경우, 알레르기가 발생했다.
B지점	빵과 마카롱을 먹고, 케이크와 쿠키를 먹지 않은 경우, 알레르기가 발생하지 않았다.
C지점	빵과 쿠키를 먹고, 케이크와 마카롱을 먹지 않은 경우, 알레르기가 발생했다.
D지점	케이크와 마카롱을 먹고, 빵과 쿠키를 먹지 않은 경우, 알레르기가 발생했다.
E지점	케이크와 쿠키를 먹고, 빵과 마카롱을 먹지 않은 경우, 알레르기가 발생하지 않았다.
F지점	마카롱과 쿠키를 먹고, 빵과 케이크를 먹지 않은 경우, 알레르기가 발생하지 않았다.

① A, B, D지점의 사례만을 고려하면, 케이크가 알레르기 발생 원인이다.
② A, C, E지점의 사례만을 고려하면, 빵이 알레르기 발생 원인이다.
③ B, D, F지점의 사례만을 고려하면, 케이크가 알레르기 발생 원인이다.
④ C, D, F지점의 사례만을 고려하면, 마카롱이 알레르기 발생 원인이다.
⑤ D, E, F지점의 사례만을 고려하면, 쿠키는 알레르기 발생 원인이 아니다.

36 다음 글을 근거로 판단할 때, 〈보기〉에서 옳은 것을 모두 고르면?

사슴은 맹수에게 계속 괴롭힘을 당하자 자신을 맹수로 바꾸어 달라고 산신령에게 빌었다. 사슴을 불쌍하게 여긴 산신령은 사슴에게 남은 수명 중 n년(n은 자연수)을 포기하면 여생을 아래 5가지의 맹수 중 하나로 살 수 있게 해 주겠다고 했다.

사슴으로 살 경우의 1년당 효용은 40이며, 다른 맹수로 살 경우의 1년당 효용과 그 맹수로 살기 위해 사슴이 포기해야 하는 수명은 아래의 표와 같다. 예를 들어 사슴의 남은 수명이 12년일 경우 사슴으로 계속 산다면 $12 \times 40 = 480$의 총효용을 얻지만, 독수리로 사는 것을 선택한다면 $(12-5) \times 50 = 350$의 총효용을 얻는다.

사슴은 여생의 총효용이 줄어드는 선택은 하지 않으며, 포기해야 하는 수명이 사슴의 남은 수명 이상인 맹수는 선택할 수 없다. 1년당 효용이 큰 맹수일수록, 사슴은 그 맹수가 되기 위해 더 많은 수명을 포기해야 한다. 사슴은 자신의 남은 수명과 호랑이로 살 경우, 악어로 살 경우의 포기해야 하는 수명을 알고 있다.

맹수	1년당 효용	포기해야 하는 수명(년)
사자	250	14
호랑이	200	?
곰	170	11
악어	70	?
독수리	50	5

보기

ㄱ. 사슴의 남은 수명이 13년이라면, 사슴은 곰을 선택할 것이다.
ㄴ. 사슴의 남은 수명이 20년이라면, 사슴은 독수리를 선택하지 않을 것이다.
ㄷ. 호랑이로 살기 위해 포기해야 하는 수명이 13년이라면, 사슴의 남은 수명에 따라 사자를 선택했을 때와 호랑이를 선택했을 때의 여생의 총효용이 같은 경우가 있다.

① ㄴ
② ㄷ
③ ㄱ, ㄴ
④ ㄴ, ㄷ
⑤ ㄱ, ㄴ, ㄷ

37 K공사 인재개발원에서 근무하는 L사원은 IT전략실의 H주임에게 대관 문의를 받았다. 문의 내용과 인재개발원 대관 안내 자료를 참고해 계산한 대관료로 옳은 것은?

> H주임 : 안녕하세요. IT전략실 IT운영처에서 근무하는 H주임입니다. 다름이 아니라 다음 달 첫째 주 토요일에 인재개발원에서 IT전략실 세미나 행사를 진행하려고 하는데, 대관료 안내를 받으려고 연락드렸습니다. IT기획처와 IT개발처는 같은 곳에서 세미나를 진행하고, IT전략실은 별도로 진행하려고 하는데, 면적이 가장 큰 교육시설과 면적이 2번째로 작은 교육시설을 3시간씩 대관하고 싶습니다. 세미나가 끝난 후 친목 도모를 위한 레크리에이션 행사를 3시간 진행하려고 하는데, 다목적홀·이벤트홀·체육관 중 가장 저렴한 가격으로 이용할 수 있는 곳을 대관했으면 좋겠습니다. 이렇게 했을 때 대관료는 얼마일까요?

〈K공사 인재개발원 대관 안내〉

구분		면적	대관료(원)		비고
			기본 사용료	추가 1시간당 사용료	
교육시설	강의실(대)	177.81㎡	129,000	64,500	• 기본 사용 시간 : 2시간 • 토, 일, 공휴일 10% 할증
	강의실(중)	89.27㎡	65,000	32,500	
	강의실(소)	59.48㎡	44,000	22,000	
	세미나실	132.51㎡	110,000	55,000	
다목적홀		492.25㎡	585,000	195,000	• 기본 사용 시간 : 3시간 • 토, 일, 공휴일 10% 할증
이벤트홀		273.42㎡	330,000	110,000	• 토, 일, 공휴일에는 이벤트홀 휴관
체육관(5층)		479.95㎡	122,000	61,000	• 기본 사용 시간 : 2시간

① 463,810원 ② 473,630원
③ 483,450원 ④ 493,270원
⑤ 503,100원

※ 다음은 경조사 지원규정에 따라 이번 달에 지원을 받을 임직원들의 경조사 목록이다. 이어지는 질문에 답하시오. [38~39]

〈임직원 경조사 지원규정〉

- K기업은 임직원 경조사에 사안별로 다양한 지원을 제공한다.
- 경조사의 범위는 결혼식, 돌잔치, 장례식, 회갑, 결혼기념일, 입학 및 졸업으로 한정한다.
  1. 본인의 결혼식, 자녀의 돌잔치, 부모님 회갑에는 현금과 함께 화환을 제공한다.
  2. 부모의 장례식, 배우자의 장례식에는 현금과 함께 화환을 제공한다.
  3. 위의 1~2항에 언급하지 않은 사안에는 화환 또는 꽃다발만 제공하는 것으로 한다.
  ※ K기업에 재직 중인 2인 이상이 경조사 범위(1~2항)에 관련된 경우 한 명에게는 화환이나 꽃다발을, 다른 한 명에게는 현금을 제공함

〈이번 달 임직원 경조사 목록〉

구분	경조사	비고
황지민 대리	부친 장례식	이민현 과장 배우자
최기혁 사원	조모 장례식	-
이민현 과장	장인어른 장례식	황지민 대리 배우자
박재연 부장	본인 결혼식	-
조성우 차장	자녀 돌잔치	-
이천재 대리	배우자 졸업식	최현서 사원 배우자
정서민 대리	결혼기념일	-
서호연 과장	모친 회갑	-
최현서 사원	본인 졸업식	이천재 대리 배우자

38 이번 달 임직원 경조사 목록을 참고할 때, 현금과 화환을 모두 받을 수 있는 사람은 몇 명인가?

① 1명   ② 2명
③ 3명   ④ 4명
⑤ 5명

39 다음 K기업 내 경조사 지원에 따른 화환 구매 규정을 토대로 화환을 받는 임직원과 화환 가격이 바르게 묶인 것은?

〈경조사 지원에 따른 화환 구매 규정〉

- 경조사의 범위는 결혼식, 돌잔치, 장례식, 회갑, 결혼기념일, 입학 및 졸업으로 한정하며 해당 경조사에 따라 화환이나 꽃다발을 제공한다.
- 축하화환과 근조화환을 구분하여 제공하되, 경조사에 따라 아래 표에 맞는 금액의 화환 혹은 꽃다발을 제공한다.

※ K기업에 재직 중인 2인 이상이 같은 경조사 범위에 관련된 경우 화환이나 꽃다발은 1회만 제공함

〈화환 가격표〉

경조사	종류	가격
결혼식	축하화환	82,000원
장례식	근조화환	95,000원
돌잔치	축하화환	73,000원
회갑	축하화환	80,000원
결혼기념일	축하화환	79,000원
입학 및 졸업	축하화환	56,000원

① 최현서 사원 – 79,000원
② 정서민 대리 – 80,000원
③ 서호연 과장 – 95,000원
④ 박재연 부장 – 82,000원
⑤ 황지민 대리 – 56,000원

40 K제약회사에 근무하는 A대리는 의약품 특허출원과 관련하여 다음과 같이 보고서를 작성하였다. A대리가 상사에게 보고서를 제출하기 전에 최종 검토를 하고자 할 때, 보고서의 밑줄 친 (가) ~ (라) 중 수정이 필요한 부분은?

〈보고서 내용 일부〉

2023년부터 2025년까지 의약품의 특허출원은 (가) 매년 감소하였다. 그러나 기타 의약품이 전체 의약품 특허출원에서 차지하는 비중은 매년 꾸준히 증가하여 2025년에는 전체 의약품 특허출원의 (나) 25% 이상을 차지하였다. 다국적기업의 의약품별 특허출원 현황을 살펴보면, 원료 의약품에서 다국적기업 특허출원이 차지하는 비중은 다른 의약품에 비해 매년 그 비중이 높아져 2025년에는 (다) 20% 이상을 차지하게 되었다. 한편 2025년의 다국적기업에서 출원한 완제 의약품 특허출원 중 다이어트제 출원은 (라) 11%였다.

〈의약품별 특허출원 현황〉

(단위 : 건)

연도 구분	2023년	2024년	2025년
완제 의약품	7,137	4,394	2,999
원료 의약품	1,757	797	500
기타 의약품	2,236	1,517	1,220
합계	11,130	6,708	4,719

〈의약품별 특허출원 중 다국적기업 출원 현황〉

(단위 : 건)

연도 구분	2023년	2024년	2025년
완제 의약품	404	284	200
원료 의약품	274	149	103
기타 의약품	215	170	141
합계	893	603	444

〈완제 의약품 특허출원 중 다이어트제 출원 현황〉

(단위 : 건)

구분	2023년	2024년	2025년
출원건수	53	32	22

① (가)
② (나)
③ (다)
④ (라)
⑤ 없음

04 자원관리능력

41 다음은 K학교의 성과급 기준표이다. 이를 적용해 K학교 교사들의 성과급 배점을 계산하고자 할 때, 〈보기〉의 A~E교사 중 가장 높은 배점을 받을 교사는?

〈성과급 기준표〉

항목	평가사항	배점 기준		배점
수업 지도	주당 수업시간	24시간 이하	14점	20점
		25시간	16점	
		26시간	18점	
		27시간 이상	20점	
	수업 공개 유무	교사 수업 공개	10점	10점
		학부모 수업 공개	5점	
생활 지도	담임 유무	담임교사	10점	10점
		비담임교사	5점	
담당 업무	업무 곤란도	보직교사	30점	30점
		비보직교사	20점	
경력	호봉	10호봉 이하	5점	30점
		11~15호봉	10점	
		16~20호봉	15점	
		21~25호봉	20점	
		26~30호봉	25점	
		31호봉 이상	30점	

※ 수업지도 항목에서 교사 수업 공개, 학부모 수업 공개를 모두 진행했을 경우 10점으로 배점하며, 수업 공개를 하지 않았을 경우 배점은 없음

보기

구분	주당 수업시간	수업 공개 유무	담임 유무	업무 곤란도	호봉
A교사	20시간	-	담임교사	비보직교사	32호봉
B교사	29시간	-	비담임교사	비보직교사	35호봉
C교사	26시간	학부모 수업 공개	비담임교사	보직교사	22호봉
D교사	22시간	교사 수업 공개	담임교사	보직교사	17호봉
E교사	25시간	교사 수업 공개, 학부모 수업 공개	비담임교사	비보직교사	30호봉

① A교사 ② B교사
③ C교사 ④ D교사
⑤ E교사

42 K공사에서 근무하는 A씨는 휴가철을 맞아 가족여행을 가고자 한다. K공사는 직원들의 복리 증진을 위하여 휴가철 항공료를 일부 지원해 주고 있다. 다음 자료와 〈조건〉을 토대로 A씨가 선택할 여행지와 여행기간을 바르게 짝지은 것은?

〈여행지별 항공료와 지원율〉

여행지	1인당 편도 항공료	항공료 지원율
중국	130,000원	10%
일본	125,000원	30%
싱가포르	180,000원	35%

※ 갈 때와 올 때 편도 항공료는 동일함

〈8월 달력〉

일	월	화	수	목	금	토
			1	2	3	4
5	6	7	8	9	10	11
12	13	14	15	16	17	18
19	20	21	22	23	24	25
26	27	28	29	30	31	

※ 8월 3∼4일은 현장 부지 답사로 휴가가 불가능함
※ 8월 15일은 광복절, 24일은 K공사 창립기념일로 휴일임

조건
- A씨는 아내와 단둘이 여행할 예정이다.
- A씨는 여행경비 중 항공료로 최대 450,000원을 쓸 수 있다.
- K공사의 항공료 지원은 동반한 직계가족까지 모두 적용된다.

	여행지	여행기간
①	중국	9∼11일
②	일본	3∼6일
③	일본	16∼19일
④	싱가포르	15∼18일
⑤	싱가포르	26∼29일

43 K공사는 직원용 컴퓨터를 교체하려고 한다. 다음 중 〈조건〉을 만족하는 컴퓨터로 옳은 것은?

〈컴퓨터별 가격 현황〉

구분	A컴퓨터	B컴퓨터	C컴퓨터	D컴퓨터	E컴퓨터
모니터	20만 원	23만 원	20만 원	19만 원	18만 원
본체	70만 원	64만 원	60만 원	54만 원	52만 원
SET	80만 원	75만 원	70만 원	66만 원	65만 원
성능 평가	중	상	중	중	하
할인 혜택	-	SET로 15대 이상 구매 시 총금액에서 100만 원 할인	모니터 10대 초과 구매 시 초과 대수 15% 할인	-	-

조건
- 예산은 1,000만 원이다.
- 교체할 직원용 컴퓨터는 모니터와 본체 각각 15대이다.
- 성능 평가에서 '중' 이상을 받은 컴퓨터로 교체한다.
- 컴퓨터 구매는 SET 또는 모니터와 본체 따로 구매할 수 있다.

① A컴퓨터
② B컴퓨터
③ C컴퓨터
④ D컴퓨터
⑤ E컴퓨터

44. 다음은 직원들의 이번 주 추가근무 계획표이다. 하루에 5명 이상 추가근무를 할 수 없고, 직원들은 일주일에 10시간을 초과하여 추가근무를 할 수 없다고 한다. 한 사람만 추가근무 일정을 수정할 수 있을 때, 규칙에 어긋난 요일과 그 날에 속한 사람 중 변경해야 할 직원을 순서대로 바르게 나열한 것은?(단, 주말은 1시간당 1.5시간으로 계산한다)

〈추가근무 계획표〉

성명	추가근무 일정	성명	추가근무 일정
김혜정	월요일 3시간, 금요일 3시간	김재건	수요일 1시간
이설희	토요일 6시간	신혜민	수요일 4시간, 목요일 3시간
임유진	토요일 3시간, 일요일 1시간	한정미	일요일 6시간
박주환	목요일 2시간	정지원	월요일 6시간, 목요일 4시간
이지호	화요일 4시간	최명진	화요일 5시간
김유미	금요일 6시간, 토요일 2시간	김우석	목요일 1시간
이송기	화요일 1시간	차지수	금요일 6시간
정해리	월요일 5시간	이성엽	목요일 6시간, 일요일 3시간

	요일	직원
①	월요일	김혜정
②	화요일	정지원
③	화요일	신혜민
④	목요일	이성엽
⑤	토요일	임유진

45. K공사의 A사원은 법인카드를 사용하여 부장 3명과 대리 2명의 제주 출장을 위해 왕복항공권을 구입하려고 한다. 다음은 항공사별 좌석에 따른 편도 비용에 대한 자료이다. 부장은 비즈니스석, 대리는 이코노미석을 이용한다고 할 때, 가장 저렴하게 항공권을 구입할 수 있는 항공사는?

〈항공사별 좌석 편도 비용 현황〉

항공사	비즈니스석	이코노미석	비고
A항공사	120,000원	85,000원	-
B항공사	130,000원	70,000원	-
C항공사	150,000원	80,000원	왕복권 구매 시 10% 할인
D항공사	130,000원	75,000원	-
E항공사	150,000원	95,000원	법인카드 사용 시 20% 할인

① A항공사
② B항공사
③ C항공사
④ D항공사
⑤ E항공사

46. 다음은 K공사의 승진 규정과 승진 후보자 정보이다. 이를 참고할 때, 2025년 현재 직급이 대리인 사람은?

〈승진 규정〉

- 2025년까지 근속연수가 3년 이상인 자를 대상으로 한다.
- 출산휴가 및 병가 기간은 근속연수에서 제외한다.
- 평가연도 업무평가 점수가 80점 이상인 자를 대상으로 한다.
- 평가연도 업무평가 점수는 직전연도 업무평가 점수에서 벌점을 차감한 점수이다.
- 벌점은 결근 1회당 -10점, 지각 1회당 -5점이다.

〈승진 후보자 정보〉

구분	근무 기간	작년 업무평가(점)	근태 현황(회)		기타
			지각	결근	
A사원	1년 4개월	79	1	-	-
B주임	3년 1개월	86	-	1	출산휴가 35일
C대리	7년 1개월	89	1	1	병가 10일
D과장	10년 3개월	82	-	-	-
E차장	12년 7개월	81	2	-	-

① A사원
② B주임
③ C대리
④ D과장
⑤ E차장

47 다음 자료를 보고 계산한 A고객과 B고객이 내야 할 총액으로 옳은 것은?

〈구매 상품별 금액〉

구분	금액(원)	비고
전복(1kg)	50,000	-
블루베리(100g)	1,200	-
고구마(100g)	5,000	-
사과(5개)	10,000	-
오렌지(8개)	12,000	-
우유(1L)	3,000	S우유 구매 시 200원 할인
소갈비(600g)	20,000	LA갈비 18,000원
생닭(1마리)	9,000	손질 요청 시 1,000원 추가
배송	3,000	12만 원 이상 구매 시 무료
신선포장	1,500	
봉투	100	배송 시 무료 제공

※ K카드 결제 시 5% 할인 적용

고객	품목	비고
A	전복(1kg), 블루베리(600g), 고구마(200g), 사과(10개), 오렌지(8개), 우유(1L)	배송, 신선포장, 봉투 1개 필요, 현금 결제
B	블루베리(200g), 오렌지(8개), S우유(1L), 소갈비(600g), 생닭(1마리)	생닭 손질, 봉투 2개 필요, S카드 결제

	A	B
①	105,500원	45,030원
②	105,600원	44,080원
③	105,600원	45,030원
④	106,700원	45,030원
⑤	106,700원	44,080원

48 K공단은 2025년 하반기 인사이동을 통해 품질안전본부의 승진 대상자 중 승진할 직원 2명을 선정하고자 한다. 승진자 결정 방식 및 승진 대상자 정보가 아래와 같을 때, 다음 중 승진하게 되는 직원들로만 바르게 짝지어진 것은?

〈승진자 결정 방식〉

- 품질안전본부의 승진 대상자인 갑, 을, 병, 정, 무 중 승진점수가 가장 높은 직원 2명이 승진하게 된다.
- 승진점수는 업무실적점수(20점), 사고점수(10점), 근무태도점수(10점), 가점 및 벌점(최대 5점)을 합산하여 산정한다.
- 업무실적점수 산정 기준(20점 만점)

등급	A	B	C	D
점수	20	17	13	10

- 사고점수 산정 기준(10점 만점)
  - 만점인 10점에서 사고 유형 및 건수에 따라 차감하여 계산한다.

구분	1건당 벌점
경미/과실	1점
중대/고의	3점

- 근무태도점수 산정 기준(10점 만점)

등급	우수	보통	미흡
점수	10	7	4

- 가점 및 벌점 부여 기준(최대 5점)
  - 무사고(모든 유형의 사고 건수 0건) : 가점 2점
  - 수상 실적 : 1회당 가점 2점
  - 사고 유형 중 중대/고의 사고 건수 2건 이상 : 벌점 4점

〈승진 대상자 정보〉

구분	업무실적 등급	사고 건수 경미/과실	사고 건수 중대/고의	근무태도 등급	수상 실적
갑	A	–	1	보통	1회
을	B	1	–	우수	2회
병	C	2	–	보통	–
정	A	1	1	미흡	–
무	D	–	–	우수	1회

① 갑, 을
② 갑, 정
③ 을, 병
④ 병, 무
⑤ 정, 무

③

50 K공사에서는 약 2개월 동안 근무할 인턴사원을 선발하고자 다음과 같은 공고를 게시하였다. 이에 지원한 A~E 중에서 K공사의 인턴사원으로 가장 적절한 지원자는?

〈인턴 모집 공고〉

- 근무 기간 : 약 2개월(6~8월)
- 자격 요건
  - 1개월 이상 경력자
  - 포토샵 가능자
  - 근무 시간(9~18시) 이후에도 근무가 가능한 자
- 기타 사항
  - 경우에 따라서 인턴 기간이 연장될 수 있음

A지원자	• 경력 사항 : 출판사 3개월 근무 • 컴퓨터 활용 능력 중급(포토샵, 워드 프로세서) • 대학 휴학 중(9월 복학 예정)
B지원자	• 경력 사항 : 없음 • 포토샵 능력 우수 • 전문대학 졸업
C지원자	• 경력 사항 : 마케팅회사 1개월 근무 • 컴퓨터 활용 능력 상급(포토샵, 워드 프로세서, 파워포인트) • 4년제 대학 졸업
D지원자	• 경력 사항 : 제약회사 3개월 근무 • 포토샵 가능 • 저녁 근무 불가
E지원자	• 경력 사항 : 마케팅회사 1개월 근무 • 컴퓨터 활용 능력 중급(워드 프로세서, 파워포인트) • 대학 졸업

① A지원자　　　　　　　　　　② B지원자
③ C지원자　　　　　　　　　　④ D지원자
⑤ E지원자

제5회 통합 NCS 최종모의고사

📋 문항 수 : 80문항　🕐 응시시간 : 80분

01 다음 글의 빈칸에 들어갈 문장을 〈보기〉에서 찾아 순서대로 바르게 나열한 것은?

> 요즘에는 낯선 곳을 찾아갈 때 지도를 해석하며 어렵게 길을 찾지 않아도 된다. 이는 기술력의 발달에 따라 제공되는 공간정보를 바탕으로 최적의 경로를 탐색할 수 있게 되었기 때문이다. _____ 이처럼 공간정보가 시간에 따른 변화를 반영할 수 있게 된 것은 정보를 수집하고 분석하는 정보 통신 기술의 발전과 밀접한 관련이 있다.
> 공간정보의 활용은 '위치정보 시스템(GPS)'과 '지리정보 시스템(GIS)' 등의 기술적 발전과 휴대전화나 태블릿 PC 등 정보 통신 기기의 보급을 기반으로 한다. 위치정보 시스템은 공간에 대한 정보를 수집하고, 지리정보 시스템은 정보를 저장ㆍ분류ㆍ분석한다. 이렇게 분석된 정보는 사용자의 요구에 따라 휴대전화나 태블릿 PC 등을 통해 최적화되어 전달된다.
> 길 찾기를 예로 들어 이 과정을 살펴보자. 휴대전화 애플리케이션을 이용해 사용자가 가려는 목적지를 입력하고 이동 수단으로 버스를 선택하였다면, 우선 사용자의 현재 위치가 위치정보 시스템에 의해 실시간으로 수집된다. 그리고 목적지와 이동 수단 등 사용자의 요구와 실시간으로 수집된 정보에 따라 지리정보 시스템은 탑승할 버스 정류장의 위치, 다양한 버스 노선, 최단 시간 등을 분석하여 제공한다. _____ 예를 들어 여행지와 관련된 공간정보는 여행자의 요구와 선호에 따라 선별적으로 분석되어 활용된다. 나아가 유동 인구를 고려한 상권 분석과 교통의 흐름을 고려한 도시 계획 수립에도 공간정보 활용이 가능하게 되었다. 획기적으로 발전되고 있는 첨단 기술이 적용된 공간정보가 국가 차원의 자연재해 예측 시스템에도 활발히 활용된다면 한층 정밀한 재해 예방 및 대비가 가능해질 것이다. 이로 인해 우리의 삶도 더 편리하고 안전해질 것으로 기대된다.

보기
㉠ 어떤 곳의 위치 좌표나 지리적 형상에 대한 정보뿐만 아니라 시간에 따른 공간의 변화를 포함한 공간정보를 이용할 수 있게 되면서 가능해진 것이다.
㉡ 더 나아가 교통 정체와 같은 돌발 상황과 목적지에 이르는 경로의 주변 정보까지 분석하여 제공한다.
㉢ 공간정보의 활용 범위는 계속 확대되고 있다.

① ㉠, ㉡, ㉢　　　　　　　② ㉠, ㉢, ㉡
③ ㉡, ㉠, ㉢　　　　　　　④ ㉡, ㉢, ㉠
⑤ ㉢, ㉠, ㉡

02 다음 〈보기〉의 갑~정 네 사람 중 올바른 경청 방법을 보인 사람을 모두 고르면?

> **보기**
> - 자신의 잘못에 대해 상사가 나무라자 갑은 고개를 숙이고 바닥만 응시하다가 상사의 말이 다 끝나자 잘못하였다고 말하였다.
> - 을은 후배가 자신의 생각에 반대하는 의견을 말하자 다리를 꼬고 앉아 후배가 말하는 내내 계속하여 쳐다봤다.
> - 병은 바쁘게 일하는 나머지 동료 직원이 다가와 도움을 요청한 소리를 제대로 못 들어 동료 직원에게 상체를 기울여 다시 말해 줄 것을 요청하였다.
> - 회사 주가가 연일 하락해 심란한 나머지 자리에 앉지 못하는 대표 정에게 직원이 면담을 요청하자 정은 자리에 앉았다.

① 갑, 을
② 갑, 병
③ 갑, 정
④ 을, 병
⑤ 병, 정

03 다음 문단을 논리적 순서대로 바르게 나열한 것은?

> (가) 여기에 반해 동양에서는 보름달에 좋은 이미지를 부여한다. 예를 들어 우리나라의 처녀귀신이나 도깨비는 달빛이 흐린 그믐 무렵에나 활동하는 것이다. 그런데 최근에는 동서양의 개념이 마구 뒤섞여 보름달을 배경으로 악마의 상징인 늑대가 우는 광경이 동양의 영화에 나오기도 한다.
> (나) 동양에서 달은 '음(陰)'의 기운을, 해는 '양(陽)'의 기운을 상징한다는 통념이 자리를 잡았다. 그래서 달을 '태음', 해를 '태양'이라고 불렀다. 동양에서는 해와 달의 크기가 같은 덕에 음과 양도 동등한 자격을 갖춘다. 즉, 음과 양은 어느 하나가 좋고 다른 하나는 나쁜 것이 아니라 서로 보완하는 관계를 이루는 것이다.
> (다) 옛날부터 형성된 이러한 동서양 간의 차이는 오늘날까지 영향을 끼치고 있다. 동양에서는 달이 밝으면 달맞이를 하는데, 서양에서는 달맞이를 자살 행위처럼 여기고 있다. 특히 보름달은 서양인들에게 거의 공포의 상징과 같은 존재이다. 예를 들어 13일의 금요일에 보름달이 뜨게 되면 사람들이 외출조차 꺼린다.
> (라) 하지만 서양의 경우는 다르다. 서양에서 낮은 신이, 밤은 악마가 지배한다는 통념이 자리를 잡았다. 따라서 밤의 상징인 달에 좋지 않은 이미지를 부여하게 되었다. 이는 해와 달의 명칭을 보면 알 수 있다. 라틴어로 해를 'Sol', 달을 'Luna'라고 하는데 정신병을 뜻하는 단어 'Lunacy'의 어원이 바로 'Luna'이다.

① (가) – (나) – (라) – (다)
② (나) – (라) – (가) – (다)
③ (나) – (라) – (다) – (가)
④ (다) – (가) – (나) – (라)
⑤ (다) – (나) – (라) – (가)

04 다음 글의 내용 전개 방식으로 가장 적절한 것은?

우리가 어떤 개체의 행동이나 상태 변화를 설명하고 예측하고자 할 때는 물리적 태세, 목적론적 태세, 지향적 태세라는 전략을 활용할 수 있다. 소금을 물에 넣고, 물속의 소금에 어떤 변화가 일어날지 예측하기 위해서는 소금과 물 그리고 그것을 지배하는 물리적 법칙이 필요하다. 이는 대상의 물리적 구성 요소와 그것을 지배하는 법칙을 통해 그 변화를 예측하는 것을 의미한다. 이와 같은 전략을 '물리적 태세'라 한다.

'목적론적 태세'는 개체의 설계 목적이나 기능을 파악하여 그 행동을 설명하고 예측하는 전략이다. 가령 컴퓨터의 〈F8〉 키가 어떤 기능을 하는지 알기만 하면 〈F8〉 키를 누를 때 컴퓨터가 어떤 반응을 보일지 예측할 수 있다. 즉, 〈F8〉 키를 누르면 컴퓨터가 맞춤법을 검사할 것이라고 충분히 예측할 수 있다.

마지막으로 '지향적 태세'는 지향성의 개념을 사용하여 개체의 행동을 설명하고 예측하는 전략이다. 여기서 '지향성'이란 어떤 대상을 향한 개체의 의식, 신념, 욕망 등을 가리킨다. 가령 쥐의 왼쪽에 고양이가 나타났을 경우를 가정해 보자. 쥐의 행동을 예측하기 위해서는 어떤 전략을 사용해야 할까? 물리적 태세를 취해 쥐의 물리적 구성 요소나 쥐의 행동 양식을 지배하는 물리적 법칙을 파악할 수는 없다. 또한 쥐가 어떤 기능이나 목적을 수행하도록 설계된 개체로 보기도 어려우므로 목적론적 태세도 취할 수 없다. 따라서 우리는 쥐가 살고자 하는 지향성을 지닌 개체라고 전제(前提)하고, 그 행동을 예측하는 것이 타당할 것이다. 즉, 쥐는 생존 욕구 때문에 '왼쪽에 고양이가 있으니, 그쪽으로 가면 잡아먹힐 위험이 있다. 그러니 왼쪽으로는 가지 말아야지.'라는 믿음을 가질 것이다. 우리는 쥐가 고양이가 있는 왼쪽으로 가는 행동을 하지 않을 것으로 예측할 수 있다. 그런데 예측 과정에서 선행되어야 하는 것은 쥐가 살아남기 위해 합리적으로 행동하는 개체라는 점을 인식해야 한다는 것이다. 따라서 지향적 태세를 취한다는 것은 예측 대상이 합리적(合理的)으로 행동하는 개체임을 가정하는 것이다.

유기체는 생존과 번성의 욕구를 성취하기 위한 지향성을 지닌다. 그리고 환경에 성공적으로 적응하기 위해 정보를 수집하고, 축적된 정보에 새로운 정보를 결합하여 가장 합리적이라고 판단되는 행동을 선택한다. 이처럼 대부분의 유기체는 외부 세계와의 관계 속에서 지향성을 지니며 진화해 왔다. 지향적 태세는 우리가 대상을 바라보는 새로운 자세와 관점을 제공했다는 점에서 의의를 찾을 수 있다.

① 구체적 사례를 통해 추상적인 개념을 설명하고 있다.
② 다양한 관점을 소개하면서 이를 서로 절충하고 있다.
③ 전문가의 견해를 토대로 현상의 원인을 분석하고 있다.
④ 기존 이론의 문제점을 밝히고 새로운 이론을 제시하고 있다.
⑤ 시대적 흐름에 따른 핵심 개념의 변화 과정을 규명하고 있다.

05 다음 중 민속문화와 대중문화의 차이로 적절하지 않은 것은?

> 문화는 하나의 집단을 이루는 사람들의 독특한 전통을 구성하는 관습적 믿음, 사회적 형태, 물질적 특성으로 나타나는 일종의 실체이다. 문화는 모든 사람들의 일상생활에서의 생존 활동, 즉 의식주와 관련된 활동들로부터 형성된다. 지리학자들은 특정 사회 관습의 기원과 확산, 그리고 특정 사회 관습과 다른 사회적 특성들의 통합을 연구하는데, 크게 고립된 촌락 지역에 거주하는, 규모가 작고 동질적인 집단에 의해 전통적으로 공유되는 민속문화(Folk Culture)와, 특정 관습을 공유하는, 규모가 크고 이질적인 사회에서 나타나는 대중문화(Popular Culture)로 구분된다.
>
> 다수의 민속문화에 의해 지배되는 경관은 시간의 흐름에 따라 거의 변화하지 않는다. 이에 비해 현대의 통신 매체는 대중적 관습이 자주 변화하도록 촉진한다. 결과적으로, 민속문화는 특정 시기에 장소마다 다양하게 나타나는 경향이 있지만 대중문화는 특정 장소에서 시기에 따라 달라지는 경향이 크다.
>
> 사회적 관습은 문화의 중심 지역, 즉 혁신의 발상지에서 유래한다. 민속문화는 흔히 확인되지 않은 기원자를 통해서, 잘 알려지지 않은 시기에, 출처가 밝혀지지 않은 미상의 발상지로부터 발생한다. 민속문화는 고립된 장소로부터 독립적으로 기원하여 여러 개의 발상지를 가질 수 있다. 예를 들어, 민속 노래는 보통 익명으로 작곡되며, 구두로 전파된다. 노래는 환경 조건의 변화에 따라 다음 세대로 전달되며 변형되지만, 그 소재는 대다수 사람들에게 익숙한 일상생활의 사건들로부터 빈번하게 얻게 된다.
>
> 민속문화와 달리 대중문화는 대부분이 선진국, 특히 북아메리카, 서부 유럽, 일본의 산물이다. 대중음악과 패스트푸드가 대중문화의 좋은 예이다. 대중문화는 산업 기술의 진보와 증가된 여가 시간이 결합하면서 발생한 것이다. 오늘날 우리가 알고 있는 대중음악은 1900년경에 시작되었다. 그 당시 미국과 서부 유럽에서 대중음악에 의한 엔터테인먼트는 영국에서 뮤직 홀(Music Hall)로 불리고, 미국에서 보드빌(Vaudeville)이라고 불린 버라이어티쇼였다. 음악 산업은 뮤직홀과 보드빌에 노래를 제공하기 위해 뉴욕의 틴 팬 앨리(Tin Pan Alley)라고 알려진 구역에서 발달하였다. 틴 팬 앨리라는 명칭은 송 플러거(Song Plugger : 뉴욕의 파퓰러 송 악보 출판사가 고용한 선전 담당의 피아니스트)라고 불린 사람들이 악보 출판인들에게 음악의 곡조를 들려주기 위해 격렬하게 연타한 피아노 소리로부터 유래하였다.
>
> 많은 스포츠가 고립된 민속문화로 시작되었으며, 다른 민속문화처럼 개인의 이동을 통해 확산되었다. 그러나 현대의 조직된 스포츠의 확산은 대중문화의 특징을 보여 준다. 축구는 11세기 잉글랜드에서 민속문화로 시작되었으며, 19세기 전 세계 대중문화의 일부가 되었다. 축구의 기원은 명확하지 않다. 1863년 다수의 영국 축구 클럽들이 경기 규칙을 표준화하고, 프로 리그를 조직하기 위해 풋볼협회(Football Association)를 결성하였다. 풋볼협회의 'Association'이라는 단어가 축약되어 'Assoc'으로, 그리고 조금 변형되어 마침내 'Soccer'라는 용어가 만들어졌다. 여가 시간 동안 조직된 위락 활동을 공장 노동자들에게 제공하기 위해 클럽들은 교회에 의해 조직되었다. 영국에서 스포츠가 공식적인 조직으로 만들어진 것은 축구가 민속문화에서 대중문화로 전환된 것을 나타낸다.

① 민속문화는 규모가 작고 동질적인 집단에 의해 전통적으로 공유된다.
② 대중문화는 서부 유럽이나 북아메리카 등 선진국에서 발생하였다.
③ 민속문화는 출처가 밝혀지지 않은 미상의 발상지로부터 발생한다.
④ 민속문화는 대중문화로 변하기도 한다.
⑤ 민속문화는 특정 장소에서 시기마다 달라지는 경향이 있지만, 대중문화는 특정 시기에서 장소에 따라 다양해지는 경향이 크다.

06 다음 글의 제목으로 가장 적절한 것은?

영양분이 과도하게 많은 물에서는 오히려 물고기의 생존이 어렵다. 농업용 비료나 하수 등에서 배출되는 질소와 인 등으로 영양분이 많아진 하천의 수온이 상승하면 식물성 플랑크톤이 대량으로 증식하게 된다. 녹색을 띠는 플랑크톤이 수면을 뒤덮으면 물속으로 햇빛이 닿지 못하고 결국 물속의 산소가 고갈되어 물고기는 숨을 쉬기 어려워진다. 즉, 물속의 과도한 영양분이 오히려 물고기의 생존을 위협하는 것이다.

이처럼 부영양화된 물에서의 플랑크톤 증식으로 인한 녹조 현상은 경제 발전과 각종 오염 물질 배출량의 증가로 인해 심각한 사회문제가 되고 있다. 녹조는 냄새를 유발하는 물질과 함께 독소를 생성하여 수돗물의 수질을 저하시킨다. 특히 독성 물질을 배출하는 녹조를 유해 녹조로 지정하여 관리하고 있는 현실을 고려하면 이제 녹조는 생태계뿐만 아니라 먹는 물의 안전까지도 위협한다.

하천의 생태계를 보호하고 우리가 먹는 물을 보호하기 위해서는 녹조의 발생 원인을 사전에 제거해야 한다. 이를 위해서는 무엇보다 생활 속에서의 작은 실천이 중요하다. 질소나 인이 첨가되지 않은 세제를 사용하고, 농가에서는 화학 비료 사용을 최소화하며 하천에 오염된 물이 흘러 들어가지 않도록 철저히 관리하는 노력을 기울여야 한다.

① 물고기의 생존을 위협하는 하천의 수질 오염
② 녹조를 가속화하는 이상 기온 현상
③ 물고기와 인간의 안전을 위협하는 하천의 부영양화
④ 녹조 예방을 위한 정부의 철저한 관리의 필요성
⑤ 수돗물 수질 향상을 위한 기술 개발의 필요성

07 공감적 이해의 단계를 인습적 수준, 기본적 수준, 심층적 수준 세 가지 수준으로 나누어 볼 때, 다음 사례에 나타난 A~C는 각각 어느 수준에 해당하는가?

> A, B, C는 같은 초등학교에 다니고 있는 아이들의 학부모로, 서로 나이도 비슷하고 취미도 비슷하여 친하게 지내고 있다. 그러나 이 셋은 아이들과 대화할 때 대화 방식에서 큰 차이를 보인다.
> 초등학생인 아이가 "학교 숙제는 제가 알아서 할게요. 자꾸 집에 오면 숙제부터 먼저 하라고 하시는데 제가 작성한 하루 일과표에 따라 순서대로 할게요."라고 하였을 때, A, B, C는 다음과 같이 이야기하였다.
> A : 지난번에도 알아서 하겠다고 해놓고, 결국엔 잊어버려서 학교에 가서 혼나지 않았니? 엄마, 아빠 말 들어서 나쁠 거 하나 없어.
> B : 이제 스스로 더 잘 할 수 있다는 이야기구나. 하루 일과표를 지키겠다는 책임감도 갖게 된 것 같구나.
> C : 엄마, 아빠가 너무 학교 숙제에 대해서만 이야기해서 기분이 상했구나.

	A	B	C
①	인습적	기본적	심층적
②	인습적	심층적	기본적
③	기본적	인습적	심층적
④	기본적	심층적	인습적
⑤	심층적	인습적	기본적

08 다음 글의 내용으로 적절한 것을 〈보기〉에서 모두 고르면?

> 유럽 최대의 무역항이자 건축 수도인 로테르담(Rotterdam)에서는 거대한 말발굽, 혹은 연필깎이를 연상시키는 형상의 건축물이 새로운 랜드마크(Landmark)로 각광을 받고 있다. 길이 120m, 높이 40m에 10만여m^2 규모로 10년의 건축 기간을 거쳐 2014년 준공된 주상복합 전통시장 '마켓홀(Market Hall)'이 바로 그것이다.
> 네덜란드의 건축 그룹 엠베에르데베(MVRDV)가 건물의 전체 설계를 맡은 마켓홀은 터널처럼 파낸 건물 중앙부에는 약 100여개의 지역 업체가 들어서 있으며, 시장 위를 둘러싸고 있는 건물에는 228가구의 아파트가 자리 잡고 있다. 양쪽 끝은 대형 유리벽을 설치해 자연광을 받을 수 있도록 하였고, 강한 외풍을 막아내기 위해 테니스 라켓 모양으로 디자인한 뒤 유리를 짜 넣어 건물 내외에서 서로를 감상할 수 있도록 하였다.
> 마켓홀의 내부에 들어서면 거대하고 화려한 외관 못지않은 거대한 실내 벽화가 손님들을 맞이한다. 1만 1,000m^2에 달하는 천장 벽화 '풍요의 뿔'은 곡식과 과일, 물고기 등 화려한 이미지로 가득한데, 이 벽화를 그린 네덜란드의 예술가 아르노 코넨과 이리스 호스캄은 시장에서 판매되는 먹을거리가 하늘에서 떨어지는 모습을 표현하기 위해 4,500개의 알루미늄 패널을 사용했다. 특히 이 패널은 작은 구멍이 뚫려 있어 실내의 소리를 흡수해 소음을 줄여주는 기능적인 면 또한 갖추었다.
> 이처럼 현대의 건축 기술과 미술이 접목되어 탄생한 마켓홀이 지닌 가장 큰 강점은 전통시장의 활성화와 인근 주민과의 상생에 성공했다는 점이다. 마켓홀은 전통시장의 상설화는 물론 1,200대 이상의 차량을 주차할 수 있는 규모의 주차장을 구비해 이용객들의 접근을 용이하게 하고, 마켓홀을 찾은 이들이 자연스레 주변 5일장이나 인근 쇼핑가로 향하게 하여 로테르담의 지역경제를 활성화하는 데 성공했다는 평가를 받고 있다.

보기

ㄱ. 엠베에르데베는 건물 내부에 설치한 4,500개의 알루미늄 패널을 통해 실내의 소리를 흡수하여 소음을 줄일 수 있도록 했다.
ㄴ. 마켓홀은 새로운 랜드마크로 로테르담의 무역 활성화에 크게 기여했다.
ㄷ. 마켓홀의 거대한 천장 벽화는 화려한 이미지를 표현한 것은 물론 기능미 또한 갖추었다.
ㄹ. 마켓홀은 이용객들을 유치할 수 있도록 해 로테르담 주민들과의 상생에 성공할 수 있었다.

① ㄱ, ㄴ
② ㄱ, ㄷ
③ ㄴ, ㄷ
④ ㄴ, ㄹ
⑤ ㄷ, ㄹ

09 다음 글에서 밑줄 친 ㉠~㉤의 수정 방안으로 적절하지 않은 것은?

> 심리학자들은 학습 이후 망각이 생기는 심리적 이유를 다음과 같이 설명하고 있다. 앞서 배운 내용이 나중에 공부한 내용을 밀어내는 순행 억제, 뒤에 배운 내용이 앞에서 배운 내용을 기억의 저편으로 밀어내는 역행 억제, 또한 공부한 두 내용이 서로 비슷해 간섭이 일어나는 유사 억제 등이 작용해 기억을 방해했기 때문이라는 것이다. 이러한 망각을 뇌 속에서 어떤 기억을 잃어버린 것으로 이해해서는 ㉠ <u>안된다</u>. 기억을 담고 있는 세포들은 내용물을 흘려버리지 않는다. 기억들은 여전히 ㉡ <u>머리 속에</u> 있는 것이다. 우리가 뭔가 기억해 내려고 애쓰는데도 찾지 못하는 것은 기억들이 ㉢ <u>혼재해</u> 있기 때문이다. ㉣ <u>그리고</u> 학습한 내용을 일정한 원리에 따라 ㉤ <u>짜임새 있게 체계적으로</u> 잘 정리한다면 학습한 내용을 어렵지 않게 기억해 낼 수 있다.

① ㉠ : 띄어쓰기가 올바르지 않으므로 '안 된다'로 고친다.
② ㉡ : 맞춤법에 어긋나므로 '머릿속에'로 고친다.
③ ㉢ : 문맥에 어울리지 않으므로 '잠재'로 수정한다.
④ ㉣ : 앞 문장과의 관계를 고려하여 '그러므로'로 고친다.
⑤ ㉤ : 의미가 중복되므로 '체계적으로'를 삭제한다.

10 다음 글을 통해 알 수 있는 내용으로 가장 적절한 것은?

> 네트워크란 구성원들이 위계적이지 않으며 독자적인 의사소통망을 통해 서로 활발히 연결되어 있는 구조라고 할 수 있다. 마약 밀매 조직 등에 나타나는 점조직은 기초적인 형태의 네트워크이며, 정교한 형태의 네트워크로는 행위자들이 하나의 행위자에 개별적으로 연결되어 있는 '허브' 조직이나 모든 행위자들이 서로 연결되어 있는 '모든 채널' 조직이 있다. 네트워크가 복잡해질수록 이를 유지하기 위해 의사소통 체계를 구축하는 비용이 커지지만, 정부를 비롯한 외부 세력이 와해시키기도 어렵게 된다. 특정한 지도자가 없고 핵심 기능들이 여러 구성원에 중복 분산되어 있어, 조직 내의 한 지점을 공격해도 전체적인 기능이 조만간 복구되기 때문이다. 이런 네트워크의 구성원들이 이념과 목표를 공유하고 실현하는 데 필요한 것들을 직접 행동에 옮긴다면, 이러한 조직을 상대하기는 더욱 힘들어진다.
> 네트워크가 반드시 첨단 기술을 전제로 하는 것은 아니며, 서로 연결되어 있기만 하면 그것은 네트워크라고 할 수 있다. 그렇지만 인터넷과 통신 기술과 같은 첨단 기술의 발달은 정교한 형태의 네트워크 유지에 필요한 비용을 크게 줄여 놓았다. 이 때문에 세계의 수많은 시민 단체, 범죄 조직, 그리고 테러 단체들이 과거에는 상상할 수 없었던 힘을 발휘할 수 있게 되었으며, 정치·외교·환경·범죄에 이르기까지 사회의 거의 모든 부문에 영향력을 미치고 있다. 이렇듯 네트워크를 활용하는 비국가행위자들의 영향력이 확대되면서 국가가 사회에서 차지하는 역할의 비중이 축소되었다. 반면 비국가행위자들은 정보통신 기술의 힘을 얻은 네트워크를 통해 그동안 억눌렸던 자신들의 목소리를 낼 수 있게 되었다.
> 이러한 변화는 두 얼굴을 가진 야누스이다. 인권과 민주주의, 그리고 평화의 확산을 위해 애쓰는 시민사회 단체들은 네트워크의 힘을 바탕으로 기존의 국가 조직이 손대지 못한 영역에서 긍정적인 변화를 이끌어낼 것이다. 반면 테러 및 범죄 조직 역시 네트워크를 통해 국가의 추격을 피해 가며 전 세계로 그 활동 범위를 넓혀 나갈 것이다. 정보통신 기술의 발달과 네트워크의 등장으로 양쪽 모두 전례 없는 기회를 얻었다. 시민사회 단체들의 긍정적인 측면을 최대한 끌어내 정부의 기능을 보완·견제하고 테러 및 범죄 조직의 발흥을 막을 수 있는 시스템을 구축하는 것이 시대의 과제가 될 것이다.

① 여러 형태의 네트워크 중 점조직의 결집력이 가장 강하다.
② 네트워크의 확산은 인류 미래에 부정적인 영향보다 긍정적인 영향을 더 크게 미칠 것이다.
③ 네트워크의 외부 공격에 대한 대응력은 조직의 정교성이나 복잡성과는 관계가 없을 것이다.
④ 기초적인 형태의 네트워크는 구성원의 수가 적어질수록 정교한 형태의 네트워크로 발전할 가능성이 크다.
⑤ 정교한 형태의 네트워크 유지에 들어가는 비용이 낮아진 것은 국가가 사회에 미치는 영향력이 약화된 결과를 낳았다.

11 다음 글의 가설을 강화하는 사례가 아닌 것을 〈보기〉에서 모두 고르면?

성염색체만이 개체의 성(性)을 결정하는 요소는 아니다. 일부 파충류의 경우에는 알이 부화되는 동안의 주변 온도에 의해 개체의 성이 결정된다. 예를 들어, 낮은 온도에서는 일부 종은 수컷으로만 발달하고, 일부 종은 암컷으로만 발달한다. 또한 어떤 종에서는 낮은 온도와 높은 온도에서 모든 개체가 암컷으로만 발달하는 경우도 있다. 그 사이의 온도에서는 특정 온도에 가까워질수록 수컷으로 발달하는 개체의 비율이 증가하다가 결국 그 특정 온도에 이르러서는 모든 개체가 수컷으로 발달하기도 한다.

다음은 온도와 성 결정 간의 상관관계를 설명하기 위해 제시된 가설이다.

〈가설〉

파충류의 성 결정은 B물질을 필요로 한다. B물질은 단백질 '가'에 의해 A물질르, 단백질 '나'에 의해 C물질로 바뀐다. 이때 A물질과 C물질의 비율은 단백질 '가'와 단백질 '나'의 비율과 동일하다. 파충류의 알은 단백질 '가'와 '나' 모두를 가지고 있지만 온도에 따라 각각의 양이 달라진다. 암컷을 생산하는 온도에서 배양된 알에서는 A물질의 농도가 더 높고, 수컷을 생산하는 온도에서 배양된 알에서는 C물질의 농도가 더 높다. 온도의 차에 의해 알의 내부에 A물질과 C물질으 상대적 농도 차이가 발생하고, 이것이 파충류의 성을 결정하는 것이다.

〈보기〉
ㄱ. 수컷만 생산하는 온도에서 부화되고 있는 알은 단백질 '가'보다 훨씬 많은 양의 단백질 '나'를 가지고 있다.
ㄴ. B물질의 농도는 수컷만 생산하는 온도에서 부화되고 있는 알보다 암컷단 생산하는 온도에서 부화되고 있는 알에서 더 높다.
ㄷ. 수컷만 생산하는 온도에서 부화되고 있는 알에 고농도의 A물질을 투여하여 C물질보다 그 농도를 높였더니 암컷이 생산되었다.

① ㄱ
② ㄴ
③ ㄷ
④ ㄱ, ㄷ
⑤ ㄴ, ㄷ

12 다음 글에 대한 이해로 적절하지 않은 것은?

현대 우주론의 출발점은 1917년 아인슈타인이 발표한 정적(靜的) 우주론이다. 아인슈타인은 우주는 팽창하지도 수축하지도 않는다고 주장했다. 그런데 위 이론의 토대가 된 아인슈타인의 일반 상대성 이론을 면밀히 살핀 러시아의 수학자 프리드만과 벨기에의 신부 르메트르의 생각은 아인슈타인과 달랐다. 프리드만은 1922년 "우주는 극도의 고밀도 상태에서 시작돼 점차 팽창하면서 밀도가 낮아졌다."라는 주장을, 르메트르는 1927년 "우주가 원시 원자들의 폭발로 시작됐다."라는 주장을 각각 논문으로 발표했다. 그러나 아인슈타인은 그들의 논문을 무시해 버렸다.

① 프리드만의 이론과 르메트르의 이론은 양립할 수 없는 관계이다.
② 정적 우주론은 일반 상대성 이론의 연장선상에 있는 이론이다.
③ 아인슈타인의 정적 우주론에 대한 반론이 제기되었다.
④ 아인슈타인의 이론과 프리드만의 이론은 양립할 수 없는 관계이다.
⑤ 아인슈타인은 프리드만과 르메트르의 주장을 받아들이지 않았다.

13 다음 글의 빈칸에 들어갈 내용으로 가장 적절한 것은?

어떻게 그 공이 세 가지가 있다고 말하는가. 그 하나는 직통(直通)이요 다른 하나는 합통(合通)이요 또 다른 하나는 추통(推通)이다. 직통(直通)이라는 것은 많은 여러 물건을 일일이 취하되 순수하고 섞이지 않는 것이다. 합통(合通)이라는 것은 두 물건을 화합하여 아울러서 거두되 그렇고 그렇지 않은 것을 분별한다. 추통(推通)이라는 것은 이 물건으로써 전 물건에 합하고 또 다른 물건에 유추하는 것이다. 직통(直通)은 모두 참되고 오류가 없으니 하나의 사물이 스스로 하나의 사물이 되기 때문이다. 합통(合通)과 추통(推通)은 참도 있고 오류도 있으니 이것으로써 저것에 합하고, 맞는 것도 있고 맞지 않은 것도 있다. _____ 더욱 많으면 맞지 않은 경우가 있기 때문이다.

– 최한기, 『기학(氣學)』

① 이것으로 저것에 합하는 것은 참이고, 이것으로 저것을 분별하는 것은 거짓이니
② 이것으로써 저것에 합하고 또 다른 것을 유추하는 데는 위험이 더욱 많으니
③ 이것으로써 저것에 합하는 것은 맞지 않는 것보다 맞는 것이 더욱 많으니
④ 무릇 추통은 다만 사람만이 가능하고 유추하는 데는 위험이 더욱 적으니
⑤ 무릇 추통은 다만 사람은 가능하지만 금수는 추통을 하지 못하니

14 다음 공고문을 보고 나눈 대화 내용 중 적절하지 않은 것은?

〈제7회 우리 농산물로 만드는 숏폼 공모전〉

우리 농산물로 만드는 나만의 요리 레시피를 공개하세요!
우리 땅에서 자란 제철 농산물로 더 건강한 대한민국 만들기!

◇ 접수기간 : 2025년 8월 18일(월) ~ 8월 22일(금)
◇ 참가대상 : 우리 농산물을 사랑하는 누구나 참여 가능(개인 혹은 2인 1팀으로만 응모 가능)
◇ 대상품목 : 오이, 토마토, 호박, 가지, 풋고추, 파프리카, 참외, 딸기(8개 품목)
  ※ 대상품목을 주재료로 한 요리 레시피를 추천해 주세요.
◇ 작품규격 : avi, mkv, wmv, mp4, mpg, mpeg, flv, mov 형태의 3분 이내(50MB 이하의 동영상)
◇ 접수방법 : 숏폼 공모전 홈페이지(www.contest.com)에서 업로드
◇ 선발방법 : 1차 예선(온라인) 20팀 내외 선발 → 2차 현장(오프라인) 시연 → 수상자 선발 및 시상식
◇ 2차 심사 : (현장 요리 시연) 2025년 9월 22일(월)
◇ 시상내역
  • 최우수상(농협중앙회장상, 1점) : 100만 원 상당 농촌사랑 상품권
  • 우수상(대한영양사협회 / 한국식생활개발연구회, 각 1점) : 각 70만 원 상당 농촌사랑 상품권
  • 특별상(현장 평가 시 협의 후 선정, 3점) : 각 50만 원 상당 농촌사랑 상품권
  • 입상(15점 내외) : 각 30만 원 상당 농촌사랑 상품권
◇ 기타사항
  • 수상작은 추후 주최기관의 다양한 홍보 콘텐츠에 활용될 수 있습니다(단, 이 경우 수상자와 별도로 약정하여 정함).
  • 타 공모전 수상작, 기존 작품, 모방 작품의 경우 수상 취소 및 경품이 반환될 수 있습니다.
  • 수상작 선정은 전문심사단의 평가로 진행되며 1인 중복 수상은 불가합니다.
  • 수상자의 경품 제세공과금은 주최 측 부담입니다.
  • 기타 자세한 내용은 숏폼 공모전 홈페이지를 참고하시기 바랍니다.
◇ 문의처
  농협 요리 숏폼 공모전 운영사무국
  02-2000-6300, 02-555-0001(내선번호 : 125)
    ※ 주관 : 농협품목별전국협의회・농협중앙회
    ※ 후원 : 대한영양사협회・한국식생활개발연구회

① A : 숏폼으로 만들 수 있는 대상품목은 오이, 토마토, 호박, 가지, 풋고추, 파프리카, 참외, 딸기 등 총 8개 품목이야.
② B : 1차 예선 발표는 접수 마감일 일주일 후인 8월 29일이야.
③ C : 혹시 모를 2차 현장 시연을 위해서 요리 연습을 미리 해 둬야겠어.
④ D : 현장 요리 시연은 9월 22일 월요일이야.
⑤ E : 숏폼 내용은 대상품목을 주재료로 한 추천 요리 레시피야.

15 다음 글의 빈칸 (가) ~ (다)에 들어갈 문장을 〈보기〉에서 골라 논리적 순서대로 바르게 나열한 것은?

_____(가)_____ 다시 말해서 현상학적 측면에서 볼 때 철학도 지식의 내용이 존재하는 어떤 것이라는 점에서는 과학적 지식의 구조와 다를 바가 없다. 존재하는 것과 그 존재하는 무엇으로 의식되는 것과의 사이에는 근본적인 구별이 선다. 백두산의 금덩어리는 누가 그것을 의식하든 말든 그대로 있고, 화성에서 일어나는 여러 가지 물리적 현상도 누가 의식하든 말든 그대로 존재한다. 존재와 의식과의 위와 같은 관계를 우리는 존재 차원과 의미 차원이란 말로 구별할 수 있을 것이다. 여기서 차원이란 말을 붙인 까닭은 의식 이전의 백두산과 의식 이후의 백두산은 순전히 관점의 문제, 즉 백두산을 생각할 수 있는 차원의 문제이기 때문이다.

현상학적 사고를 존재 차원에서 이루어지는 것이라고 말할 수 있다면 분석철학에서 주장하는 사고는 의미 차원에서 이루어진다. 바꿔 말하자면 현상학적 측면에서 볼 때 철학은 아무래도 어떤 존재를 인식하는 데 그 근본적인 기능이 있다고 보아야 하는 데 반해서, 분석철학의 측면에서 볼 때 철학은 존재와는 아무런 직접적인 관계가 없이 존재에 대한 이야기, 서술을 대상으로 한다. 구체적으로 말해서 철학은 그것이 서술할 존재의 대상을 갖고 있지 않고, 오직 어떤 존재를 서술한 언어만을 갖고 있다. 그러나 철학이 언어를 사고의 대상으로 삼는다고 말하지만, 철학은 언어학과 다르다. _____(나)_____ 그래서 언어학은 한 언어의 기원이라든지, 한 언어가 왜 그러한 특정한 기호, 발음 혹은 문법을 갖게 되었는가, 또는 그것들이 각기 어떻게 체계화되는가 등을 알려고 한다.

이에 반해서 분석철학은 언어를 대상으로 하되, 그 언어의 구체적인 면에는 근본적인 관심을 두지 않고 그와 같은 구체적인 언어가 가진 의미를 밝히고자 한다. 여기서 철학의 기능은 한 언어가 가진 개념을 해명하고 이해하는 데 있다. 바꿔 말해서, 철학의 기능은 언어가 서술하는 어떤 존재를 인식하는 데 있지 않고, 그와 관계없이 한 언어가 무엇인가를 서술하는 경우, 무엇인가의 느낌을 표현하는 경우 또는 그 밖의 경우에 그 언어가 정확히 어떻게 의미가 있는가를 이해하는 데 있다. _____(다)_____ 개념은 어떤 존재하는 대상을 표상(表象)하는 경우도 많으므로 존재와 그것을 의미하는 개념과는 언뜻 보아서 어떤 인과적 관계가 있는 듯하다.

보기

㉠ 과학에서 말하는 현상과 현상학에서 말하는 현상은 다른 내용을 가지고 있지만, 그러나 그것들은 다 같이 어떤 존재, 즉 우주 안에서 일어나는 사건을 가리킨다.
㉡ 언어학은 과학의 한 분야로서 그 연구의 대상을 하나의 구체적 사물로 취급한다.
㉢ 따라서 분석철학자들은 흔히 말하기를, 철학은 개념의 분석에 지나지 않는다는 주장을 하게 되는 것이다.

① ㉠, ㉡, ㉢
② ㉠, ㉢, ㉡
③ ㉡, ㉠, ㉢
④ ㉡, ㉢, ㉠
⑤ ㉢, ㉡, ㉠

※ 다음은 공공체육시설 현황 및 1인당 체육시설 면적을 나타낸 자료이다. 이어지는 질문에 답하시오.
[16~17]

<공공체육시설 현황 및 1인당 체육시설 면적>

(단위 : 개소, m²)

구분		2021년	2022년	2023년	2024년
공공체육시설의 수	축구장	467	558	618	649
	체육관	529	581	639	681
	간이운동장	9,531	10,669	11,458	12,194
	테니스장	428	487	549	565
	기타	1,387	1,673	1,783	2,038
1인당 체육시설 면적	계	2.54	2.88	3.12	3.29

16 2023년에 전년 대비 시설이 가장 적게 늘어난 곳과 가장 많이 늘어난 곳의 시설 수의 합은?(단, 기타는 제외한다)

① 10,197개소　　　　　　② 11,037개소
③ 11,197개소　　　　　　④ 12,097개소
⑤ 12,137개소

17 2021년 전체 공공체육시설 중 체육관이 차지하고 있는 비율은?(단, 소수점 둘째 자리에서 반올림한다)

① 4.4%　　　　　　② 4.3%
③ 4.2%　　　　　　④ 4.1%
⑤ 4.0%

18 K소비자단체는 현재 판매 중인 가습기의 표시지 정보와 실제 성능을 비교하기 위해 8개의 제품을 시험하였고, 다음과 같은 결과를 발표하였다. 이에 대한 설명으로 옳은 것은?

〈가습기 성능 시험 결과〉

모델	제조사	구분	미생물 오염도	가습기 성능				
				가습능력	적용 바닥면적 (아파트)	적용 바닥면적 (주택)	소비전력	소음
			CFU/m²	mL/h	m²	m²	W	dB(A)
A가습기	W사	표시지	14	262	15.5	14.3	5.2	26.0
		시험 결과	16	252	17.6	13.4	6.9	29.9
B가습기	L사	표시지	11	223	12.3	11.1	31.5	35.2
		시험 결과	12	212	14.7	11.2	33.2	36.6
C가습기	C사	표시지	19	546	34.9	26.3	10.5	31.5
		시험 결과	22	501	35.5	26.5	11.2	32.4
D가습기	W사	표시지	9	219	17.2	12.3	42.3	30.7
		시험 결과	8	236	16.5	12.5	44.5	31.0
E가습기	C사	표시지	9	276	15.8	11.6	38.5	31.8
		시험 결과	11	255	17.8	13.5	40.9	32.0
F가습기	C사	표시지	3	165	8.6	6.8	7.2	40.2
		시험 결과	5	129	8.8	6.9	7.4	40.8
G가습기	W사	표시지	4	223	14.9	11.4	41.3	31.5
		시험 결과	6	245	17.1	13.0	42.5	33.5
H가습기	L사	표시지	6	649	41.6	34.6	31.5	39.8
		시험 결과	4	637	45.2	33.7	30.6	41.6

① 표시지 정보에 따른 모든 가습기의 가습능력은 실제보다 과대 표시되었다.
② 시험 결과에 따르면 C사의 모든 가습기 소음은 W사의 모든 가습기의 소음보다 더 크다.
③ W사와 L사 가습기의 소비전력은 표시지 정보보다 시험 결과가 더 많은 전력이 소모된다.
④ W사의 모든 가습기는 표시지 정보보다 시험 결과의 미생물 오염도가 더 심한 것으로 나타났다.
⑤ L사의 모든 가습기는 표시지 정보와 시험 결과 모두 아파트 적용 바닥면적이 주택 적용 바닥면적보다 넓다.

③ ㄴ, ㄷ

20 다음은 AIIB(Asian Infrastructure Investment Bank)의 지분율 상위 10개 회원국의 지분율과 투표권 비율에 대한 자료이다. 이에 대한 설명으로 옳은 것을 〈보기〉에서 모두 고르면?

〈지분율 상위 10개 회원국의 지분율과 투표권 비율〉

(단위 : %)

회원국	지역	지분율	투표권 비율
중국	A	30.34	26.06
인도	A	8.52	7.51
러시아	B	6.66	5.93
독일	B	4.57	4.15
한국	A	3.81	3.50
호주	A	3.76	3.46
프랑스	B	3.44	3.19
인도네시아	A	3.42	3.17
브라질	B	3.24	3.02
영국	B	3.11	2.91

※ (회원국의 지분율)= $\frac{(\text{해당 회원국이 AIIB에 출자한 자본금})}{(\text{AIIB의 자본금 총액})} \times 100$

※ 지분율이 높을수록 투표권 비율이 높아짐

보기

㉠ 지분율 상위 4개 회원국의 투표권 비율을 합하면 40% 이상이다.
㉡ 중국을 제외한 지분율 상위 9개 회원국 중 지분율과 투표권 비율의 차이가 가장 큰 회원국은 인도이다.
㉢ 지분율 상위 10개 회원국 중에서 A지역 회원국의 지분율 합은 B지역 회원국의 지분율 합의 3배 이상이다.
㉣ AIIB의 자본금 총액이 2,000억 달러라면, 독일과 프랑스가 AIIB에 출자한 자본금의 합은 160억 달러 이상이다.

① ㉠, ㉡
② ㉡, ㉢
③ ㉢, ㉣
④ ㉠, ㉡, ㉣
⑤ ㉠, ㉢, ㉣

21 경영지원부의 김부장은 사내 소프트볼 대회에 앞서 소프트볼 구장의 잔디 정리를 하려고 한다. 소프트볼 구장에 대한 정보가 다음과 같을 때, 잔디 정리를 해야 할 면적은 얼마인가?

〈잔디 정리 면적〉

다음 그림의 색칠된 부분의 잔디를 정리하여야 한다.

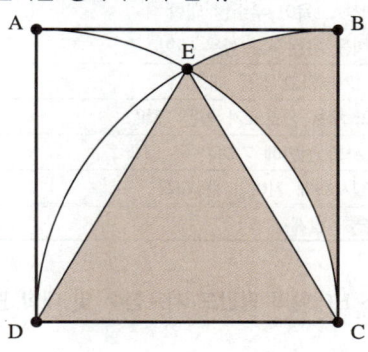

〈소프트볼 구장〉

- 소프트볼 구장은 가로, 세로가 12인 정사각형 모양이다.
- 점 E는 각각 점 C, D에서 부채꼴 모양을 그린 뒤 두 호가 만나는 지점이다.

① $72\sqrt{3} - 12\pi$
② $72\sqrt{3} - 11\pi$
③ $36\sqrt{3} - 12\pi$
④ $36\sqrt{3} - 11\pi$
⑤ $36\sqrt{3} - 10\pi$

22 어떤 회사의 신입사원 채용시험 응시자가 200명이었다. 시험점수의 전체 평균은 55점, 합격자의 평균은 70점, 불합격자의 평균은 40점이었다. 합격한 사람은 몇 명인가?

① 70명
② 80명
③ 90명
④ 100명
⑤ 110명

※ 다음은 대학 평판도에 대한 자료이다. 이어지는 질문에 답하시오. [23~24]

〈대학 평판도 지표별 가중치〉

지표	지표 설명	가중치
(가)	향후 발전 가능성이 높은 대학	10
(나)	학생 교육이 우수한 대학	5
(다)	입학을 추천하고 싶은 대학	10
(라)	기부하고 싶은 대학	5
(마)	기업의 채용 선호도가 높은 대학	10
(바)	국가·사회 전반에 기여가 큰 대학	5
(사)	지역사회에 기여가 큰 대학	5
	가중치 합계	50

〈A~H대학의 평판도 지표점수 및 대학 평판도 총점〉

(단위 : 점)

지표＼대학	A대학	B대학	C대학	D대학	E대학	F대학	G대학	H대학
(가)	9	8	7	3	6	4	5	8
(나)	6	8	5	8	7	7	8	8
(다)	10	9	10	9		9	10	9
(라)	4	6	6	6				6
(마)	4	6	6	6			8	6
(바)	10	9	10	3	6	4	5	9
(사)	8	6	4		7	8	9	5
대학 평판도 총점					410	365	375	

※ 지표점수는 여론조사 결과를 바탕으로 지표별로 0~10 사이의 점수를 1점 단위로 부여함
※ [지표환산점수(점)]=(지표별 가중치)×(지표점수)
※ 대학 평판도 총점은 해당 대학 지표환산점수의 총합임

23 다음 중 A~D대학을 대학 평판도 총점이 높은 대학부터 순서대로 바르게 나열한 것은?

① A대학 – B대학 – C대학 – D대학
② A대학 – B대학 – D대학 – C대학
③ B대학 – A대학 – C대학 – D대학
④ B대학 – A대학 – D대학 – C대학
⑤ C대학 – A대학 – B대학 – D대학

24 다음 〈보기〉 중 E~H대학의 평판도에 대한 설명으로 옳은 것을 모두 고르면?

> **보기**
> ㄱ. E대학은 지표 (다), (라), (마)의 지표점수가 동일하다.
> ㄴ. 지표 (라)의 지표점수는 F대학이 G대학보다 높다.
> ㄷ. H대학은 지표 (나)의 지표환산점수가 지표 (마)의 지표환산점수보다 대학 평판도 총점에서 더 큰 비중을 차지한다.

① ㄴ
② ㄱ, ㄴ
③ ㄱ, ㄷ
④ ㄴ, ㄷ
⑤ ㄱ, ㄴ, ㄷ

25 다음은 어느 도시의 버스노선 변동 사항에 대한 자료이다. 〈조건〉을 참고하여 A~D에 들어갈 노선을 순서대로 바르게 나열한 것은?

〈버스노선 변동 사항〉

구분	기존 요금	변동 요금	노선 변동 사항
A	1,800원	2,100원	-
B	2,400원	2,400원	-
C	1,600원	1,800원	연장운행
D	2,100원	2,600원	-

> **조건**
> • 노선 A, B, C, D는 6번, 42번, 2000번, 3100번 중 하나이다.
> • 변동 후 요금이 가장 비싼 노선은 2000번이다.
> • 요금 변동이 없는 노선은 42번이다.
> • 연장운행을 하기로 결정한 노선은 6번이다.

	A	B	C	D
①	6	42	2000	3100
②	6	42	3100	200
③	3100	6	42	2000
④	3100	42	6	2000
⑤	3100	42	2000	6

26. K사원은 재직 중인 회사 부근의 거주지로 이사하려고 한다. 회사 근처의 아파트와 빌라 총 세 곳의 월세와 거리를 조사한 K사원은 고정지출 비용을 생각하여 거주지를 결정하려고 한다. 자료에 대한 설명으로 옳은 것은?

거주지	월세	거리(편도)
A빌라	280,000원	2.8km
B빌라	250,000원	2.1km
C아파트	300,000원	1.82km

※ 월 출근일 : 20일
※ 교통비 : 1km당 1,000원
※ (고정지출 비용)=(월세)+(한 달 왕복 교통비)

① 월 예산이 40만 원일 때, 세 거주지의 고정지출 비용은 모두 예산을 초과한다.
② B빌라에 거주할 경우 회사와 집만 왕복한다면, 고정지출 비용은 한 달에 334,000원이다.
③ C아파트에서의 교통비가 가장 많이 지출된다.
④ C아파트에 거주한다면, A빌라에 거주할 때보다 한 달 고정지출 비용이 20,000원 적게 지출된다.
⑤ B빌라에서 두 달 거주할 경우의 고정지출 비용이 A빌라와 C아파트에서의 한 달 고정지출 비용을 각각 합한 비용보다 많다.

27 다음 〈보기〉 중 지역별 지역총생산에 대한 설명으로 옳지 않은 것을 모두 고르면?

〈지역별 지역총생산〉

(단위 : 십억 원, %)

구분	2021년	2022년	2023년	2024년	2025년
전국	869,305	912,926	983,030	1,028,500	1,065,665
서울	208,899	220,135	236,517	248,383	257,598
	(2.2)	(4.3)	(4.4)	(3.0)	(1.7)
부산	48,069	49,434	52,680	56,182	55,526
	(3.0)	(3.4)	(4.6)	(1.0)	(-3.0)
대구	28,756	30,244	32,261	32,714	32,797
	(0.6)	(3.9)	(4.5)	(1.5)	(-4.4)
인천	40,398	43,311	47,780	47,827	50,256
	(3.7)	(6.8)	(7.4)	(1.7)	(0.8)
광주	18,896	20,299	21,281	21,745	22,066
	(6.5)	(6.5)	(3.7)	(-0.6)	(0.3)
대전	20,030	20,802	22,186	23,218	24,211
	(2.6)	(3.4)	(3.2)	(1.5)	(0.5)
울산	41,697	43,214	48,059	52,408	51,271
	(4.6)	(1.9)	(4.6)	(0.2)	(-2.9)
경기	169,315	180,852	193,658	198,948	208,296
	(11.0)	(7.7)	(6.1)	(4.0)	(0.8)

※ ( )은 성장률임

보기

㉠ 2021년부터 2025년까지 지역총생산이 가장 많은 곳은 서울이고, 두 번째는 경기이다.
㉡ 2025년 성장률이 감소한 지역의 수는 3개이다.
㉢ 2021년 성장률이 가장 높은 지역은 광주로, 이때의 성장률은 6.5%이다.
㉣ 2023년 인천은 성장률이 가장 높았기 때문에 전년 대비 총생산 증가량도 가장 많다.

① ㉠, ㉡
② ㉢, ㉣
③ ㉠, ㉡, ㉣
④ ㉡, ㉢, ㉣
⑤ ㉠, ㉡, ㉢, ㉣

28 물속에서 A금속은 실제 질량의 $\frac{4}{5}$, B금속은 실제 질량의 $\frac{2}{3}$가 된다. (A+B)합금의 실제 질량은 58g이고, 물속에서는 42g일 때, 합금에 포함된 A금속의 실제 질량은?[단, (A+B)합금은 A금속과 B금속으로만 이루어져 있고, 질량은 보존된다]

① 17g
② 22g
③ 25g
④ 30g
⑤ 32g

29 다음은 연령대별 골다공증 진료 현황을 나타낸 자료이다. 이에 대한 해석으로 옳지 않은 것은?(단, 소수점 첫째 자리에서 반올림한다)

〈연령대별 골다공증 진료 현황〉

(단위 : 명)

구분	전체	9세 이하	10대	20대	30대	40대	50대	60대	70대	80대 이상
합계	855,975	44	181	1,666	6,548	21,654	155,029	294,553	275,719	100,581
남성	53,741	21	96	305	1,000	2,747	7,677	12,504	20,780	8,611
여성	802,234	23	85	1,361	5,548	18,907	147,352	282,049	254,939	91,970

① 골다공증 발병이 항상 진료로 이어진다면 여성의 발병률이 남성의 발병률보다 높다.
② 전체 진료인원 중 40대 이하가 차지하는 비율은 약 3.5%이다.
③ 전체 진료인원 중 골다공증 진료인원이 가장 많은 연령은 60대로, 그 비율은 약 34.4%이다.
④ 연령별 골다공증 진료인원이 많은 순서는 남성과 여성 모두 같다.
⑤ 전체 진료인원 중 80대 이상이 차지하는 비율은 약 11.8%이다.

30 다음은 2024년 국가기록원의 비공개기록물 공개 재분류 사업 결과 및 현황이다. 이에 대한 설명으로 옳지 않은 것은?

〈비공개기록물 공개 재분류 사업 결과〉

(단위 : 건)

구분	합계	재분류 결과			
		공개			비공개
		소계	전부공개	부분공개	
합계	2,702,653	1,298,570	169,646	1,128,924	1,404,083
30년 경과 비공개기록물	1,199,421	1,079,690	33,012	1,046,678	119,731
30년 미경과 비공개기록물	1,503,232	218,880	136,634	82,246	1,284,352

〈30년 경과 비공개기록물 중 비공개로 재분류된 기록물의 비공개 사유별 현황〉

(단위 : 건)

합계	비공개 사유						
	법령상 비밀	국방 등 국익침해	국민의 생명 등 공익침해	재판 관련 정보	공정한 업무 수행 지장	개인 사생활 침해	특정인의 이익침해
119,731	619	313	54,329	18,091	24	46,298	57

① 2024년의 비공개기록물 공개 재분류 사업 대상 전체 기록물 중 절반 이상이 다시 비공개로 재분류되었다.
② 30년 경과 비공개기록물 중 전부공개로 재분류된 기록물 건수가 30년 경과 비공개기록물 중 개인 사생활 침해 사유에 해당하여 비공개로 재분류된 기록물 건수보다 적다.
③ 30년 경과 비공개기록물 중 공개로 재분류된 기록물의 비율이 30년 미경과 비공개기록물 중 비공개로 재분류된 기록물의 비율보다 낮다.
④ 재분류 건수가 많은 것부터 순서대로 나열하면, 30년 경과 비공개기록물은 부분공개, 비공개, 전부공개 순서이고 30년 미경과 비공개기록물은 비공개, 전부공개, 부분공개 순서이다.
⑤ 30년 경과 비공개기록물 중 국민의 생명 등 공익침해와 개인 사생활 침해 사유에 해당하여 비공개로 재분류된 기록물 건수의 합은 2024년의 비공개기록물 공개 재분류 사업 대상 전체 기록물의 5% 이하이다.

31 다음 자료를 근거로 판단할 때, 연구모임 A~E 중 두 번째로 많은 지원금을 받는 모임은?

〈지원 계획〉

- 지원을 받기 위해서는 모임당 6명 이상 9명 미만으로 구성되어야 한다.
- 기본지원금은 모임당 1,500천 원이다. 단, 상품개발을 위한 모임의 경우는 2,000천 원을 지원한다.
- 추가지원금

등급	상	중	하
추가지원금(천 원/명)	120	100	70

※ 추가지원금은 연구 계획 사전평가결과에 따라 달라짐
- 협업 장려를 위해 협업이 인정되는 모임에는 위의 두 지원금을 합한 금액의 30%를 별도로 지원한다.

〈연구모임 현황 및 평가 결과〉

모임	상품개발 여부	구성원 수	연구 계획 사전평가 결과	협업 인정 여부
A	O	5	상	O
B	×	6	중	×
C	×	8	상	O
D	O	7	중	×
E	×	9	하	×

① A모임
② B모임
③ C모임
④ D모임
⑤ E모임

32 다음 〈조건〉에 따라 K기업의 부장, 과장, 대리, 주임, 사원이 농구, 축구, 야구, 테니스, 자전거, 영화 동호회에 참여할 때, 직위와 성별 및 동호회가 바르게 연결되지 않은 것은?(단, 모든 직원은 반드시 동호회 1곳에 참여한다)

> **조건**
> - 남직원은 3명, 여직원은 2명이다.
> - 모든 동호회의 참여 가능 인원은 팀내 최대 2명이다.
> - 모든 여직원은 자전거 동호회에 참여하지 않았다.
> - 여직원 중 1명은 농구, 축구, 야구, 테니스 동호회 중 하나에 참여하였다.
> - 대리, 주임, 사원은 자전거 동호회 또는 영화 동호회에 참여하지 않았다.
> - 참여 직원이 없는 동호회는 2개이다.
> - 야구, 자전거, 영화 동호회에 참여한 직원은 각각 1명이다.
> - 주임은 야구 동호회에 참여하였고, 부장은 영화 동호회에 참여하였다.
> - 축구 동호회에 참석한 직원은 남자뿐이다.

	직위	성별	참여 동호회
①	부장	여자	영화
②	과장	남자	자전거
③	대리	남자	축구
④	주임	여자	야구
⑤	사원	남자	테니스

33 다음은 국내 금융기관에 대한 SWOT 분석 자료이다. 이를 통해 SWOT 전략을 세운다고 할 때, 〈보기〉 중 분석 결과에 대응하는 전략과 그 내용이 바르게 짝지어진 것은?

> 국내 대부분의 예금과 대출을 국내 은행이 차지하고 있을 정도로 국내 금융기관에 대한 우리나라 국민들의 충성도는 높은 편이다. 또한 국내 금융기관은 철저한 신용 리스크 관리로 해외 금융기관과 비교해 자산건전성 지표가 매우 우수한 편이다. 시장 리스크 관리도 해외 선진 금융기관 수준에 도달한 것으로 평가받는다. 국내 금융기관은 외환위기와 글로벌 금융위기 등을 거치며 꾸준히 자산건전성을 강화해 왔기 때문이다.
>
> 그러나 은행과 이자 이익에 수익이 편중돼 있다는 점은 국내 금융기관의 가장 큰 약점이 된다. 대부분 예금과 대출 거래 중심의 영업 구조로 되어 있기 때문이다. 취약한 해외 비즈니스도 문제로 들 수 있다. 최근 동남아 시장을 중심으로 해외 진출에 박차를 가하고 있지만, 아직은 눈에 띄는 성과가 많지 않은 상황이다.
>
> 많은 어려움에도 불구하고 국내 금융기관의 발전 가능성은 아직 무궁무진하다. 우선 해외 시장으로 눈을 돌리면 다양한 기회가 열려 있다. 전 세계 신용·단기 자금 확대, 글로벌 무역 회복세로 국내 금융기관의 해외 진출 여건은 양호한 편이다. 따라서 해외 시장 개척을 통해 어떻게 신규 수익원을 확보하느냐가 성장의 새로운 기회로 작용할 전망이다. IT 기술 발달에 따른 핀테크의 등장도 새로운 기회가 될 수 있다. 국내의 발달된 인터넷과 모바일뱅킹 서비스, IT 인프라를 활용한 새로운 수익 창출 가능성이 열려 있는 것이다.
>
> 역설적으로 핀테크의 등장은 오히려 국내 금융기관의 발목을 잡을 수 있다. 블록체인 기술에 기반한 암호화폐, 간편결제와 송금, 로보어드바이저, 인터넷 은행, P2P 대출 등 다양한 핀테크 분야의 새로운 서비스들이 기존 금융 서비스의 대체재로서 출현하고 있기 때문이다. 금융시장 개방에 따른 글로벌 금융기관과의 경쟁 심화도 넘어야 할 산이다. 특히 중국 은행을 비롯한 중국 금융이 급성장하고 있어 이에 대한 대비책 마련이 시급하다.

〈보기〉
㉠ SO전략 : 높은 국내 시장점유율을 기반으로 국내 핀테크 사업에 진출한다.
㉡ WO전략 : 위기관리 역량을 강화하여 해외 금융시장에 진출한다.
㉢ ST전략 : 해외 금융기관과 비교해 우수한 자산건전성을 강조하여 글로벌 금융기관과의 경쟁에서 우위를 차지한다.
㉣ WT전략 : 해외 비즈니스 역량을 강화하여 해외 금융시장에 진출한다.

① ㉠, ㉡
② ㉠, ㉢
③ ㉡, ㉢
④ ㉡, ㉣
⑤ ㉢, ㉣

34 K항공사는 현재 신입사원을 모집하고 있으며, 지원자격은 다음과 같다. 다음 〈보기〉의 지원자 중 K항공사 지원자격에 부합하는 사람은 모두 몇 명인가?

〈K항공사 대졸공채 신입사원 지원자격〉

- 4년제 정규대학 모집대상 전공 중 학사학위 이상 소지한 자(졸업예정자 지원 불가)
- TOEIC 750점 이상인 자(국내 응시 시험에 한함)
- 병역필 또는 면제자로 학업성적이 우수하고, 해외여행에 결격사유가 없는 자

  ※ 공인회계사, 외국어 능통자, 통계 전문가, 전공 관련 자격 보유자 및 장교 출신 지원자 우대

모집 분야		대상 전공
일반직	일반관리	• 상경·법정 계열 • 통계/수학, 산업공학, 신문방송, 식품공학(식품 관련 학과) • 중국어, 러시아어, 영어, 일어, 불어, 독어, 서반아어, 포르투갈어, 아랍어
	운항관리	• 항공교통, 천문기상 등 기상 관련 학과 – 운항관리사, 항공교통관제사 등 관련 자격증 소지자 우대
전산직		• 컴퓨터공학, 전산학 등 IT 관련 학과
시설직		• 전기 부문 : 전기공학 등 관련 전공 – 전기기사, 전기공사기사, 소방설비기사(전기) 관련 자격증 소지자 우대 • 기계 부문 : 기계학과, 건축설비학과 등 관련 전공 – 소방설비기사(기계), 전산응용기계제도사, 건축설비기사, 공조냉동기사, 건설기계기사, 일반기계기사 등 관련 자격증 소지자 우대 • 건축 부문 : 건축공학 관련 전공(현장 경력자 우대)

보기

지원자	지원 분야	학력	전공	병역사항	TOEIC 점수	참고사항
A	전산직	대졸	컴퓨터공학	병역필	820점	• 중국어, 일본어 능통자이다. • 일본에서 취득한 TOEIC 점수를 제출하였다.
B	시설직 (건축 부문)	대졸	식품공학	면제	930점	• 건축 현장 경력이 있다. • 전기기사 자격증을 소지하고 있다.
C	일반직 (운항관리)	대재	항공교통학	병역필	810점	• 전기공사기사 자격증을 소지하고 있다. • 학업 성적이 우수하다.
D	시설직 (기계 부문)	대졸	기계공학	병역필	745점	• 건축설비기사 자격증을 소지하고 있다. • 장교 출신 지원자이다.
E	일반직 (일반관리)	대졸	신문방송학	미필	830점	• 소방설비기사 자격증을 소지하고 있다. • 포르투갈어 능통자이다.

① 1명 ② 2명
③ 3명 ④ 4명
⑤ 없음

② B연구원

36 K기업에서는 영업용 차량을 구매하고자 한다. 영업용 차량의 연평균 주행거리는 30,000km이고 향후 5년간 사용할 계획이다. 다음 A~E자동차 중 경비가 가장 적게 들 것으로 예상되는 차는?

〈자동차 리스트〉

구분	사용 연료	연비(km/L)	연료탱크 용량(L)	신차 구매가(만 원)
A자동차	휘발유	12	60	2,000
B자동차	LPG	8	60	2,200
C자동차	경유	15	50	2,700
D자동차	경유	20	60	3,300
E자동차	휘발유	15	80	2,600

〈연료 종류별 가격〉

종류	리터당 가격(원/L)
휘발유	1,400
LPG	900
경유	1,150

※ (경비)=(신차 구매가)+(연료비)
※ 신차 구매 결제는 일시불로 함
※ 향후 5년간 연료 가격은 변동이 없는 것으로 가정함

① A자동차　　　　　　　　　② B자동차
③ C자동차　　　　　　　　　④ D자동차
⑤ E자동차

37. ③ ㅈㅊㅜa0414

38. ③ 3개

39 다음 (가) ~ (다)의 문제해결 방법을 바르게 연결한 것은?

> (가) 상이한 문화적 토양을 가지고 있는 구성원을 가정하고, 서로의 생각을 직설적으로 주장하고 논쟁이나 협상을 통해 서로의 의견을 조정해 가는 방법이다. 이때 논리, 즉 사실과 원칙에 근거한 토론이 중심적 역할을 한다.
> (나) 깊이 있는 커뮤니케이션을 통해 서로의 문제점을 이해하고 공감함으로써 창조적인 문제해결을 도모한다. 초기에 생각하지 못했던 창조적인 해결 방법이 도출되고, 동시에 구성원의 동기와 팀워크가 강화된다.
> (다) 조직 구성원들을 같은 문화적 토양을 가지고 이심전심으로 서로를 이해하는 상황으로 가정한다. 무언가를 시사하거나 암시를 통하여 의사를 전달하고 기분을 서로 통하게 함으로써 문제해결을 도모한다.

	(가)	(나)	(다)
①	퍼실리테이션	하드 어프로치	소프트 어프로치
②	소프트 어프로치	하드 어프로치	퍼실리테이션
③	소프트 어프로치	퍼실리테이션	하드 어프로치
④	하드 어프로치	퍼실리테이션	소프트 어프로치
⑤	하드 어프로치	소프트 어프로치	퍼실리테이션

40 형준, 연재, 영호, 소정이가 언어영역, 수리영역, 외국어영역으로 구성된 시험을 본 뒤 채점을 해 보니 〈조건〉과 같은 결과가 나타났다. 다음 중 항상 참인 것은?

> **조건**
> ㉠ 형준이는 언어영역에서 1위이고, 수리영역에서는 연재보다 잘했다.
> ㉡ 연재는 수리영역 4위가 아니다.
> ㉢ 소정이는 외국어영역에서 형준이보다 못했다.
> ㉣ 형준이는 외국어영역에서 영호와 연재에게 뒤처졌다.
> ㉤ 영호는 언어영역에서 4위를 했고, 수리영역은 연재보다 못했다.
> ㉥ 동점자는 존재하지 않는다.
> ㉦ 형준이는 수리영역에서 소정이보다 못했다.
> ㉧ 소정이의 외국어영역 순위는 연재의 수리영역 순위에 1을 더한 것과 같다.
> ㉨ 평소에 소정이의 언어영역 점수는 연재의 언어영역 점수보다 좋지 않은 편이었다.

① 언어영역 2위는 영호이다.
② 외국어영역 3위는 형준이다.
③ 영호는 세 과목에서 모두 4위이다.
④ 연재의 언어영역 순위에 1을 더한 값은 소정이의 외국어영역 순위와 같다.
⑤ 소정이는 영호보다 모든 과목에서 순위가 높다.

41 K공사는 신입사원 입사를 맞아 워크숍을 가려고 한다. 총 13명의 임직원이 워크숍에 참여한다고 할 때, 다음 중 가장 저렴한 비용으로 이용할 수 있는 교통편의 조합은 무엇인가?

〈이용 가능한 교통편 현황〉

구분	탑승 인원	비용	주유비	비고
소형버스	10명	200,000원	0원	1일 대여 비용
대형버스	40명	500,000원	0원	–
렌터카	5명	80,000원(대당)	50,000원	동일 기간 3대 이상 렌트 시 렌트비용 5% 할인
택시	3명	120,000원(편도)	0원	–
대중교통	제한 없음	13,400원 (1인당, 편도)	0원	10명 이상 왕복티켓 구매 시 총금액에서 10% 할인

① 대형버스 1대
② 소형버스 1대, 렌터카 1대
③ 소형버스 1대, 택시 1대
④ 렌터카 3대
⑤ 대중교통 13명

42 다음 중 빈칸에 들어갈 말로 가장 적절한 것은?

> K기업에 근무 중인 S씨는 물품을 효과적으로 관리하기 위해 _____의 원칙에 따라 안 쓰는 이면지를 서랍 하단에 별도로 모아두고 있다.

① 동일성
② 유사성
③ 구분성
④ 명료성
⑤ 변별성

② 32,830원

44 해외지사에서 근무 중인 직원들 중 업무성과가 우수한 직원을 선발하여 국내로 초청하고자 한다. 다음의 자료를 토대로 할 때, 각국 직원들을 국내에 도착하는 순서대로 바르게 나열한 것은?

⟨해외지사별 직원들의 비행 스케줄⟩

출발지	출발지 기준 이륙시각	비행시간 (출발지 → 대한민국)
독일(뮌헨)	2025년 7월 24일(목) 오후 04:20	11시간 30분
인도(뉴델리)	2025년 7월 24일(목) 오후 10:10	8시간 30분
미국(뉴욕)	2025년 7월 24일(목) 오전 07:40	14시간

⟨동일 시점에서의 국가별 현지시각⟩

국가(도시)	현지시각
대한민국(서울)	2025년 7월 24일(목) 오전 06:20
독일(뮌헨)	2025년 7월 23일(수) 오후 11:20
인도(뉴델리)	2025년 7월 24일(목) 오전 03:50
미국(뉴욕)	2025년 7월 23일(수) 오후 05:20

① 인도 – 독일 – 미국
② 인도 – 미국 – 독일
③ 미국 – 독일 – 인도
④ 미국 – 인도 – 독일
⑤ 독일 – 미국 – 인도

45 K기업에서는 A ~ N직원 중 면접위원을 선발하고자 한다. 면접위원의 구성 조건이 다음과 같을 때, 적절하지 않은 것은?

〈면접위원의 구성 조건〉

- 면접관은 총 6명으로 구성한다.
- 이사 이상의 직급으로 50% 이상 구성해야 한다.
- 인사팀을 제외한 모든 부서는 두 명 이상 선출할 수 없고, 인사팀은 반드시 두 명을 포함한다.
- 모든 면접위원의 입사 후 경력은 3년 이상으로 한다.

직원	직급	부서	입사 후 경력
A	대리	인사팀	2년
B	과장	경영지원팀	5년
C	이사	인사팀	8년
D	과장	인사팀	3년
E	사원	홍보팀	6개월
F	과장	홍보팀	2년
G	이사	고객지원팀	13년
H	사원	경영지원	5개월
I	이사	고객지원팀	2년
J	과장	영업팀	4년
K	대리	홍보팀	4년
L	사원	홍보팀	2년
M	과장	개발팀	3년
N	이사	개발팀	8년

① L사원은 면접위원으로 선출될 수 없다.
② N이사는 반드시 면접위원으로 선출된다.
③ B과장이 면접위원으로 선출됐다면 K대리도 선출된다.
④ 과장은 두 명 이상 선출되었다.
⑤ 모든 부서에서 면접위원이 선출될 수는 없다.

46. K공사에 다니는 W사원은 해외로 출장을 가는데, 이번 달 영국에서 5일 동안 일을 마치고 한국에 돌아와 일주일 후 스페인으로 다시 4일간의 출장을 갈 예정이다. 다음 자료를 참고하여 W사원이 영국과 스페인 출장 시 들어갈 총비용을 A~C은행에서 환전할 때 필요한 원화의 최댓값과 최솟값의 차이는 얼마인가?(단, 출장비는 해외여비와 교통비의 합이다)

〈국가별 1일 여비〉

구분	영국	스페인
1일 해외여비	50파운드	60유로

〈국가별 교통비 및 추가 지급비용〉

구분	영국	스페인
교통비(비행시간)	380파운드(12시간)	870유로(14시간)
초과 시간당 추가 지급비용	20파운드	15유로

※ 교통비는 편도 항공권 비용이며, 비행시간도 편도에 해당함
※ 편도 비행시간이 10시간을 초과하면 시간당 추가 비용이 지급됨

〈은행별 환율 현황〉

구분	매매기준율(KRW)	
	원/파운드	원/유로
A은행	1,470	1,320
B은행	1,450	1,330
C은행	1,460	1,310

① 31,900원 ② 32,700원
③ 33,500원 ④ 34,800원
⑤ 35,200원

47 다음 평가 기준과 실적 건수를 바탕으로 평가대상기관 A ~ D 중 최종순위 최상위기관과 최하위기관을 바르게 짝지은 것은?

〈공공시설물 내진보강대책 추진실적 평가 기준〉

• 평가요소 및 점수부여
  - (내진성능평가 지수) = $\dfrac{(내진성능평가\ 실적\ 건수)}{(내진보강대상\ 건수)} \times 100$
  - (내진보강공사 지수) = $\dfrac{(내진보강공사\ 실적\ 건수)}{(내진보강대상\ 건수)} \times 100$
  - 산출된 지수 값에 따른 점수는 아래 표와 같이 부여한다.

구분	지수 값 최상위 1개 기관	지수 값 중위 2개 기관	지수 값 최하위 1개 기관
내진성능평가 점수	5점	3점	1점
내진보강공사 점수	5점	3점	1점

• 최종순위 결정
  - 내진성능평가 점수와 내진보강공사 점수의 합이 큰 기관에 높은 순위를 부여한다.
  - 합산 점수가 동점인 경우에는 내진보강대상 건수가 많은 기관을 높은 순위로 정한다.

〈평가대상기관의 실적 건수〉

(단위 : 건)

구분	A기관	B기관	C기관	D기관
내진성능평가	82	72	72	83
내진보강공사	91	76	81	96
내진보강대상	100	80	90	100

	최상위기관	최하위기관
①	A기관	B기관
②	B기관	C기관
③	B기관	D기관
④	C기관	D기관
⑤	D기관	C기관

48 K공사에서는 신입사원 2명을 채용하기 위하여 서류 심사와 필기 전형을 통과한 갑 ~ 정 네 명의 최종 면접을 실시하려고 한다. 아래의 표와 같이 네 개 부서의 팀장이 각각 네 명을 모두 면접하여 채용 우선순위를 결정하였다. 다음 중 면접 결과에 대한 설명으로 옳은 것을 〈보기〉에서 모두 고르면?

〈면접 결과〉

면접관 순위	인사팀장	경영관리팀장	영업팀장	회계팀장
1순위	을	갑	을	병
2순위	정	을	병	정
3순위	갑	정	정	갑
4순위	병	병	갑	을

※ 우선순위가 높은 사람 순으로 2명을 채용함
※ 동점자는 인사·경영관리·영업·회계팀장 순서로 부여한 고순위자로 결정함
※ 각 팀장이 매긴 순위에 대한 가중치는 모두 동일함

보기
㉠ '을' 또는 '정' 중 한 명이 입사를 포기하면 '갑'이 채용된다.
㉡ 인사팀장이 '을'과 '정'의 순위를 바꿨다면 '갑'이 채용된다.
㉢ 경영관리팀장이 '갑'과 '병'의 순위를 바꿨다면 '정'은 채용되지 못한다.

① ㉠　　　　　　　　　　② ㉠, ㉡
③ ㉠, ㉢　　　　　　　　 ④ ㉡, ㉢
⑤ ㉠, ㉡, ㉢

49 다음은 6개 광종의 위험도와 경제성 점수에 대한 자료이다. 분류 기준을 적용하여 광종을 분류할 때, 〈보기〉 중 옳은 것을 모두 고르면?

〈6개 광종의 위험도와 경제성 점수〉
(단위 : 점)

구분	금광	은광	동광	연광	아연광	철광
위험도	2.5	4.0	2.5	2.7	3.0	3.5
경제성	3.0	3.5	2.5	2.7	3.5	4.0

〈분류 기준〉

위험도와 경제성 점수가 모두 3.0점을 초과하면 비축필요광종으로 분류한다. 또한 위험도와 경제성 점수 중 하나는 3.0점 초과, 다른 하나는 2.5점 초과 3.0점 이하인 경우에는 주시광종으로 분류하며, 그 외는 비축제외광종으로 분류한다.

보기
㉠ 주시광종으로 분류되는 광종은 1종류이다.
㉡ 비축필요광종으로 분류되는 광종은 은광, 아연광, 철광이다.
㉢ 모든 광종의 위험도와 경제성 점수가 현재보다 각각 20% 증가하면, 비축필요광종으로 분류되는 광종은 4종류가 된다.
㉣ 주시광종 분류기준을 위험도와 경제성 점수 중 하나는 3.0점 초과, 다른 하나는 2.5점 이상 3.0점 이하로 변경한다면, 금광과 아연광은 주시광종으로 분류된다.

① ㉠, ㉢
② ㉠, ㉣
③ ㉢, ㉣
④ ㉠, ㉡, ㉢
⑤ ㉡, ㉢, ㉣

50 K공사는 직원들의 여가를 위해 하반기 동안 다양한 프로그램을 운영하고자 한다. 운영할 프로그램은 후보들을 대상으로 한 수요도 조사 결과를 통해 결정된다. 다음 〈조건〉에 따라 프로그램을 선정할 때, 운영될 프로그램들을 바르게 짝지은 것은?

〈프로그램 후보〉

구분	프로그램명	인기 점수	필요성 점수
운동	강변 자전거 타기	6	5
진로	나만의 책 쓰기	5	7
여가	자수교실	4	2
운동	필라테스	7	6
교양	독서토론	6	4
여가	볼링모임	8	3

※ 수요도 조사에는 전 직원이 참여하였음

조건
- 수요도는 인기 점수와 필요성 점수에 가점을 적용한 후, 2 : 1의 가중치에 따라 합산하여 판단한다.
- 각 프로그램의 인기 점수와 필요성 점수는 10점 만점으로 하여 전 직원들이 부여한 점수의 평균값이다.
- 단일 분야에 하나의 프로그램만 있는 경우, 그 프로그램의 필요성 점수에 2점을 가산한다.
- 단일 분야에 복수의 프로그램이 있는 경우, 분야별로 필요성 점수가 가장 낮은 프로그램은 후보에서 탈락한다.
- 수요도 점수가 동점일 경우, 인기 점수가 높은 프로그램을 우선시한다.
- 수요도 점수가 가장 높은 2개의 프로그램을 선정한다.

① 강변 자전거 타기, 볼링모임
② 나만의 책 쓰기, 필라테스
③ 자수교실, 독서토론
④ 필라테스, 볼링모임
⑤ 독서토론, 볼링모임

51 다음은 조셉과 해리, 두 심리학자에 의해 만들어진 '조해리의 창(Johari's Window)'을 나타낸 자료이다. S사원은 자신이 생각하는 자신의 모습과 주변 동료들이 생각하는 자신의 모습을 다음과 같이 정리하였을 때, 이를 이해한 내용으로 적절하지 않은 것은?

〈S사원이 작성한 조해리의 창〉

구분	내가 아는 나	내가 모르는 나
타인이 아는 나	• 활달하고 개방적이다. • 사람들과 원만하게 잘 지내려고 한다. • 센스가 있는 편이다.	• 감정 기복이 심한 편이다. • 간혹 소심하고 내성적인 모습도 보인다. • 과시하고 싶어 한다.
타인이 모르는 나	• 불의를 보면 참을 수 없다. • 다혈질적이다. • 혼자 있는 것을 싫어한다.	㉠

① 자신이 감정 기복이 심한 편인지 스스로 생각해 볼 필요가 있다.
② 혼자 있는 것을 싫어하는 점을 상대방에게 조금씩 알려 주는 것도 좋다.
③ 자신이 다혈질적인지 스스로 생각해 볼 필요가 있다.
④ 자신이 매사에 과시하는 모습을 보이지 않았는지 반성할 필요가 있다.
⑤ ㉠은 S사원 자신도 모르고, 타인도 모르는 미지의 영역으로 볼 수 있다.

52 다음 사례에서 K씨가 자신의 목표를 달성하지 못한 이유로 가장 적절한 것은?

영화관에서 고객 응대 업무를 맡고 있는 K씨는 친절 사원으로 선발된 다른 직원들을 보면서 자신도 이달의 친절왕이 되겠다는 목표를 설정하고, 여러 정보들을 수집하여 구체적인 계획을 세웠다. 그러나 K씨의 무뚝뚝한 표정과 말투로 인해 친절왕은커녕 고객들의 불평·불만만 쌓여갔다. 사실 K씨는 오래전부터 사람을 대하는 서비스업이 자신에게 적합하지 않다는 생각을 하고 있었다.

① 자신감이 부족하여 자기개발과 관련된 결정을 제대로 하지 못하였다.
② 회사 내의 경력기회 및 직무 가능성 등에 대해 충분히 알아보지 않았다.
③ 다른 직업이나 회사 밖의 기회에 대해 충분히 알아보지 않았다.
④ 자신의 흥미·적성 등을 제대로 파악하지 못하였다.
⑤ 자신을 둘러싼 주변 상황의 제약으로 인해 어려움을 겪었다.

53 다음 중 정의에 따른 경력개발 방법으로 적절하지 않은 것을 〈보기〉에서 모두 고르면?

〈정의〉

경력개발이란 개인이 경력목표와 전략을 수립하고 실행하며 피드백하는 과정으로 직업인이 한 조직의 구성원으로서 조직과 상호작용하며, 자신의 경력을 개발해 나가는 것이다.

보기

㉠ 영업직에 필요한 것은 사교성일 수도 있지만, 무엇보다 사람에 대한 믿음과 성실함이 기본이어야 한다고 생각한다. 영업팀에서 10년째 근무 중인 나는 인맥을 쌓기 위해 오랜 기간 인연을 지속한 사람들을 놓치지 않으려고 노력하였다.
㉡ 전략기획팀에서 근무하고 있는 나는 앞으로 회사가 나아갈 방향을 설정하는 업무를 주로 하고 있다. 따라서 시대의 흐름을 놓쳐서는 안 된다. 나의 이러한 감각을 배양하기 위해 전문 서적을 탐독하고, 경영환경 변화에 대한 공부를 끊임없이 하고 있다. 그리고 시대에 뒤떨어지지 않기 위해 최신 IT 기기 및 기술을 습득하고 있다.
㉢ 나는 지난달부터 체력 단련을 위해 규칙적으로 운동을 하고 있다. 자동차 동호회 활동을 통해 취미 활동도 게을리 하지 않는다.
㉣ 직장 생활도 중요하지만, 개인적인 삶을 풍요롭게 할 필요가 있다. 회사는 내가 필요한 것과 내 삶을 윤택하게 하는 데 도움을 주는 요소이다. 그러므로 회사 내의 활동이나 모임 등에 집중하기보다는 나를 위한 투자(운동, 개인 학습 등)에 소홀하지 않아야 한다.

① ㉠, ㉡
② ㉠, ㉢
③ ㉡, ㉢
④ ㉡, ㉣
⑤ ㉢, ㉣

54 다음 시트를 참조하여 작성한 수식 「=INDEX(B2:D9,2,3)」의 결괏값으로 옳은 것은?

	A	B	C	D
1	코드	정가	판매수량	판매가격
2	L-001	25,400	503	12,776,000
3	D-001	23,200	1,000	23,200,000
4	D-002	19,500	805	15,698,000
5	C-001	28,000	3,500	98,000,000
6	C-002	20,000	6,000	96,000,000
7	L-002	24,000	750	18,000,000
8	L-003	26,500	935	24,778,000
9	D-003	22,000	850	18,700,000

① 805
② 1,000
③ 19,500
④ 12,776,000
⑤ 23,200,000

55 다음 중 워크시트의 [머리글 / 바닥글] 설정에 대한 설명으로 옳지 않은 것은?

① 숨기기 취소 대화상자에서 숨기기 기능에 체크하면 워크시트가 숨겨진다.
② 첫 페이지, 홀수 페이지, 짝수 페이지의 머리글 / 바닥글 내용을 다르게 지정할 수 있다.
③ 머리글 / 바닥글에 그림을 삽입하고, 그림 서식을 지정할 수 있다.
④ '페이지 나누기 미리보기' 상태에서는 미리 정의된 머리글이나 바닥글을 선택하여 쉽게 추가할 수 있다.
⑤ '페이지 레이아웃' 보기 상태에서는 워크시트 페이지 위쪽이나 아래쪽을 클릭하여 머리글 / 바닥글을 추가할 수 있다.

56 다음 시트에서 [E2:E7] 영역처럼 표시하려고 할 때, [E2] 셀에 입력할 수식으로 옳은 것은?

	A	B	C	D	E
1	순번	이름	주민등록번호	생년월일	백넘버
2	1	박민석 11	831121-1092823	831121	11
3	2	최성영 20	890213-1928432	890213	20
4	3	이형범 21	911219-1223457	911219	21
5	4	임정호 26	870211-1098432	870211	26
6	5	박준영 28	850923-1212121	850923	28
7	6	김민욱 44	880429-1984323	880429	44

① =MID(B2,5,2)
② =LEFT(B2,2)
③ =RIGHT(B2,5,2)
④ =MID(B2,5)
⑤ =LEFT(B2,5,2)

57 K공사 인사부에 근무하는 김대리는 신입사원들의 교육점수를 다음과 같이 정리한 후 VLOOKUP 함수를 이용해 교육점수별 등급을 입력하려고 한다. [E2:F8]의 데이터 값을 이용해 (A) 셀에 함수식을 입력한 후 자동 채우기 핸들로 사원들의 교육점수별 등급을 입력할 때, (A) 셀에 입력해야 할 함수식으로 옳은 것은?

	A	B	C	D	E	F
1	사원	교육점수	등급		교육점수	등급
2	최덕철	100	(A)		100	A
3	이만강	95			95	B
4	김주상	95			90	C
5	장황규	70			85	D
6	정동렬	75			80	E
7	소광호	90			75	F
8	신용만	85			70	G
9	백경진	80				

① =VLOOKUP(B2,E2:F8,2,1)
② =VLOOKUP(B2,E2:F8,2,0)
③ =VLOOKUP(B2,$E$2:$F$8,2,0)
④ =VLOOKUP(B2,$E$2:$F$8,1,0)
⑤ =VLOOKUP(B2,$E$2:$F$8,1,1)

※ K공사에서는 화장실의 청결을 위해 비데를 구매하고 화장실과 가까운 곳에 위치한 A씨에게 비데를 설치하도록 지시하였다. 다음 제품 설명서를 보고 이어지는 질문에 답하시오. [58~59]

〈설치 방법〉

1) 비데 본체의 변좌와 변기의 앞면이 일치되도록 전후로 고정하십시오.
2) 비데용 급수호스를 정수필터와 비데 본체에 연결한 후 급수밸브를 열어 주십시오.
3) 전원을 연결하십시오(반드시 전용 콘센트를 사용하십시오).
4) 비데가 작동하는 소리가 들린다면 설치가 완료된 것입니다.

〈주의사항〉

• 전원은 반드시 AC220V에 연결하십시오(반드시 전용 콘센트를 사용하십시오).
• 변좌에 걸터앉지 말고 항상 중앙에 앉고, 변좌 위에 어떠한 것도 놓지 마십시오(착좌센서가 작동하지 않을 수도 있습니다).
• 정기적으로 수도필터와 정수필터를 청소 또는 교환해 주십시오.
• 급수밸브를 꼭 열어 주십시오.

〈A/S 신청 전 확인 사항〉

현상	원인	조치방법
물이 나오지 않을 경우	급수밸브가 잠김	매뉴얼을 참고하여 급수밸브를 열어 주세요.
	정수필터가 막힘	매뉴얼을 참고하여 정수필터를 교체해 주세요(A/S상담실로 문의하세요).
	본체 급수호스 등이 동결	더운물에 적신 천으로 급수호스 등의 동결 부위를 녹여 주세요.
기능 작동이 되지 않을 경우	수도필터가 막힘	수도필터를 흐르는 물로 닦아 주세요.
	착좌센서 오류	착좌센서에서 의류, 물방울, 이물질 등을 제거해 주세요.
수압이 약할 경우	수도필터에 이물질이 낌	수도필터를 흐르는 물로 닦아 주세요.
	본체의 호스가 꺾임	호스의 꺾인 부분을 펴 주세요.
노즐이 나오지 않을 경우	착좌센서 오류	착좌센서에서 의류, 물방울, 이물질을 제거해 주세요.
본체가 흔들릴 경우	고정 볼트가 느슨해짐	고정 볼트를 다시 조여 주세요.
비데가 작동하지 않을 경우	급수밸브가 잠김	매뉴얼을 참고하여 급수밸브를 열어 주세요.
	급수호스의 연결 문제	급수호스의 연결 상태를 확인해 주세요. 계속 작동하지 않는다면 A/S상담실로 문의하세요.
변기의 물이 샐 경우	급수호스가 느슨해짐	급수호스 연결 부분을 조여 주세요. 계속 샐 경우 급수밸브를 잠근 후 A/S상담실로 문의하세요.

58 A씨는 지시에 따라 비데를 설치하였다. 일주일이 지난 뒤, 동료 B씨로부터 기능 작동이 되지 않는다는 사실을 접수하였다. 다음 중 A씨가 해당 문제점에 대한 원인을 파악하기 위해 확인해야 할 사항으로 가장 적절한 것은?

① 비데의 고정 여부
② 수도필터의 청결 상태
③ 정수필터의 청결 상태
④ 급수밸브의 연결 상태
⑤ 급수밸브의 잠김 여부

59 58번 문제에서 확인한 사항이 추가로 다른 문제를 일으킬 수 있는지 미리 점검하고자 한다. 다음 중 가장 적절한 행동은?

① 수압이 약해졌는지 확인한다.
② 본체가 흔들리는지 확인한다.
③ 물이 나오지 않는지 확인한다.
④ 변기의 물이 새는지 확인한다.
⑤ 노즐이 나오지 않는지 확인한다.

60 다음 글을 바탕으로 고소 작업자들에게 주의를 환기시킬 수 있는 표어로 가장 적절한 것은?

> 고소 작업이란 '고소(高所)'에서 바로 알 수 있듯이 높은 곳에서의 작업이다. 조금 더 정확하게 정의하면 넘어져 땅에 떨어질 때 부상의 위험이 있는 장소에서의 작업을 일컬으며, 보통 2m 이상에서의 작업을 고소 작업으로 본다.
> 고소 작업을 진행할 때에는 다양한 작업대를 사용하게 되며, 안전에 유의하지 않고 사용할 때 부상을 입을 수 있고 심한 경우 사망에 이를 수 있다. 작업대 위에서의 추락, 작업대와 작업 공간 등의 사이에서 끼임, 작업대 자체의 넘어짐 등 고소 작업대로 인한 여러 가지 사고는 끊이지 않고 발생하고 있다.
> 고용노동부와 K공단에서 최근 발생한 고소작업대 사고를 집계하여 발표한 '고소작업대 안전관리 매뉴얼'에 따르면 추락 사고는 100건 넘게 집계되었으며, 끼임 사고는 약 40건이 집계되었고, 작업대가 넘어지면서 발생한 사고도 약 20건으로 집계되었다고 한다. 추락 사고는 대개 안전 난간의 관리 소홀로 인한 사고로 밝혀졌으며, 끼임 사고는 대개 작업자의 부주의로 인한 사고로 밝혀졌다.
> 이런 사고를 예방하기 위해서 임대인은 기구의 유지·보수에 힘써야 하며, 기기 조작자가 적절한 자격을 갖춘 자인지 철저하게 확인하고 작업 내용, 연락 및 신호 방법 등의 주의 사항을 알려야 할 의무가 있고, 대여 사항을 반드시 별도로 기록 및 보존하도록 산업안전보건법으로 규정하고 있다. 관리자는 작업대가 넘어지지 않도록 작업 장소의 지반을 확인하고 작업계획서를 작성 및 확인하여 작업 구역을 구획하고 필요한 경우 통제 및 유도 차량을 배치해야 한다. 조종자는 작업 시작 전, 기기에 안전장치(안전 난간 등)를 반드시 확인하고 보호구를 착용해야 한다. 가장 중요한 점은 절대로 유도자 없이 혼자서 기기를 작동해선 안 된다는 것이다. 탑승자 또한 보호구를 반드시 착용해야 하며 정원, 적정 무게를 확인하고 탑승 후 고압선 등에 접근하지 않도록 유의해야 한다.

① 점심에 마신 술, 마지막 점심이 될 수도
② 높은 곳으로 가려다 가장 높은 곳으로
③ 버튼 한 번 누르기 전, 주변 둘러보기 한 번
④ 기계도 사람도 모두 잠깐의 휴식이 필요합니다
⑤ 당신이 버린 불씨, 불시에 재앙으로 다가온다

※ 다음 글을 읽고 이어지는 질문에 답하시오. [61~62]

> IT기술을 개발하는 K기업의 글로벌 전략부 이과장은 새로운 기술을 도입하기 위해 기술선택을 하려고 한다. 이과장은 ㉠ 기술경영진과 기술기획 담당자들에 의한 체계적인 분석을 통해 기업이 획득해야 하는 대상기술과 목표기술 수준을 결정한다. 이과장의 기술선택 과정에서의 진행 상황은 다음과 같다. 먼저 수요 변화 및 경쟁자 변화, 기술 변화 등을 분석하고 기업의 장기 비전, 중장기 매출 목표 및 이익 목표를 설정했다. 다음으로 기술능력, 생산능력, 마케팅 및 영업능력, 재무능력 등을 분석하였다. 그리고 최근의 사업 영역을 결정하고 경쟁 우위 확보 방안을 수립했다.

61 다음 중 윗글의 밑줄 친 ㉠이 설명하는 기술선택 방식에 대한 내용으로 옳은 것은?

① 확장적 기술선택
② 상향식 기술선택
③ 하향식 기술선택
④ 복합적 기술선택
⑤ 통합적 기술선택

62 다음 중 이과장이 기술선택 과정에서 진행할 절차로 옳지 않은 것은?

① 핵심기술의 선택
② 기술전략 수립
③ 제품 생산공정 분석
④ 내부역량 분석
⑤ 기술 획득 방법 결정

63 상대방을 설득하여 자신이 의도하는 방향으로 움직이게 하기 위한 방법 중 다음에서 설명하고 있는 전략은?

> '이 전략'은 어떤 과학적인 논리보다도 동료를 비롯한 사람들의 말과 행동으로 상대방을 설득하는 것이 협상 과정에서 생기는 갈등을 해결하기 더 쉽다는 것으로, 사람은 과학적 이론보다 자신의 동료나 이웃의 말이나 행동에 의해서 쉽게 설득된다는 것과 관련된 기술이다.

① 연결 전략
② 사회적 입증 전략
③ 호혜관계 형성 전략
④ See-Feel-Change 전략
⑤ 상대방 이해 전략

64 다음은 갈등해결을 위한 6단계 프로세스이다. 3단계에 해당하는 대화의 예로 옳은 것은?

① 그럼 A씨의 생각대로 진행해 보시죠.
② 제 생각은 이런데, A씨의 생각은 어떠신지 말씀해 주시겠어요?
③ 저도 좋아요. 그것으로 결정해요.
④ 저는 모두가 만족하는 해결책을 찾고 싶어요.
⑤ A씨의 말은 아무리 들어도 이해가 안 되는데요.

65 다음 글에서 알 수 있는 K씨의 잘못된 고객응대 자세로 가장 적절한 것은?

> 직원 K씨는 규모가 큰 대형 마트에서 육류 제품의 유통 업무를 담당하고 있다. 전화벨이 울리고 신속하게 인사와 함께 전화를 받았는데 전화는 채소류에 관련된 업무 문의로, 직원 K씨는 고객에게 자신은 채소류에 관련된 담당자가 아니라고 설명하고, "지금 거신 전화는 육류에 관련된 부서로 연결되어 있습니다. 채소류 관련 부서로 전화를 연결해드릴 테니 잠시만 기다려 주십시오."라고 말하고 다른 부서로 전화를 돌렸다.

① 신속하게 전화를 받지 않았다.
② 기다려 주신 데 대한 인사를 하지 않았다.
③ 고객의 기다림에 대해 양해를 구하지 않았다.
④ 전화를 다른 부서로 돌려도 괜찮은지 묻지 않았다.
⑤ 자신의 직위를 밝히지 않았다.

※ 다음 글을 읽고 이어지는 질문에 답하시오. [66~67]

> 최근 K기업의 강천 생산공장의 생산 실적이 하락하고, 불량품 발생률이 급증하자 본사에서는 김일동 이사를 강천 생산공장으로 긴급 파견하였다. 김일동 이사는 강천 공장에서 20년 이상 근무한 베테랑으로, 현재는 본사의 생산혁신본부를 총괄하고 있다. 김일동 이사는 강천 공장에 있는 2개월 동안 공장 직원들의 역량을 강화하여 생산량을 늘리고 불량품은 줄일 것이라고 각오를 밝혔다. 생산량과 불량품 발생률 등 구체적인 수치의 목표는 공장 상황을 명확하게 파악하고 결정할 계획이다. 이를 위해서 김일동 이사는 본인의 노하우를 공유하면서도, 최우선적으로 직원들의 의견을 적극 경청하여 현장의 문제점과 작업 시 애로 사항을 도출하고, 이를 통해 작업 개선 방안을 수립할 계획이다. 작업 개선 방안이 성공적으로 현장에 정착하기 위해서 개선 방안의 수립과 더불어 고도화 과정 중 직원 스스로 해결책을 찾도록 유도하고, 일부 권한을 위임하는 등 직원 스스로가 작업 개선에 책임의식을 갖도록 할 것이다.

66 다음 중 윗글에서 나타난 김일동 이사의 리더십 역량 강화에 대한 설명으로 가장 적절한 것은?

① 높은 성과를 달성한 조직원에게는 곧바로 보상을 부여하는 동기부여 방법의 리더십이다.
② 직원들이 안전지대에서 벗어나 더욱 높은 목표를 향해 나아가도록 격려하는 리더십이다.
③ 불량품 발생률을 줄이기 위해 실수를 불허하며, 저항하는 직원을 과감하게 해고하려고 한다.
④ 리더가 지식이나 정보를 하달하며 의사결정의 권한을 가지고 있는 전통적인 커뮤니케이션 접근법을 사용하는 리더십이다.
⑤ 지침보다는 질문과 논의를 통해, 통제보다는 경청과 지원을 통해 상황의 발전과 좋은 결과를 이끌어낸다.

67 다음 중 윗글에서 나타난 리더십 역량 강화 방법을 통해 얻을 수 있는 혜택으로 적절하지 않은 것은?

① 개인이 문제해결 과정에 적극적으로 노력하도록 유도할 수 있다.
② 직원들의 반발심을 줄일 수 있다.
③ 높은 품질의 제품을 생산할 수 있다.
④ 효율성 및 생산성의 전반적인 상승을 기대할 수 있다.
⑤ 동기를 부여받은 직원들이 책임감을 갖고 자신감 있게 업무에 임하게 된다.

68 과거에는 한 사람의 출세와 성공에 가장 큰 영향을 주는 것은 학교 성적, 즉 공부를 잘하는 것이라고 생각하였다. 그러나 최근의 연구 결과를 보면 대인관계능력이 높은 사람이 성공하는 경우가 더 많았으며, 학교 성적은 성공과 크게 관련이 없다는 것이 밝혀졌다. 대인관계능력이 성공과 밀접한 관련이 있다고 할 경우, 다음 중 직장생활에서 가장 성공하기 어려운 사람은?

> - B가 근무하는 부서에 신입사원 A가 입사하였다. 평소 B는 입사 때 회사 선배로부터 일을 제대로 못 배워 동기들보다 승진이 늦어졌다고 생각하여, A에게 일을 제대로 가르친다는 생각으로 잘한 점은 도외시하고 못한 점만 과장하여 지적하여 A가 항상 긴장 상태에서 일 처리를 하도록 하였다.
> - C의 입사동기이자 업무능력이 뛰어난 동료 D는 회사의 큰 프로젝트를 담당하고 있으며, 이 프로젝트를 성공리에 완수할 경우 올해 말에 C보다 먼저 승진할 가능성이 높았음에도 불구하고, D가 업무 도움을 요청하자 C는 흔쾌히 D의 업무를 도와주었다.
> - E는 자기 팀이 작년 연말평가에서 최하 등급을 받아서 팀 내 분위기가 어수선해지자, 팀의 발전이 자신의 발전이라고 생각하여 매일 아침에 모닝커피를 타서 팀원 전체에게 돌리고, 팀 내의 힘들고 궂은일을 솔선수범하여 처리하였다.
> - F는 대인관계에서 가장 중요한 것은 인간관계 기법과 테크닉이라고 생각하여, 진심에서 우러나오지 않지만 항상 무엇을 말하느냐, 어떻게 행동하느냐를 중시하였다.

① B, C
② B, F
③ C, E
④ C, F
⑤ E, F

69 다음 글에서 설명하고 있는 조직의 경영 기법으로 가장 적절한 것은?

> 모든 조직은 경영의 기본 활동인 계획 - 실행 - 평가를 통해 조직이 원하는 성과를 창출해 낸다. 해당 기법은 이러한 조직의 경영 활동을 체계적으로 지원하는 관리 도구로, 경영자 및 관리자들이 시간 관리를 통해서 자기 자신을 관리하듯 목표를 통해서 개인 및 조직의 성과를 관리한다. 성과 향상을 위해서는 목표를 설정하고, 이를 지속적으로 관리하는 것이 중요하다. 평가 결과는 과정의 산물이며, 성과 개선에 영향을 미치는 부수적인 요인이다. 따라서 기업들은 해당 기법을 활용할 경우 평가나 그 결과의 활용보다는 목표 설정, 중간 점검 등의 단계에 더욱 많은 관심을 기울여야 한다.

① 과업평가계획(PERT)
② 목표관리(MBO)
③ 조직개발(OD)
④ 총체적 품질관리(TQM)
⑤ 전사적 자원관리(ERP)

70 다음은 조직문화가 어떻게 구성되는지를 이해하는 데 도움을 줄 수 있는 맥킨지 7S 모델에 대한 자료이다. 이에 대한 설명으로 적절하지 않은 것은?

① 리더십 스타일(Style)은 관리자에 따라 민주적, 독선적, 방임적 등 다양하게 나타날 수 있다.
② 조직구조(Structure)는 구성원들이 보유하고 있는 능력, 스킬, 욕구, 태도 등을 말한다.
③ 전략(Strategy)에 따라 사업의 방향성이 달라질 수 있으며, 자원배분 과정도 결정될 수 있다.
④ 제도·절차(System)는 성과관리, 보상 제도, 경영정보 시스템 등 경영 각 분야의 관리제도나 절차 등을 수반한다.
⑤ 공유가치(Shared Value)는 구성원뿐만 아니라 고객이나 투자자 등 다양한 이해관계자들에게 영향을 미친다.

71 C대리는 입사 4년 차이다. 회사 업무도 익숙해졌고 업무에도 별다른 문제가 없다. 하지만 C대리는 이런 익숙함 때문에 점점 업무에 대한 흥미를 잃어가고 있다. 그러다 보니 잔 실수가 많아졌고 심지어 신입사원에게까지 실수 지적을 받기도 했다. 다음 중 이런 문제를 해결하고자 C대리가 할 수 있는 행동은?
① 선임인 D과장에게 상담을 요청한다.
② 신입사원에게 신입사원의 업무성과를 자신에게 넘겨 달라고 부탁한다.
③ 다른 곳으로 이직한다.
④ 혼자 해결하려고 노력한다.
⑤ 다른 부서로 옮겨달라고 요청한다.

※ 다음은 K공사의 부서별 업무소개 자료이다. 이어지는 질문에 답하시오. [72~73]

1. ___㉠___ 의 직무 특성 및 소개
   시설투자·공사지원·유지관리로 회사의 자산 가치를 극대화하고 임직원과의 소통과 원활한 경영활동 지원을 위한 업무를 수행합니다. 효율적인 공간 활용 및 쾌적한 사무환경 구축, 임직원 복지 증진으로 업무 효율성을 높이는 등 총체적인 업무지원 제반 활동을 진행합니다. 세부적으로 본사 및 사업장 부동산 자산관리, 임대차 자산 계약관리 등을 담당하는 관재업무, 설비 총괄 관리 및 시설물 관리로 쾌적한 근무환경 조성 업무, 주주총회 기획·운영·관리 업무, 임직원 복리후생 제도 기획·운영 및 사회공헌 프로그램을 진행하는 복지 관련 업무, 경영진 및 VIP 의전 및 대민·대관 관련 업무 등을 수행합니다.

2. ㉡ 구매 직무 주요 업무 내용
   - 시장조사 : 환율, 원부자재 가격 변동 등 트렌드 조사 및 분석
   - 업체발굴 : TCO 관점에서 QCD를 만족시키는 협력사 검토
   - 협상 / 계약 : 가격 협상 및 납기 조율
   - 자재관리 : 시스템상 재고와 실 창고 재고 일치화 및 재고 수량 조사
   - 협력사 관리 및 협력사 기술 / 품질지원 : SRM시스템 구축 및 운영
   - 원가절감 활동 : 통합구매, 구매 방식 다양화, 구매 시기 조정

72 다음 중 빈칸 ㉠에 들어갈 업무로 옳은 것은?

① 총무 업무
② 인사 업무
③ 회계 업무
④ 생산 업무
⑤ 기획 업무

73 다음 중 밑줄 친 ㉡의 직무를 수행하기 위해 필요한 능력으로 옳지 않은 것은?

① 원가에 대한 이해력
② 데이터 분석 및 가공능력
③ 협상 및 설득능력
④ 생산 제품에 대한 지식
⑤ 협력사 검토 및 관리력

74 다음 대학생 지수의 일과를 통해 알 수 있는 사실로 옳은 것은?

> 지수는 화요일에 학교 수업, 아르바이트, 스터디, 봉사활동 등을 한다.
> 다음은 지수의 화요일 일과이다.
> • 지수는 오전 11시부터 오후 4시까지 수업이 있다.
> • 수업이 끝나고 학교 앞 프랜차이즈 카페에서 아르바이트를 3시간 동안 한다.
> • 아르바이트를 마친 후, NCS 공부를 하기 위해 스터디를 2시간 동안 한다.

① 비공식적인 소규모조직에서 3시간 동안 있었다.
② 하루 중 공식조직에서 9시간 동안 있었다.
③ 비영리조직인 대규모조직에서 5시간 동안 있었다.
④ 영리조직에서 2시간 동안 있었다.
⑤ 비공식적인 비영리조직에서 3시간 동안 있었다.

75 다음 상황에서 K기업이 해외 시장 개척을 앞두고 기존의 조직구조를 개편할 경우, K기업이 추가해야 할 조직으로 적절하지 않은 것은?

> K기업은 몇 년 전부터 자체 기술로 개발한 제품의 판매 호조로 인해 기대 이상의 수익을 창출하게 되었다. 경쟁 업체들이 모방할 수 없는 독보적인 기술력을 앞세워 국내 시장을 공략한 결과, 이미 더 이상의 국내 시장 경쟁자들은 없다고 할 만큼 탄탄한 시장 점유율을 확보하였다. 이러한 K기업의 사장은 올 초부터 해외 시장 진출의 꿈을 갖고 필요한 자료를 수집하기 시작하였다. 충분한 자금력을 확보한 K기업은 우선 해외 부품 공장을 인수한 후 현지에 생산 기지를 건설하여 국내에서 생산되는 물량의 절반 정도를 현지로 이전하여 생산하고, 이를 통한 물류비 절감으로 주변국들부터 시장을 넓혀가겠다는 야심찬 계획을 가지고 있다. 한국 본사에서는 내년까지 4~5곳의 해외 거래처를 더 확보하여 지속적인 해외 시장 개척에 매진한다는 중장기 목표를 대내외에 천명해 둔 상태이다.

① 해외관리팀 ② 기업회계팀
③ 외환업무팀 ④ 국제법무팀
⑤ 통관물류팀

76 다음 중 A~C의 비윤리적 행위에 대한 원인을 순서대로 바르게 나열한 것은?

- A는 영화관 내 촬영이 금지된 것을 모르고 영화 관람 중 스크린을 동영상으로 촬영하였고, 이를 인터넷에 올렸다가 저작권 위반으로 벌금이 부과되었다.
- B는 얼마 전 친구에게 인터넷 도박 사이트를 함께 운영하자는 제안을 받았고, 그러한 행위가 불법인 줄 알았음에도 불구하고 많은 돈을 벌 수 있다는 친구의 말에 제안을 바로 수락했다.
- 평소에 화를 잘 내지 않는 C는 만취한 상태로 편의점에 들어가 물건을 구매하는 과정에서 직원과 말다툼을 하다가 화를 주체하지 못하고 주먹을 휘둘렀다.

	A	B	C
①	무절제	무지	무관심
②	무관심	무지	무절제
③	무관심	무절제	무지
④	무지	무관심	무절제
⑤	무지	무절제	무관심

77 다음 〈보기〉 중 고객접점 서비스에 대한 설명으로 적절한 것을 모두 고르면?

> **보기**
> ㄱ. 덧셈 법칙이 적용된다.
> ㄴ. 처음 만났을 때의 15초가 중요하다.
> ㄷ. 서비스 요원이 책임을 지고 고객을 만족시킨다.
> ㄹ. 서비스 요원의 용모와 복장이 중요하다.
> ㅁ. 고객접점 서비스를 강화하기 위해서는 서비스 요원의 권한을 약화시켜야 한다.

① ㄱ, ㄴ, ㄷ
② ㄴ, ㄷ, ㄹ
③ ㄷ, ㄹ, ㅁ
④ ㄱ, ㄷ, ㄹ, ㅁ
⑤ ㄱ, ㄴ, ㄷ, ㄹ, ㅁ

78 다음 대화를 듣고 C대리가 A사원에게 해 줄 조언으로 적절하지 않은 것은?

> (전화를 당겨 받는다)
> A사원 : 네.
> B팀장 : 안녕하세요. D팀장님 자리에 안 계신가요?
> A사원 : 네.
> B팀장 : 그럼 메모 좀 남겨주실 수 있으세요?
> A사원 : 네(10초간 펜과 노트를 찾는다), 말씀하세요.
> B팀장 : 월요일에 보낸 업무 협조 요청과 관련해서 자료 회신을 부탁드린다고 전해 주세요.
> A사원 : 메모 전해드리겠습니다.
> B팀장 : 네, 수고하세요.

① 소속을 먼저 밝히고 전화를 당겨 받은 이유를 설명했어야지.
② 너무 사무적으로 받았어. 이웃 주민에게 하듯이 친근하게 받았어야지.
③ 전화를 끊기 전에 메모 내용을 다시 한 번 확인했어야지.
④ 펜과 메모는 항상 준비해 놔야 해. 시간이 지체되면 상대방이 불쾌감을 느낄 수 있어.
⑤ 전화를 건 사람이 어느 소속에 누구인지를 확인했어야지.

※ 다음 글을 읽고 이어지는 질문에 답하시오. [79~80]

> 김사원 : 팀장님, 시간 괜찮으시면 이번에 새로 거래를 하게 된 A물산 박대표님이 오셨는데 함께 미팅하시 겠습니까?
> (김사원과 이팀장 모두 박대표와 처음 만나 미팅을 진행하는 경우이다)
> 이팀장 : 네, 회의실로 모셔 오세요.
> (이팀장보다 나이가 훨씬 많은 거래처 박대표가 회의실로 김사원과 함께 들어온다)
> 김사원 : 팀장님, A물산 박한우 대표님이십니다. 박한우 대표님, 여기는 저희 구매팀장님을 맡고 계신 이철환 팀장님입니다.
> 이팀장 : (악수를 청하며) 처음 뵙겠습니다. 이철환입니다. 먼 길 와 주셔서 감사합니다. 김사원에게 말씀 많이 들었습니다. 함께 일하게 되어 기쁩니다. 앞으로 좋은 파트너로 서로 도움이 되면 좋겠습니다. 많이 도와주십시오.
> 박대표 : 처음 뵙겠습니다. 박한우입니다. 기회 주셔서 감사합니다. 열심히 하겠습니다. 과거부터 영업본부 장이신 성기환 전무님과 인연이 있어 이팀장님 말씀은 많이 들었습니다. 말씀대로 유능하신 분이 라는 생각이 듭니다.
> (박대표는 이팀장과 악수를 한 후 김사원과도 악수를 한다. 왼손잡이인 김사원은 자연스럽게 왼손을 내밀어 미소를 지으며 손을 가볍게 흔들며 '김철수입니다. 잘 부탁드리겠습니다.'라는 인사를 건넨다)
> 이팀장 : 과찬이십니다. 그럼 잠시 이번 포워딩 건에 대해 말씀 나누시죠.
> 이팀장 : (미팅이 끝난 후) 김철수씨, 저와 잠깐 이야기 좀 할까요?

79 다음 중 소개 예절에서 김사원이 한 실수로 볼 수 없는 것은?

① 나이 어린 사람을 연장자에게 먼저 소개하지 않았다.
② 자신이 속해 있는 회사의 관계자를 타 회사의 관계자에게 먼저 소개하지 않았다.
③ 소개하는 사람에 대해 성과 이름을 함께 말하지 않았다.
④ 동료 직원을 고객에게 먼저 소개하지 않았다.
⑤ 소개할 때 나이를 고려하지 않았다.

80 다음 중 악수 예절에서 김사원이 한 실수로 가장 적절한 것은?

① 악수를 할 때 상대를 바라보며 가벼운 미소를 지었다.
② 악수를 할 때 간단한 인사 몇 마디를 주고받았다.
③ 악수를 할 때 너무 강하게 쥐어짜듯이 손을 잡지 않았다.
④ 악수를 할 때 왼손잡이라서 왼손으로 악수를 했다.
⑤ 악수를 할 때 이름을 말하며 인사를 했다.

제6회 통합 NCS 최종모의고사

문항 수 : 80문항　　응시시간 : 80분

01 다음은 '전력 수급 위기 극복'에 관한 글을 쓰기 위해 작성한 개요이다. 개요의 수정·보완 및 자료 제시 방안으로 적절하지 않은 것은?

> Ⅰ. 서론 : 블랙아웃 가능성 급증 ············ ㉠
>
> Ⅱ. 전력 수급 위기의 원인
> 　1. 공급 측면
> 　　가. 전력의 비효율적 관리
> 　　나. 수요 대비 전력 공급 능력의 부족
> 　　다. 발전소 설계 기술의 해외 이전 ············ ㉡
> 　2. 수요 측면
> 　　가. 전력의 효율적 관리 체계 구축 ············ ㉢
> 　　나. 블랙아웃의 위험성 인식 부족
>
> Ⅲ. 전력 수급 위기의 극복 방안
> 　1. 공급 측면
> 　　가. 전력 과소비 문화 확대
> 　　나. 발전 시설의 정비 및 확충 ············ ㉣
> 　2. 수요 측면
> 　　가. 에너지 사용량 강제 감축 할당량 부과
> 　　나. 송전선로 지중화 사업에 대한 홍보 활동 강화 ············ ㉤
>
> Ⅳ. 결론 : 전력 수급 안정화를 위한 각계각층의 노력 촉구

① ㉠ : 급증하는 전력 사용량의 구체적인 수치를 제시한다.
② ㉡ : 글의 주제를 고려하여 삭제한다.
③ ㉢ : 상위 항목과의 연관성을 고려하여 'Ⅲ-1-가.'와 위치를 바꾼다.
④ ㉣ : 'Ⅱ-1-나.'의 내용을 고려하여 '지방 소도시로의 발전소 이전'으로 고친다.
⑤ ㉤ : 'Ⅱ-2-나.'의 내용을 고려하여 '블랙아웃의 위험성에 대한 홍보 활동 강화'로 고친다.

02 다음 글의 중심 주제로 가장 적절한 것은?

> 경제학에서는 한 재화나 서비스 등의 공급이 기업에 집중되는 양상에 따라 시장 구조를 크게 독점시장, 과점시장, 경쟁시장으로 구분하고 있다. 소수의 기업이 공급의 대부분을 차지할수록 독점시장에 가까워지고, 다수의 기업이 공급을 나누어 가질수록 경쟁시장에 가까워진다. 이렇게 시장 구조를 구분하기 위해서 사용하는 지표 중 하나가 바로 '시장집중률'이다.
> 시장집중률을 이해하기 위해서는 먼저 '시장점유율'에 대한 이해가 있어야 한다. 시장점유율이란 시장 안에서 특정 기업이 차지하고 있는 비중을 의미하는데, 생산량·매출액 등을 기준으로 측정할 수 있다. K기업의 시장점유율을 생산량 기준으로 측정한다면 '[(K기업의 생산량)÷(시장 내 모든 기업의 생산량의 총합)]×100'으로 나타낼 수 있다.
> 시장점유율이 시장 내 한 기업의 비중을 나타내 주는 수치라면, 시장집중률은 시장 내 일정 수의 상위 기업들이 차지하는 비중을 나타내 주는 수치, 즉 일정 수의 상위 기업의 시장점유율을 합한 값이다. 몇 개의 상위 기업을 기준으로 삼느냐는 나라마다 자율적으로 결정하고 있는데, 우리나라에서는 상위 3대 기업의 시장점유율을 합한 값을, 미국에서는 상위 4대 기업의 시장점유율을 합한 값을 시장집중률로 채택하여 사용하고 있다. 이렇게 산출된 시장집중률을 통해 시장 구조를 구분해 볼 수 있는데, 시장집중률이 높으면 그 시장은 공급이 소수의 기업에 집중되어 있는 독점시장으로 구분하고, 시장집중률이 낮으면 공급이 다수의 기업에 의해 분산되어 있는 경쟁시장으로 구분한다. 한국개발연구원에서는 어떤 산업에서의 시장집중률이 80% 이상이면 독점시장, 60% 이상 80% 미만이면 과점시장, 60% 미만이면 경쟁시장으로 구분하고 있다.
> 시장집중률을 측정하는 기준에는 여러 가지가 있기 때문에 어느 것을 기준으로 삼느냐에 따라 측정 결과에 차이가 생기며, 이에 대한 경제학적인 해석도 달라진다. 어느 시장의 시장집중률을 '생산량' 기준으로 측정했을 때 A, B, C기업이 상위 3대 기업이고 시장집중률이 80%로 측정되었다고 하더라도, '매출액' 기준으로 측정했을 때는 D, E, F기업이 상위 3대 기업이 되고 시장집중률이 60%가 될 수도 있다.
> 이처럼 시장집중률은 시장 구조를 구분하는 데 매우 유용한 지표이며, 이를 통해 시장 내의 공급이 기업에 집중되는 양상을 파악해 볼 수 있다.

① 시장 구조의 변천사
② 시장집중률의 개념과 의의
③ 독점시장과 경쟁시장의 비교
④ 우리나라 시장점유율의 특성
⑤ 시장집중률을 확대하기 위한 방안

※ 다음은 색채심리학을 소개하는 글이다. 이어지는 질문에 답하시오. [3~4]

색채는 상징성과 이미지를 지니는 동시에 인간과 심리적 교감을 나눈다. 과거 노란색은 중국 황제를 상징했고, 보라색은 로마 황제의 색이었다. 또한 붉은색은 공산주의의 상징이었다. 백의민족(白衣民族)이라 불린 우리 민족은 태양의 광명인 흰색을 숭상했던 것으로 보인다. 이처럼 각 색채는 희망・열정・사랑・생명・죽음 등 다양한 상징을 갖고 있다. 여기에 각 색깔이 주는 독특한 자극은 인간의 감성과 심리에 큰 영향을 미치고 있으며, 이는 색채심리학이라는 학문의 등장으로 이어졌다.

색채심리학이란 색채와 관련된 인간의 행동(반응)을 연구하는 심리학을 말한다. 색채심리학에서는 색각(色覺)의 문제로부터, 색채가 가지는 인상・조화감 등에 이르는 여러 문제를 다룬다. 그뿐만 아니라 생리학・예술・디자인・건축 등과도 관계를 가진다. 특히 색채가 어떠하며, 우리 눈에 그것이 어떻게 보이고, 어떤 느낌을 주는지는 색채심리학이 다루는 연구 대상 중 가장 주요한 부분이다.

우리는 보통 몇 가지의 색을 동시에 보게 된다. 이럴 경우 몇 가지의 색이 상호작용을 하므로, 한 가지의 색을 볼 때와는 다른 현상이 일어난다. 그 대표적인 것이 대비(對比) 현상이다. 색채의 대비는 2개 이상의 색을 동시에 보거나 계속해서 볼 때 일어나는 현상이다. 전자를 '동시 대비', 후자를 '계속 대비'라 한다. 이때 제시되는 색은 서로 영향을 미치며, 각기 지니고 있는 색의 특성을 더욱 강조하는 경향이 생긴다.

이러한 색의 대비 현상을 살펴보면, 색에는 색상・명도(색의 밝기 정도)・채도(색의 선명도)의 3가지 속성이 있으며, 이에 따라 색상 대비・명도 대비・채도 대비의 3가지 대비를 볼 수 있다. 색상 대비는 색상이 다른 두 색을 동시에 이웃하여 놓았을 때 두 색이 서로의 영향으로 색상 차가 나는 현상이다. 다음으로 명도 대비는 명도가 다른 두 색을 이웃하거나 배색하였을 때 밝은 색은 더욱 밝게, 어두운 색은 더욱 어둡게 보이는 현상으로 볼 수 있다. 그리고 채도 대비는 채도가 다른 두 색을 인접시켰을 때 서로의 영향을 받아 채도가 높은 색은 더욱 높아 보이고 채도가 낮은 색은 더욱 낮아 보이는 현상을 말한다.

오늘날 색의 대비 현상은 일상생활에서 많이 활용되고 있다. 색채를 활용하여 먼 거리에서 더 잘 보이게 하거나 뚜렷하게 보이도록 해야 할 때가 있는데, 그럴 경우에는 배경과 그 앞에 놓이는 그림의 속성 차를 크게 해야 한다. 일반적으로 배경색과 그림색의 속성이 다르면 다를수록 그림은 명확하게 인지되고, 멀리서도 잘 보인다. 색의 대비 중 이와 같은 현상에 가장 영향을 미치는 것은 명도 대비이며 그다음이 색상 대비, 채도 대비의 순이다. 특히, 멀리서도 잘 보여야 하는 표지류 등은 대비량이 큰 색을 사용한다.

색이 우리 눈에 보이는 현상으로는 이 밖에도 잔상색・순응색 등이 있다. 흰 종이 위에 빨간 종이를 놓고 잠깐 동안 주시한 다음 빨간 종이를 없애면, 흰 종이 위에 빨간 청록색이 보인다. 이것이 이른바 보색잔상으로서 비교적 밝은 면에서 잔상을 관찰했을 때 나타나는 현상이다. 그러나 암흑 속이나 백광색의 자극을 받을 때는 매우 복잡한 양상을 띤다. 또 조명광이나 물체색(物體色)을 오랫동안 계속 쳐다보고 있으면, 그 색에 순응되어 색의 지각이 약해진다. 그래서 조명에 의해 물체색이 바뀌어도 자신이 알고 있는 고유의 색으로 보이게 되는데, 이러한 현상을 '색순응'이라고 한다.

03 다음 중 윗글을 읽고 이해한 내용으로 적절하지 않은 것은?

① 색채의 대비 중 2개 이상의 색을 계속 보는 경우를 '계속 대비'라 한다.
② 색을 계속 응시하면 색의 보이는 상태가 변화됨을 알 수 있다.
③ 색채심리학은 색채가 우리에게 어떤 느낌을 주는지도 연구한다.
④ 배경과 그림의 속성 차를 작게 할수록 뚜렷하게 보이는 효과가 있다.
⑤ 멀리서도 잘 보여야 하는 경우는 대비량이 큰 색을 사용한다.

04 다음 중 윗글을 읽고 추론한 내용으로 가장 적절한 것은?

① 어두운 밝기의 회색이 검은색 바탕 위에 놓일 경우 밝아 보이는데, 이는 채도 대비로 볼 수 있다.
② 연두색 배경 위에 놓인 노란색은 좀 더 붉은 색을 띠게 되는데, 이는 색상 대비로 볼 수 있다.
③ 무채색 위에 둔 유채색이 훨씬 선명하게 보이는 현상은 명도 대비로 볼 수 있다.
④ 색이 있는 물체를 응시한 후 흰 벽으로 시선을 옮기면 전자의 색에 칠해진 동형의 상을 볼 수 있는데, 이는 색순응으로 볼 수 있다.
⑤ 파란색 선글라스를 통해 푸르게 보이던 것이 곧 익숙해져서 본래의 색으로 느끼는 것은 보색잔상으로 볼 수 있다.

05 다음 중 빈칸 ㉠ ~ ㉢에 들어갈 단어들을 순서대로 바르게 나열한 것은?

- 지나치게 빠른 변화는 가치관의 ___㉠___ 을 초래한다.
- 어려운 질문은 나를 ___㉡___ 에 빠뜨렸다.
- 적대적인 노사 갈등을 ___㉢___ 하고 상호존중의 문화를 이루자.

	㉠	㉡	㉢
①	혼동	곤욕	지향
②	혼동	곤욕	지양
③	혼란	곤욕	지양
④	혼란	곤경	지향
⑤	혼란	곤경	지양

06 다음 중 빈칸에 들어갈 내용으로 가장 적절한 것은?

자율주행차란 운전자가 핸들과 가속페달, 브레이크 등을 조작하지 않아도 정밀한 지도, 위성항법시스템(GPS) 등 차량의 각종 센서로 상황을 파악해 스스로 목적지까지 찾아가는 자동차를 말한다. 국토교통부는 자율주행차의 상용화를 위해 '부분자율주행차(레벨 3)' 안전기준을 세계 최초로 도입했다고 밝혔다. 이에 따라 7월부터는 자동으로 차로를 유지하는 기능이 탑재된 레벨 3 자율주행차의 출시와 판매가 가능해진다. 국토부가 마련한 안전기준에 따르면 레벨 3 부분자율주행차는 운전자 탑승이 확인된 후에만 작동할 수 있다. 자동 차로 유지 기능은 운전자가 직접 운전하지 않아도 자율주행 시스템이 차선을 유지하면서 주행하고 긴급 상황 등에 대응하는 기능이다. 기존 '레벨 2'는 차로 유지 기능을 작동했을 때 차량이 차선을 이탈하면 경고 알람이 울리는 정도여서 운전자가 직접 운전을 해야 했지만, 레벨 3 안전기준이 도입되면 지정된 작동 영역 안에서는 자율주행차의 책임 아래 _____.

① 운전자가 탑승하지 않더라도 자율주행이 가능해진다.
② 운전자가 직접 조작하지 않더라도 자동으로 속도 조절이 가능해진다.
③ 운전자가 운전대에서 손을 떼고도 차로를 유지하며 자율주행이 가능해진다.
④ 운전자가 직접 조작하지 않더라도 차량 간 일정한 거리 유지가 가능해진다.
⑤ 운전자가 차선을 이탈할 경우 경고 알람이 울리므로 운전자의 집중이 요구된다.

07 다음 글의 내용으로 가장 적절한 것은?

> 이슬람 사회에서 결혼은 계약관계로 간주된다. 따라서 부부관계는 계약 사항이 위반될 때 해제될 수 있다. 결혼식 전 신랑 측과 신부 측이 서로 합의하에 결혼계약서를 작성하며, 결혼식에서 신랑과 신부 집안의 가장(家長), 양가의 중재자, 양쪽 집안에서 정한 증인이 결혼계약서에 각각 서명해야 하는 점은 이를 반영한다. 결혼계약서에 서명이 없거나, 이슬람의 관습에 따라 결혼식이 진행되지 않았거나, 서명이 끝난 결혼계약서가 정부에 등록되지 않으면 결혼은 무효로 간주되어 법적 효력이 없다.
>
> 결혼식은 아랍어로 '시가'라고 하는 결혼 서약으로 시작된다. 이는 결혼식 날 주례로서 결혼을 주관하는 '마우준'이 신랑 측과 신부 측에 결혼 의사를 묻고 동의 의사를 듣는 것으로 이루어진다. 이슬람 사회의 관습에 따르면 결혼식에서 직접 동의 의사를 공표하는 신랑과 달리 신부는 스스로 자신의 결혼 의사를 공표할 수 없다. 신부의 후견인인 '왈리'가 신부를 대신해 신부의 결혼 의사를 밝힌다. 보통 아버지가 그 역할을 담당하지만 아버지의 부재 시 삼촌이나 오빠가 대신한다. 당사자 혹은 대리인의 동의가 없는 결혼 서약은 무효로 간주된다.
>
> 결혼에 대한 양가의 의사 이외에도 이슬람 사회에서 결혼이 성립되기 위한 필수조건으로 '마흐르'라고 불리는 혼납금이 있어야 한다. 이슬람 사회의 관습에 따르면 혼납금은 신부의 개인 재산으로 간주된다. 혼납금은 결혼계약서를 작성하면서 신랑이 신부에게 지급해야 한다.
>
> 증인 또한 중요하다. 결혼식의 증인으로는 믿을 만한 양가 친척이나 부모의 친구가 선택된다. 양가를 대표하는 두 명의 증인은 결혼계약서에 서명함으로써 결혼에 거짓이 없음을 증명한다. 결혼식에서 증인이 확인하는 내용은 신랑이나 신부가 친남매간이나 수양남매 관계가 아니라는 것, 양가의 사회적 지위가 비슷하며 종교가 같다는 것, 이전에 다른 결혼관계가 있었는지 여부, 신부가 '잇다' 기간에 있지 않다는 것 등이다. 이때 '잇다' 기간이란 여성이 이전 결혼관계가 해제된 후 다음 결혼 전까지 두어야 하는 결혼 대기 기간으로, 이 기간 동안 전 결혼에서 발생했을지 모를 임신 여부를 확인한다.

① 이슬람 사회에서 남성은 전처의 잇다 기간에는 재혼할 수 없다.
② 이슬람 사회에서 결혼은 계약관계로 간주되기 때문에 결혼의 당사자가 직접 결혼계약서에 서명해야 법적 효력이 있다.
③ 이슬람 사회의 결혼계약서에는 신랑과 신부의 가족관계, 양가의 사회적 배경, 양가의 결합에 대한 정부의 승인 등의 내용이 들어 있다.
④ 이슬람 사회에서 남녀의 결혼이 합법적으로 인정받기 위해서는 결혼 중재자와 결혼식 주례, 결혼계약서, 혼납금, 증인, 결혼식 하객이 필수적이다.
⑤ 이슬람 사회에서 대리인을 통하지 않고 법적으로 유효하게 결혼 동의 의사를 밝힌 결혼 당사자는 상대방에게 혼납금을 지급하였을 것이다.

※ 다음 글을 읽고 이어지는 질문에 답하시오. [8~9]

영화의 역사는 신기한 눈요깃거리라는 출발점을 지나 예술적 가능성을 실험하며 고유의 표현 수단을 발굴해 온 과정이었다. 그 과정에서 미학적 차원의 논쟁과 실천이 거듭되었다. 그중 리얼리즘 미학의 확립에 큰 역할을 한 인물로 프랑스 영화 비평가 바쟁이 있다.

바쟁은 '미라(Mirra) 콤플렉스'와 관련하여 조형 예술의 역사를 설명한다. 고대 이집트인이 만든 미라에는 죽음을 넘어서 생명을 길이 보존하고자 하는 욕망이 깃들어 있으며, 그러한 '복제의 욕망'은 회화를 비롯한 조형 예술에도 강력한 힘으로 작용해 왔다고 한다. 그 욕망은 르네상스 시대 이전까지 작가의 자기표현 의지와 일정한 균형을 이루어 왔다. 하지만 원근법이 등장하여 대상의 사실적 재현에 성큼 다가서면서 회화의 관심은 복제의 욕망 쪽으로 기울게 되었다. 그 상황은 사진이 발명되면서 다시 한번 크게 바뀌었다. 인간의 주관성을 배제한 채 대상을 기계적으로 재현하는 사진이 발휘하는 모사의 신뢰도는 회화에 비할 바가 아니었다. 사진으로 인해 조형 예술은 비로소 복제의 욕망으로부터 자유롭게 되었다.

영화의 등장은 대상의 재현에 또 다른 획을 그었다. 바쟁은 영화를 사진의 기술적 객관성을 시간 속에서 완성함으로써 대상의 살아 숨 쉬는 재현을 가능케 한 진일보한 예술로 본다. 시간의 흐름에 따른 재현이 가능해진 결과, 더욱 닮은 지문(指紋) 같은 현실을 제공하게 되었다. 바쟁에 의하면 영화와 현실은 본질적으로 친화력을 지닌다. 영화는 현실을 시간적으로 구현한다는 점에서 현실의 연장(延長)이며, 현실의 숨은 의미를 드러내고 현실에 밀도를 제공한다는 점에서 현실의 정수(精髓)이다. 영화의 이러한 리얼리즘적 본질은 그 자체로 심리적·기술적·미학적으로 완전하다는 것이 그의 시각이다.

또한 바쟁은 형식주의적 기교가 현실의 복잡성과 모호성을 침해하여 현실을 왜곡할 수 있다고 본다. 그는 현실의 참모습을 변조하는 과도한 편집 기법보다는 단일한 숏(Shot)*을 길게 촬영하는 롱 테이크 기법을 지지한다. 그것이 사건의 공간적 단일성을 존중하고 현실적 사건으로서의 가치를 보장하기 때문이다. 또한 그는 전경에서 배경에 이르기까지 공간적 깊이를 제공하는 촬영을 지지한다. 화면 속에 여러 층을 형성하여 모든 요소를 균등하게 드러냄으로써 현실을 진실하게 반영할 수 있으며, 관객의 시선에도 자유를 부여할 수 있다는 것이다.

영화는 현실을 겸손한 자세로 따라가면서 해석의 개방성을 담보해야 한다는 믿음, 이것이 바쟁이 내건 영화관(映畵觀)의 핵심에 놓여 있다. 그 관점은 수많은 형식적 기교가 발달한 오늘날에도 많은 지지를 얻으며 영화적 실천의 한 축을 이루고 있다.

* 숏 : 카메라가 한 번 촬영하기 시작해서 끝날 때까지의 연속된 한 화면 단위

08 다음 중 바쟁의 생각으로 적절하지 않은 것은?

① 조형 예술의 역사에는 '미라(Mirra) 콤플렉스'가 내재되어 있다.
② 영화는 회화나 사진보다 재현의 완성도가 높은 예술이다.
③ 영화는 현실을 의도적으로 변형하고 재구성하는 예술이다.
④ 영화는 현실의 풍부함과 진실을 드러낼 수 있는 예술이다.
⑤ 사진은 회화가 표현의 자율성을 확보하는 데 영향을 미쳤다.

09 다음 중 바쟁의 영화관(映畵觀)에 동조하는 감독이 영화를 제작했다고 할 때, 이 영화에 대한 반응으로 적절하지 않은 것은?

① 불가피한 경우를 제외하고는 편집을 자제하고 있다.
② 현실을 대하는 것 같은 공간적 깊이감을 보여 준다.
③ 대상을 왜곡할 수 있는 기교를 배제하려고 노력한다.
④ 숏의 길이를 길게 하여 현실의 시간과 유사한 느낌을 준다.
⑤ 화면 속의 중심 요소에 주목하게 하여 관객의 시선을 고정하고 있다.

10 다음 글의 제목으로 가장 적절한 것은?

> 반대는 필수불가결한 것이다. 지각 있는 대부분의 사람이 그러하듯 훌륭한 정치가는 항상 열렬한 지지자보다는 반대자로부터 더 많은 것을 배운다. 만약 반대자들이 위험이 있는 곳을 지적해 주지 않는다면, 그는 지지자들에 떠밀려 파멸의 길을 걷게 될 수 있기 때문이다. 따라서 현명한 정치가라면 그는 종종 친구들로부터 벗어나기를 기도할 것이다. 친구들이 자신을 파멸시킬 수도 있다는 것을 알기 때문이다. 그리고 비록 고통스럽다 할지라도 결코 반대자 없이 홀로 남겨지는 일이 일어나지 않기를 기도할 것이다. 반대자들이 자신을 이성과 양식의 길에서 멀리 벗어나지 않도록 해준다는 사실을 알기 때문이다.
> 자유의지를 가진 국민의 범국가적 화합은 정부의 독단과 반대당의 혁명적 비타협성을 무력화시키는 정치권력의 충분한 균형에 의존하고 있다. 그 균형이 어떤 상황 때문에 강제로 타협하게 되지 않는 한, 그리고 모든 시민이 어떤 정책에 영향을 미칠 수는 있으나 누구도 혼자 정책을 지배할 수 없다는 것을 느끼게 되지 않는 한, 그리고 습관과 필요에 의해서 서로 조금씩 양보하지 않는 한, 자유는 유지될 수 없기 때문이다.

① 민주주의와 사회주의
② 반대의 필요성과 민주주의
③ 민주주의와 일방적인 의사소통
④ 권력을 가진 자와 혁명을 꿈꾸는 집단
⑤ 혁명의 정의

11 다음 중 밑줄 친 ㉠에 대한 설명으로 가장 적절한 것은?

> 오늘날 유전 과학자들은 유전자의 발현에 대한 ㉠ 물음에 관심을 갖고 있다. 맥길 대학의 연구팀은 이 물음에 답하려고 연구를 수행하였다. 어미 쥐가 새끼를 핥아 주는 성향에는 편차가 있다. 어떤 어미는 다른 어미보다 더 많이 핥아 주었다. 많이 핥아 주는 어미가 돌본 새끼들은 인색하게 핥아 주는 어미가 돌본 새끼들보다 외부 스트레스에 무디게 반응했다. 게다가 인색하게 핥아 주는 친어미에게서 새끼를 떼어 내어 많이 핥아 주는 양어미에게 두어 핥게 하면, 새끼의 스트레스 반응 정도는 양어미의 새끼 수준과 비슷해졌다.
>
> 연구팀은 어미가 누구든 많이 핥은 새끼는 그렇지 않은 새끼보다 뇌의 특정 부분, 특히 해마에서 글루코코르티코이드 수용체들, 곧 GR들이 더 많이 생겨났다는 것을 발견했다. 이렇게 생긴 GR의 수는 성체가 되어도 크게 바뀌지 않았다. GR의 수는 GR 유전자의 발현에 달려 있다. 이 쥐들의 GR 유전자는 차이는 없지만 그 발현 정도에는 차이가 있을 수 있다. 이 발현을 촉진하는 인자 중 하나가 NGF 단백질인데, 많이 핥은 새끼는 그렇지 못한 새끼에 비해 NGF 수치가 더 높다. 스트레스 반응 정도는 코르티솔 민감성에 따라 결정되는데, GR이 많으면 코르티솔 민감성이 낮아지게 하는 되먹임 회로가 강화된다. 이 때문에 똑같은 스트레스를 받아도 많이 핥은 새끼는 그렇지 않은 새끼보다 더 무디게 반응한다.

① 코르티솔 유전자는 어떻게 발현되는가?
② 유전자는 어떻게 발현하여 단백질을 만드는가?
③ 핥아 주는 성향의 유전자는 어떻게 발현되는가?
④ 후천적 요소가 유전자의 발현에 영향을 미칠 수 있는가?
⑤ 유전자 발현에 영향을 미치는 유전 요인에는 무엇이 있는가?

12 다음 글을 근거로 판단할 때 가장 적절한 것은?

> 파스타(Pasta)는 밀가루와 물을 주재료로 하여 만든 반죽을 소금물에 넣고 삶아 만드는 이탈리아 요리를 총칭하는데, 파스타 요리의 가장 중요한 재료인 면을 의미하기도 한다.
> 파스타는 350여 가지가 넘는 다양한 종류가 있는데, 형태에 따라 크게 롱(Long) 파스타와 쇼트(Short) 파스타로 나눌 수 있다. 롱 파스타의 예로는 가늘고 기다란 원통형인 스파게티, 넓적하고 얇은 면 형태인 라자냐를 들 수 있고, 쇼트 파스타로는 속이 빈 원통형인 마카로니, 나선 모양인 푸실리를 예로 들 수 있다.
> 역사를 살펴보면, 기원전 1세기경에 고대 로마 시대의 이탈리아 지역에서 라자냐를 먹었다는 기록이 전해진다. 이후 9~11세기에는 이탈리아 남부의 시칠리아에서 아랍인들로부터 제조 방법을 전수받아 건파스타(Dried Pasta)의 생산이 처음으로 이루어졌다고 한다. 건파스타는 밀가루에 물만 섞은 반죽으로 만든 면을 말린 것인데, 이는 시칠리아에서 재배된 듀럼(Durum)밀이 곰팡이나 해충에 취약해 장기 보관이 어려웠기 때문에 저장 기간을 늘리고 수송을 쉽게 하기 위함이었다.
> 듀럼밀은 주로 파스타를 만들 때 사용하는 특수한 품종으로, 일반 밀과 여러 가지 측면에서 차이가 난다. 일반 밀이 강수량이 많고 온화한 기후에서 잘 자라는 반면, 듀럼밀은 주로 지중해 지역과 같이 건조하고 더운 기후에서 잘 자란다. 또한 일반 밀로 만든 하얀 분말 형태의 고운 밀가루는 이스트를 넣어 발효시킨 빵과 같은 제품들에 주로 사용되고, 듀럼밀을 거칠게 갈아 만든 황색의 세몰라 가루는 파스타를 만드는 데 적합하다.

① 속이 빈 원통형인 마카로니는 롱 파스타의 한 종류이다.
② 건파스타 제조 방법은 시칠리아인들로부터 아랍인들에게 최초로 전수되었다.
③ 이탈리아 지역에서는 기원전부터 롱 파스타를 먹은 것으로 보인다.
④ 파스타를 만드는 데 사용하는 세몰라 가루는 곱게 갈아 만든 흰색의 가루이다.
⑤ 듀럼밀은 곰팡이나 해충에 강해 건파스타의 주재료로 적합하다.

13 의사소통능력은 다음과 같이 구분할 수 있다. ㉠에 들어갈 단어로 가장 적절한 것은?

말하기	듣기	㉠
쓰기	읽기	문자
산출	수용	

① 음성 ② 표현
③ 상징 ④ 의미
⑤ 해석

14 다음 사례에 나타난 의사표현에 영향을 미치는 요소에 대한 설명으로 적절하지 않은 것은?

- 독일의 유명 가수 슈만 하이크는 "음악회에서 노래를 부를 때 심리적 긴장감을 갖지 않느냐?"는 한 기자의 질문에 대해 "노래하기 전에 긴장감을 느끼지 않는다면, 그때는 내가 은퇴할 때이다."라고 이야기하였다.
- 영국의 유명 작가 버나드 쇼는 젊은 시절 매우 내성적인 청년이었다. 그는 잘 아는 사람의 집을 방문할 때도 문을 두드리지 못하고 20분이나 문밖에서 망설이며 거리를 서성거렸다. 그는 자신의 내성적인 성격을 극복하기 위해 런던에서 공개되는 모든 토론에 의도적으로 참가하였고, 그 결과 장년에 이르러서 20세기 전반에 가장 재치와 자신이 넘치는 웅변가가 될 수 있었다.

① 소수인의 심리상태가 아니라, 90% 이상의 사람들이 호소하는 불안이다.
② 잘 통제하면서 표현을 한다면 청자는 더 인간답다고 생각하게 될 것이다.
③ 개인의 본질적인 문제이므로 완전히 치유할 수 있다.
④ 분명한 원인은 아직 규명되지 않았다.
⑤ 불안을 심하게 느끼는 사람일수록 다른 사람과 접촉이 없는 직업을 선택하려 한다.

15 A씨 부부는 대화를 하다 보면 사소한 다툼으로 이어지곤 한다. A씨의 아내는 A씨가 자신의 이야기를 제대로 들어주지 않기 때문이라고 생각한다. 다음 사례에 나타난 A씨의 경청을 방해하는 습관은 무엇인가?

> A씨의 아내가 남편에게 직장에서 업무 실수로 상사에게 혼난 일을 이야기하자 A씨는 "항상 일을 진행하면서 꼼꼼하게 확인하라고 했잖아요. 당신이 일을 처리하는 방법이 잘못됐어요. 다음부터는 일을 하기 전에 미리 계획을 세우고 체크리스트를 작성해보세요."라고 이야기했다. A씨의 아내는 그런 대답을 듣자고 이야기한 것이 아니라며 더 이상 이야기하고 싶지 않다고 말하며 밖으로 나가 버렸다.

① 짐작하기
② 걸러내기
③ 판단하기
④ 조언하기
⑤ 옳아야만 하기

16 다음은 K연구기관에서 아들, 딸 두 자녀가 있는 부모를 대상으로 본인과 자녀의 범죄 피해에 대한 두려움에 대하여 조사한 자료이다. 이에 대한 설명으로 옳지 않은 것은?

〈본인과 자녀의 범죄 피해에 대한 두려움〉

(단위 : %)

응답내용 / 응답자	피해대상	본인	아들	딸
걱정하지 않는다.	아버지	41.2	9.7	5.7
	어머니	16.3	8.0	5.1
그저 그렇다.	아버지	31.7	13.2	4.7
	어머니	25.3	8.6	3.8
걱정한다.	아버지	27.1	77.1	89.6
	어머니	58.4	83.4	91.1

① 본인에 대해 아버지가 걱정하는 비율은 50% 이상이다.
② 아버지와 어머니 모두 아들보다 딸을 걱정하는 비율이 더 높다.
③ 아버지에 비해 어머니는 본인, 아들, 딸에 대해 걱정하는 비율이 더 높다.
④ 본인의 범죄 피해에 대해 걱정하는 어머니보다 걱정하지 않는 어머니의 비율이 더 낮다.
⑤ 어머니가 아들과 딸에 대해 걱정하지 않는 비율의 차이는 아버지가 아들과 딸에 대해 걱정하지 않는 비율의 차이보다 작다.

※ 다음은 2024년 지역별 에너지 소비량을 나타낸 자료이다. 이어지는 질문에 답하시오. [17~18]

〈지역별 에너지 소비량〉

[단위 : 만 토(toe)]

구분	석탄	석유	천연가스	수력·풍력	원자력
서울	885	2,849	583	2	574
인천	1,210	3,120	482	4	662
경기	2,332	2,225	559	3	328
대전	1,004	998	382	0.5	112
강원	3,120	1,552	101	28	53
부산	988	1,110	220	6	190
충청	589	1,289	88	4	62
전라	535	1,421	48	2	48
경상	857	1,385	58	2	55
대구	1,008	1,885	266	1	258
울산	552	888	53	1.6	65
광주	338	725	31	1	40
제주	102	1,420	442	41	221
합계	13,520	20,867	3,313	96	2,668

17 다음 〈보기〉 중 자료에 대한 설명으로 옳은 것을 모두 고르면?

> **보기**
> ㄱ. 석유와 천연가스, 원자력의 소비량 상위 3개 지역은 동일하다.
> ㄴ. 강원의 소비량 1위인 에너지원은 2가지이다.
> ㄷ. 석유의 소비량이 가장 많은 지역의 소비량은 가장 적은 지역의 소비량의 4배 이상이다.
> ㄹ. 수력·풍력의 소비량 상위 5개 지역의 소비량의 합은 전체 소비량의 90% 이상을 차지한다.

① ㄱ, ㄴ ② ㄱ, ㄷ
③ ㄱ, ㄹ ④ ㄴ, ㄷ
⑤ ㄷ, ㄹ

18 에너지 소비량이 가장 적은 지역의 소비량이 전체 소비량에서 차지하는 비율을 구해 그 비율이 큰 순서대로 에너지원을 바르게 나열한 것은?(단, 비율은 소수점 셋째 자리에서 반올림한다)

① 원자력 – 석유 – 천연가스 – 석탄 – 수력·풍력
② 석유 – 천연가스 – 원자력 – 석탄 – 수력·풍력
③ 석유 – 원자력 – 석탄 – 천연가스 – 수력·풍력
④ 석유 – 원자력 – 천연가스 – 수력·풍력 – 석탄
⑤ 석유 – 원자력 – 천연가스 – 석탄 – 수력·풍력

19 다음은 K공사의 부채 현황에 대한 자료이다. 이에 대한 설명으로 옳지 않은 것은?

〈K공사의 부채 현황〉

회계연도		2016년	2017년	2018년	2019년	2020년	2021년	2022년	2023년	2024년	2025년
자산		65.6	66.9	70.0	92.3	94.8	96.2	98.2	99.7	106.3	105.3
부채	금융부채	14.6	19.0	22.0	26.4	30.0	34.2	35.4	32.8	26.5	22.4
	비금융부채	7.0	6.9	6.9	17.8	20.3	20.7	21.2	23.5	26.6	27.5
	합계	21.6	25.9	28.9	44.2	50.3	54.9	56.6	56.3	53.1	49.9
자본		44	41	41.1	48.1	44.5	41.3	41.6	43.4	53.2	55.4

※ [부채비율(%)]=(부채합계)÷(자본)×100

① 2022년의 부채비율은 약 136%로 다른 연도에 비해 부채비율이 가장 높다.
② 2016년부터 2024년까지 자산은 꾸준히 증가해 왔다.
③ 2016년부터 2023년까지 금융부채는 비금융부채보다 1.5배 이상 많다.
④ 부채는 2022년 이후 줄어들고 있다.
⑤ 자본은 비금융부채보다 매년 1.5배 이상 많다.

※ 다음은 주요 국가별 청년층 실업률 추이를 나타낸 자료이다. 이어지는 질문에 답하시오. [20~21]

〈주요 국가별 청년층(15~24세) 실업률 추이〉

(단위 : %)

구분	2020년	2021년	2022년	2023년	2024년	2025년
독일	13.6	11.7	10.4	11.0	9.7	8.5
미국	10.5	10.5	12.8	17.6	18.4	17.3
영국	13.9	14.4	14.1	18.9	19.3	20.0
일본	8.0	7.7	7.2	9.1	9.2	8.0
OECD 평균	12.5	12.0	12.7	16.4	16.7	16.2
대한민국	10.0	8.8	9.3	9.8	9.8	9.6

20 다음 중 자료를 보고 판단한 내용으로 옳지 않은 것은?

① 2021년 일본의 청년층 실업률 전년 대비 감소율은 3% 이상이다.
② 대한민국 청년층 실업률은 매년 OECD 평균보다 낮다.
③ 영국은 청년층 실업률이 주요 국가 중에서 매년 가장 높다.
④ 2023년 독일의 청년층 실업률의 전년 대비 증가율은 대한민국보다 낮다.
⑤ 2024년 청년층 실업률의 2022년 대비 증가량이 OECD 평균 실업률의 2022년 대비 2024년 증가량보다 높은 나라는 영국, 미국이다.

21 2020년과 비교하여 2025년에 청년층 실업률이 가장 크게 증가한 나라는?

① 독일
② 미국
③ 영국
④ 일본
⑤ 대한민국

22 다음은 지역별 의료인력 분포 현황을 나타낸 자료이다. 이에 대한 설명으로 옳지 않은 것은?(단, 광역시는 지역분류에서 도에 포함한다)

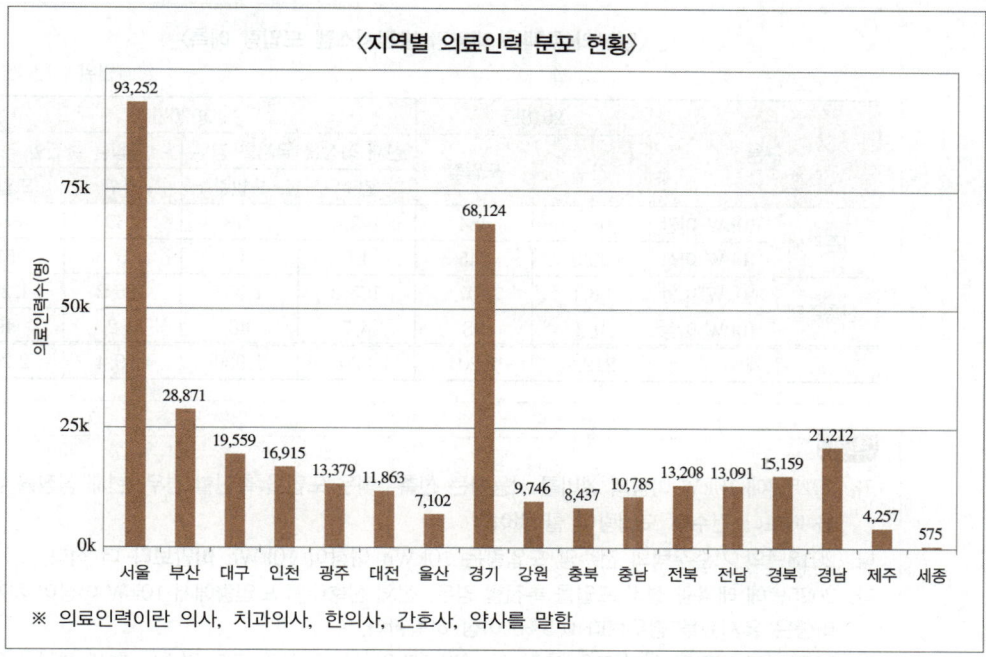

※ 의료인력이란 의사, 치과의사, 한의사, 간호사, 약사를 말함

① 의료인력은 수도권에 편중된 불균형 상태를 보이고 있다.
② 전라도 지역에서 광주가 차지하는 비중이 충청도 지역에서 대전이 차지하는 비중보다 크다.
③ 의료인력수가 두 번째로 적은 지역은 도서지역이다.
④ 의료인력수가 많을수록 의료인력 비중이 고르다고 말할 수 없다.
⑤ 서울과 경기를 제외한 나머지 지역 중 의료인력수가 가장 많은 지역과 가장 적은 지역의 차는 경남의 의료인력수보다 크다.

23 다음은 일본의 주택용 태양광 발전시스템 도입량 예측에 대한 자료이다. 이에 대한 설명으로 옳은 것을 〈보기〉에서 모두 고르면?

〈일본의 주택용 태양광 발전시스템 도입량 예측〉

(단위 : 천 건, MW)

구분		2018년		2025년			
				현재 성장을 유지할 경우		도입을 촉진할 경우	
		건수	도입량	건수	도입량	건수	도입량
기존주택	10kW 미만	94.1	454	145.4	778	165	884
	10kW 이상	23.3	245	4.6	47	5	51
신축주택	10kW 미만	86.1	407	165.3	1,057	185.2	1,281
	10kW 이상	9.2	98	4.7	48	4.2	49
합계		212.7	1,204	320	1,930	359.4	2,265

보기

가. 2025년에 10kW 이상의 설비를 사용하는 신축주택은 도입을 촉진할 경우, 현재 성장을 유지했을 때보다 건수당 도입량이 클 것이다.
나. 2018년의 기존주택의 건수당 도입량은 10kWh 이상이 10kWh 미만보다 더 적다.
다. 2025년에 태양광 설비 도입을 촉진할 경우, 전체 신축주택 도입량에서 10kW 이상이 차지하는 비중은 유지했을 경우보다 0.5%p 이상 하락한다.
라. 2025년에 태양광 설비 도입 촉진 시 10kW 미만 기존주택의 도입 건수는 현재 성장을 유지할 경우보다 15% 이상 높다.

① 가, 나
② 가, 다
③ 가, 라
④ 나, 다
⑤ 가, 다, 라

※ 인터넷 쇼핑몰에서 회원가입을 하고 로봇청소기를 구매하려고 한다. 다음은 구매하고자 하는 모델에 대하여 인터넷 쇼핑몰 세 곳의 가격과 조건을 조사한 자료이다. 이어지는 질문에 답하시오(단, 각 쇼핑몰의 혜택 적용 시 가장 낮은 가격으로 비교한다). [24~25]

〈A ~ C쇼핑몰 로봇청소기 가격 및 조건〉

구분	정상가격	회원혜택	할인쿠폰	중복할인	배송비
A쇼핑몰	129,000원	7,000원 할인	5%	불가	2,000원
B쇼핑몰	131,000원	3,500원 할인	3%	가능	무료
C쇼핑몰	130,000원	7% 할인	5,000원	불가	2,500원

※ 중복할인이 가능할 때는 할인쿠폰을 우선 적용함

24 다음 중 자료에 있는 모든 혜택을 적용하였을 때, 로봇청소기의 배송비를 포함한 실제 구매가격을 바르게 비교한 것은?

① A < B < C
② A < C < B
③ B < C < A
④ C < A < B
⑤ C < B < A

25 로봇청소기의 배송비를 포함한 실제 구매가격이 가장 비싼 쇼핑몰과 가장 싼 쇼핑몰 간의 가격 차이는?

① 500원
② 550원
③ 600원
④ 650원
⑤ 700원

26 다음은 에너지원별 판매단가 및 CO_2 배출량에 대한 자료이다. 이에 대한 설명으로 옳지 않은 것은?(단, 소수점 둘째 자리에서 반올림한다)

〈에너지원별 판매단가 및 CO_2 배출량〉

구분	판매단가(원/kWh)	CO_2 배출량(g-CO_2/kWh)
원자력	38.42	9
유연탄	38.56	968
중유	115.32	803
LPG	132.45	440

① LPG 판매단가는 원자력 판매단가의 3.4배이다.
② 유연탄의 CO_2 배출량은 원자력의 97.6배이다.
③ LPG는 CO_2 배출량이 두 번째로 낮다.
④ 원자력은 판매단가 대비 CO_2 배출량이 가장 낮다.
⑤ 판매단가가 두 번째로 높은 에너지원은 CO_2 배출량도 두 번째로 높다.

27 다음은 2021 ~ 2025년 K기업의 경제 분야 투자규모를 나타낸 자료이다. 이에 대한 설명으로 옳지 않은 것은?

〈K기업의 경제 분야 투자규모〉

(단위 : 억 원, %)

구분	2021년	2022년	2023년	2024년	2025년
경제 분야 투자규모	20	24	23	22	21
총지출 대비 경제 분야 투자규모 비중	6.5	7.5	8	7	6

① 2025년의 총지출은 320억 원 이상이다.
② 2022년의 경제 분야 투자규모의 전년 대비 증가율은 25% 이하이다.
③ 2023년이 2024년보다 경제 분야 투자규모가 전년에 비해 큰 비율로 감소하였다.
④ 2021 ~ 2025년 동안 경제 분야에 투자한 금액은 110억 원이다.
⑤ 2022 ~ 2025년 동안 경제 분야 투자규모와 총지출 대비 경제 분야 투자규모 비중의 전년 대비 증감 추이는 동일하지 않다.

28. K공사에서 직원들에게 자기계발 교육비용을 일부 지원하기로 하였다. 총무인사팀에 A ~ E직원이 다음 자료와 같이 교육프로그램을 신청하였을 때, K공사에서 직원들에게 지원하는 총교육비는?

〈자기계발 수강료 및 지원 금액〉

구분	영어회화	컴퓨터 활용	세무회계
수강료	7만 원	5만 원	6만 원
지원 금액 비율	50%	40%	80%

〈신청한 교육프로그램〉

구분	영어회화	컴퓨터 활용	세무회계
A	○		○
B	○	○	○
C		○	○
D	○		
E		○	

① 307,000원 ② 308,000원
③ 309,000원 ④ 310,000원
⑤ 321,000원

29. 서울에 위치한 A기업은 거래처인 B, C기업에 소포를 보냈는데, 서울에 위치한 B기업에는 800g의 소포를, 인천에 위치한 C기업에는 2.4kg의 소포를 보냈다. 두 기업으로 보낸 소포의 총 중량이 16kg 이하이고, 택배요금의 합계가 6만 원이었다. T택배회사의 요금표가 다음과 같을 때, A기업은 800g 소포와 2.4kg 소포를 각각 몇 개씩 보냈는가?(단, 소포는 각 회사로 1개 이상 보낸다)

〈요금표〉

구분	~ 2kg	~ 4kg	~ 6kg	~ 8kg	~ 10kg
동일 지역	4,000원	5,000원	6,500원	8,000원	9,500원
타 지역	5,000원	6,000원	7,500원	9,000원	10,500원

	800g	2.4kg
①	12개	2개
②	12개	4개
③	9개	2개
④	9개	4개
⑤	6개	6개

30 K기업 영업팀에 근무하는 A사원은 거래처 주변 공영주차장에 주차한 뒤 업무를 보려고 한다. 공영주차장의 주차요금은 처음 30분까지 3,000원이고, 30분을 초과하면 1분당 60원의 추가요금이 부과된다. 주차요금이 18,000원 이하가 되려면 A사원이 최대로 주차할 수 있는 시간은?

① 220분 ② 240분
③ 260분 ④ 280분
⑤ 300분

※ 문제해결의 의의에 대한 다음 글을 읽고 이어지는 질문에 답하시오. [31~32]

문제해결이란 목표와 현상을 분석하고, 이 분석 결과를 토대로 과제를 도출해 최적의 해결책을 찾아 실행·평가하는 활동을 의미한다. 이러한 문제해결은 ㉠ 조직, ㉡ 고객, ㉢ 자신의 세 가지 측면에서 도움을 줄 수 있다.
문제해결의 기본 요소는 총 다섯 가지가 있으며, 이를 도식화하면 아래와 같다.

문제해결을 위한 사고 방법에는 ㉣ 전략적 사고와 ㉤ 분석적 사고가 있다. 전략적 사고는 현재 당면하고 있는 문제와 그 해결에만 그치는 것이 아니라 그 문제와 해결 방안이 상위 시스템과 어떻게 연결되어 있는지를 생각하는 사고를 말한다. 또한 분석적 사고란 전체를 각각의 요소로 나누어 그 요소의 의미를 도출한 다음 우선순위를 부여하고 구체적인 문제해결 방법을 실행하는 사고를 말한다.

31 다음 중 ㉠~㉢에 해당하지 않는 것은?

① 경쟁사 대비 우위 확보 ② 고객 만족 제고
③ 업무의 효율적인 처리 ④ 산업 발전에의 도움
⑤ 고객 불편사항 개선

32 다음 중 ㉣, ㉤을 적용한 예로 적절하지 않은 것은?

① ㉣ : 본사의 규정을 바꿀 경우 본사에 소속된 영업점들에게 어떤 영향을 미칠지 고려한다.
② ㉣ : 학업을 위해 대학원 진학을 고려 중인 직장인이 대학원에 진학하게 될 경우 직장, 가족, 학업, 개인생활에 어떤 영향을 미칠지 전체적으로 고려한다.
③ ㉤ : 최근 경영성과가 나빠진 기업이 재무, 영업, 고객관리, 생산 등 여러 측면에서 그 원인을 파악하고자 노력한다.
④ ㉤ : 최근 고객 불만 사항이 늘어나자 고객 만족을 상품 요소, 서비스 요소, 기업이미지 요소로 분류한 뒤 측정하여 이를 통해 개선사항을 도출하였다.
⑤ ㉤ : 제조공장에서는 생산성을 10% 이상 높이기 위해 공장 운영, 업무 방식, 제도, 기법 등의 측면에서 생산성 향상 방법을 도출한다.

33 다음 SWOT 분석 결과를 바탕으로 섬유 산업이 발전할 수 있는 방안으로 적절한 것을 〈보기〉에서 모두 고르면?

<섬유 산업 SWOT 분석 결과>

강점(Strength)	약점(Weakness)
• 빠른 제품 개발 시스템	• 기능 인력 부족 심화 • 인건비 상승
기회(Opportunity)	위협(Threat)
• 한류의 영향으로 한국 제품 선호 • 국내 기업의 첨단 소재 개발 성공	• 외국산 저가 제품 공세 강화 • 선진국의 기술 보호주의

보기
ㄱ. 한류 배우를 모델로 브랜드 홍보 전략을 추진한다.
ㄴ. 단순 노동 집약적인 소품종 대량 생산 체제를 갖춘다.
ㄷ. 소비자 기호를 빠르게 분석하여 제품 생산에 반영한다.
ㄹ. 선진국의 원천 기술을 이용한 기능성 섬유를 생산한다.

① ㄱ, ㄴ ② ㄱ, ㄷ
③ ㄴ, ㄷ ④ ㄴ, ㄹ
⑤ ㄷ, ㄹ

※ K은행에서 고객의 편의를 위하여 지점 외부에 ATM기기를 추가로 설치할 계획을 수립하고 있다. 다음 자료를 참고하여 이어지는 질문에 답하시오. [34~35]

〈K은행 인근 상권 지도〉

〈상권 분석 결과〉

구분	용도	월평균 유동인구(명)	ATM기기 연평균 이용률(%)	월 임대료(원)
1블록	중심상업	73,600	10	1,500,000
2블록	중심상업	72,860	45	3,500,000
3블록	중심상업	92,100	35	3,000,000
4블록	중심상업	78,500	40	3,000,000
5블록	일반상업	62,000	45	800,000
6블록	중심상업	79,800	40	3,000,000

※ ATM기기를 이용하는 사람이 지불하는 수수료는 1인당 연평균 1,000원임
※ [ATM기기 순이익(연)]=[(연평균 유동인구)×(ATM기기 연평균 이용률)×(1인당 연평균 수수료)]-(연간 임대료)

34 K은행에서 근무 중인 A사원은 ATM기기를 설치할 위치를 선정하기 위하여 주변상권, 유동인구, ATM 이용률, 임대료 등 다양한 자료를 조사하였다. A사원은 조사한 내용을 근거로 하여 지점장에게 6개 블록 중 ATM기기를 설치하였을 때, 순이익(연)이 가장 좋은 3개의 블록을 제안하려고 한다. 다음 중 옳은 것은?

① 1블록, 2블록, 6블록 ② 1블록, 3블록, 5블록
③ 2블록, 3블록, 6블록 ④ 2블록, 4블록, 5블록
⑤ 3블록, 4블록, 6블록

35 A사원의 제안을 들은 지점장은 다음과 같이 말하며 재검토하기를 요청하였다. 지점장이 언급한 내용을 반영하였을 때, 34번 문제에서 A사원이 제안한 블록 중 ATM기기를 설치할 장소로 가장 적합한 곳은?

> 지점장 : M대로와 인접한 위치의 임대료는 월 평균 임대료에 비해 50%가 더 비싸고, 그렇지 않은 지역은 20%나 더 저렴하다네. 다시 검토해 보는 것이 좋겠네.

① B
② C
③ D
④ E
⑤ F

36 K공사에서 근무하는 B사원은 새로 도입되는 교통 관련 정책 홍보자료를 만들어서 배포하려고 한다. 다음과 같이 인쇄업체별 비용 견적을 참고할 때, 가장 저렴한 비용으로 인쇄할 수 있는 업체는?

〈인쇄업체별 비용 견적〉

(단위 : 원)

구분	페이지당 비용	표지 비용		권당 제본 비용	할인
		유광	무광		
A인쇄소	50	500	400	1,500	–
B인쇄소	70	300	250	1,300	–
C인쇄소	70	500	450	1,000	100부 초과 시 초과 부수만 총비용에서 5% 할인
D인쇄소	60	300	200	1,000	
E인쇄소	100	200	150	1,000	총 인쇄 페이지 5,000페이지 초과 시 총비용에서 20% 할인

※ 홍보자료는 관내 20개 지점에 배포하고, 지점마다 10부씩 배포함
※ 홍보자료는 30페이지 분량으로 제본하며, 표지는 유광표지로 함

① A인쇄소
② B인쇄소
③ C인쇄소
④ D인쇄소
⑤ E인쇄소

※ 다음은 퇴직연금신탁의 확정급여형(DB)과 확정기여형(DC)에 대한 비교 자료이다. 이어지는 질문에 답하시오. [37~38]

구분	확정급여형(DB)	확정기여형(DC)
운영 방법	• 노사가 사전에 급여수준 및 내용을 약정 • 퇴직 후 약정에 따른 급여 지급	• 노사가 사전에 부담할 기여금을 확정 • 퇴직 후 상품 운용 결과에 따라 급여 지급
기업부담금	산출기초율 (자산운용 수익률, 퇴직률 변경 시 변동)	확정(근로자 연간 임금 총액의 1/12 이상)
적립공금 운용 지시	사용자	근로자
운용위험 부담	사용자	근로자
직장이동 시 합산	어려움(단, IRA/IRP 활용 가능)	쉬움

37 K은행의 A사원은 퇴직연금신탁 유형에 대한 발표 자료를 제작하기 위해 자료를 참고하려고 한다. 이에 대한 A사원의 해석으로 적절하지 않은 것은?

① 같은 급여를 받는 직장인이라도 퇴직연금신탁 유형에 따라 퇴직연금 수준이 달라지겠군.
② 확정급여형은 자산 운용 수익률에 따라 기업부담이 달라지는군.
③ 이직이 잦은 근로자들은 아무래도 확정기여형을 선호하겠군.
④ 확정기여형으로 퇴직연금을 가입하면 근로자 본인의 선택이 퇴직 후 급여에 별 영향을 미치지 않는군.
⑤ 발표 자료에 직장이동 및 조기퇴직 시 사용할 수 있는 별도의 개인 계좌인 IRA에 대한 기본 설명과 퇴직연금 제도인 IRP에 대한 내용을 추가해야겠군.

38 A사원은 다음과 같이 다양한 조건에 적합한 퇴직연금 유형을 발표 자료에 넣을 예정이다. (가) ~ (마) 중 분류가 적절하지 않은 것은?

확정급여형(DB)	확정기여형(DC)
(가) 장기근속을 유도하는 기업 (나) 운용 현황에 관심이 많은 근로자	(다) 연봉제를 실시하는 기업 (라) 임금 체불위험이 높은 사업장의 근로자 (마) 이직이 빈번한 근로자

① (가) ② (나)
③ (다) ④ (라)
⑤ (마)

39 다음 〈조건〉에 따라 교육부, 행정안전부, 보건복지부, 농림축산식품부, 외교부 및 국방부에 대한 국정감사 순서를 정한다고 할 때, 항상 옳은 것은?

> **조건**
> - 행정안전부에 대한 감사는 농림축산식품부와 외교부에 대한 감사 사이에 한다.
> - 국방부에 대한 감사는 보건복지부와 농림축산식품부에 대한 감사보다 늦게 시작되지만, 외교부에 대한 감사보다 먼저 시작되어야 한다.
> - 교육부에 대한 감사는 아무리 늦어도 보건복지부 또는 농림축산식품부 중 적어도 어느 한 부서에 대한 감사보다는 먼저 시작되어야 한다.
> - 보건복지부는 농림축산식품부보다 먼저 감사를 시작한다.

① 교육부는 첫 번째 또는 두 번째에 감사를 시작한다.
② 보건복지부는 두 번째로 감사를 시작한다.
③ 농림축산식품부보다 늦게 감사를 받는 부서의 수가 일찍 받는 부서의 수보다 적다.
④ 국방부는 행정안전부보다 감사를 일찍 시작한다.
⑤ 외교부보다 늦게 감사를 받는 부서가 있다.

40 A~E 5명이 〈조건〉에 따라 일렬로 나란히 자리에 앉는다고 할 때, 다음 중 바르게 추론한 것은?

> **조건**
> - 자리의 순서는 왼쪽을 기준으로 첫 번째 자리로 한다.
> - D는 A의 바로 왼쪽에 있다.
> - B와 D 사이에 C가 있다.
> - A는 마지막 자리가 아니다.
> - A와 B 사이에 C가 있다.
> - B는 E의 바로 오른쪽에 앉는다.

① D는 두 번째 자리에 앉는다.
② E는 네 번째 자리에 앉는다.
③ C는 첫 번째 자리에 앉는다.
④ C는 E의 오른쪽에 앉는다.
⑤ B는 다섯 번째 자리에 앉을 수 없다.

41 다음은 부서별 핵심역량가치 중요도 자료와 신입사원들의 핵심역량평가 결과 자료이다. C사원과 E사원의 부서 배치로 옳은 것은?(단, '-'는 중요도를 고려하지 않는다는 표시이다)

〈핵심역량가치 중요도〉

구분	창의성	혁신성	친화력	책임감	윤리성
영업팀	-	중	상	중	-
개발팀	상	상	하	중	상
지원팀	-	중	-	상	하

〈핵심역량평가 결과〉

구분	창의성	혁신성	친화력	책임감	윤리성
A사원	상	하	중	상	상
B사원	중	중	하	중	상
C사원	하	상	상	중	하
D사원	하	하	상	하	중
E사원	상	중	중	상	하

	C사원	E사원
①	개발팀	지원팀
②	개발팀	영업팀
③	지원팀	영업팀
④	영업팀	개발팀
⑤	영업팀	지원팀

42 다음은 예산 관리 시스템의 유형 중 하나인 '항목별 예산 관리'에 대한 설명이다. 항목별 예산 관리의 특징으로 보기 어려운 것은?

> 항목별 예산 관리는 대개 회계연도를 기준으로 하는 가장 기본적인 예산 형식이며, 사회복지 조직에서 가장 많이 사용되고 있는 형식이다. 지출 항목별 회계와 전년도에 기초하여 작성되며, 액수의 점진적인 증가에 기초를 둔 점진주의적 특징을 가진다.

① 지출 근거가 명확하므로 예산 통제에 효과적이다.
② 예산 항목별로 지출이 정리되므로 회계에 유리하다.
③ 예산 증감의 신축성을 가진다.
④ 예산 증감의 기준의 타당성이 희박하고 효율성을 무시한다.
⑤ 프로그램의 목표나 내용, 결과에 대한 고려가 부족하다.

43 다음의 교통수단별 특징을 고려할 때, 오전 9시에 회사에서 출발해 전주역까지 가장 먼저 도착하는 방법은 무엇인가?(단, 도보는 고려하지 않는다)

〈회사 · 서울역 간 교통 현황〉

구분	소요시간	출발 시간
A버스	24분	매시 20분, 40분
B버스	40분	매시 정각, 20분, 40분
지하철	20분	매시 30분

〈서울역 · 전주역 간 교통 현황〉

구분	소요시간	출발 시간
새마을호	3시간	매시 정각부터 5분 간격
KTX	1시간 32분	9시 정각부터 45분 간격

① A버스 – 새마을호
② B버스 – KTX
③ 지하철 – KTX
④ B버스 – 새마을호
⑤ 지하철 – 새마을호

44 A는 인천에서 런던으로 가고자 한다. 다음은 인천과 런던을 잇는 항공 노선과 그 관련 정보이다. A는 노선지수가 낮은 노선을 선호한다고 할 때, 다음 중 A가 선택할 노선으로 옳은 것은?(단, 노선지수는 인천에서 런던까지의 각 요소의 총량의 합을 기준으로 계산한다)

〈노선 목록〉

노선	거리	시간	요금	마일리지	기타사항
인천 – 베이징	937km	1시간	50만 원	104	잠정 폐쇄
인천 – 하노이	2,717km	5시간	30만 원	302	–
인천 – 방콕	3,700km	5시간	50만 원	411	–
인천 – 델리	4,666km	6시간	55만 원	518	–
인천 – 두바이	6,769km	8시간	65만 원	752	–
인천 – 카이로	8,479km	8시간	70만 원	942	–
인천 – 상하이	843km	1시간	45만 원	94	–
베이징 – 런던	8,147km	9시간	100만 원	905	–
하노이 – 런던	9,244km	10시간	90만 원	1,027	–
방콕 – 런던	9,542km	11시간	55만 원	1,060	잠정 폐쇄
델리 – 런던	6,718km	7시간	55만 원	746	–
두바이 – 런던	5,479km	6시간	50만 원	609	–
카이로 – 런던	3,514km	4시간	55만 원	390	–
상하이 – 런던	9,208km	10시간	90만 원	1,023	–

※ (노선지수)=[(총거리순위)×0.8]+[(총시간순위)×0.7]+[(총요금순위)×0.2]
※ 마일리지를 제외한 모든 요소는 값이 작을수록 순위가 높음
※ 폐쇄된 노선은 현재 사용이 불가능함

① 인천 – 상하이 – 런던 ② 인천 – 델리 – 런던
③ 인천 – 카이로 – 런던 ④ 인천 – 하노이 – 런던
⑤ 인천 – 두바이 – 런던

45 다음은 계절별 전기요금표이다. 11월에 사용한 전력이 341kWh이라면, 11월의 전기세로 청구될 금액은?

〈전기요금표〉

• 하계(7. 1 ~ 8. 31)

구간		기본요금(원/호)	전력량 요금(원/kWh)
1단계	300kWh 이하 사용	910	93.3
2단계	301 ~ 450kWh	1,600	187.9
3단계	450kWh 초과	7,300	280.6

• 기타 계절(1. 1 ~ 6. 30, 9. 1 ~ 12. 31)

구간		기본요금(원/호)	전력량 요금(원/kWh)
1단계	200kWh 이하 사용	910	93.3
2단계	201 ~ 400kWh	1,600	187.9
3단계	400kWh 초과	7,300	280.6

• 부가가치세(원 미만 반올림) : 전기요금의 10%
• 전력산업기반기금(10원 미만 절사) : 전기요금의 3.7%
• 전기요금(원 미만 절사) : (기본요금)+(전력량 요금)
  ※ 전력량 요금은 요금 누진제가 적용됨. 요금 누진제는 사용량이 증가함에 따라 순차적으로 높은 단가가 적용되며, 기타 계절의 요금은 200kWh 단위로 3단계로 운영되고 있음. 예를 들어, 월 300kWh를 사용한 세대는 처음 200kWh에 대해서는 kWh당 93.3원이 적용되고, 나머지 100kWh에 대해서는 187.9원이 적용돼 총 37,450원의 전력량 요금이 부과됨
• 청구금액(10원 미만 절사) : (전기요금)+(부가가치세)+(전력산업기반기금)

① 51,020원
② 53,140원
③ 57,850원
④ 64,690원
⑤ 72,560원

46 K공사는 구내식당 기자재의 납품업체를 선정하고자 한다. 각 입찰업체에 대한 정보는 아래와 같다. 이에 따라 업체를 선정할 때, 다음 중 선정될 업체는?

〈선정 조건〉

- 선정 방식
  선정점수가 가장 높은 업체를 선정한다. 선정점수는 납품품질 점수, 가격경쟁력 점수, 직원규모 점수에 가중치를 반영해 합산한 값을 의미한다. 선정점수가 가장 높은 업체가 2개 이상일 경우, 가격경쟁력 점수가 더 높은 업체를 선정한다.
- 납품품질 점수
  업체별 납품품질 등급에 따라 다음 표와 같이 점수를 부여한다.

구분	최상	상	중	하	최하
점수	100점	90점	80점	70점	60점

- 가격경쟁력 점수
  업체별 납품가격 총액 수준에 따라 다음 표와 같이 점수를 부여한다.

구분	2억 원 미만	2억 원 이상 2억 5천만 원 미만	2억 5천만 원 이상 3억 원 미만	3억 원 이상
점수	100점	90점	80점	70점

- 직원규모 점수
  업체별 직원규모에 따라 다음 표와 같이 점수를 부여한다.

구분	50명 미만	50명 이상 100명 미만	100명 이상 200명 미만	200명 이상
점수	70점	80점	90점	100점

- 가중치
  납품품질 점수, 가격경쟁력 점수, 직원규모 점수는 다음 표에 따라 각각 가중치를 부여한다.

구분	납품품질 점수	가격경쟁력 점수	직원규모 점수	합계
가중치	40	30	30	100

〈입찰업체 정보〉

구분	납품품질	납품가격 총액(원)	직원규모(명)
A업체	상	2억	125
B업체	중	1억 7,000만	141
C업체	하	1억 9,500만	91
D업체	최상	3억 2,000만	98
E업체	상	2억 6천만	210

① A업체
② B업체
③ C업체
④ D업체
⑤ E업체

47 K공사 B지사에서는 11월 둘째 주(11월 13 ~ 17일) 중에 2회에 걸쳐 전 직원을 대상으로 '개인정보 유출 방지'에 대한 교육을 지역 문화회관에서 진행하려고 한다. 자료를 토대로 B지사가 교육을 진행할 수 있는 요일과 시간대를 바르게 나열한 것은?(단, 교육은 1회당 3시간씩 진행된다)

〈문화회관 이용 가능 요일표〉

구분	월요일	화요일	수요일	목요일	금요일
9 ~ 12시	O	×	O	×	O
12 ~ 13시	점심시간(운영 안 함)				
13 ~ 17시	×	O	O	×	×

〈주간 주요 일정표〉

일정	내용
11월 13일 월요일	08:30 ~ 09:30 주간조회 및 부서별 회의 14:00 ~ 15:00 팀별 전략 회의
11월 14일 화요일	09:00 ~ 10:00 경쟁력 강화 회의
11월 15일 수요일	11:00 ~ 13:00 부서 점심 회식 17:00 ~ 18:00 팀 회식
11월 16일 목요일	15:00 ~ 16:00 경력사원 면접
11월 17일 금요일	특이사항 없음

※ 주요 일정이 있는 시간 이외에 문화회관 이용 시간과 일정 시간이 겹치지 않는다면 언제든지 교육을 받을 수 있음

① 월요일 오전, 수요일 오후, 금요일 오전
② 화요일 오전, 수요일 오후, 목요일 오전
③ 화요일 오후, 수요일 오전, 금요일 오전
④ 화요일 오후, 수요일 오후, 금요일 오전
⑤ 수요일 오전, 수요일 오후, 금요일 오전

※ 다음은 호텔별 연회장 대여 현황에 대한 자료이다. 이어지는 질문에 답하시오. [48~49]

〈호텔별 연회장 대여 현황〉

구분	연회장	대여료	수용 가능 인원	회사로부터 거리	비고
A호텔	연꽃실	140만 원	200명	6km	2시간 이상 대여 시 추가비용 40만 원
B호텔	백합실	150만 원	300명	2.5km	1시간 초과 대여 불가
C호텔	매화실	150만 원	200명	4km	이동수단 제공
C호텔	튤립실	180만 원	300명	4km	이동수단 제공
D호텔	장미실	150만 원	250명	4km	-

48 총무팀에 근무하고 있는 이대리는 김부장에게 다음과 같은 지시를 받았다. 이대리가 연회장 예약을 위해 지불해야 하는 예약금은 얼마인가?

> 다음 주에 있을 회사 창립 20주년 기념행사를 위해 준비해야 할 것들 알려줄게요. 먼저 다음 주 금요일 오후 6시부터 8시까지 사용 가능한 연회장 리스트를 뽑아서 행사에 적합한 연회장을 예약해주세요. 연회장 대여를 위한 예산은 160만 원이고, 회사에서의 거리가 가까워야 임직원들이 이동하기에 좋을 것 같아요. 행사 참석 인원은 240명이고, 이동수단을 제공해준다면 우선적으로 고려하도록 하세요. 예약금은 대여료의 10%라고 하니 예약 완료하고 지불하도록 하세요.

① 14만 원 ② 15만 원
③ 16만 원 ④ 18만 원
⑤ 20만 원

49 회사 창립 20주년 기념행사의 연회장 대여 예산이 200만 원으로 증액된다면, 이대리는 김부장에게 받은 지시에 따라 다음 중 어떤 연회장을 예약하겠는가?

① A호텔 연꽃실 ② B호텔 백합실
③ C호텔 매화실 ④ C호텔 튤립실
⑤ D호텔 장미실

50 신입사원 K씨는 A~E과제 중 어떤 과제를 먼저 수행하여야 하는지를 결정하기 위해 평가표를 작성하였다. 다음 자료를 근거로 할 때 가장 먼저 수행할 과제는?(단, 평가 항목 최종 합산 점수가 가장 높은 과제부터 수행한다)

〈과제별 평가표〉
(단위 : 점)

구분	A	B	C	D	E
중요도	84	82	95	90	94
긴급도	92	90	85	83	92
적용도	96	90	91	95	83

※ 과제당 다음과 같은 가중치를 별도 부여하여 계산함
　[(중요도)×0.3]+[(긴급도)×0.2]+[(적용도)×0.1]
※ 항목당 최하위 점수에 해당하는 과제는 선정하지 않음

① A
② B
③ C
④ D
⑤ E

51 다음은 교육팀에서 근무하는 L사원이 직장동료에게 자신에 대한 사원평가 결과를 이야기하는 내용이다. L사원의 자기개발 실패 원인으로 가장 적절한 것은?

> 이번 회사에서 사원평가를 했는데 나보고 자기개발능력이 부족하다고 하네. 6시 퇴근시각에 바로 퇴근을 하더라도 집이 머니까 도착하면 8시고, 바로 씻고 저녁 먹고 잠깐 쉬면 금방 10시야. 방 정리하고 설거지하면 어느새 11시가 되는데, 어느 틈에 자기개발을 하라는 건지 이해도 잘 안 되고 답답하기만 해.

① 자기중심적이고 제한적인 사고
② 현재 하고 있는 일을 지속하려는 습성
③ 자신의 주장과 반대되는 주장에 대한 배척
④ 자기개발 방법에 대한 정보 부족
⑤ 인간의 욕구와 감정의 작용

52 다음은 K기업의 신제품 관련 회의가 끝난 후 작성된 회의록이다. 이를 이해한 내용으로 적절하지 않은 것은?

회의 일시	2025. ○. ○	부서	홍보팀, 영업팀, 기획팀
참석자	홍보팀 팀장, 영업팀 팀장, 기획팀 팀장		
회의 안건	신제품 홍보 및 판매 방안		
회의 내용	- 경쟁 업체와 차별화된 마케팅 전략 필요 - 적극적인 홍보 및 판매 전략 필요 - 대리점 실적 파악 및 소비자 반응 파악 필요 - 홍보팀 업무 증가에 따라 팀원 보충 필요		
회의 결과	- 홍보용 보도 자료 작성 및 홍보용 사은품 구매 요청 - 대리점별 신제품 판매량 조사 실시 - 마케팅 기획안 작성 및 공유 - 홍보팀 경력직 채용 공고		

① 이번 회의 안건은 여러 팀의 협업이 필요한 사안이다.
② 기획팀은 마케팅 기획안을 작성하고, 이를 다른 팀과 공유해야 한다.
③ 홍보팀 팀장은 경력직 채용 공고와 관련하여 인사팀에 업무 협조를 요청해야 한다.
④ 영업팀은 홍보용 보도 자료를 작성하고, 홍보용 사은품을 구매해야 한다.
⑤ 대리점의 신제품 판매량 조사는 소비자들의 반응을 파악하기 위한 것이다.

53 신입사원 A씨는 자신이 하고 있는 일에 적응하기 위하여 흥미를 높이고 자신의 재능을 개발하려고 한다. A씨가 흥미나 적성을 개발하기 위해 취할 수 있는 방법으로 적절하지 않은 것을 〈보기〉에서 모두 고르면?

보기
㉠ '나는 지금 주어진 일이 적성에 맞는다.'라고 마인드컨트롤을 한다.
㉡ 업무를 수행할 때 작은 단위로 나누어 수행한다.
㉢ 기업의 문화나 풍토를 파악하는 것보다는 흥미나 적성검사를 수행한다.
㉣ 커다란 업무를 도전적으로 수행하여 성취를 높인다.

① ㉠, ㉢ ② ㉠, ㉡
③ ㉢, ㉣ ④ ㉠, ㉡, ㉢
⑤ ㉠, ㉡, ㉣

54 다음 중 빈칸에 들어갈 용어로 가장 적절한 것은?

> 이것은 기업이 경쟁에서 우위를 확보하려고 구축·이용하는 것이다. 기존의 정보 시스템이 기업 내 업무의 합리화·효율화에 역점을 두었던 것에 반해, 기업이 경쟁에서 승리해 살아남기 위한 필수적인 시스템이라는 뜻에서 _____(이)라고 한다. 그 요건으로는 경쟁 우위의 확보, 신규 사업의 창출이나 상권의 확대, 업계 구조의 변혁 등을 들 수 있다. 실례로는 금융 기관의 대규모 온라인 시스템, 체인점 등의 판매시점 관리(POS)를 들 수 있다.

① 비즈니스 프로세스 관리(BPM; Business Process Management)
② 전사적 자원관리(ERP; Enterprise Resource Planning)
③ 경영정보 시스템(MIS; Management Information System)
④ 전략정보 시스템(SIS; Strategic Information System)
⑤ 의사결정 지원 시스템(DSS; Decision Support System)

55 다음 중 SSD(Solid State Drive)와 HDD(Hard Disk Drive)의 비교에 대한 설명으로 옳지 않은 것은?

① SSD는 HDD에 비해 전력 소모량이 적다.
② 장기간 데이터를 보존하려면 SSD보다 HDD가 더 유리하다.
③ SSD는 내구성이 높아 충격이나 진동에 덜 민감하지만, HDD는 이에 민감하여 외부 충격에 의해 데이터가 손실될 수 있다.
④ SSD는 기계적인 방식을 사용하여 데이터를 읽고 쓰는 반면, HDD는 전기적인 방식으로 데이터를 저장한다.
⑤ 일반적으로 SSD는 보다 신속한 데이터 접근 속도를 제공하지만, HDD는 더 큰 저장 용량을 제공한다.

56 다음은 K기업의 인사부에서 정리한 직원 목록이다. 〈보기〉 중 이에 대한 설명으로 옳은 것을 모두 고르면?

	A	B	C	D
1	사원번호	성명	직위	부서
2	869872	조재영	부장	고객관리처
3	890531	정대현	대리	고객관리처
4	854678	윤나리	사원	고객관리처
5	812365	이민지	차장	기획처
6	877775	송윤희	대리	기획처
7	800123	김가을	사원	기획처
8	856123	박슬기	부장	사업개발처
9	827695	오종민	차장	사업개발처
10	835987	나진원	사원	사업개발처
11	854623	최윤희	부장	인사처
12	847825	이경서	사원	인사처
13	813456	박소미	대리	재무실
14	856123	최영수	사원	재무실

보기

㉠ 부서를 기준으로 내림차순으로 정렬되었다.
㉡ 부서를 우선 기준으로, 직위를 다음 기준으로 정렬하였다.
㉢ 성명을 기준으로 내림차순으로 정렬되었다.

① ㉠
② ㉡
③ ㉠, ㉡
④ ㉠, ㉢
⑤ ㉡, ㉢

57 K공사는 H부서 직원들을 대상으로 특정 장소인 A~E에 대한 만족도 조사를 실시하였다. H부서 직원인 갑~무 5명의 선호도를 다음과 같이 5점 만점을 기준으로 표를 만들었을 때, 이 표를 항목별로 비교하여 시각화하기에 가장 좋은 차트는?

구분	A	B	C	D	E
갑	4	3	5	2	4
을	3	3	3	4	5
병	3	2	4	3	3
정	1	4	2	4	3
무	3	2	5	4	2

① 원형 차트
② 분산형 차트
③ 세로 막대형 차트
④ 영역형 차트
⑤ 표면형 차트

※ 다음은 음식물건조처리기 에밀리의 사용설명서이다. 이어지는 질문에 답하시오. [58~59]

〈음식물건조처리기 에밀리 사용설명서〉

■ 설치 방법

1. 제품을 올려놓을 자리에 수평을 맞춥니다.
- 에밀리는 프리스탠딩 타입으로, 어느 곳이든 공간과 전원코드만 있다면 설치가 가능합니다.
- 콘센트를 연결하고, 수평만 잘 맞추면 누구나 손쉽게 설치할 수 있습니다.
- 냄새나 소음이 감지되었을 경우에 환기가 잘 되는 베란다 등에 설치할 수도 있습니다.
- 수평이 맞지 않으면 제품의 진동에 의해 소음이 발생됩니다.

2. 콘센트에 전원플러그를 꽂아 주시고 전원램프를 확인합니다.
- 전원플러그를 꽂고 전원버튼을 누른 후 램프가 켜지는지를 확인합니다.
- 전원램프가 켜지면 '3HOURS', '6HOURS', '8HOURS' 중 하나를 선택하여 누른 후 버튼의 램프도 켜지는지를 확인합니다.
- 두 버튼의 램프 중 하나라도 켜지지 않으면 소비자 상담실에 문의하십시오.

3. 원활한 공기 흐름을 위하여 뒷면을 벽면에서 10cm 이상 틈을 주십시오.
- 에밀리의 건조처리 시스템은 외부 공기를 안으로 유입시켜 열풍으로 변환하여 건조시키는 방식으로, 공기의 흐름이 원활하게 이루어져야 건조율이 좋습니다. 공기의 원활한 공급을 위하여 벽면에서 최소 10cm 이상 떨어지게 하여 주십시오.

■ 사용 방법

1. 건조바스켓에 남은 음식들을 담아 제품 안에 넣습니다.
- 제품 안의 물받이와 건조바스켓을 꺼내 싱크대 거름망에 걸러진 남은 음식물을 넣습니다.
- 건조바스켓에 표시된 용량에 의한 시간에 맞추어 '3HOURS', '6HOURS', '8HOURS' 중 하나를 눌러 줍니다.
- 상단의 'MAX'라고 표기된 선을 넘기면 작동되지 않으니 반드시 그 아래까지만 채우고 작동하십시오.

2. 전원버튼을 누르고 시간버튼을 누르면 작동이 됩니다.
- 전원버튼을 누르고 남은 음식물 양에 맞춰 시간버튼을 누르면 작동이 됩니다.
- 문이 닫혀야 작동이 되며, 작동 중에 문을 열면 작동이 멈추게 됩니다.
- 최초 작동 시 히터 부분만 작동을 하며, 5분 정도 후에 열풍팬이 작동이 되는 시스템입니다.
- 처리가 끝난 이후에도 냉각팬이 30분 정도 더 작동됩니다. 전원버튼이 꺼졌을 때 바스켓을 꺼내십시오.

3. 고기, 전분류 등 건조가 잘 되지 않는 남은 음식물의 처리
- 남은 음식물의 양이 적다 하더라도 기름기 많은 고기류, 전분이 함유된 중국 음식 등은 다른 음식물에 비해 건조가 잘 되지 않으니 '6~8HOURS' 버튼을 눌러 작동시켜 주시고, 기름기가 너무 많아 8시간에도 건조처리가 잘 안 되었을 경우에는 3시간만 더 건조시키면 완전히 해결됩니다.

4. 건조처리가 끝나면 전용용기에 따로 보관하십시오.
- 처리된 건조물은 별도의 보관용기에 모아 두었다가 한꺼번에 버리시면 됩니다. 가급적 처리가 끝나고 바로 보관용기를 비워 주십시오.
- 처리된 건조물은 비닐봉지에 넣어 두 손으로 가볍게 비벼 주시면 부피가 더 줄어들어 많은 양을 보관할 수 있습니다.
- 에밀리는 타 제품에 비해 건조 상태가 월등하여 한번 건조된 건조물은 일정 기간 동안 다시 부패되지 않습니다.

5. 건조처리 전에 굳이 이물질을 골라낼 필요가 없습니다.
- 건조처리 전에 지저분하게 음식물 속에서 굳이 먼저 이물질을 골라낼 필요가 없습니다. 완전 건조 후 이물질을 편하게 골라내면 됩니다.
- 밥이나 전분류가 뭉쳐 있으면 건조가 잘 안 될 수가 있으니 가급적 틀을 이용하여 흩뜨려서 바스켓에 넣어 주세요.

6. 건조바스켓의 청소
- 건조바스켓을 비우고 바스켓에 붙은 이물질은 물을 담은 용기에 30분 정도 담가 놓은 후 꺼내서 수세미로 가볍게 문지르면 깨끗하게 처리됩니다.

7. 일반쓰레기로 분류되는 물질
• 조개 껍데기, 계란 껍데기, 과일 껍질, 조리하지 않은 채소류(마늘 껍질, 파 뿌리, 양파 등의 껍질이나 다발) 등은 일반쓰레기로 분류됩니다. • 수박이나 과일, 채소 등 부피가 큰 것들은 최대한 잘게 잘라서 넣어야 더 많은 양을 건조시킬 수 있으며 더욱 빨리 처리할 수 있습니다.

58 다음 중 에밀리를 사용하여 음식물을 건조하는 과정에 대한 설명으로 적절하지 않은 것은?

① 수박은 최대한 잘게 잘라 넣는다.
② 마늘 껍질은 일반쓰레기로 처리한다.
③ 음식물 건조처리 전에 이물질을 골라낸다.
④ 건조처리가 잘 안 되었을 경우 3시간 더 건조시킨다.
⑤ 기름이 많은 고기류는 '6~8HOURS' 버튼을 눌러 작동시킨다.

59 에밀리에 남은 음식물을 넣어 전원램프를 확인한 후 시간버튼을 눌렀는데 작동되지 않을 때, 다음 중 해결 방법으로 가장 적절한 것은?

① 바스켓을 청소한다.
② 음식물의 양을 줄인다.
③ 소비자 상담실에 문의한다.
④ 전원코드가 꽂혀 있는지 확인한다.
⑤ 틀을 이용하여 음식물을 흩뜨린다.

60 B사원은 최근 A전자의 빔프로젝터를 구입하였으며, 빔프로젝터 고장 신고 전 확인사항 자료를 읽었다. 자료를 볼 때, 빔프로젝터의 증상과 그에 따른 확인 및 조치사항으로 옳은 것은?

<빔프로젝터 고장 신고 전 확인사항>

분류	증상	확인 및 조치사항
설치 및 연결	전원이 들어오지 않음	• 제품 배터리의 충전 상태를 확인하세요. • 만약 그래도 제품이 전혀 작동하지 않는다면 제품 옆면의 'Reset' 버튼을 1초간 누르시기 바랍니다.
	전원이 자동으로 꺼짐	• 본 제품은 약 20시간 지속 사용 시 제품의 시스템 보호를 위해 전원이 자동 차단될 수 있습니다.
	외부기기가 선택되지 않음	• 외부기기 연결선이 신호 단자에 맞게 연결되었는지 확인하고, 연결 상태를 점검해 주시기 바랍니다.
메뉴 및 리모컨	리모컨이 작동하지 않음	• 리모컨의 건전지 상태 및 건전지가 권장 사이즈에 부합하는지 확인해 주세요. • 리모컨 각도와 거리가(10m 이하) 적당한지, 제품과 리모컨 사이에 장애물이 없는지 확인해 주세요.
	메뉴가 선택되지 않음	• 메뉴의 글자가 회색으로 나와 있지 않은지 확인해 주세요. 회색의 글자 메뉴는 선택되지 않습니다.
화면 및 소리	영상이 희미함	• 리모컨 메뉴창의 초점 조절 기능을 이용하여 초점을 조절해 주세요. • 투사거리가 초점에서 너무 가깝거나 멀리 떨어져 있지 않은지 확인해 주세요(권장거리 1 ~ 3m).
	제품에서 이상한 소리가 남	• 이상한 소리가 계속해서 발생할 경우 사용을 중지하고 서비스 센터로 문의해 주시기 바랍니다.
	화면이 안 나옴	• 제품 배터리의 충전 상태를 확인해 주세요. • 본체의 발열이 심할 경우 화면이 나오지 않을 수 있습니다.
	화면에 줄, 잔상, 경계선 등이 나타남	• 일정 시간 정지된 영상을 지속적으로 표시하면 부분적으로 잔상이 발생합니다. • 영상의 상·하·좌·우의 경계선이 고정되어 있거나 빛의 투과량이 서로 상이한 영상을 장시간 시청 시 경계선에 자국이 발생할 수 있습니다.

① 영상이 너무 희미해 초점과 투사거리를 확인하여 조절하였다.
② 메뉴가 선택되지 않아 외부기기와 연결선이 제대로 연결되었는지 확인하였다.
③ 일주일째 이상한 소리가 나 제품 배터리가 충분히 충전된 상태인지 살펴보았다.
④ 언젠가부터 화면에 잔상이 나타나 제품과 리모컨 배터리의 충전 상태를 확인하였다.
⑤ 영화를 보는 중에 갑자기 전원이 꺼진 것은 본체의 발열이 심해서 그런 것이므로 약 20시간 동안 사용을 중지하였다.

※ 다음 글을 읽고 이어지는 질문에 답하시오. [61~63]

> 컴퓨터를 제조 및 생산하는 회사의 생산기획부 김팀장은 기존에 판매하던 제품에 새로운 기술을 도입하여 새로운 버전의 컴퓨터를 생산하려고 한다. 기존에 판매했던 제품은 출시했을 때 안정적인 매출을 보였으나, 다른 회사에서 유사한 제품들을 판매해 좋은 수익을 내지 못하였다. 그래서 김팀장은 최초의 기술력을 기존 컴퓨터에 선보여 컴퓨터 회사 중 시장점유율 1위를 차지하려고 한다. 목표를 이루기 위해선 김팀장은 몇 가지 사항들을 고려해 적절히 기술을 도입해야 한다. 기술 발표는 10월 중순을 목표로 하고, 성과를 위해 수많은 인력들이 투입될 예정이다. 많은 인력들을 운용하는 김팀장은 기술경영자에게 필요한 능력을 갖추려고 노력해야 한다.

61 다음 중 컴퓨터 생산 시 선택한 기술을 그대로 적용하되, 불필요한 기술은 과감히 버리고 적용할 때의 상황으로 옳지 않은 것은?

① 비용의 증가
② 시간 절약
③ 프로세스의 효율성 증가
④ 과감히 버린 기술의 필요성에 대한 문제점 존재
⑤ 부적절한 기술선택 시 실패할 수 있는 위험 부담 존재

62 다음 중 김팀장이 기존에 판매하던 컴퓨터에 최초의 기술을 적용할 때 고려해야 할 사항으로 옳지 않은 것은?

① 기술적용에 따른 비용
② 기술의 수명 주기
③ 기술의 전략적 중요도
④ 기술의 디자인
⑤ 기술의 잠재적 응용 가능성

63 다음 중 김팀장이 많은 인력들을 운용하기 위해 필요한 능력으로 옳지 않은 것은?

① 기술 전문 인력을 운용할 수 있는 능력
② 빠르고 효과적으로 새로운 기술을 습득하고 기존의 기술에서 탈피하는 능력
③ 기업의 전반적인 전략 목표에 기술을 분리시키는 능력
④ 조직 내의 기술을 이용할 수 있는 능력
⑤ 복잡하고 서로 다른 분야에 걸쳐 있는 프로젝트를 수행할 수 있는 능력

64 다음 두 사례를 보고 팀워크에 대해 바르지 않게 분석한 사람은?

〈K기업의 사례〉

K기업은 2019년부터 2024년까지 품질과 효율 향상은 물론 생산 기간을 50%나 단축시키는 성과를 거두었다. 모든 부서에서 품질 향상의 경쟁이 치열했고, 그 어느 때보다 좋은 팀워크가 만들어졌다고 평가되었다. 가장 성과가 우수하였던 부서는 미국의 권위 있는 볼드리지(Baldrige) 품질대상을 수상하기도 하였다. 그런데 이러한 개별 팀의 성과가 회사 전체의 성과나 주주의 가치로 잘 연결되지 못했던 것으로 분석되었다. 시장의 PC 표준 규격을 반영하지 않은 새로운 규격으로 인해 호환성 문제가 대두되었고, 대중의 외면을 받아야만 했다. 한 임원은 "아무리 빨리, 제품을 잘 만들어도 고객의 가치를 반영하지 못하거나, 시장에서 고객의 접촉이 제대로 이루어지지 않으면 의미가 없다는 점을 배웠다."라고 말했다.

〈A병원의 사례〉

가장 정교하고 효과적인 팀워크가 요구되는 의료 분야에서 A병원은 최고의 의료 수준과 서비스로 명성을 얻고 있다. A병원의 조직 운영 기본 원칙에는 '우리 지역과 국가, 세계의 환자들의 니즈에 집중하는 최고의 의사, 연구원 및 의료 전문가의 협력을 기반으로 병원을 운영한다.'라고 명시되어 있다. 팀 간의 협력은 물론 전 세계의 고객을 지향하는 웅대한 가치를 공유하고 있는 것이다. A병원이 최고의 명성과 함께 노벨상을 수상하는 실력을 갖출 수 있었던 데는 이러한 팀워크가 중요한 역할을 하였다고 볼 수 있다.

① 재영 : 팀워크는 공통된 비전을 공유하고 있어야 해.
② 건우 : 역시 팀워크는 성과를 만드는 데 중요한 역할을 하네.
③ 수정 : 개인의 특성을 이해하고 개인 간의 차이를 중시해야 해.
④ 유주 : 팀워크를 지나치게 강조하다 보면 외부에 배타적인 자세가 될 수 있어.
⑤ 준영 : 개별 팀의 팀워크가 좋다고 해서 반드시 조직의 성과로 이어지는 것은 아니군.

65 다음 자료가 설명하는 리더십 유형으로 가장 적절한 것은?

- 리더는 조직 구성원들 중 한 명일뿐이다. 물론 다른 조직 구성원들보다 경험이 더 풍부하겠지만 다른 구성원들보다 더 비중 있게 대우받아서는 안 된다.
- 집단의 모든 구성원들은 의사결정 및 팀의 방향을 설정하는 데 참여한다.
- 집단의 모든 구성원들은 집단의 행동의 성과 및 결과에 대해 책임을 공유한다.

① 독재자 유형
② 민주주의에 근접한 유형
③ 파트너십 유형
④ 변혁적 유형
⑤ 자유방임적 유형

66 다음은 협상의 5가지 차원을 설명하는 글이다. 〈보기〉는 협상의 5가지 차원 중 어느 유형에 해당하는가?

- 교섭의 차원에서 볼 때, 협상이란 선호가 서로 다른 협상당사자들이 합의에 도달하기 위해 공동으로 의사를 결정하는 과정이라고 할 수 있다.
- 의사소통의 차원에서 볼 때, 협상이란 이해당사자들이 자신들의 욕구를 충족시키려고 상대방으로부터 최선의 것을 얻어내기 위해 상대방을 설득하는 커뮤니케이션 과정이다.
- 갈등해결의 차원에서 볼 때, 협상이란 갈등관계에 있는 이해당사자들이 대화를 통해서 갈등을 해결하고자 하는 상호작용 과정이다.
- 의사결정의 차원에서 볼 때, 협상이란 둘 이상의 이해당사자들이 여러 대안들 가운데서 이해당사자들 모두가 수용 가능한 대안을 찾기 위한 의사결정 과정이라고도 볼 수 있고, 공통적인 이익을 추구하나 서로 입장의 충돌 때문에 이해당사자들 모두에게 수용 가능한 이익의 조합을 찾으려는 개인·조직 또는 국가의 상호작용 과정이라고도 볼 수 있다.
- 지식과 노력의 차원에서 볼 때, 협상이란 우리가 얻고자 하는 것을 가진 사람의 호의를 쟁취하기 위한 것에 대한 지식이며 노력의 분야이다.

보기

K대리는 다른 사람들보다 빠른 승진과 곧 있을 연봉 협상을 위해 부서장의 신임을 얻으려 노력하고 있다.

① 교섭의 차원 ② 의사소통의 차원
③ 갈등해결의 차원 ④ 의사결정의 차원
⑤ 지식과 노력의 차원

※ 다음 글을 읽고 이어지는 질문에 답하시오. [67~68]

서희는 국서를 가지고 소손녕의 영문(營門)으로 갔다. 기를 꺾어 놓을 심산이었던 듯 소손녕은 "나는 대국의 귀인이니 그대가 뜰에서 나에게 절을 해야 한다."라고 우겼다. 거란의 군사가 가득한 적진에서 서희는 침착하게 대답했다. "신하가 임금을 대할 때는 절하는 것이 예법이나, 양국의 대신들이 대면하는 자리에서 어찌 그럴 수 있겠는가?" 소손녕이 계속 고집을 부리자 서희는 노한 기색을 보이며 숙소로 들어와 움직이지 않았다. 거란이 전면전보다 화의를 원하고 있다는 판단에 가능했던 행동이었다. 결국 소손녕이 서로 대등하게 만나는 예식 절차를 수락하면서 첫 번째 기싸움은 서희의 승리로 돌아갔다.

본격적인 담판이 시작되었다. 먼저 소손녕이 물었다. "당신네 나라는 옛 신라 땅에서 건국하였다. 고구려의 옛 땅은 우리나라에 소속되었는데, 어째서 당신들이 침범하였는가?" 고려 광종이 여진의 땅을 빼앗아 성을 쌓은 일을 두고 하는 말이었다.

이 물음은 이번 정벌의 명분에 대한 것으로 고구려 땅을 차지하는 정당성에 대한 매우 중요한 논점이었다. 서희는 조목조목 반박했다. "그렇지 않다. 우리나라는 바로 고구려의 후예이다. 그러므로 나라 이름을 고려라 부르고, 평양을 국도로 정한 것 아닌가. 오히려 귀국의 동경이 우리 영토 안에 들어와야 하는데 어찌 거꾸로 침범했다고 하는가?" 한 치의 틈도 없는 서희의 논리에 소손녕의 말문이 막히면서 고구려 후계론 논쟁은 일단락 지어졌다.

마침내 소손녕이 정벌의 본래 목적을 얘기했다. "우리나라와 국경을 접하고 있으면서 바다 건너에 있는 송나라를 섬기고 있는 까닭에 이번에 정벌하게 된 것이다. 만일 땅을 떼어 바치고 국교를 회복한다면 무사하리라." 송과 손을 잡고 있는 고려를 자신들의 편으로 돌아앉혀 혹시 있을 송과의 전면전에서 배후를 안정시키는 것, 그것이 거란의 본래 목적이었다.

"압록강 안팎도 우리 땅인데, 지금 여진이 그 중간을 점거하고 있어 육로로 가는 것이 바다를 건너는 것보다 왕래하기가 더 곤란하다. 그러니 국교가 통하지 못하는 것은 여진 탓이다. 만일 여진을 내쫓고 우리의 옛 땅을 회복하여 거기에 성과 보를 쌓고 길을 통하게 한다면 어찌 국교가 통하지 않겠는가." 그들이 원하는 것을 알았지만, 서희는 바로 답을 주지 않고 이와 같이 돌려 말했다. 국교를 맺기 위해서는 여진을 내쫓고 그 땅을 고려가 차지해야 가능하다며 조건을 내건 것이다. 소손녕이 회담의 내용을 거란의 임금에게 보내자 고려가 이미 화의를 요청했으니 그만 철군하라는 답이 돌아왔다. 그리고 고려가 압록강 동쪽 280여 리의 영토를 개척하는 데 동의한다는 답서도 보내왔다.

비록 그들의 요구대로 국교를 맺어 이후 일시적으로 사대의 예를 갖추지만, 싸우지 않고 거란의 대군을 돌려보내고, 오히려 이를 전화위복 삼아 영토까지 얻었으니 우리 역사상 가장 실리적으로 성공한 외교라 칭찬받을 만하다.

67 다음 중 윗글의 내용으로 알 수 있는 협상 진행 5단계를 순서대로 바르게 나열한 것은?

① 협상 시작 → 상호 이해 → 실질 이해 → 해결 대안 → 합의
② 협상 시작 → 실질 이해 → 상호 이해 → 해결 대안 → 합의
③ 협상 시작 → 상호 이해 → 실질 이해 → 합의 → 해결 대안
④ 협상 시작 → 실질 이해 → 상호 이해 → 합의 → 해결 대안
⑤ 협상 시작 → 상호 이해 → 해결 대안 → 실질 이해 → 합의

68 다음 중 서희의 협상 전략으로 옳지 않은 것은?

① 적진에서 한 협상에서 기선을 제압하였다.
② 상대방의 숨은 의도를 이끌어내었다.
③ 상대방과의 명분 싸움에서 논리적으로 대응하였다.
④ 상대방의 요구를 거부하되, 대안을 제시하였다.
⑤ 자신의 요구를 이유와 함께 설명하였다.

69 C사원은 K닷컴에서 근무하고 있다. 하루는 같은 팀 E사원이 아래의 자료를 보여주면서 보완할 것이 없는지 검토해달라고 부탁했다. 다음 중 E사원에게 조언해줄 수 있는 말로 적절하지 않은 것은?

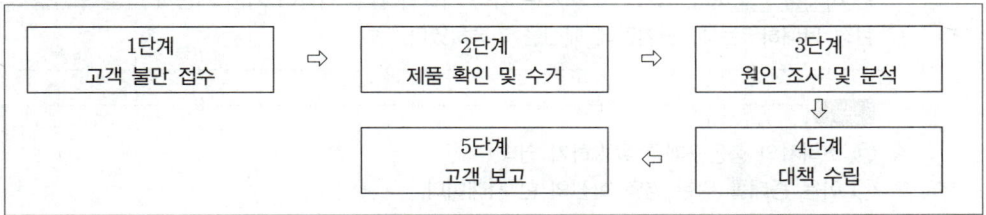

① 고객 보고 후 피드백이 이루어지면 좋겠어요.
② 대책 수립 후 재발 방지 교육을 실시한 뒤 고객 보고가 이루어지면 좋겠어요.
③ 고객 불만 접수, 고객 보고 단계에 '사과'를 추가하면 좋겠어요.
④ 1단계에서는 고객의 불만을 경청하는 태도가 중요할 것 같아요.
⑤ 단계별로 진행 상황을 고객에게 통보해 준다면 좋겠어요.

70 다음은 개인화 마케팅에 대한 글이다. 개인화 마케팅의 사례로 적절하지 않은 것은?

> 소비자들의 요구가 점차 다양해지고 복잡해짐에 따라 개인별로 맞춤형 제품과 서비스를 제공하며 '개인화 마케팅'을 펼치는 기업이 늘어나고 있다. 개인화 마케팅이란 각 소비자의 이름, 관심사, 구매 이력 등의 데이터를 기반으로 특정 고객에 대한 개인화 서비스를 제공하는 활동을 의미한다. 이러한 개인화 마케팅은 개별적 커뮤니케이션 실현을 통한 효율성 증대 및 기업 이윤 창출을 목적으로 하고 있다.
> 이러한 개인화 마케팅은 기업들의 지속적인 투자를 통해 다양한 방식으로 계속되고 있다. 빠르게 변화하고 있는 마케팅 시장에서 개인화된 서비스 제공을 통해 소비자 만족도를 끌어낼 수 있다는 점은 충분히 매력적일 수 있기 때문이다.

① 고객들의 사연을 받아 지하철역 에스컬레이터 벽면에 광고판을 만든 A배달업체는 고객들로 하여금 자신의 사연이 뽑히지 않았는지 관심을 갖도록 유도하여 광고 효과를 톡톡히 보고 있다.
② 최근 B전시관은 시각적인 시원한 민트색 벽지와 그에 어울리는 시원한 음향, 상쾌한 민트 향기, 민트맛 사탕을 나눠주며 민트에 대한 다섯 가지 감각을 이용한 미술관 전시로 화제가 되었다.
③ C위생용품회사는 자사의 인기 상품에 대한 단종으로 사과의 뜻을 담은 뮤직비디오를 제작했다. 고객들은 뮤직비디오를 보기 전에 자신의 이름을 입력하면, 뮤직비디오에 자신의 이름이 노출되어 자신이 직접 사과를 받는 듯한 효과를 느낄 수 있다.
④ 참치캔을 생산하는 D사는 최근 소외계층에게 힘이 되는 응원 메시지를 댓글로 받아 77명을 추첨하여 댓글 작성자의 이름으로 소외계층들에게 참치캔을 전달하는 이벤트를 진행하였다.
⑤ 커피전문점 E사는 고객이 자사 홈페이지에서 회원 가입 후 이름을 등록한 경우, 음료 주문 시 "○○○ 고객님, 주문하신 아메리카노 나왔습니다."와 같이 고객의 이름을 불러주는 서비스를 제공하고 있다.

71 다음 글의 밑줄 친 '마케팅 기법'에 대한 설명으로 옳은 것을 〈보기〉에서 모두 고르면?

> 기업들이 신제품을 출시하면서 한정된 수량만 제작·판매하는 한정판 제품을 잇따라 내놓고 있다. 이번 기회가 아니면 더 이상 구입할 수 없다는 메시지를 끊임없이 던지며 소비자의 호기심을 자극하는 마케팅 기법이다. K자동차 회사는 가죽 시트와 일부 외형이 기존 제품과 다른 모델을 8,000대 한정 판매하였는데, 단기간에 매진을 기록하였다.

보기
㉠ 소비자의 충동구매를 유발하기 쉽다.
㉡ 이윤 증대를 위한 경영 혁신의 한 사례이다.
㉢ 의도적으로 공급의 가격탄력성을 크게 하는 방법이다.
㉣ 소장 가치가 높은 상품을 대상으로 하면 더 효과적이다.

① ㉠, ㉡　　　　　　　　　② ㉠, ㉢
③ ㉡, ㉣　　　　　　　　　④ ㉠, ㉡, ㉣
⑤ ㉡, ㉢, ㉣

72 다음은 K공단의 보안업무취급 규칙에 따른 보안업무 책임자 및 담당자와 이들의 임무에 대한 자료이다. 이를 이해한 내용으로 적절하지 않은 것은?

〈보안업무 책임자 및 담당자〉

구분	이사장	총무국장	비서실장	팀장
보안책임관	○			
보안담당관		○		
비밀보관책임자				○
시설방호책임자	○			
시설방호부책임자		○		
보호구역관리책임자			○ (이사장실)	○ (지정보호구역)

〈보안업무 책임자 및 담당자의 임무〉

구분	수행임무
보안책임관	• K공단의 보안업무 전반에 대한 지휘, 감독총괄
보안담당관	• 자체 보안업무 수행에 대한 계획, 조정 및 감독 • 보안교육 및 비밀관리, 서약서 집행 • 통신보안에 대한 사항 • 비밀의 복제, 복사 및 발간에 대한 통제 및 승인 • 기타 보안업무 수행에 필요하다고 인정하는 사항 • 비밀취급인가
비밀보관책임자	• 비밀의 보관 및 안전관리 • 비밀관계부철의 기록 유지
시설방호책임자	• 자체 시설 방호계획 수립 및 안전관리 • 자위소방대 편성, 운영 • 시설방호 부책임자에 대한 지휘, 감독
시설방호부책임자	• 시설방호책임자의 보좌 • 자체 시설 방호계획 및 안전관리에 대한 실무처리 • 자위소방대 편성, 운영
보호구역관리책임자	• 지정된 보호구역의 시설안전관리 및 보안유지 • 보호구역 내의 출입자 통제

① 비밀문서를 복제하고자 할 때에는 총무국장의 승인을 받아야 한다.
② 비밀관리기록부를 갱신할 때에는 담당부서 팀장의 확인을 받아야 한다.
③ 비서실장은 이사장실을 수시로 관리하고, 외부인의 출입을 통제해야 한다.
④ 이사장과 총무국장은 화재 예방을 위해 자위소방대를 편성·운영해야 한다.
⑤ 비밀취급인가를 신청할 때 필요한 서약서는 이사장에게 제출해야 한다.

73 다음 사례에서 K공사가 밑줄 친 내용을 통하여 얻을 수 있는 기대효과로 적절한 것을 〈보기〉에서 모두 고르면?

> K공사는 사원 번호, 사원명, 연락처 등의 사원 데이터 파일을 여러 부서별로 저장하여 관리하다 보니 연락처가 바뀌면 연락처가 저장되어 있는 모든 파일을 수정해야 했다.
> 또한 사원 데이터 파일에 주소 항목이 추가되는 등 파일의 구조가 변경되면 이전 파일 구조를 사용했던 모든 응용 프로그램도 수정해야 하므로 유지·보수 비용이 많이 들었다. 그래서 K공사에서는 이런 문제점을 해결할 수 있는 소프트웨어를 도입하기로 결정하였다.

  보기
  ㉠ 대용량 동영상 파일을 쉽게 편집할 수 있다.
  ㉡ 컴퓨터의 시동 및 주변기기의 제어를 쉽게 할 수 있다.
  ㉢ 응용 프로그램과 데이터 간의 독립성을 향상시킬 수 있다.
  ㉣ 데이터의 중복이 감소되어 일관성을 높일 수 있다.

① ㉠, ㉢
② ㉠, ㉣
③ ㉡, ㉢
④ ㉡, ㉣
⑤ ㉢, ㉣

74 다음 중 밑줄 친 ㉠의 이유로 적절하지 않은 것은?

> 샐러던트(Saladent)란 '샐러리맨(Salary Man)'과 '학생'을 뜻하는 '스튜던트(Student)'가 합쳐져서 만들어진 신조어로, ㉠ 현재 직장에 몸담고 있으면서 지속적으로 현 분야 또는 새로운 분야에 대해서 공부를 하는 직장인을 의미한다.

① 업무의 성과 향상을 위해
② 변화하는 환경에 적응하기 위해
③ 회사가 추구하는 목표를 성취하기 위해
④ 긍정적인 인간관계를 형성하기 위해
⑤ 삶의 질을 향상시키고, 보람된 삶을 살기 위해

75 직무전결 규정상 전무이사가 전결인 '과장의 국내출장 건'의 결재를 시행하고자 한다. 박기수 전무이사가 해외출장으로 인해 부재중이어서 직무대행자인 최수영 상무이사가 결재하였다. 〈보기〉 중 옳지 않은 것을 모두 고르면?

> 보기
> ㄱ. 최수영 상무이사가 결재한 것은 전결이다.
> ㄴ. 공문의 결재표상에는 '과장 최경옥, 부장 김석호, 상무이사 전결, 전무이사 최수영'이라고 표시되어 있다.
> ㄷ. 박기수 전무이사가 출장에서 돌아와서 해당 공문을 검토하는 것은 후결이다.

① ㄱ
② ㄷ
③ ㄱ, ㄴ
④ ㄴ, ㄷ
⑤ ㄱ, ㄴ, ㄷ

76 다음 중 비언어적 커뮤니케이션을 위한 행동으로 적절하지 않은 것은?

① 일본에서 칼은 관계의 단절을 의미한다. 따라서 일본인에게 선물할 때 칼은 피하는 것이 좋다.
② 이탈리아에서는 연회 시 소금이나 후추 등이 다른 사람 손에 거치면 좋지 않다는 풍습이 있다. 따라서 이탈리아에서 연회 참가 시 소금과 후추가 필요할 때는 웨이터를 부르도록 한다.
③ 스페인에서는 악수할 때 손을 강하게 잡을수록 반갑다는 의미를 가지고 있다. 따라서 스페인 사람과 첫 협상 시에는 강하게 악수하여 반가움을 표현하는 것이 적절하다.
④ 중국에서는 상대방이 선물을 권할 때 선뜻 받기보다는 세 번 정도 거절하는 것이 예의라고 생각한다. 따라서 중국인에게 선물할 때 세 번 거절당하더라도 한 번 더 받기를 권하는 것이 좋다.
⑤ 키르기스스탄에서는 왼손을 더러운 것으로 느끼는 풍습이 있다. 따라서 키르기스스탄 사람에게 명함을 건넬 경우에는 반드시 오른손으로 주도록 한다.

77 다음 〈보기〉의 ㉠~㉣과 비윤리적 행위 유형을 바르게 분류한 것은?

> **보기**
> ㉠ 제약회사에서 근무하는 A사원은 자신의 매출실적을 올리기 위하여 계속해서 병원에 금품을 제공하고 있다.
> ㉡ B건설회사는 완공일자를 맞추기에 급급하여 안전수칙을 제대로 지키지 않았고, 결국 커다란 인명사고가 발생하였다.
> ㉢ C가구업체는 제품 설계 시 안전상의 고려를 충분히 하지 않아, 제품을 구매한 소비자들에게 안전사고를 유발시켰다.
> ㉣ IT회사의 D팀장은 관련 업계의 회사 간 가격담합이 이루어지고 있음을 발견하였으나, 별다른 조치를 취하지 않았다.

	도덕적 타성	도덕적 태만
①	㉠, ㉡	㉢, ㉣
②	㉠, ㉢	㉡, ㉣
③	㉠, ㉣	㉡, ㉢
④	㉡, ㉢	㉠, ㉣
⑤	㉡, ㉣	㉠, ㉢

78 A대리는 같은 부서의 B사원 때문에 스트레스를 받고 있다. 빠르게 처리해야 할 업무에 대해 B사원은 항상 꼼꼼하게 검토하고 A대리에게 늦게 보고하기 때문이다. A대리가 B사원의 업무 방식에 불만을 표현하자 B사원은 자신의 소심한 성격 때문이라고 대답했다. 다음 상황에서 A대리에게 가장 필요한 역량은 무엇인가?

① 통제적 리더십
② 감사한 마음
③ 상호 인정
④ 헌신의 자세
⑤ 책임감

79 다음은 K공사의 해외시장 진출 및 지원 확대를 위한 전략과제의 필요성을 제시한 자료이다. 이를 통해 도출된 과제의 추진 방향으로 적절하지 않은 것은?

〈전략과제 필요성〉
- 해외시장에서 기관이 수주할 수 있는 산업 발굴
- 국제사업 수행을 통한 경험 축적 및 컨소시엄을 통한 기술·노하우 습득
- 해당 산업 관련 민간기업의 해외 진출 활성화를 위한 실질적 지원

① 국제기관의 다양한 자금을 활용하여 사업을 발굴하고, 해당 사업의 해외 진출을 위한 기술역량을 강화한다.
② 해외 봉사활동 등과 연계하여 K공사의 이미지 제고 및 사업에 대한 사전조사, 시장조사를 통한 선제적 마케팅 활동을 추진한다.
③ 국제경쟁입찰의 과열 경쟁 심화와 컨소시엄 구성 시 민간기업과 업무 배분, 이윤추구 성향 조율에 어려움이 예상된다.
④ 해당 산업 민간(중소)기업을 대상으로 입찰 정보 제공, 사업전략 상담, 동반 진출 등을 통한 실질적 지원을 확대한다.
⑤ 국제사업에 참여하여 경험을 축적하고, 컨소시엄을 통해 습득한 기술 등을 재활용할 수 있는 사업을 구상하고 연구진을 지원한다.

80 다음 글을 보고 직장생활에 바르게 적용한 사람은?

> 정의는 선행이나 호의를 베푸는 것과 아주 밀접한 관련이 있다. 그러나 선행이나 호의에도 몇 가지 주의할 점이 있다. 첫째, 받는 자에게 피해가 되지 않도록 주의하고 둘째, 베푸는 자는 자신이 감당할 수 있는 능력 내에서 베풀어야 하며 셋째, 각자 받을 만한 가치에 따라서 베풀어야 한다.
> － 키케로『의무론(義務論)』
>
> 공자께서 말씀하시기를 "윗사람으로서 아랫사람을 너그럽게 관용할 줄 모르고, 예도를 행함에 있어 공경심이 없으며, 사람이 죽어 장례를 치르는 문상 자리에서도 애도할 줄 모른다면 그런 인간을 어찌 더 이상 볼 가치가 있다 하겠느냐?"라고 하였다.
> －『논어』팔일(八佾) 3－26

① A사원 : 며칠 후에 우리 부장님 생신이라 비상금을 털어서 고급 손목시계 하나 해드리려고.
② B사원 : 지난주에 장례식장에 갔는데 육개장이 그렇게 맛있더라고.
③ C사원 : 내가 준 김밥을 먹고 배탈이 났다고? 냉장보관을 안 하긴 했는데….
④ D부장 : G사원이 어제 회식 자리에서 내 옷에 김칫국물을 흘렸으니 세탁비를 받아야겠어.
⑤ E과장 : 출근해서 사원들과 즐겁게 아침인사를 나누었어. 내가 먼저 반갑게 아침인사를 건네면 기분이 좋아져 좋은 하루를 보낼 수 있거든.

PART 2
채용가이드

- **CHAPTER 01** 블라인드 채용 소개
- **CHAPTER 02** 서류전형 가이드
- **CHAPTER 03** 인성검사 소개 및 모의테스트
- **CHAPTER 04** 면접전형 가이드
- **CHAPTER 05** 주요 공기업 최신 면접 기출질문

CHAPTER 01 블라인드 채용 소개

1. 블라인드 채용이란?
채용 과정에서 편견이 개입되어 불합리한 차별을 야기할 수 있는 출신지, 가족관계, 학력, 외모 등의 편견요인은 제외하고, 직무능력만을 평가하여 인재를 채용하는 방식입니다.

2. 블라인드 채용의 필요성
- 채용의 공정성에 대한 사회적 요구
  - 누구에게나 직무능력만으로 경쟁할 수 있는 균등한 고용기회를 제공해야 하나, 아직도 채용의 공정성에 대한 불신이 존재
  - 채용상 차별금지에 대한 법적 요건이 권고적 성격에서 처벌을 동반한 의무적 성격으로 강화되는 추세
  - 시민의식과 지원자의 권리의식 성숙으로 차별에 대한 법적 대응 가능성 증가
- 우수인재 채용을 통한 기업의 경쟁력 강화 필요
  - 직무능력과 무관한 학벌, 외모 위주의 선발로 우수인재 선발기회 상실 및 기업경쟁력 약화
  - 채용 과정에서 차별 없이 직무능력중심으로 선발한 우수인재 확보 필요
- 공정한 채용을 통한 사회적 비용 감소 필요
  - 편견에 의한 차별적 채용은 우수인재 선발을 저해하고 외모·학벌 지상주의 등의 심화로 불필요한 사회적 비용 증가
  - 채용에서의 공정성을 높여 사회의 신뢰수준 제고

3. 블라인드 채용의 특징
편견요인을 요구하지 않는 대신 직무능력을 평가합니다.

※ 직무능력중심 채용이란?
  기업의 역량기반 채용, NCS기반 능력중심 채용과 같이 직무수행에 필요한 능력과 역량을 평가하여 선발하는 채용방식을 통칭합니다.

4. 블라인드 채용의 평가요소

직무수행에 필요한 지식, 기술, 태도 등을 과학적인 선발기법을 통해 평가합니다.

※ 과학적 선발기법이란?
　직무분석을 통해 도출된 평가요소를 서류, 필기, 면접 등을 통해 체계적으로 평가하는 방법으로 입사지원서, 자기소개서, 직무수행능력평가, 구조화 면접 등이 해당됩니다.

5. 블라인드 채용 주요 도입 내용

- 입사지원서에 인적사항 요구 금지
  - 인적사항에는 출신지역, 가족관계, 결혼여부, 재산, 취미 및 특기, 종교, 생년월일(연령), 성별, 신장 및 체중, 사진, 전공, 학교명, 학점, 외국어 점수, 추천인 등이 해당
  - 채용 직무를 수행하는 데 있어 반드시 필요하다고 인정될 경우는 제외
    예) 특수경비직 채용 시 : 시력, 건강한 신체 요구
    　　연구직 채용 시 : 논문, 학위 요구 등
- 블라인드 면접 실시
  - 면접관에게 응시자의 출신지역, 가족관계, 학교명 등 인적사항 정보 제공 금지
  - 면접관은 응시자의 인적사항에 대한 질문 금지

6. 블라인드 채용 도입의 효과성

- 구성원의 다양성과 창의성이 높아져 기업 경쟁력 강화
  - 편견을 없애고 직무능력 중심으로 선발하므로 다양한 직원 구성 가능
  - 다양한 생각과 의견을 통하여 기업의 창의성이 높아져 기업경쟁력 강화
- 직무에 적합한 인재선발을 통한 이직률 감소 및 만족도 제고
  - 사전에 지원자들에게 구체적이고 상세한 직무요건을 제시함으로써 허수 지원이 낮아지고, 직무에 적합한 지원자 모집 가능
  - 직무에 적합한 인재가 선발되어 직무이해도가 높아져 업무효율 증대 및 만족도 제고
- 채용의 공정성과 기업이미지 제고
  - 블라인드 채용은 사회적 편견을 줄인 선발 방법으로 기업에 대한 사회적 인식 제고
  - 채용과정에서 불합리한 차별을 받지 않고 실력에 의해 공정하게 평가를 받을 것이라는 믿음을 제공하고, 지원자들은 평등한 기회와 공정한 선발과정 경험

CHAPTER 02 서류전형 가이드

01 채용공고문

1. 채용공고문의 변화

기존 채용공고문	변화된 채용공고문
• 취업준비생에게 불충분하고 불친절한 측면 존재 • 모집분야에 대한 명확한 직무관련 정보 및 평가기준 부재 • 해당분야에 지원하기 위한 취업준비생의 무분별한 스펙 쌓기 현상 발생	• NCS 직무분석에 기반한 채용공고를 토대로 채용전형 진행 • 지원자가 입사 후 수행하게 될 업무에 대한 자세한 정보 공지 • 직무수행내용, 직무수행 시 필요한 능력, 관련된 자격, 직업기초능력 제시 • 지원자가 해당 직무에 필요한 스펙만을 준비할 수 있도록 안내
• 모집부문 및 응시자격 • 지원서 접수 • 전형절차 • 채용조건 및 처우 • 기타사항	• 채용절차 • 채용유형별 선발분야 및 예정인원 • 전형방법 • 선발분야별 직무기술서 • 우대사항

2. 지원 유의사항 및 지원요건 확인

채용 직무에 따른 세부사항을 공고문에 명시하여 지원자에게 적격한 지원 기회를 부여함과 동시에 채용과정에서의 공정성과 신뢰성을 확보합니다.

구성	내용	확인사항
모집분야 및 규모	고용형태(인턴 계약직 등), 모집분야, 인원, 근무지역 등	채용직무가 여러 개일 경우 본인이 해당되는 직무의 채용규모 확인
응시자격	기본 자격사항, 지원조건	지원을 위한 최소자격요건을 확인하여 불필요한 지원을 예방
우대조건	법정·특별·자격증 가점	본인의 가점 여부를 검토하여 가점 획득을 위한 사항을 사실대로 기재
근무조건 및 보수	고용형태 및 고용기간, 보수, 근무지	본인이 생각하는 기대수준에 부합하는지 확인하여 불필요한 지원을 예방
시험방법	서류·필기·면접전형 등의 활용방안	전형방법 및 세부 평가기법 등을 확인하여 지원전략 준비
전형일정	접수기간, 각 전형 단계별 심사 및 합격자 발표일 등	본인의 지원 스케줄을 검토하여 차질이 없도록 준비
제출서류	입사지원서(경력·경험기술서 등), 각종 증명서 및 자격증 사본 등	지원요건 부합 여부 및 자격 증빙서류 사전에 준비
유의사항	임용취소 등의 규정	임용취소 관련 법적 또는 기관 내부 규정을 검토하여 해당여부 확인

02 직무기술서

직무기술서란 직무수행의 내용과 필요한 능력, 관련 자격, 직업기초능력 등을 상세히 기재한 것으로 입사 후 수행하게 될 업무에 대한 정보가 수록되어 있는 자료입니다.

1. 채용분야

> 설명

NCS 직무분류 체계에 따라 직무에 대한 「대분류 – 중분류 – 소분류 – 세분류」 체계를 확인할 수 있습니다. 채용 직무에 대한 모든 직무기술서를 첨부하게 되며 실제 수행 업무를 기준으로 세부적인 분류정보를 제공합니다.

채용분야	분류체계			
사무행정	대분류	중분류	소분류	세분류
분류코드	02. 경영·회계·사무	03. 재무·회계	01. 재무	01. 예산
				02. 자금
			02. 회계	01. 회계감사
				02. 세무

2. 능력단위

> 설명

직무분류 체계의 세분류 하위능력단위 중 실질적으로 수행할 업무의 능력만 구체적으로 파악할 수 있습니다.

능력단위	(예산)	03. 연간종합예산수립 05. 확정예산 운영	04. 추정재무제표 작성 06. 예산실적 관리
	(자금)	04. 자금운용	
	(회계감사)	02. 자금관리 05. 회계정보시스템 운용 07. 회계감사	04. 결산관리 06. 재무분석
	(세무)	02. 결산관리 07. 법인세 신고	05. 부가가치세 신고

3. 직무수행내용

> 설명

세분류 영역의 기본정의를 통해 직무수행내용을 확인할 수 있습니다. 입사 후 수행할 직무내용을 구체적으로 확인할 수 있으며, 이를 통해 입사서류 작성부터 면접까지 직무에 대한 명확한 이해를 바탕으로 자신의 희망직무인지 아닌지, 해당 직무가 자신이 알고 있던 직무가 맞는지 확인할 수 있습니다.

직무수행내용	(예산) 일정기간 예상되는 수익과 비용을 편성, 집행하며 통제하는 일
	(자금) 자금의 계획 수립, 조달, 운용을 하고 발생 가능한 위험 관리 및 성과평가
	(회계감사) 기업 및 조직 내·외부에 있는 의사결정자들이 효율적인 의사결정을 할 수 있도록 유용한 정보를 제공, 제공된 회계정보의 적정성을 파악하는 일
	(세무) 세무는 기업의 활동을 위하여 주어진 세법범위 내에서 조세부담을 최소화시키는 조세전략을 포함하고 정확한 과세소득과 과세표준 및 세액을 산출하여 과세당국어 신고·납부하는 일

4. 직무기술서 예시

태도	(예산) 정확성, 분석적 태도, 논리적 태도, 타 부서와의 협조적 태도, 설득력
	(자금) 분석적 사고력
	(회계 감사) 합리적 태도, 전략적 사고, 정확성, 적극적 협업 태도, 법률준수 태도, 분석적 태도, 신속성, 책임감, 정확한 판단력
	(세무) 규정 준수 의지, 수리적 정확성, 주의 깊은 태도
우대 자격증	공인회계사, 세무사, 컴퓨터활용능력, 변호사, 워드프로세서, 전산회계운용사, 사회조사분석사, 재경관리사, 회계관리 등
직업기초능력	의사소통능력, 문제해결능력, 자원관리능력, 대인관계능력, 정보능력, 조직이해능력

5. 직무기술서 내용별 확인사항

항목	확인사항
모집부문	해당 채용에서 선발하는 부문(분야)명 확인 예 사무행정, 전산, 전기
분류체계	지원하려는 분야의 세부직무군 확인
주요기능 및 역할	지원하려는 기업의 전사적인 기능과 역할, 산업군 확인
능력단위	지원분야의 직무수행에 관련되는 세부업무사항 확인
직무수행내용	지원분야의 직무군에 대한 상세사항 확인
전형방법	지원하려는 기업의 신입사원 선발전형 절차 확인
일반요건	교육사항을 제외한 지원 요건 확인(자격요건, 특수한 경우 연령)
교육요건	교육사항에 대한 지원요건 확인(대졸 / 초대졸 / 고졸 / 전공 요건)
필요지식	지원분야의 업무수행을 위해 요구되는 지식 관련 세부항목 확인
필요기술	지원분야의 업무수행을 위해 요구되는 기술 관련 세부항목 확인
직무수행태도	지원분야의 업무수행을 위해 요구되는 태도 관련 세부항목 확인
직업기초능력	지원분야 또는 지원기업의 조직원으로서 근무하기 위해 필요한 일반적인 능력사항 확인

03 입사지원서

1. 입사지원서의 변화

기존지원서		능력중심 채용 입사지원서	
직무와 관련 없는 학점, 개인신상, 어학점수, 자격, 수상경력 등을 나열하도록 구성	VS	해당 직무수행에 꼭 필요한 정보들을 제시할 수 있도록 구성	
직무기술서	→	인적사항	성명, 연락처, 지원분야 등 작성 (평가 미반영)
직무수행내용		교육사항	직무지식과 관련된 학교교육 및 직업교육 작성
요구지식 / 기술		자격사항	직무관련 국가공인 또는 민간자격 작성
관련 자격증		경력 및 경험사항	조직에 소속되어 일정한 임금을 받거나(경력) 임금 없이(경험) 직무와 관련된 활동 내용 작성
사전직무경험			

2. 교육사항

- 지원분야 직무와 관련된 학교 교육이나 직업교육 혹은 기타교육 등 직무에 대한 지원자의 학습 여부를 평가하기 위한 항목입니다.
- 지원하고자 하는 직무의 학교 전공교육 이외에 직업교육, 기타교육 등을 기입할 수 있기 때문에 전공 제한 없이 직업교육과 기타교육을 이수하여 지원이 가능하도록 기회를 제공합니다.
  (기타교육 : 학교 이외의 기관에서 개인이 이수한 교육과정 중 지원직무와 관련이 있다고 생각되는 교육내용)

구분	교육과정(과목)명	교육내용	과업(능력단위)

3. 자격사항

- 채용공고 및 직무기술서에 제시되어 있는 자격 현황을 토대로 지원자가 해당 직무를 수행하는 데 필요한 능력을 가지고 있는지를 평가하기 위한 항목입니다.
- 채용공고 및 직무기술서에 기재된 직무관련 필수 또는 우대자격 항목을 확인하여 본인이 보유하고 있는 자격사항을 기재합니다.

자격유형	자격증명	발급기관	취득일자	자격증번호

4. 경력 및 경험사항

- 직무와 관련된 경력이나 경험 여부를 표현하도록 하여 직무와 관련한 능력을 갖추었는지를 평가하기 위한 항목입니다.
- 해당 기업에서 직무를 수행함에 있어 필요한 사항만을 기록하게 되어 있기 때문에 직무와 무관한 스펙을 갖추지 않아도 됩니다.
- 경력 : 금전적 보수를 받고 일정기간 동안 일했던 경우
- 경험 : 금전적 보수를 받지 않고 수행한 활동

※ 기업에 따라 경력 / 경험 관련 증빙자료 요구 가능

구분	조직명	직위 / 역할	활동기간(년 / 월)	주요과업 / 활동내용

> **Tip**
>
> **입사지원서 작성 방법**
> ○ 경력 및 경험사항 작성
> - 직무기술서에 제시된 지식, 기술, 태도와 지원자의 교육사항, 경력(경험)사항, 자격사항과 연계하여 개인의 직무역량에 대해 스스로 판단 가능
>
> ○ 인적사항 최소화
> - 개인의 인적사항, 학교명, 가족관계 등을 노출하지 않도록 유의
>
> **부적절한 입사지원서 작성 사례**
> - 학교 이메일을 기입하여 학교명 노출
> - 거주지 주소에 학교 기숙사 주소를 기입하여 학교명 노출
> - 자기소개서에 부모님이 재직 중인 기업명, 직위, 직업을 기입하여 가족관계 노출
> - 자기소개서에 석·박사 과정에 대한 이야기를 언급하여 학력 노출
> - 동아리 활동에 대한 내용을 학교명과 더불어 언급하여 학교명 노출

04 자기소개서

1. 자기소개서의 변화

- 기존의 자기소개서는 지원자의 일대기나 관심 분야, 성격의 장·단점 등 개괄적인 사항을 묻는 질문으로 구성되어 지원자가 자신의 직무능력을 제대로 표출하지 못합니다.
- 능력중심 채용의 자기소개서는 직무기술서에 제시된 직업기초능력(또는 직무수행능력)에 대한 지원자의 과거 경험을 기술하게 함으로써 평가 타당도의 확보가 가능합니다.

1. 우리 회사와 해당 지원 직무분야에 지원한 동기에 대해 기술해 주세요.
2. 자신이 경험한 다양한 사회활동에 대해 기술해 주세요.
3. 지원 직무에 대한 전문성을 키우기 위해 받은 교육과 경험 및 경력사항에 대해 기술해 주세요.
4. 인사업무 또는 팀 과제 수행 중 발생한 갈등을 원만하게 해결해 본 경험이 있습니까? 당시 상황에 대한 설명과 갈등의 대상이 되었던 상대방을 설득한 과정 및 방법을 기술해 주세요.
5. 과거에 있었던 일 중 가장 어려웠던(힘들었었던) 상황을 고르고, 어떤 방법으로 그 상황을 해결했는지를 기술해 주세요.

Tip

자기소개서 작성 방법

① 자기소개서 문항이 묻고 있는 평가 역량 추측하기

> 예시
> - 팀 활동을 하면서 갈등 상황 시 상대방의 니즈나 의도를 명확히 파악하고 해결하여 목표 달성에 기여했던 경험에 대해서 작성해 주시기 바랍니다.
> - 다른 사람이 생각해내지 못했던 문제점을 찾고 이를 해결한 경험에 대해 작성해 주시기 바랍니다.

② 해당 역량을 보여줄 수 있는 소재 찾기(시간 × 역량 매트릭스)

예시

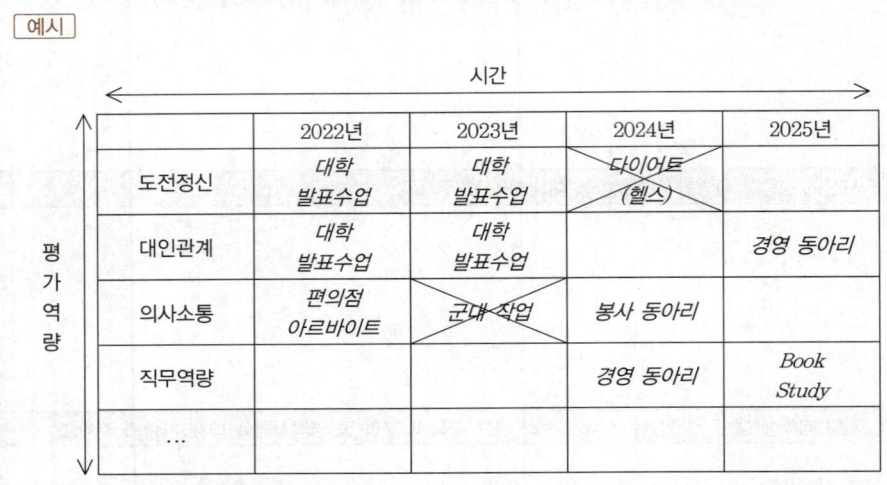

평가역량		시간			
		2022년	2023년	2024년	2025년
	도전정신	대학 발표수업	대학 발표수업	~~다이어트 (헬스)~~	
	대인관계	대학 발표수업	대학 발표수업		경영 동아리
	의사소통	편의점 아르바이트	~~군대 작업~~	봉사 동아리	
	직무역량			경영 동아리	Book Study
	…				

③ 자기소개서 작성 Skill 익히기
- 두괄식으로 작성하기
- 구체적 사례를 사용하기
- '나'를 중심으로 작성하기
- 직무역량 강조하기
- 경험 사례의 차별성 강조하기

CHAPTER 03 인성검사 소개 및 모의테스트

01 인성검사 유형

인성검사는 지원자의 성격특성을 객관적으로 파악하고 그것이 각 기업에서 필요로 하는 인재상과 가치에 부합하는가를 평가하기 위한 검사입니다. 인성검사는 KPDI(한국인재개발진흥원), K-SAD(한국사회적성개발원), KIRBS(한국행동과학연구소), SHR(에스에이치알) 등의 전문기관을 통해 각 기업의 특성에 맞는 검사를 선택하여 실시합니다. 대표적인 인성검사의 유형에는 크게 다음과 같은 세 가지가 있으며, 채용 대행업체에 따라 달라집니다.

1. KPDI 검사

조직적응성과 직무적합성을 알아보기 위한 검사로 인성검사, 인성역량검사, 인적성검사, 직종별 인적성검사 등의 다양한 검사 도구를 구현합니다. KPDI는 성격을 파악하고 정신건강 상태 등을 측정하고, 직무검사는 해당 직무를 수행하기 위해 기본적으로 갖추어야 할 인지적 능력을 측정합니다. 역량검사는 특정 직무 역할을 효과적으로 수행하는 데 직접적으로 관련 있는 개인의 행동, 지식, 스킬, 가치관 등을 측정합니다.

2. KAD(Korea Aptitude Development) 검사

K-SAD(한국사회적성개발원)에서 실시하는 적성검사 프로그램입니다. 개인의 성향, 지적 능력, 기호, 관심, 흥미도를 종합적으로 분석하여 적성에 맞는 업무가 무엇인가 파악하고, 직무수행에 있어서 요구되는 기초능력과 실무능력을 분석합니다.

3. SHR 직무적성검사

직무수행에 필요한 종합적인 사고 능력을 다양한 적성검사(Paper and Pencil Test)로 평가합니다. SHR의 모든 직무능력검사는 표준화 검사입니다. 표준화 검사는 표본집단의 점수를 기초로 규준이 만들어진 검사이므로 개인의 점수를 규준에 맞추어 해석・비교하는 것이 가능합니다. S(Standardized Tests), H(Hundreds of Version), R(Reliable Norm Data)을 특징으로 하며, 직군・직급별 특성과 선발 수준에 맞추어 검사를 적용할 수 있습니다.

02 인성검사와 면접

인성검사는 특히 면접질문과 관련성이 높습니다. 면접관은 지원자의 인성검사 결과를 토대로 질문을 하기 때문입니다. 일관적이고 이상적인 답변을 하는 것이 가장 좋지만, 실제 시험은 매우 복잡하여 전문가라 해도 일정 성격을 유지하면서 답변을 하는 것이 힘듭니다. 또한, 인성검사에는 라이 스케일(Lie Scale) 설문이 전체 설문 속에 교묘하게 섞여 들어가 있으므로 겉치레적인 답을 하게 되면 회답태도의 허위성이 그대로 드러나게 됩니다. 예를 들어 '거짓말을 한 적이 한 번도 없다.'에 '예'로 답하고, '때로는 거짓말을 하기도 한다.'에 '예'라고 답하여 라이 스케일의 득점이 올라가게 되면 모든 회답의 신빙성이 사라지고 '자신을 돋보이게 하려는 사람'이라는 평가를 받을 수 있으므로 주의해야 합니다. 따라서 모의테스트를 통해 인성검사의 유형과 실제 시험 시 어떻게 문제를 풀어야 하는지 연습해 보고 체크한 부분 중 자신의 단점과 연결되는 부분은 면접에서 질문이 들어왔을 때 어떻게 대처해야 하는지 생각해 보는 것이 좋습니다.

03 유의사항

1. 기업의 인재상을 파악하라!

인성검사를 통해 개인의 성격 특성을 파악하고 그것이 기업의 인재상과 가치에 부합하는지를 평가하는 시험이기 때문에 해당 기업의 인재상을 먼저 파악하고 시험에 임하는 것이 좋습니다. 모의테스트에서 인재상에 맞는 가상의 인물을 설정하고 문제에 답해 보는 것도 많은 도움이 됩니다.

2. 일관성 있는 대답을 하라!

짧은 시간 안에 다양한 질문에 답을 해야 하는데, 그 안에는 중복되는 질문이 여러 번 나옵니다. 이때 앞서 자신이 체크했던 대답을 잘 기억해뒀다가 일관성 있는 답을 하는 것이 중요합니다.

3. 모든 문항에 대답하라!

많은 문제를 짧은 시간 안에 풀려다 보니 다 못 푸는 경우도 종종 생깁니다. 하지만 대답을 누락하거나 끝까지 다 못했을 경우 좋지 않은 결과를 가져올 수도 있으니 최대한 주어진 시간 안에 모든 문항에 답할 수 있도록 해야 합니다.

04 KPDI 모의테스트

※ 모의테스트는 질문 및 답변 유형 연습을 위한 것으로 실제 시험과 다를 수 있습니다.
※ 인성검사는 정답이 따로 없는 유형의 검사이므로 결과지를 제공하지 않습니다.

번호	내용	예	아니요
001	나는 솔직한 편이다.	☐	☐
002	나는 리드하는 것을 좋아한다.	☐	☐
003	법을 어겨서 말썽이 된 적이 한 번도 없다.	☐	☐
004	거짓말을 한 번도 한 적이 없다.	☐	☐
005	나는 눈치가 빠르다.	☐	☐
006	나는 일을 주도하기보다는 뒤에서 지원하는 것을 선호한다.	☐	☐
007	앞일은 알 수 없기 때문에 계획은 필요하지 않다.	☐	☐
008	거짓말도 때로는 방편이라고 생각한다.	☐	☐
009	사람이 많은 술자리를 좋아한다.	☐	☐
010	걱정이 지나치게 많다.	☐	☐
011	일을 시작하기 전 재고하는 경향이 있다.	☐	☐
012	불의를 참지 못한다.	☐	☐
013	처음 만나는 사람과도 이야기를 잘 한다.	☐	☐
014	때로는 변화가 두렵다.	☐	☐
015	나는 모든 사람에게 친절하다.	☐	☐
016	힘든 일이 있을 때 술은 위로가 되지 않는다.	☐	☐
017	결정을 빨리 내리지 못해 손해를 본 경험이 있다.	☐	☐
018	기회를 잡을 준비가 되어 있다.	☐	☐
019	때로는 내가 정말 쓸모없는 사람이라고 느낀다.	☐	☐
020	누군가 나를 챙겨주는 것이 좋다.	☐	☐
021	자주 가슴이 답답하다.	☐	☐
022	나는 내가 자랑스럽다.	☐	☐
023	경험이 중요하다고 생각한다.	☐	☐
024	전자기기를 분해하고 다시 조립하는 것을 좋아한다.	☐	☐

025	감시받고 있다는 느낌이 든다.	☐	☐
026	난처한 상황에 놓이면 그 순간을 피하고 싶다.	☐	☐
027	세상엔 믿을 사람이 없다.	☐	☐
028	잘못을 빨리 인정하는 편이다.	☐	☐
029	지도를 보고 길을 잘 찾아간다.	☐	☐
030	귓속말을 하는 사람을 보면 날 비난하고 있는 것 같다.	☐	☐
031	막무가내라는 말을 들을 때가 있다.	☐	☐
032	장래의 일을 생각하면 불안하다.	☐	☐
033	결과보다 과정이 중요하다고 생각한다.	☐	☐
034	운동은 그다지 할 필요가 없다고 생각한다.	☐	☐
035	새로운 일을 시작할 때 좀처럼 한 발을 떼지 못한다.	☐	☐
036	기분 상하는 일이 있더라도 참는 편이다.	☐	☐
037	업무능력은 성과로 평가받아야 한다고 생각한다.	☐	☐
038	머리가 맑지 못하고 무거운 느낌이 든다.	☐	☐
039	가끔 이상한 소리가 들린다.	☐	☐
040	타인이 내게 자주 고민상담을 하는 편이다.	☐	☐

05　SHR 모의테스트

※ 모의테스트는 질문 및 답변 유형 연습을 위한 것으로 실제 시험과 다를 수 있습니다.
※ 인성검사는 정답이 따로 없는 유형의 검사이므로 결과지를 제공하지 않습니다.

※ 이 성격검사의 각 문항에는 서로 다른 행동을 나타내는 네 개의 문장이 제시되어 있습니다. 이 문장들을 비교하여, 자신의 평소 행동과 가장 가까운 문장을 'ㄱ' 열에 표기하고, 가장 먼 문장을 'ㅁ' 열에 표기하십시오.

01　나는 _____

	ㄱ	ㅁ
A. 실용적인 해결책을 찾는다.	☐	☐
B. 다른 사람을 돕는 것을 좋아한다.	☐	☐
C. 세부 사항을 잘 챙긴다.	☐	☐
D. 상대의 주장에서 허점을 잘 찾는다.	☐	☐

02　나는 _____

	ㄱ	ㅁ
A. 매사에 적극적으로 임한다.	☐	☐
B. 즉흥적인 편이다.	☐	☐
C. 관찰력이 있다.	☐	☐
D. 임기응변에 강하다.	☐	☐

03　나는 _____

	ㄱ	ㅁ
A. 무서운 영화를 잘 본다.	☐	☐
B. 조용한 곳이 좋다.	☐	☐
C. 가끔 울고 싶다.	☐	☐
D. 집중력이 좋다.	☐	☐

04　나는 _____

	ㄱ	ㅁ
A. 기계를 조립하는 것을 좋아한다.	☐	☐
B. 집단에서 리드하는 역할을 맡는다.	☐	☐
C. 호기심이 많다.	☐	☐
D. 음악을 듣는 것을 좋아한다.	☐	☐

05 나는 _____

	ㄱ	ㅁ
A. 타인을 늘 배려한다.	☐	☐
B. 감수성이 예민하다.	☐	☐
C. 즐겨하는 운동이 있다.	☐	☐
D. 일을 시작하기 전에 계획을 세운다.	☐	☐

06 나는 _____

	ㄱ	ㅁ
A. 타인에게 설명하는 것을 좋아한다.	☐	☐
B. 여행을 좋아한다.	☐	☐
C. 정적인 것이 좋다.	☐	☐
D. 남을 돕는 것에 보람을 느낀다.	☐	☐

07 나는 _____

	ㄱ	ㅁ
A. 기계를 능숙하게 다룬다.	☐	☐
B. 밤에 잠이 잘 오지 않는다.	☐	☐
C. 한 번 간 길을 잘 기억한다.	☐	☐
D. 불의를 보면 참을 수 없다.	☐	☐

08 나는 _____

	ㄱ	ㅁ
A. 종일 말을 하지 않을 때가 있다.	☐	☐
B. 사람이 많은 곳을 좋아한다.	☐	☐
C. 술을 좋아한다.	☐	☐
D. 휴양지에서 편하게 쉬고 싶다.	☐	☐

09 나는 _____

	ㄱ	ㅁ
A. 뉴스보다는 드라마를 좋아한다.	☐	☐
B. 길을 잘 찾는다.	☐	☐
C. 주말엔 집에서 쉬는 것이 좋다.	☐	☐
D. 아침에 일어나는 것이 힘들다.	☐	☐

10 나는 _____

	ㄱ	ㅁ
A. 이성적이다.	☐	☐
B. 할 일을 종종 미룬다.	☐	☐
C. 어른을 대하는 게 힘들다.	☐	☐
D. 불을 보면 매혹을 느낀다.	☐	☐

11 나는 _____

	ㄱ	ㅁ
A. 상상력이 풍부하다.	☐	☐
B. 예의 바르다는 소리를 자주 듣는다.	☐	☐
C. 사람들 앞에 서면 긴장한다.	☐	☐
D. 친구를 자주 만난다.	☐	☐

12 나는 _____

	ㄱ	ㅁ
A. 나만의 스트레스 해소 방법이 있다.	☐	☐
B. 친구가 많다.	☐	☐
C. 책을 자주 읽는다.	☐	☐
D. 활동적이다.	☐	☐

CHAPTER 04 면접전형 가이드

01 면접유형 파악

1. 면접전형의 변화

기존 면접전형에서는 일상적이고 단편적인 대화나 지원자의 첫인상 및 면접관의 주관적인 판단 등에 의해서 입사 결정 여부를 판단하는 경우가 많았습니다. 이러한 면접전형은 면접 내용의 일관성이 결여되거나 직무 관련 타당성이 부족하였고, 면접에 대한 신뢰도에 영향을 주었습니다.

기존 면접(전통적 면접)	능력중심 채용 면접(구조화 면접)

• 일상적이고 단편적인 대화
• 인상, 외모 등 외부 요소의 영향
• 주관적인 판단에 의존한 총점 부여
 	
⇩
 	
• 면접 내용의 일관성 결여
• 직무관련 타당성 부족
• 주관적인 채점으로 신뢰도 저하
	• 일관성
	  - 직무관련 역량에 초점을 둔 구체적 질문 목록
	  - 지원자별 동일 질문 적용
	• 구조화
	  - 면접 진행 및 평가 절차를 일정한 체계에 의해 구성
	• 표준화
	  - 평가 타당도 제고를 위한 평가 Matrix 구성
	  - 척도에 따라 항목별 채점, 개인 간 비교
	• 신뢰성
	  - 면접진행 매뉴얼에 따라 면접위원 교육 및 실습

2. 능력중심 채용의 면접 유형

① 경험 면접
  • 목적 : 선발하고자 하는 직무 능력이 필요한 과거 경험을 질문합니다.
  • 평가요소 : 직업기초능력과 인성 및 태도적 요소를 평가합니다.
② 상황 면접
  • 목적 : 특정 상황을 제시하고 지원자의 행동을 관찰함으로써 실제 상황의 행동을 예상합니다.
  • 평가요소 : 직업기초능력과 인성 및 태도적 요소를 평가합니다.
③ 발표 면접
  • 목적 : 특정 주제와 관련된 지원자의 발표와 질의응답을 통해 지원자 역량을 평가합니다.
  • 평가요소 : 직무수행능력과 인지적 역량(문제해결능력)을 평가합니다.
④ 토론 면접
  • 목적 : 토의과제에 대한 의견수렴 과정에서 지원자의 역량과 상호작용능력을 평가합니다.
  • 평가요소 : 직무수행능력과 팀워크를 평가합니다.

02 면접유형별 준비 방법

1. 경험 면접

① 경험 면접의 특징
- 주로 직업기초능력에 관련된 지원자의 과거 경험을 심층 질문하여 검증하는 면접입니다.
- 직무능력과 관련된 과거 경험을 평가하기 위해 심층 질문을 하며, 이 질문은 지원자의 답변에 대하여 '꼬리에 꼬리를 무는 형식'으로 진행됩니다.

> - 능력요소, 정의, 심사 기준
>   - 평가하고자 하는 능력요소, 정의, 심사기준을 확인하여 면접위원이 해당 능력요소 관련 질문을 제시합니다.
> - Opening Question
>   - 능력요소에 관련된 과거 경험을 유도하기 위한 시작 질문을 합니다.
> - Follow-up Question
>   - 지원자의 경험 수준을 구체적으로 검증하기 위한 질문입니다.
>   - 경험 수준 검증을 위한 상황(Situation), 임무(Task), 역할 및 노력(Action), 결과(Result) 등으로 질문을 구분합니다.

경험 면접의 형태

[면접관 1] [면접관 2] [면접관 3]   [면접관 1] [면접관 2] [면접관 3]

[지원자]   [지원자 1] [지원자 2] [지원자 3]

〈일대다 면접〉   〈다대다 면접〉

② 경험 면접의 구조

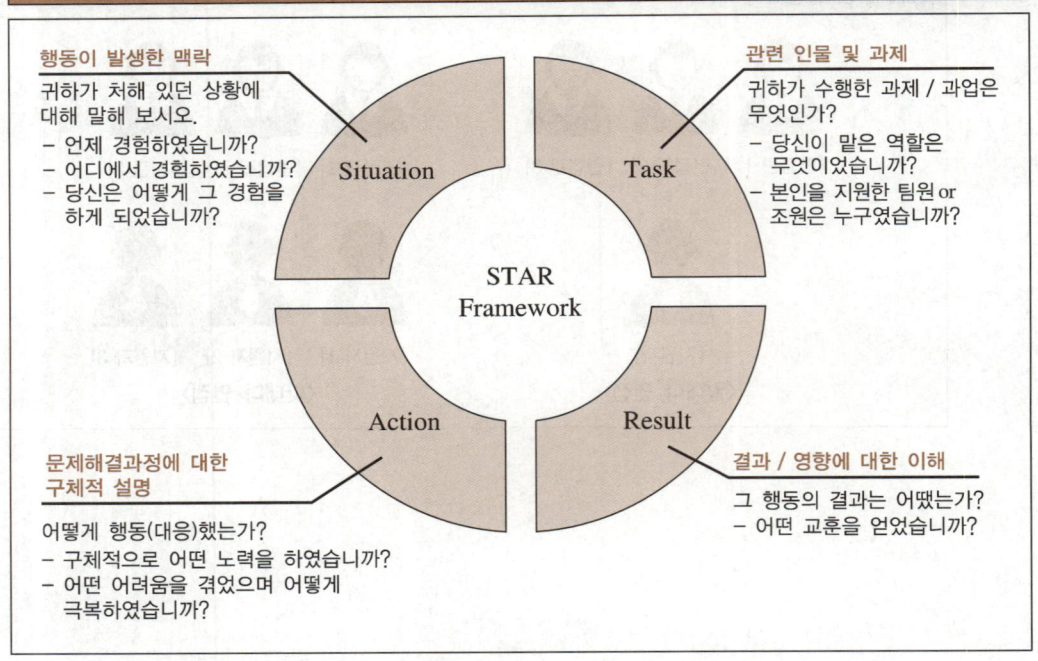

③ 경험 면접 질문 예시(직업윤리)

시작 질문	
1	남들이 신경 쓰지 않는 부분까지 고려하여 절차대로 업무(연구)를 수행하여 성과를 낸 경험을 구체적으로 말해 보시오.
2	조직의 원칙과 절차를 철저히 준수하며 업무(연구)를 수행한 것 중 성과를 향상시킨 경험에 대해 구체적으로 말해 보시오.
3	세부적인 절차와 규칙에 주의를 기울여 실수 없이 업무(연구)를 마무리한 경험을 구체적으로 말해 보시오.
4	조직의 규칙이나 원칙을 고려하여 성실하게 일했던 경험을 구체적으로 말해 보시오.
5	타인의 실수를 바로잡고 원칙과 절차대로 수행하여 성공적으로 업무를 마무리하였던 경험에 대해 말해 보시오.

후속 질문		
상황 (Situation)	상황	구체적으로 언제, 어디에서 경험한 일인가?
		어떤 상황이었는가?
	조직	어떤 조직에 속해 있었는가?
		그 조직의 특성은 무엇이었는가?
		몇 명으로 구성된 조직이었는가?
	기간	해당 조직에서 얼마나 일했는가?
		해당 업무는 몇 개월 동안 지속되었는가?
	조직규칙	조직의 원칙이나 규칙은 무엇이었는가?
임무 (Task)	과제	과제의 목표는 무엇이었는가?
		과제에 적용되는 조직의 원칙은 무엇이었는가?
		그 규칙을 지켜야 하는 이유는 무엇이었는가?
	역할	당신이 조직에서 맡은 역할은 무엇이었는가?
		과제에서 맡은 역할은 무엇이었는가?
	문제의식	규칙을 지키지 않을 경우 생기는 문제점 / 불편함은 무엇인가?
		해당 규칙이 왜 중요하다고 생각하였는가?
역할 및 노력 (Action)	행동	업무 과정의 어떤 장면에서 규칙을 철저히 준수하였는가?
		어떻게 규정을 적용시켜 업무를 수행하였는가?
		규정은 준수하는 데 어려움은 없었는가?
	노력	그 규칙을 지키기 위해 스스로 어떤 노력을 기울였는가?
		본인의 생각이나 태도에 어떤 변화가 있었는가?
		다른 사람들은 어떤 노력을 기울였는가?
	동료관계	동료들은 규칙을 철저히 준수하고 있었는가?
		팀원들은 해당 규칙에 대해 어떻게 반응하였는가?
		규칙에 대한 태도를 개선하기 위해 어떤 노력을 하였는가?
		팀원들의 태도는 당신에게 어떤 자극을 주었는가?
	업무추진	주어진 업무를 추진하는 데 규칙이 방해되진 않았는가?
		업무수행 과정에서 규정을 어떻게 적용하였는가?
		업무 시 규정을 준수해야 한다고 생각한 이유는 무엇인가?

결과 (Result)	평가	규칙을 어느 정도나 준수하였는가?
		그렇게 준수할 수 있었던 이유는 무엇이었는가?
		업무의 성과는 어느 정도였는가?
		성과에 만족하였는가?
		비슷한 상황이 온다면 어떻게 할 것인가?
	피드백	주변 사람들로부터 어떤 평가를 받았는가?
		그러한 평가에 만족하는가?
		다른 사람에게 본인의 행동이 영향을 주었다고 생각하는가?
	교훈	업무수행 과정에서 중요한 점은 무엇이라고 생각하는가?
		이 경험을 통해 느낀 바는 무엇인가?

2. 상황 면접

① 상황 면접의 특징

직무 관련 상황을 가정하여 제시하고 이에 대한 대응능력을 직무관련성 측면에서 평가하는 면접입니다.

- 상황 면접 과제의 구성은 크게 2가지로 구분
  - 상황 제시(Description) / 문제 제시(Question or Problem)
- 현장의 실제 업무 상황을 반영하여 과제를 제시하므로 직무분석이나 직무전문가 워크숍 등을 거쳐 현장성을 높임
- 문제는 상황에 대한 기본적인 이해능력(이론적 지식)과 함께 실질적 대응이나 변수 고려능력(실천적 능력) 등을 고르게 질문해야 함

상황 면접의 형태

② 상황 면접 예시

상황 제시	인천공항 여객터미널 내에는 다양한 용도의 시설(사무실, 통신실, 식당, 전산실, 창고 면세점 등)이 설치되어 있습니다.	실제 업무 상황에 기반함
	금년에 소방배관의 누수가 잦아 메인 배관을 교체하는 공사를 추진하고 있으며, 당신은 이번 공사의 담당자입니다.	배경 정보
	주간에는 공항 운영이 이루어져 주로 야간에만 배관 교체 공사를 수행하던 중, 시공하는 기능공의 실수로 배관 연결 부위를 잘못 건드려 고압배관의 소화수가 누출되는 사고가 발생하였으며, 이로 인해 인근 시설물에 누수에 의한 피해가 발생하였습니다.	구체적인 문제 상황
문제 제시	일반적인 소방배관의 배관연결(이음)방식과 배관의 이탈(누수)이 발생하는 원인에 대해 설명해 보시오.	문제 상황 해결을 위한 기본 지식 문항
	담당자로서 본 사고를 현장에서 긴급히 처리하는 프로세스를 제시하고, 보수완료 후 사후적 조치가 필요한 부분 및 재발방지 방안에 대해 설명해 보시오.	문제 상황 해결을 위한 추가 대응 문항

3. 발표 면접

① 발표 면접의 특징
- 직무관련 주제에 대한 지원자의 생각을 정리하여 의견을 제시하고, 발표 및 질의응답을 통해 지원자의 직무능력을 평가하는 면접입니다.
- 발표 주제는 직무와 관련된 자료로 제공되며, 일정 시간 후 지원자가 보유한 지식 및 방안에 대한 발표 및 후속 질문을 통해 직무적합성을 평가합니다.

> - 주요 평가요소
>   - 설득적 말하기 / 발표능력 / 문제해결능력 / 직무관련 전문성
> - 이미 언론을 통해 공론화된 시사 이슈보다는 해당 직무분야에 관련된 주제가 발표면접의 과제로 선정되는 경우가 최근 들어 늘어나고 있음
> - 짧은 시간 동안 주어진 과제를 빠른 속도로 분석하여 발표문을 작성하고 제한된 시간 안에 면접관에게 효과적인 발표를 진행하는 것이 핵심

발표 면접의 형태

[면접관 1] [면접관 2]　　　　　[면접관 1] [면접관 2]

[지원자]　　　　　[지원자 1] [지원자 2] [지원자 3]
〈개별 과제 발표〉　　　　　〈팀 과제 발표〉

※ 면접관에게 시각적 효과를 사용하여 메시지를 전달하는 쌍방향 커뮤니케이션 방식
※ 심층면접을 보완하기 위한 방안으로 최근 많은 기업에서 적극 도입하는 추세

② 발표 면접 예시

1. 지시문

> 당신은 현재 A사에서 직원들의 성과평가를 담당하고 있는 팀원이다. 인사팀은 지난주부터 사내 조직문화관련 인터뷰를 하던 도중 성과평가제도에 관련된 개선 니즈가 제일 많다는 것을 알게 되었다. 이에 팀장님은 인터뷰 결과를 종합하여 성과평가제도 개선 아이디어를 A4 용지에 정리하여 신속 보고할 것을 지시하셨다. 당신에게 남은 시간은 1시간이다. 자료를 준비하는 대로 당신은 팀원들이 모인 회의실에서 5분 간 발표할 것이며, 이후 질의응답을 진행할 것이다.

2. 배경자료

<성과평가제도 개선에 대한 인터뷰>

최근 A사는 회사 사세의 급성장으로 인해 작년보다 매출이 두 배 성장하였고, 직원 수 또한 두 배로 증가하였다. 회사의 성장은 임금, 복지에 대한 상승 등 긍정적인 영향을 주었으나 업무의 불균형 및 성과보상의 불평등 문제가 발생하였다. 또한 수시로 입사하는 신입직원과 경력직원, 퇴사하는 직원들까지 인원들의 잦은 변동으로 인해 평가해야 할 대상이 변경되어 현재의 성과평가제도로는 공정한 평가가 어려운 상황이다.

[생산부서 김상호]
우리 팀은 지난 1년 동안 생산량이 급증했기 때문에 수십 명의 신규인력이 급하게 채용되었습니다. 이 때문에 저희 팀장님은 신규 입사자들의 이름조차 기억 못 할 때가 많이 있습니다. 성과평가를 제대로 하고 있는지 의문이 듭니다.

[마케팅 부서 김흥민]
개인의 성과평가의 취지는 충분히 이해합니다. 그러나 현재 평가는 실적기반이나 정성적인 평가가 많이 포함되어 있어 객관성과 공정성에는 의문이 드는 것이 사실입니다. 이러한 상황에서 평가제도를 재수립하지 않고, 인센티브에 계속 반영한다면, 평가제도에 대한 반감이 커질 것이 분명합니다.

[교육부서 홍경민]
현재 교육부서는 인사팀과 밀접하게 일하고 있습니다. 그럼에도 인사팀에서 실시하는 성과평가제도에 대한 이해가 부족한 것 같습니다.

[기획부서 김경호 차장]
저는 저의 평가자 중 하나가 연구부서의 팀장님인데, 일 년에 몇 번 같이 일하지 않는데 어떻게 저를 평가할 수 있을까요? 특히 연구팀은 저희가 예산을 배정하는데, 저에게는 좋지만….

4. 토론 면접

① 토론 면접의 특징
- 다수의 지원자가 조를 편성해 과제에 대한 토론(토의)을 통해 결론을 도출해가는 면접입니다.
- 의사소통능력, 팀워크, 종합인성 등의 평가에 용이합니다.

> - 주요 평가요소
>   - 설득적 말하기, 경청능력, 팀워크, 종합인성
> - 의견 대립이 명확한 주제 또는 채용분야의 직무 관련 주요 현안을 주제로 과제 구성
> - 제한된 시간 내 토론을 진행해야 하므로 적극적으로 자신 있게 토론에 임하고 본인의 의견을 개진할 수 있어야 함

토론 면접의 형태

② 토론 면접 예시

고객 불만 고충처리
1. 들어가며
최근 우리 상품에 대한 고객 불만의 증가로 고객고충처리 TF가 만들어졌고 당신은 여기에 지원해 배치받았다. 당신의 업무는 불만을 가진 고객을 만나서 애로사항을 듣고 처리해 주는 일이다. 주된 업무로는 고객의 니즈를 파악해 방향성을 제시해 주고 그 해결책을 마련하는 일이다. 하지만 경우에 따라서 고객의 주관적인 의견으로 인해 제대로 된 방향으로 의사결정을 하지 못할 때가 있다. 이럴 경우 설득이나 논쟁을 해서라도 의견을 관철시키는 것이 좋을지 아니면 고객의 의견대로 진행하는 것이 좋을지 결정해야 할 때가 있다. 만약 당신이라면 이러한 상황에서 어떤 결정을 내릴 것인지 여부를 자유롭게 토론해 보시오.
2. 1분 자유 발언 시 준비사항
• 당신은 의견을 자유롭게 개진할 수 있으며 이에 따른 불이익은 없습니다. • 토론의 방향성을 이해하고, 내용의 장점과 단점이 무엇인지 문제를 명확히 말해야 합니다. • 합리적인 근거에 기초하여 개선방안을 명확히 제시해야 합니다. • 제시한 방안을 실행 시 예상되는 긍정적·부정적 영향요인도 동시에 고려할 필요가 있습니다.
3. 토론 시 유의사항
• 토론 주제문과 제공해드린 메모지, 볼펜만 가지고 토론장에 입장할 수 있습니다. • 사회자의 지정 또는 발표자가 손을 들어 발언권을 획득할 수 있으며, 사회자의 통제에 따릅니다. • 토론회가 시작되면, 팀의 의견과 논거를 정리하여 1분간의 자유발언을 할 수 있습니다. 순서는 사회자가 지정합니다. 이후에는 자유롭게 상대방에게 질문하거나 답변을 하실 수 있습니다. • 핸드폰, 서적 등 외부 매체는 사용하실 수 없습니다. • 논제에 벗어나는 발언이나 지나치게 공격적인 발언을 할 경우, 위에서 제시한 유의사항을 지키지 않을 경우 불이익을 받을 수 있습니다.

03 면접 Role Play

1. 면접 Role Play 편성

- 교육생끼리 조를 편성하여 면접관과 지원자 역할을 교대로 진행합니다.
- 지원자 입장과 면접관 입장을 모두 경험해 보면서 면접에 대한 적응력을 높일 수 있습니다.

> **Tip**
>
> 면접 준비하기
> 1. 면접 유형 확인 필수
>   - 기업마다 면접 유형이 상이하기 때문에 해당 기업의 면접 유형을 확인하는 것이 좋음
>   - 일반적으로 실무진 면접, 임원면접 2차례에 거쳐 면접을 실시하는 기업이 많고 실무진 면접과 임원 면접에서 평가 요소가 다르기 때문에 유형에 맞는 준비방법이 필요
> 2. 후속 질문에 대한 사전 점검
>   - 블라인드 채용 면접에서는 주요 질문과 함께 후속 질문을 통해 지원자의 직무능력을 판단
>   → STAR 기법을 통한 후속 질문에 미리 대비하는 것이 필요

CHAPTER 05 주요 공기업 최신 면접 기출질문

01 코레일 한국철도공사

[경험면접]
- 조직생활 중에 갈등을 겪고, 이에 대처한 경험에 대해 말해 보시오. [2025년]
- 일을 할 때 본인만의 우선순위가 있다면 말해 보시오. [2025년]
- 체계적인 계획을 통해 일을 성공적으로 마무리한 경험이 있는가? [2025년]
- 특정 설비에 어떤 장비가 사용되는지 설명해 보시오. [2025년]
- 가장 존경하는 인물은 누구인지 말해 보시오. [2025년]
- 원칙과 고객만족 중 어느 것이 더 중요한지 말해 보시오. [2025년]
- 기차가 고장 나는 이유가 무엇이라고 생각하는지 말해 보시오. [2025년]
- 새로운 조직에 적응하기 위해 노력했던 경험이 있다면 말해 보시오. [2025년]
- 조직에 잘 융화되었던 경험이 있다면 말해 보시오.
- 상사와 잘 맞지 않았던 경험이 있다면 말해 보시오.
- 무언가에 열정을 갖고 도전한 경험이 있다면 말해 보시오.
- 동료와의 갈등을 해결한 경험이 있다면 말해 보시오.
- 원칙을 지켰던 경험이 있다면 말해 보시오.
- 평소 자기계발을 어떻게 하고 있는지 말해 보시오.
- UPS와 같은 장치 내 반도체 소자가 파괴되는 원인에 대해 말해 보시오.
- 전계와 자계의 차이점을 아는 대로 말해 보시오.
- 페란티 현상이 무엇인지 아는 대로 말해 보시오.
- 누군가와 협력해서 일해 본 경험이 있다면 말해 보시오.
- 본인만의 장점이 무엇인지 말해 보시오.
- 원칙을 지켜 목표를 달성한 경험이 있다면 말해 보시오.
- 규칙이나 원칙을 지키지 않은 경험이 있다면 말해 보시오.
- 직무를 수행하는 데 가장 중요한 것이 무엇이라고 생각하는지 말해 보시오.
- 낯선 환경에서 본인만의 대처법을 말해 보시오.
- 코레일에 입사하기 위해 준비한 것을 말해 보시오.
- 이미 형성된 조직에 나중에 합류하여 적응한 경험이 있다면 말해 보시오.
- 자기계발을 통해 얻은 성과가 무엇인지 말해 보시오.
- 물류 활성화 방안에 대한 본인의 생각을 말해 보시오.
- 평소 여가 시간에는 어떤 활동을 하는지 말해 보시오.
- 코레일에서 가장 중요하다고 생각하는 것이 무엇인지 말해 보시오.
- 의사소통에서 가장 중요하다고 생각하는 것이 무엇인지 말해 보시오.
- 까다로웠던 고객을 응대했던 경험이 있다면 말해 보시오.
- 이미 완수된 작업을 창의적으로 개선한 경험이 있다면 말해 보시오.

- 작업을 창의적으로 개선했을 때 주변인의 반응에 대해 말해 보시오.
- 타인과 협업했던 경험에 대해 말해 보시오.
- 다른 사람과의 갈등을 해결한 경험이 있다면 말해 보시오.

[직무상황면접]
- 실제 역무원이 되었다고 가정하고 안내방송을 해 보시오. [2025년]
- 기관사로 근무하던 중 졸아서 신호기가 황색일 때 비상제동을 했고, 전동차는 이미 적색 신호를 현시하고 있는 신호기를 넘어섰다. 사업소로 복귀한 후 기관사로서 어떻게 행동할 것인지 말해 보시오. [2025년]
- 상사가 지적환인 환호응답을 하지 않을 경우 어떻게 할 것인지 말해 보시오.
- 현장 근무를 하면서 안전에 유의한 본인의 근무 방식과 상사가 지시하는 근무 방식이 다를 경우 어떻게 할 것인지 말해 보시오.
- 동료가 일하기 싫다며 일을 제대로 하지 않을 경우 어떻게 대처할 것인지 말해 보시오.
- 노력한 프로젝트의 결과가 안 좋을 경우 어떻게 해결할 것인지 말해 보시오.

02 국민건강보험공단

[상황면접]
- 본인이 프로젝트 자료 조사 및 데이터 수집을 담당하였고, 이를 바탕으로 제작한 성과물이 좋은 반응을 얻었다. 하지만 자료에 오류가 있었고, 이 사실을 본인만 알고 있다면 어떻게 할 것인가? [2025년]
- 함께 일하는 직원이 매우 내향적이라 본인에게만 이야기하려고 하고, 모든 활동을 본인과 하려고 하며 다른 직원들과는 잘 어울리지 않는다. 이럴 때 본인은 어떻게 할 것인가? [2025년]
- 데이터 분석 역량이 뛰어난 본인은 사내 데이터 분석 동호회에 가입했다. 동호회 상사가 데이터 분석 관련 일을 부탁하였고, 처음에는 그 부탁을 들어줬으나 이제는 본인 업무에 무리가 될 정도로 부탁하고 있다. 이럴 때 본인은 어떻게 할 것인가? [2025년]
- 사후관리 대상자들이 전화를 받지 않고 상담을 진행하려 해도 대상자들이 자신의 검진 결과를 모를 때, 담당자로서 본인은 어떻게 할 것인지 말해 보시오.
- 위 방안에서 가장 어려울 것이라고 생각하는 것은 무엇인지 말해 보시오.
- 노인들을 응대할 때 가장 중요한 것은 무엇인지 말해 보시오.
- 민원인이 민원 사항을 가지고 계속 우긴다면 신입사원으로서 어떻게 대처할 것인지 말해 보시오.
- 선임이 나에게는 잡일을 시키고 동기에게는 중요한 일을 시킨다면 본인은 어떻게 할 것인가?
- 열심히 자료 조사를 했는데 선임이 상사에게 본인이 찾았다고 하는 상황에서 어떻게 대처할 것인가?
- 선임 A와 선임 B의 업무 방식이 다른데 각자의 방식대로 업무를 처리하라고 하는 경우 본인은 어떻게 할 것인가?

[인성면접]
- 본인이 가지고 있는 역량 중 어떤 업무에 전문성이 있다고 생각하는지 말해 보시오.
- 가장 자신 있는 업무와 이와 관련된 이슈를 아는 대로 말해 보시오.
- 국민건강보험공단에서의 업무 중 모르는 것이 있다면 어떻게 대처할 것인지 말해 보시오.

- 업무를 숙지하는 노하우가 있다면 말해 보시오.
- 악성 민원에 대처해 본 경험이 있다면 말해 보시오.
- 상사에게 긍정적 또는 부정적 피드백을 받은 경험이 있는지 말해 보시오.
- 동료와의 갈등 상황이 생긴다면 어떻게 대처할 것인지 말해 보시오.
- 끈기를 가지고 노력했던 경험이 있는지 말해 보시오.
- 실패하거나 힘들었던 경험에서 후회하는 부분이 무엇이며, 지금 다시 돌아간다면 어떻게 할 것지 말해 보시오.
- 공공기관 직원이 갖춰야 할 중요한 가치나 덕목은 무엇이라고 생각하는지 말해 보시오.

[토론면접]
- 불법의료기관 개설 방지를 위한 특별사법경찰권의 실효성 제고 방안을 제시해 보시오. [2025년]
- 아동청소년 정신건강 사회공헌 활동 방안을 제안해 보시오. [2025년]
- 노인장기요양기관 부당청구 신고 활성화 방안을 제시해 보시오. [2025년]
- 출생신고제와 보호출산제의 병행 방향을 제시해 보시오.
- 섭식장애에 대한 지원 방향을 제시해 보시오.
- 저소득층의 당뇨 관리 방안은 무엇인가?
- 국민건강보험공단에 제시하고 싶은 개인정보 보호 강화 방안은 무엇인가?

[경험행동면접]
- 업무상 스스로 한계를 느낀 경험과 그것을 어떻게 해결했는지 말해 보시오. [2025년]
- 적응에 어려움을 겪는 동료를 도운 경험에 대해 말해 보시오. [2025년]
- 평소 어떤 상황에서 스트레스를 받으며, 어떻게 해소하는지 말해 보시오. [2025년]
- 목표를 초과 달성한 경험과 그 동기에 대해 말해 보시오. [2025년]
- 예의 없는 동료와 협력한 경험이 있다면 말해 보시오. [2025년]

03 한국전력공사

[직무면접]
- 많은 회사들 중 한국전력공사에 입사하고 싶은 이유를 말해 보시오. [2025년]
- 본인에게 어떤 역량이 있고, 그것을 회사에 어떤 방식으로 기여할 수 있는지 말해 보시오. [2025년]
- 전기요금에 대한 홍보 방안이 있다면 말해 보시오. [2025년]
- 고령층 대상, 공공성 측면으로 홍보하게 된다면 어떻게 진행할 것인지 설명해 보시오. [2025년]
- 한국인 노동자와 외국인 노동자의 임금 격차에 대한 본인의 생각을 말해 보시오. [2025년]
- ESG의 개념과 한국전력공사에서의 ESG 적용 방안이 있다면 말해 보시오. [2025년]
- 한국전력공사로 이직을 생각하게 된 이유를 말해 보시오. [2025년]
- 공기업 관련 법령에 대한 목적과 본인의 생각을 말해 보시오. [2025년]
- 가공전선 배열 방식에 대해 아는 대로 설명해 보시오. [2025년]
- 한국전력공사에 입사하기 위해 어떤 준비를 하였는지 본인의 경험에 대해 말해 보시오.
- 본인의 분석력이 어떻다고 생각하는지 말해 보시오.

- 금리와 환율의 변화가 한국전력공사에 미치는 영향에 대해 말해 보시오.
- 공유지의 비극에 대해 말해 보시오.
- 수평적 조직과 수직적 조직의 장점에 대해 말해 보시오.
- 가장 친환경적인 에너지는 무엇이라 생각하는지 말해 보시오.
- 윤리경영의 우수한 사례에 대해 말해 보시오.
- 연구비 및 회계처리 방법에 대해 말해 보시오.
- IPO(기업공개)에 대해 말해 보시오.
- 연결재무제표의 장 / 단점에 대해 말해 보시오.
- 수금업무가 무엇인지 말해 보시오.
- 변화된 전기요금 체계에 대해 말해 보시오.
- 윤리경영과 준법경영에 대해 말해 보시오.
- 시장형 공기업의 정의에 대해 말해 보시오.
- 민법상 계약의 종류에는 어떠한 것이 있는지 말해 보시오.
- 위헌 법률에 대해 말해 보시오.
- 소멸시효와 공소시효의 차이점에 대해 말해 보시오.
- 인공지능으로 인해 발생 가능한 문제는 무엇이 있는지 말해 보시오.
  - 인공지능을 한국전력공사에 반영한다면 어떠한 분야에 반영할 수 있을지 말해 보시오.
- 중대재해처벌법에 대해 말해 보시오
  - 이 법에 대한 본인의 견해를 말해 보시오.
- 독점시장이란 무엇인지 말해 보시오.
- ESG경영이란 무엇인지 말해 보시오.
- 새로운 에너지(신재생에너지) 패러다임을 맞이해 한국전력공사의 추구 방향 · 전략에 대해 말해 보시오.
- 신재생에너지를 활용한 비즈니스 모델에 대해 말해 보시오.
- 사내 스마트워크의 실행과 관련한 이슈의 해결 방안에 대해 말해 보시오.
- 발전기 용접부에 누수가 발생하였는데 원인은 무엇이고, 누수를 방치한다면 어떤 문제점이 생기는지에 대해 말해 보시오.
- 발전소 보일러 효율 저하 원인 점검사항에 대해 말해 보시오.
- 보일러 효율을 높이는 방안에 대해 말해 보시오.
- 친환경정책과 관련된 정부정책을 연관 지어 한국전력공사가 나아가야 할 방향에 대해 말해 보시오.
- 발전소 부산물의 재활용 방안에 대해 말해 보시오.
- 미세먼지 감소대책에 대해 말해 보시오.
- 신재생에너지와 화력 발전소에 대한 미래 방향에 대해 말해 보시오.
- 한국전력공사의 발전소 안전사고 방지를 위한 대책에 대해 말해 보시오.
- 한국전력공사의 마이크로그리드 사업 방안에 대해 말해 보시오.
- 한국전력공사에서 빅데이터를 어떻게 적용해야 하며, 적용 전까지 한국전력공사에서 취해야 할 방안에 대해 말해 보시오.

[종합면접]
- 부족한 점을 개발해서 극복한 경험이 있다면 말해 보시오. [2025년]
- 타인과 협력해서 일을 처리한 경험이 있다면 말해 보시오. [2025년]
- 기성세대와 갈등이 생긴다면 어떻게 대처할 것인지 말해 보시오. [2025년]
- 이직을 준비하게 된 이유가 있다면 말해 보시오. [2025년]

- 타인을 위해 희생했던 경험이 있다면 말해 보시오. [2025년]
- 경력이 부족한데, 경력 부족을 극복하기 위한 본인의 노력을 말해 보시오. [2025년]
- 이력서에 있는 프로젝트에 대한 자세한 내용을 말해 보시오. [2025년]
- 공기업, 사기업이 많은데 왜 하필 한국전력공사에 지원하게 됐는지 말해 보시오. [2025년]
- 자기소개를 해 보시오.
- 회식에 참석하기 싫어하는 직장동료가 있다면 어떻게 할 것인지 말해 보시오.
- 지원한 직무와 전공이 다른데 지원한 이유를 말해 보시오.
- 청렴한 조직을 만들기 위해서는 어떠한 노력을 해야 하는지 말해 보시오.
- 한국전력공사에서 업무를 할 때 지침과 융통성 중 어느 것을 우선해야 하는지 말해 보시오.
- 민원인이 욕설을 한다면 어떻게 대처할 것인지 말해 보시오.
- 한국전력공사 조직문화의 특징과 장/단점에 대해 말해 보시오.
- 신입으로 입사 후 기존의 직원과 갈등이 생긴다면 어떻게 해결할 것인지 말해 보시오.
- 청렴한 조직 분위기를 조성하기 위한 방법에 대해 말해 보시오.
- 본인이 팀장이라면 실력이 좋은 직원과 인성이 좋은 직원 중 어떤 직원을 우선적으로 선택할 것인지 말해 보시오.
- 제멋대로인 팀원이 있다면 어떻게 대처할 것인지 말해 보시오.
- 다른 사람과 갈등이 생겼을 때, 설득했던 경험에 대해 말해 보시오.
- 인생에서 가장 힘들었던 일과 그 해결 방법에 대해 말해 보시오.
- 상사의 부당한 지시가 반복된다면 어떻게 행동할 것인지 말해 보시오.
- 한국전력공사를 잘 모르는 사람에게 한국전력공사를 설명한다면 어떻게 할 것인지 말해 보시오.
- 한국전력공사의 최근 이슈에 대해 말해 보시오.
- 업무상 민간 사업자가 불만을 제기한다면 어떻게 설득할 것인지 말해 보시오.
- 본인이 조직에 피해를 끼치고 있는지 파악하는 본인만의 기준에 대해 말해 보시오.

04 서울교통공사

- 혼잡한 시간대에 발생하는 응급환자와 관련한 민원에 어떻게 대응할 것인지 말해 보시오.
- 서울교통공사의 목표와 본인의 목표가 다르다면 어떻게 할 것인지 말해 보시오.
- 서울교통공사에 근무하게 된다면 어떠한 업무를 담당하고 싶은지 말해 보시오.
- 서울교통공사와 관련하여 최근 접한 이슈가 있는지, 그에 대한 본인의 생각은 어떠한지 말해 보시오.
- 팀 프로젝트 과정 중에 문제를 겪었던 경험이 있는지, 그런 경험이 있다면 문제를 어떻게 효과적으로 해결했는지 말해 보시오.
- 본인은 주위 사람들로부터 어떤 평가를 받는 사람인지 말해 보시오.
- 본인이 맡은 바보다 더 많은 일을 해 본 경험이 있는지 말해 보시오.
- 평소 생활에서 안전을 지키기 위해 노력했던 습관이 있다면 말해 보시오.
- 기대했던 목표보다 더 높은 성과를 거둔 경험이 있다면 말해 보시오.
- 공공데이터의 활용 방안에 대해 말해 보시오.
- 상대방을 설득하는 본인만의 방법에 대해 말해 보시오.

- 본인의 악성민원 응대 방법에 대해 말해 보시오.
- 기획안을 작성하고자 할 때 어떤 자료를 어떻게 참고할 것인지 말해 보시오.

05 건강보험심사평가원

[인성면접]
- 업무를 개선하기 위하여 창의적인 대안을 마련한 경험이 있는지 말해 보시오. [2025년]
- 업무 개선을 위해 다른 플랫폼의 사용을 생각한 경험이 있는지 말해 보시오. [2025년]
- 업무에 있어서 전문지식을 향상하기 위해 노력한 경험이 있는지 말해 보시오. [2025년]
- 업무를 하면서 역량이 부족하다고 느낀 경험이 있다면, 어떤 노력을 했는지 말해 보시오. [2025년]
- 건강보험심사평가원의 업무에서 발휘할 수 있는 자신의 역량은 무엇인지 말해 보시오.
- 고객 서비스 정신이란 무엇이라고 생각하는지 말해 보시오.
- 팀원들과 함께 해 오던 프로젝트를 처음부터 다시 시작해야 하는 상황이 발생한다면 어떻게 대처할지 말해 보시오.
- 힘들지만 무언가를 끝까지 해낸 경험이 있다면 말해 보시오.
- 건강보험심사평가원의 가치 중 가장 중요하다 생각하는 것은 무엇인지 말해 보시오.
- 건강보험심사평가원에서 해 보고 싶은 업무가 있다면 무엇인지 말해 보시오.
- 본인의 역량을 발휘할 수 있는 부서는 어디인지 말해 보시오.
- 원칙과 상황 중 어느 것을 중요하게 생각하는지 말해 보시오.
- 업무를 익히는 노하우에 대해 말해 보시오.
- 본인의 강점을 직무와 연관지어 말해 보시오.
- 본인의 단점으로 인해 발생할 수 있는 문제와 이를 개선하기 위한 방안을 말해 보시오.

[심층면접]
- NHI와 NHS를 비교하여 말해 보시오.
- 건강보험심사평가원의 요양급여 대상 여부의 적용 4단계와 각 고려 요소에 대해 말해 보시오.
- 디지털 시대 고객만족 CS에 대해 말해 보시오.
- 행정처분 시 병원이 해야 하는 절차에 대해서 말해 보시오.
- 그린벨트에 대한 찬성 / 반대 입장을 말해 보시오.
- 종량제봉투 실명화에 대한 찬성 / 반대 입장을 말해 보시오.
- 수능 논술화에 대한 찬성 / 반대 입장을 말해 보시오.
- 인터넷 실명제에 대한 찬성 / 반대 입장을 말해 보시오.

06 한국농어촌공사

- 살면서 가장 노력해 본 경험이 무엇인지 말해 보시오.
- 세대갈등의 현황과 이를 해결하기 위한 방법에 대해 설명해 보시오.
- 시니어 세대와 MZ 세대의 단점을 각각 세 가지씩 말해 보시오.
- ESG가 무엇인지 설명하고, 각각에 대하여 한국농어촌공사에서 하는 일을 설명해 보시오.
- 창의력을 발휘한 경험이 있다면 말해 보시오.
- 한국농어촌공사가 관리하는 농지가 총 몇 ha인지 설명하고, 1ha에서 몇 톤의 쌀이 생산되는지 말해 보시오.
- 고객 서비스와 관련하여 어려움을 겪은 경험에 대해 말해 보시오.
- 스트레스를 해소하는 방법에 대해 말해 보시오.
- 직업을 선택할 때 가장 중요하게 생각하는 것을 말해 보시오.
- 본인의 장/단점을 말하고, 타인과 소통하는 데 어려움이 있으면 어떻게 해결할 것인지 말해 보시오.
- 직장 동료와 친해지는 방법을 말해 보시오.
- 세대갈등에 대해 어떻게 생각하는지와 세대갈등을 겪은 경험에 대해 말해 보시오.
- 규정을 지키지 않는 동료를 보았을 때 어떻게 할 것인지 말해 보시오.

07 한국도로교통공단

- 공정성을 지키고자 노력한 경험이나 사례를 말해 보시오.
- 업무 개선을 위해 노력한 경험을 말해 보시오.
- 1종 운전면허, 2종 운전면허의 종류를 말해 보시오.
- 동료의 실수로 피해를 입었던 경험과 이를 해결한 경험을 말해 보시오.
- 조직 생활을 할 때 어떤 유형의 동료를 좋아하며, 어떤 유형의 동료를 싫어하는지 말해 보시오.
- 업무 진행 중 모르는 부분이 생기면 어떻게 대처할 것인지 말해 보시오.
- 업무 진행 중 계획대로 되지 않던 경험과 이를 해결한 경험을 말해 보시오.
- 조직 생활을 하는 본인의 노하우가 있는지 말해 보시오.
- 업무와 관련하여 본인만의 노하우가 있는지 말해 보시오.
- 본인의 강점에 대해 말해 보시오.
- 본인이 관심 있는 사업에 대해 말해 보시오.
- 한국도로교통공단의 업무에 대해 아는 대로 말해 보시오.
- 본인이 좋아하는 사람과 싫어하는 사람은 어떤 유형의 사람인지 말해 보시오.
- 민원 응대 관련 경험이 있는지 말해 보시오.
- 본인의 아이디어를 업무에 적용해 본 경험이 있는지 말해 보시오.
- 고령 운전자에 대한 조건부면허 제도에 대해 본인의 의견을 말해 보시오.
- 악성 민원인 대응 방안에 대해 말해 보시오.
- 본인이 지원한 직무에서 가장 중요한 역량은 무엇인지 말해 보시오.
- 마지막으로 할 말이 있다면 말해 보시오.

08 인천국제공항공사

[PT면접]
- 인천국제공항을 본 소감이 어떠한가?
- 아이돌 연예인 관련 특혜 시비에 대해 어떻게 생각하는가?
- 조류 충돌 등 야생동물로 인한 항공안전 위협에 대한 효과적인 해결안에는 무엇이 있겠는가?
- 사회적 약자를 위해서 공항이 해야 할 일은 무엇인지 말해 보시오.
- 공항서비스 향상을 위한 방안을 말해 보시오.
- 악성 민원에 대해 어떻게 대처할 것인지 말해 보시오.
- 공항에서 응급상황이 발생했을 때 대처 방안에 대해 말해 보시오.
- Wi-Fi 품질 저하에 대한 해결책과 원인을 말해 보시오.
- 공항에 적용할 만한 4차 산업혁명 기술을 말해 보시오.
- 인천국제공항에 있는 기계설비에 대해 아는 대로 말해 보시오.
- BHS의 특징과 기능에 대해 말해 보시오.
- 본인이 건설 및 설계 담당자가 되었다면 BHS의 개선해야 할 점과 이에 대한 프로젝트를 어떻게 진행할 것인지 말해 보시오.
- 설계를 맡긴 곳에서 기대 이하의 설계를 해 오면 어떻게 할 것인지 말해 보시오.
- 여름철 공사 중 홍수 피해가 발생할 때 복구 대책에 대해 말해 보시오.
- 굴착공사 시 보강막이 붕괴할 때 복구 대책에 대해 말해 보시오.

[인성면접]
- 인천국제공항공사의 미션과 비전 중 가장 공감되는 것은 무엇인가?
- 공항 안전관리와 관련한 최근의 트렌드에 대해 아는 것이 있다면 말해 보시오.
- 상사가 귀하에게 부당한 지시를 한다면 어떻게 해결하겠는가?
- 업무 추진 중에 실수를 한다면 어떻게 해결하겠는가?
- 팀워크를 기반으로 성과를 달성한 경험이 있다면 말해 보시오.
- 공항에서 일할 때 겪을 수 있는 가장 큰 어려움은 무엇이라고 생각하는가?
- 인천국제공항공사의 비전은 무엇인가?
- 자신의 강점을 바탕으로 인천국제공항공사에 기여할 수 있는 부분이 있다면 말해 보시오.
- 한국어 외에 본인이 가장 자주 사용하는 언어에 대해 말해 보시오.
- 인천국제공항공사의 사업 중 가장 관심이 가는 사업에 대해 말해 보시오.
- 공부를 제외하고 본인이 열정을 다해서 한 일에 대해 말해 보시오.
- 본인의 약점에 대해 말해 보시오.
- 창의성을 발휘한 경험이 있다면 말해 보시오.
- 동료와 불협화음 시 극복할 수 있는 방법을 말해 보시오.
- 업무 중 상사와 의견이 다를 때 어떻게 설득할 것인지 말해 보시오.
- 본인의 인생관에 대해 말해 보시오.
- 동료와 협업한 경험과 협업 과정에서 어떠한 역할을 맡았는지 말해 보시오.
- 공기업 직원으로서 갖춰야 할 가장 중요한 덕목은 무엇이라고 생각하는지 말해 보시오.
- 비정규직 문제에 대해 어떻게 생각하는지 말해 보시오.
- 인천국제공항공사의 비전에 대한 본인의 생각을 말해 보시오.
- 본인의 장점과 단점은 무엇인지 말해 보시오.

- 인생에서 힘들었던 경험을 말해 보시오.
- 인천국제공항공사의 인재상 중 본인에게 맞는 인재상은 무엇인지 말해 보시오.
- 인천국제공항의 고객서비스를 상승시킬 방안은 무엇인지 말해 보시오.
- 인천국제공항의 조직 중 민간소방대의 역할은 무엇인지 말해 보시오.
- 네트워크 조직에 대해서 말해 보시오.
- 인천국제공항 수요의 분산정책은 무엇인지 말해 보시오.
- 인천국제공항의 홍보대사에 대해서 알고 있는지 말해 보시오.
- 본인은 10년 뒤 전문가와 관리자 중 어떤 것이 되고 싶은지 말해 보시오.
- 업무를 수행함에 있어 본인의 가장 부족한 점과 그것을 보완하기 위한 계획에 대해 말해 보시오.
- 다른 지원자보다 나이가 있는데 졸업 후 무엇을 했는지 말해 보시오.
- 공항의 운영에서 효율성, 안전성, 편의성 중 가장 중요한 것은 무엇이라고 생각하는지 말해 보시오.
- 왜 이직을 하려고 하는지 말해 보시오.
- 졸업을 하고 어떤 활동을 했는지 말해 보시오.
- 아버지에게 어떤 점을 배웠으며, 배우고 싶지 않은 점은 무엇인지 말해 보시오.
- 갈등관계를 극복했던 사례에 대해 말해 보시오.
- 인간관계에서 실패했던 혹은 성공한 경험을 말해 보시오.
- 어려웠던 일을 극복한 사례를 말해 보시오.
- 동료의 잘못된 행동을 봤을 때 어떻게 대처할 것인지 말해 보시오.
- 만약 입사 후 인천국제공항공사가 본인의 기대와 다르다면 어떻게 할 것인지 말해 보시오.
- 입사하면 어떤 일을 잘할 수 있는지 말해 보시오.
- 업무 중에 본인이 생각하지 못했던 전공과 무관한 일을 맡게 되면 어떻게 대처할 것인지 말해 보시오.
- 인생을 한 단어로 표현하고 그에 대해 말해 보시오.
- 해당 직무를 지원한 이유는 무엇인지 말해 보시오.

09 HUG 주택도시보증공사

[직무면접]
- 주택도시보증공사의 App과 관련하여 보완점을 말해 보시오.
- 주택도시보증공사의 위기상황에 대해 설명하고 이를 어떻게 해결할 수 있을지 말해 보시오.
- 하도급대금보증에 대해 설명해 보시오.
- 청년주택청약저축에 대해 설명해 보시오.
- 전세사기 피해자를 보호할 수 있는 방안을 설명해 보시오.
- 주택도시보증공사에서 일할 때 갖춰야 할 가치관은 무엇인지 말해 보시오.
- 전문 분야에 대해 공부를 한 적이 있는지 말해 보시오.
- 본인의 장점에 대해서 말해 보시오.
- 주택도시보증공사에서 본인이 가장 관심있는 사업 분야는 무엇인지 말해 보시오.
- 지원 동기가 무엇인지 말해 보시오.
- 주택도시보증공사에 들어오기 위해 어떤 노력을 하였는가?

- 본인이 같이 일하기 힘든 사람은 누구이며, 그 이유는 무엇인지 말해 보시오.
- 민원응대에 대한 경험이 있는지 말해 보시오.
- 가장 자신 있는 외국어는 무엇인지 말해 보시오.
- 가장 행복했던 순간은 언제인지 말해 보시오.
- 공공성과 수익성 중 무엇이 중요하다고 생각하는지 말해 보시오.
- 주택도시보증공사를 친구에게 소개한다면 어떻게 소개할 것인지 말해 보시오.
- 주택도시보증공사의 강점은 무엇인지 말해 보시오.
- 주택도시보증공사의 약점이 있다면 무엇인지 말해 보시오.
- 협동 사례에 대해 말해 보시오..
- 본인의 롤모델은 누구인지 말해 보시오.
- 성실성을 입증할 만한 사례에 대해 말해 보시오.
- 최근에 주택도시보증공사에 대한 관련 기사를 읽어 본 적이 있는지 말해 보시오.
- 주택도시보증공사, 한국주택금융공사, 한국토지주택공사의 차이점에 대해 말해 보시오.
- 업무에 필요한 역량을 구체적으로 어떻게 키울지 말해 보시오.
- 입사 후 하고 싶은 업무는 무엇인지 말해 보시오.
- 공직에서 가장 중요한 가치는 무엇인지 말해 보시오.
- 주택도시보증공사에서 하고 싶은 일이 무엇인지 말해 보시오.
- 개인보증과 기업보증의 차이점에 대해 말해 보시오.
- 본인의 직업관에 대해 말해 보시오.
- 이전에 본인이 공부했던 시험에 대한 미련은 없는지 말해 보시오.
- 자기소개서에 나온 경험이 주택도시보증공사에 지원한 것과 어떤 관련이 있는지 말해 보시오.
- 좌우명이 무엇이고, 그렇게 정한 이유는 무엇인지 말해 보시오.

[PT면접]
- 빈집을 해소할 수 있는 방안을 발표해 보시오.
- 노숙자 복지를 어떻게 할 것인지 말해 보시오.
- 2030들을 위한 금융, 부동산 관련 교육 커리큘럼을 제시하여 말해 보시오.
- 친환경과 관련된 주택도시보증공사의 방안에 대해 말해 보시오.
- 역전세난을 완화할 수 있는 방안에 대해 말해 보시오.
- 부동산 관련 사업을 말해 보시오.
- 분양가상한제에 대해 말해 보시오.
- 직업이 자아실현에 도움을 줄 수 있는지에 대해 말해 보시오.
- 도시재생사업의 사례를 들고, 가장 논쟁이 되는 부분에 대해 말해 보시오.
- SNS의 문제점과 이에 대한 대응 방법에 대해 말해 보시오.
- AI를 재판에서 이용 가능한지 말해 보시오.
- 사교육 과열에 대한 사회적·제도적 원인과 해결 방안에 대해 말해 보시오.
- 지방인재 채용에 대해 말해 보시오.
- 주택분양시장의 경쟁 도입에 대해 말해 보시오.
- 보증시장 민간 개방의 장/단점에 대해 말해 보시오.
- 악성민원에 대한 대처 방안 및 민원을 줄일 방안에 대해 말해 보시오.
- 기업의 평판관리 방안에 대해 말해 보시오.
- 출산율 저하의 원인과 대책에 대해 말해 보시오.

10　한국중부발전

[PT · 토론면접]
- 발전소에 생길 수 있는 문제점을 전공과 연계하여 제시하고, 어떤 부분을 보완해야 할지 말해 보시오.
- 화력발전소에 열병합 태양광발전기가 몇 개 있는지 알고 있는가?
- 화력발전소에 관한 홍보 방안을 제시해 보시오.
- 작년 한국중부발전의 사업보고서와 분기보고서를 본 적이 있는가?
- 탈황·탈질 설비에 대하여 들어본 적 있는가?
- 한국중부발전 외에 다른 발전소에 대해 아는 게 있다면 말해 보시오.
- 한국중부발전이 친환경 이미지를 구축하기 위해 어떻게 해야 할지 말해 보시오.
- 한국중부발전의 가장 큰 사업을 말해 보시오.
- 한국중부발전이 나아가야 할 방안에 대해 말해 보시오.
- 그린뉴딜에 대해 말해 보시오.

[인성면접]
- 취미가 무엇인가? [2025년]
- 본인만의 스트레스 해소 방법이 있는가? [2025년]
- 자소서에 적은 경험에 대해서 좀 더 구체적으로 설명해 줄 수 있는가? [2025년]
- 자소서에 적은 경험을 하면서 어떤 점이 중요했다고 생각하는가? [2025년]
- 자소서에 적은 경험을 통해서 배운 것은 무엇인가? [2025년]
- 본인이 쌓은 경험을 어떤 방식으로 현장에 적용할 수 있겠는가? [2025년]
- 본인이 생각하기에 윤리를 지키기 위해 하지 말아야 할 것을 말해 보시오.
- 조직목표의 달성을 위해 희생해 본 경험이 있는지 말해 보시오.
- 본인이 한국중부발전에 기여할 수 있는 점을 구체적으로 말해 보시오.
- 한국중부발전에 지원한 동기를 말해 보시오.
- 발전업에 관심을 가지게 된 계기를 말해 보시오.
- 가장 싫어하는 소통 방식의 유형은 무엇이고, 상사가 그와 같은 유형의 소통 방식을 사용한다면 어떻게 대처할 것인지 말해 보시오.
- 발전소에서 문제가 발생했을 때, 본인은 어떻게 처리할 것인지 말해 보시오.
- 리더십을 발휘한 경험이 있는지 말해 보시오.
- 존경하는 상사가 있는지, 그 상사의 단점은 무엇이고 본인에게 동일한 단점이 있다면 이를 어떻게 극복할 것인지 말해 보시오.
- 고령의 현직자, 협력업체의 베테랑과의 갈등을 극복할 수 있는 노하우를 말해 보시오.
- 협력 업체와의 갈등을 어떻게 해결할 것인지 말해 보시오.
- 업무별로 본인이 해당 업무에 적합한 인재인 이유를 말해 보시오.
- 조직생활에서 중요한 것은 전문성인지 조직 친화력인지 말해 보시오.
- 근무함에 있어 무엇을 중요하게 생각하는지 본인의 경험을 토대로 말해 보시오.
- 상사가 부당한 지시를 할 경우 어떻게 할 것인지 말해 보시오.
- 갈등이 생겼던 사례를 말하고, 어떻게 해결하였는지 말해 보시오.
- 여러 사람과 협업하여 업무 처리한 경험과 협업 시 생긴 갈등을 어떻게 해결하였는지 말해 보시오.
- 현 직장에서 이직하려는 이유가 한국중부발전에서도 똑같이 발생한다면 어떻게 할 것인지 말해 보시오.
- CPA를 하다가 포기했는데 입사 후에 기회가 되면 다시 준비할 것인지 말해 보시오.

- 본인이 교대근무 상세 일정을 작성하는 업무를 담당하고 있는데, A선배가 편한 시간대에 근무 배치를 요구할 때, 본인은 어떻게 대처할 것인지 말해 보시오(단, A선배를 편한 시간대에 근무 배치할 때, 후배 사원인 C와 D가 상대적으로 편하지 않은 시간대에 근무를 하게 됨).
- 본인의 장/단점에 대해 말해 보시오.
- 우리나라 대학생들이 책을 잘 읽지 않는다는 통계가 있다. 본인이 1년에 읽는 책의 권수와 최근 가장 감명 깊게 읽은 책을 말해 보시오.
- 이전 직장에서 가장 힘들었던 점은 무엇인지 말해 보시오.
- 친구랑 크게 싸운 적이 있는지 말해 보시오.
- 노력했던 경험에는 어떤 것이 있는지 말해 보시오.
- 한국중부발전의 장/단점에 대해 말해 보시오.
- 한국중부발전을 30초 동안 홍보할 수 있는 방안에 대해 말해 보시오.
- 대학 때 인사 관련 활동을 열심히 한 것 같은데, 인사부서에 가면 무엇을 할 것인지 말해 보시오.
- 노무부서의 업무에 대해 말해 보시오.
- 업무를 진행하는 데 있어 가장 중요한 자세는 무엇이라고 생각하는지 말해 보시오.
- 한국중부발전과 관련된 기사에 대해 말해 보시오.
- 여러 발전사가 존재하는데 왜 한국중부발전을 선택하였는지 말해 보시오.
- 자신이 부족하다고 느껴 무엇인가를 준비하고 공부해 해결해 낸 경험이 있는지 말해 보시오.
- 입사 10년 후 본인의 모습에 대해 말해 보시오.
- 노조에 대한 생각을 말해 보시오.
- 삶을 살면서 친구들의 영향도 많이 받지만 부모님의 영향도 많이 받는데, 본인은 부모님으로부터 어떤 영향을 받았으며 지금 본인의 삶에 그러한 영향이 어떻게 나타나는지 말해 보시오.
- 살면서 경험한 가장 큰 실패의 쓴맛에 대해 말해 보시오.
- 본인 집안의 가훈에 대해 말해 보시오.
- 본인이 어려움을 겪었을 때 다른 사람의 도움으로 극복한 사례를 말해 보시오.
- 본인이 한국중부발전의 팀장이고 10명의 부하직원이 있다면 어떻게 팀을 이끌 것인지 말해 보시오.
- 지원한 직무에 있어 본인이 부족한 능력은 무엇이며, 이를 어떻게 극복해 갈 것인지 말해 보시오.
- 마지막으로 하고 싶은 말을 해 보시오.

답안채점 • 성적분석 서비스

모바일 OMR

 → → → → → →

| 도서 내 모의고사 우측 상단에 위치한 QR코드 찍기 | 로그인 하기 | '시작하기' 클릭 | '응시하기' 클릭 | 나의 답안을 모바일 OMR 카드에 입력 | '성적분석 & 채점결과' 클릭 | 현재 내 실력 확인하기 |

도서에 수록된 모의고사에 대한 객관적인 결과(정답률, 순위)를 종합적으로 분석하여 제공합니다.

※OMR 답안채점 / 성적분석 서비스는 등록 후 30일간 사용 가능합니다.

시대에듀
공기업 취업을 위한 NCS 직업기초능력평가 시리즈

NCS부터 전공까지 완벽 학습 "통합서" 시리즈

   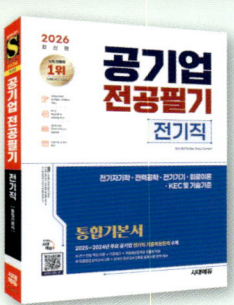

공기업 취업의 기초부터 차근차근! 취업의 문을 여는 **Master Key!**

NCS 영역 및 유형별 체계적 학습 "집중학습" 시리즈

  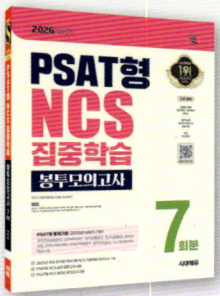

영역별 이론부터 유형별 모의고사까지! 단계별 학습을 통한 **Only Way!**

2026 최신판

공기업
NCS
고졸채용

편저 | SDC(Sidae Data Center)

SDC는 시대에듀 데이터 센터의 약자로
약 30만 개의 NCS·적성 문제 데이터를
바탕으로 최신 출제경향을 반영하여
문제를 출제합니다.

모바일 OMR
답안채점/성적분석
서비스

NCS
핵심이론 및
대표유형 PDF

[합격시대]
온라인 모의고사
무료쿠폰

무료
NCS 특강

최종모의고사 9회분
정답 및 해설

PART 1
최종모의고사

제1회	필수영역 NCS 최종모의고사
제2회	필수영역 NCS 최종모의고사
제3회	핵심영역 NCS 최종모의고사
제4회	핵심영역 NCS 최종모의고사
제5회	통합 NCS 최종모의고사
제6회	통합 NCS 최종모의고사

끝까지 책임진다! 시대에듀!

QR코드를 통해 도서 출간 이후 발견된 오류나 개정법령, 변경된 시험 정보, 최신기출문제, 도서 업데이트 자료 등이 있는지 확인해 보세요! **시대에듀 합격 스마트 앱**을 통해서도 알려 드리고 있으니 구글 플레이나 앱 스토어에서 다운받아 사용하세요. 또한, 파본 도서인 경우에는 구입하신 곳에서 교환해 드립니다.

제1회 필수영역 NCS 최종모의고사

01	02	03	04	05	06	07	08	09	10	11	12	13	14	15	16	17	18	19	20
④	③	③	④	①	④	⑤	①	④	①	①	②	①	③	③	④	④	④	③	③
21	22	23	24	25	26	27	28	29	30	31	32	33	34	35	36	37	38	39	40
⑤	②	②	⑤	①	④	②	①	①	②	①	②	④	①	⑤	③	④	⑤	③	①
41	42	43	44	45	46	47	48	49	50										
⑤	⑤	①	②	②	④	②	②	③	②										

01

정답 ④

기안문 작성 시 유의사항
- 정확성(바른 글)
  - 필요한 내용을 빠뜨리지 않고, 잘못된 표현이 없도록 문서를 작성한다.
  - 의미 전달에 혼동을 일으키지 않도록 정확한 용어를 사용하고, 문법에 맞게 문장을 구성한다.
  - 애매모호하거나 과장된 표현에 의하여 사실이 왜곡되지 않도록 한다.
- 용이성(쉬운 글)
  - 상대방의 입장에서 이해하기 쉽게 작성한다.
  - 추상적이고 일반적인 용어보다는 구체적이고 개별적인 용어를 쓴다.
- 성실성(호감 가는 글)
  - 문서는 성의 있고 진실하게 작성한다.
  - 감정적이고 위압적인 표현을 쓰지 않는다.
- 경제성(효율적으로 작성하는 글)
  - 용지의 규격·지질을 표준화한다.
  - 서식을 통일하여 규정된 서식을 사용하는 것이 경제적이다.

02

정답 ③

공식적 말하기는 대중을 상대로 사전에 준비된 내용을 말하는 것으로, 토론·연설·토의가 해당한다.

오답분석
ⓐ·ⓒ 의례적 말하기에 해당한다.
ⓑ 친교적 말하기에 해당한다.

03

정답 ③

경청이란 다른 사람의 말을 주의 깊게 들으며, 공감하는 능력이다. 경청은 대화의 과정에서 당신에 대한 신뢰를 쌓을 수 있는 최고의 방법이다. 우리가 경청하면 상대는 본능적으로 안도감을 느끼고, 우리가 말을 할 경우 자신도 모르게 더 집중하게 된다.

04 정답 ④

과거에는 의사소통을 기계적인 정보의 전달만으로 이해하였다. 그러나 의사소통은 정보 전달 이상의 것으로, 일방적인 언어나 문서를 통해 의사를 전달하는 것은 의사소통이라고 할 수 없다. 의사소통은 상대방에게 메시지를 전달하는 과정이 아니라 상대방과의 상호작용을 통해 메시지를 다루는 과정이다. 따라서 성공적인 의사소통을 위해서는 상대방이 어떻게 받아들일 것인가에 대한 고려를 바탕으로 메시지를 구성하여야 한다.

05 정답 ①

조직은 다양한 사회적 경험과 사회적 지위를 토대로 한 개인의 집단이므로 동일한 내용을 제시하더라도 각 구성원은 서로 다르게 받아들이고 반응한다.

[오답분석]
② 메시지는 고정되고 단단한 덩어리가 아니라 유동적이고 가변적인 요소이기 때문에 상호작용에 따라 다양하게 변형될 수 있다.
③·④·⑤ 제시된 갈등 상황에서는 표현 방식의 문제보다는 서로 다른 의견이 문제가 되고 있으므로 적절하지 않다.

06 정답 ④

어떤 사안에 대한 '보고'를 한다는 것은 그 내용에 대한 충분한 이해가 되었다는 것이다. 즉, 그 내용과 관련해서 어떤 질문을 받아도 답변이 가능해야 한다.

[오답분석]
① 설명서에 해당하는 설명이다.
② 기획안에 해당하는 설명이다.
③ 이해를 돕기 위한 자료라 해도 양이 너무 많으면 오히려 내용 파악에 방해가 된다.
⑤ 한 장에 담아내야 하는 원칙이 적용되는 문서는 회사 외부로 전달되는 문서인 공문서이다.

07 정답 ⑤

상대방의 이야기를 들으면서 앞으로의 내용을 추측해보는 것은 지양할 태도가 아니다. 특히 시간 여유가 있을 때, 상대방이 무엇을 말할 것인가 추측하는 것은 그동안 들었던 내용을 정리하고 대화에 집중하는 데 도움이 된다.

08 정답 ①

자신이 전달하고자 하는 의사표현을 명확하고 정확하게 하지 못할 경우에는 자신이 평정을 어느 정도 찾을 때까지 의사소통을 연기한다. 하지만 조직 내에서 의사소통을 무한정으로 연기할 수는 없기 때문에 자신의 분위기와 조직의 분위기를 개선하도록 노력하는 등의 적극적인 자세가 필요하다. 따라서 A사원이 잘못 작성한 내용은 ⓐ 1개이다.

09 정답 ④

• C사원 : 문서의 첨부 자료는 반드시 필요한 자료 외에는 첨부하지 않도록 해야 하므로 옳지 않다.
• D사원 : 문서를 작성한 후에는 다시 한 번 내용을 검토해야 하지만, 문장 표현은 작성자의 성의가 듣기도록 경어나 단어 사용에 신경을 써야 하므로 낮춤말인 '해라체'로 고쳐 쓰는 것은 옳지 않다.

10 정답 ①

• 문서적인 의사소통 : 문서이해능력, 문서작성능력
• 언어적인 의사소통 : 경청능력, 의사표현력

11 정답 ①

'판단하기'는 상대방에 대한 부정적인 판단 때문에, 또는 상대방을 비판하기 위해 상대방의 말을 듣지 않는 것이다. 약속을 자꾸 어기는 친구에 대한 부정적인 판단으로 다음 주에 만날 수 없을 것이라고 생각했으므로, 제시문에서 나타난 경청의 방해요인은 '판단하기'이다.

[오답분석]
② 조언하기 : 다른 사람의 문제를 본인이 해결해 주고자 하는 것이다.
③ 언쟁하기 : 반대하고 논쟁하기 위해서만 상대방의 말에 귀를 기울이는 것이다.
④ 걸러내기 : 듣고 싶지 않은 것들을 막아버리는 것이다.
⑤ 비위 맞추기 : 상대방을 위로하기 위해서 혹은 비위를 맞추기 위해서 너무 빨리 동의하는 것을 말한다.

12 정답 ②

자기주장을 굽히지 않는 상대방에게는 '밀어서 안 되면 당겨보라.'는 전략을 사용하는 것도 한 가지 방법이 된다. 이쪽이 자기주장을 부정하고 상대방의 주장을 따르는 듯한 자세를 취하면 상대방도 자기주장만 내세울 수 없게 된다.

13 정답 ①

문장은 짧고 간결하게 작성해야 하며, 한자의 사용을 자제해야 한다.

[오답분석]
② 긍정문으로 작성한다.
③ 숫자는 그래프로 표시한다.
④ 간단한 표지를 붙이고 한 사안을 한 장의 용지에 작성해야 한다.

14 정답 ③

질문에 대한 답이 즉각적으로 이루어질 수 없다고 하더라도, 질문을 하려고 하면 경청하는 데 적극적으로 되고 집중력이 높아진다.

15 정답 ③

상대방에게 잘못을 지적하며 질책을 해야 할 때는 '칭찬의 말+질책의 말+격려의 말'의 순서인 샌드위치 화법으로 표현하는 것이 좋다. 즉 칭찬을 먼저 한 다음 질책의 말을 하고, 끝에 격려의 말로 마무리한다면 상대방은 크게 반발하지 않고 질책을 받아들이게 될 것이다.

[오답분석]
① 상대방의 잘못을 지적할 때는 지금 당장의 잘못에만 한정해야 하며, 추궁하듯이 묻지 않아야 한다.
② 상대방의 말이 끝나기 전에 어떤 답을 할까 궁리하는 것은 좋지 않다.
④ 상대방을 설득해야 할 때는 일방적으로 강요하거나 상대방에게만 손해를 보라는 식으로 대화해서는 안 된다. 먼저 양보해서 이익을 공유하겠다는 의지를 보여주는 것이 좋다.
⑤ 상대방에게 명령을 해야 할 때는 강압적으로 말하기보다는 '~해 주는 것이 어떻겠습니까?'와 같이 부드럽게 표현하는 것이 효과적이다.

16 정답 ④

일방적으로 자신의 말만 하고, 무책임한 마음으로 자신의 말이 '정확히 전달되었는지', '정확히 이해했는지'를 확인하지 않는 미숙한 의사소통 기법이 직장생활에서의 원만한 의사소통을 저해하고 있다.

17
정답 ④

성공적인 프레젠테이션을 위해서는 내용을 완전히 숙지해야 하며(㉠), 예행연습을 철저히 해야 한다(㉡). 또한 다양한 시청각 기자재를 활용하여 프레젠테이션 효과를 극대화해야 한다(㉣).

[오답분석]
㉢ 성공적인 프레젠테이션을 위해서는 청중의 니즈를 파악해야 한다. A대리의 프레젠테이션 청중은 A대리에게 광고를 의뢰한 업체 관계자이므로 A대리는 팀원이 아니라 업체 관계자의 니즈를 파악해야 한다.
㉤ 성공적인 프레젠테이션을 위해서는 일관된 흐름을 가지고 요점을 간결·명확하게 전달해야 한다. 따라서 A대리는 요점을 간결하면서도 명확하게 전달할 수 있도록 연습해야 한다.

18
정답 ④

석연치 않은 뉘앙스를 풍겨 상대방의 기분을 불쾌하게 만들 수 있는 중의적인 표현은 피해야 하지만, 단정적인 표현도 좋지 않은 의사소통 방식이다.

19
정답 ③

A씨는 안 좋은 일이 생겨도 자신을 탓하고, 사소한 실수에도 사과를 반복한다. 즉, A씨는 자기 자신을 낮은 자존감과 열등감으로 대하고 있다. 성공하는 사람의 이미지를 위해서는 자신을 너무 과소평가하지 말아야 한다. 특히, A씨와 같이 평소에 '죄송합니다.'나 '미안합니다.'를 입에 달고 사는 사람들의 경우 얼핏 보면 예의 바르게 보일 수 있으나, 꼭 필요한 경우가 아니라면 그렇게 해서 자신의 모습을 비하하지 않도록 해야 한다.

20
정답 ③

문장은 되도록 간결체로 쓰는 것이 의미전달에 효과적이며, 행은 문장마다 바꾸는 것이 아니라 그 내용에 따라 적절하게 바꾸어 문서가 난삽하게 보이지 않도록 하여야 한다.

21
정답 ⑤

만족도 문항의 긍정 답변에 대하여 각각의 백분율을 계산하려면, 긍정 답변을 50명을 기준으로 나누어서 계산해야 한다.
- ㉠ : $(30 \div 50) \times 100 = 60\%$
- ㉡ : $(25 \div 50) \times 100 = 50\%$
- ㉢ : $(48 \div 50) \times 100 = 96\%$
- ㉣ : $(41 \div 50) \times 100 = 82\%$
- ㉤ : $(30 \div 50) \times 100 = 60\%$

따라서 백분율이 바르게 연결된 것은 ⑤이다.

22
정답 ②

K기업은 내년에도 S교육 컨설팅에게 교육을 맡겨야 하는지에 대한 의사를 통계 결과를 활용하여 결정하려고 한다.

23
정답 ②

열차가 터널을 완전히 통과하려면 터널의 길이뿐만 아니라 열차의 길이까지 더해야 한다. 즉, 총거리는 $10+2=12$km이다. 따라서 열차가 3km/h의 속력으로 터널을 완전히 통과하는 데 걸리는 시간은 $\frac{12}{3}=4$시간이다.

24
정답 ⑤

증발시킨 물의 양을 xg이라고 하면 다음 식이 성립한다.
$\frac{10}{100} \times 300 = \frac{30}{100} \times (300-x)$
→ $300 = 900 - 3x$
→ $3x = 600$
∴ $x = 200$
따라서 증발시킨 물은 200g이다.

25
정답 ①

A쇼핑몰은 정시에 도착하고, 동시에 B쇼핑몰은 늦어야 하므로, 정시에 도착할 확률과 늦게 도착할 확률의 곱을 계산해야 한다.
따라서 $\frac{1}{3} \times \frac{1}{2} = \frac{1}{6}$ 이 된다.

26
정답 ④

홀수 항은 −2이고, 짝수 항은 ×3을 하는 수열이다.
따라서 ( ) $= \frac{21}{2} \times 3 = \frac{63}{2}$ 이다.

27
정답 ②

앞의 항에 +1.2와 ÷2를 번갈아 가면서 적용하는 수열이다.
따라서 ( )=1.1+1.2=2.3이다.

28
정답 ①

홀수 항은 3씩 나누는 수열이고, 짝수 항은 9씩 더하는 수열이다.
따라서 ( )=−9÷3=−3이다.

29
정답 ①

작년 생산한 사과의 개수를 x개라고 하면, 배의 개수는 $(500-x)$개이다.
$\frac{1}{2}x + 2 \times (500-x) = 700$
→ $-\frac{3}{2}x = -300$
∴ $x = 200$
따라서 올해 생산한 사과의 개수는 $\frac{1}{2} \times 200 = 100$개이다.

30
정답 ②

한 숙소에 4명씩 사용했을 때의 신입사원 수는 $4a+8=b$이고, 한 숙소에 5명씩 잤을 때의 신입사원 수는 $5(a-6)+4=b$이다.
$4a+8=5(a-6)+4$ → $a=34$
$b=34 \times 4+8=144$
∴ $b-a=144-34=110$

31

정답 ①

남성 합격자 수를 A, 여성 합격자 수를 B라 하면 $A+B=40$ … ㉠
남성 합격자 총점과 여성 합격자 총점의 합을 전체 인원으로 나누면 전체 평균과 같다.
$\frac{82A+85B}{40}=83.35 \rightarrow 82\times A+85\times B=83.35\times 40$ … ㉡
㉠, ㉡을 연립하면, $A=22$, $B=18$
따라서 남자는 22명이고, 여자는 18명이다.

32

정답 ②

A사원이 콘퍼런스에 제시간에 도착하지 못할 확률은 공항버스를 못타거나 비행기를 놓치거나 시외버스를 못 탔을 때의 확률을 모두 더한 값으로, 여사건을 이용하여 풀면 전체에서 A사원이 콘퍼런스에 도착할 확률을 빼준다. 따라서 A사원이 콘퍼런스에 제시간에 도착하지 못할 확률은 $[1-(0.95\times 0.88\times 0.92)]\times 100=23.088\%$, 즉 23%(∵ 소수점 이하 버림)이다.

33

정답 ④

- 둘 다 호텔 방을 선택하는 경우 : $_3P_2=3\times 2=6$가지
- 둘 중 한 명만 호텔 방을 선택하는 경우 : 호텔 방을 선택하는 사람은 A, B 둘 중에 한 명이고, 한 명이 호텔 방을 선택할 수 있는 경우의 수는 3가지이므로 $2\times 3=6$가지

따라서 두 명이 호텔 방을 선택하는 경우의 수는 두 명 다 선택하지 않는 경우까지 합하여 총 $6+6+1=13$가지이다.

34

정답 ①

$(1 \diamond 4) ☆ 2 = (4-1)^2 ☆ 2$
$\qquad\qquad\quad = 9 ☆ 2$
$\qquad\qquad\quad = 9-(2\times 5)$
$\qquad\qquad\quad = -1$

35

정답 ⑤

10진법이란 0, 1, 2, …, 9의 10개의 숫자를 한 묶음으로 하여 1자리씩 올려가는 방법으로 1, 10, 100, 1,000, …과 같이 10배마다 새로운 자리로 옮겨가는 기수법이다. 이는 사람의 손가락 수에 의해 유래하였으며 현재 가장 널리 사용되고 있다.
같은 원리로 2진법이란 0, 1의 2개의 숫자를 한 묶음으로 하여 1자리씩 올려가는 기수법인데, 2진법에서 10001을 10진법으로 변환하면 다음과 같다.
$10001_{(2)}=(1\times 2^4)+(0\times 2^3)+(0\times 2^2)+(0\times 2^1)+(1\times 2^0)=17$

36

정답 ③

문제란 원활한 업무 수행을 위해 해결해야 하는 질문이나 의논 대상을 의미한다. 즉, 해결하기를 원하지만 실제로 해결해야 하는 방법을 모르고 있는 상태나 얻고자 하는 해답이 있지만 그 해답을 얻는 데 필요한 일련의 행동을 알지 못한 상태이다.
한편 문제점이란 문제의 근본 원인이 되는 사항으로, 문제해결에 필요한 핵심 사항을 말하며, 개선해야 할 사항이나 손을 써야 할 사항, 문제가 해결될 수 있고 문제의 발생을 미리 방지할 수 있는 사항을 말한다.
따라서 제시문에서 문제는 사업계획서 제출에 실패한 것이고, 문제점은 K기업의 전산망 마비로 전산시스템 접속이 불가능해진 것이라고 볼 수 있다.

37 정답 ④

연역법의 오류는 'A=B, B=C, so A=C'와 같은 삼단 논법에서 발생하는 오류를 의미한다.
'이현수 대리(A)는 기획팀(B)을 대표하는 인재인데(A=B), 이현수 대리가 이런 실수(C)를 하다니(A=C) 기획팀이 하는 업무는 모두 실수투성일 것이 분명할 것(B=C)'이라는 말은 'A=B, A=C, so B=C'와 같은 삼단 논법에서 발생하는 오류인 연역법의 오류에 해당한다.

[오답분석]
① 권위나 인신공격에 의존한 논증 : 위대한 성인이나 유명한 사람의 말을 활용해 자신의 주장을 합리화하거나 상대방의 주장이 아니라 상대방의 인격을 공격하는 것이다.
② 무지의 오류 : 증명되지 않았기 때문에 그 반대의 주장이 참이라는 것이다.
③ 애매성의 오류 : 언어적 애매함으로 인해 이후 주장이 논리적 오류에 빠지는 경우이다.
⑤ 허수아비 공격의 오류 : 상대방의 주장과는 전혀 상관없는 별개의 논리를 만들어 공격하는 경우이다.

38 정답 ⑤

그림에 나타난 논리적 사고 개발 방법은 피라미드 구조 방법으로, 하위의 사실이나 현상부터 사고함으로써 상위의 주장을 만들어 간다. 그림의 'a~i'와 같은 보조 메시지들을 통해 주요 메인 메시지인 '1~3'을 얻고, 다시 메인 메시지를 종합한 최종적인 정보를 도출해 낸다.

[오답분석]
① So What 기법에 대한 설명이다.
② Logic Tree 기법에 대한 설명이다.
③ MECE 기법에 대한 설명이다.
④ SWOT 분석 기법에 대한 설명이다.

39 정답 ③

해결해야 할 전략 과제란 취약한 부분에 대해 보완해야 할 과제를 말한다. 따라서 이미 우수한 고객서비스 부문을 강화한다는 것은 전략 과제로 삼기에 적절하지 않다.

[오답분석]
① 해외 판매망이 취약하다고 분석되었으므로 중국시장의 판매유통망을 구축하는 전략 과제를 세우는 것은 적절하다.
② 중국시장에서 구매 방식이 대부분 온라인으로 이루어지는 데 반해, 자사의 온라인 구매시스템은 미흡하기 때문에 온라인 구매 시스템을 강화한다는 전략 과제는 적절하다.
④ 중국기업들 간의 가격 경쟁이 치열하다는 것은 제품의 가격이 내려가고 있다는 의미인데, 자사는 생산원가가 높다는 약점이 있다. 그러므로 원가 절감을 통한 가격경쟁력 강화 전략은 적절하다.
⑤ 중국시장에서 인간공학이 적용된 제품을 지향하고 있으므로 인간공학을 기반으로 한 제품 개발을 강화하는 것은 적절한 전략 과제이다.

40 정답 ①

(가) 사실 지향의 문제
(나) 가설 지향의 문제
(다) 성과 지향의 문제

41 정답 ⑤

창의적인 사고는 통상적인 것이 아니라 기발하거나, 신기하며 독창적이다. 또한 발산적 사고로서 아이디어가 많고, 다양하고, 독특한 것을 의미하며, 유용하고 가치가 있어야 한다.

42 정답 ⑤

설득은 논쟁이 아니라 논증을 통해 더욱 정교해지며, 공감을 필요로 한다. 자신의 주장을 다른 사람에게 이해시켜 납득시키고 상대가 자신이 원하는 행동을 하게 만드는 것이며, 이해는 머리로 하고 납득은 머리와 가슴이 동시에 공감되는 것으로, 이 공감은 논리적 사고가 기본이 된다. 따라서 ⑤은 상대방이 했던 이야기를 이해하도록 노력하면서 공감하려는 태도가 보이므로 '설득'에 해당한다.

[오답분석]
① 상대방의 말한 내용이 명확하게 이해되지 않아 먼저 자신이 생각하여 이해하도록 노력하는 것으로, 논리적 사고의 구성 요소 중 '생각하는 습관'에 해당한다.
② 상대의 생각을 모두 부정하지 않고, 상황에 따른 생각을 이해함으로써 새로운 지식이 생길 가능성이 있으므로 논리적 사고의 구성 요소 중 '타인에 대한 이해'에 해당한다.
③ 상대가 말하는 것을 잘 알 수 없어 구체적인 사례를 들어 이해하려는 것으로, 논리적 사고의 구성 요소 중 '구체적인 생각'에 해당한다.
④ 상대 주장에 대한 이해가 부족하다는 것을 인식해 상대의 논리를 구조화하려는 것으로, 논리적 사고의 구성 요소 중 '상대 논리의 구조화'에 해당한다.

43 정답 ①

비판적 사고를 개발하기 위한 태도
지적 호기심, 객관성, 개방성, 융통성, 지적 회의성, 지적 정직성, 체계성, 지속성, 결단성, 다른 관점에 대한 존중

44 정답 ②

제시문에서 '문제'는 목표와 현실의 차이이고, '문제점'은 목표가 어긋난 원인이 명시되어야 한다. 따라서 ② 미란이의 이야기를 보면 교육훈련이 부족했다는 원인이 나와 있으므로 '문제점'을 말했다고 볼 수 있다.

[오답분석]
① 지혜의 이야기는 매출액이 목표에 못 미쳤다는 '문제'를 말한 것이다.
③ 건우는 현재 상황을 말한 것이다.
④ 경현이의 말은 목표를 정정했다는 사실뿐이다.
⑤ 연준이는 ①과 같이 생산율이 목표에 못 미쳤다는 '문제'를 말한 것이다.

45 정답 ②

창의적 사고의 의미
- 발산적(확산적) 사고로서, 아이디어가 많고, 다양하고, 독특한 것을 의미한다.
- 새롭고 유용한 아이디어를 생산해 내는 정신적인 과정이다.
- 통상적인 것이 아니라 기발하거나, 신기하며 독창적인 것이다.
- 유용하고 적절하며 가치가 있어야 한다.
- 기존의 정보(지식, 상상, 개념 등)들을 특정한 요구조건에 맞거나 유용하도록 새롭게 조합한 것이다.

46 정답 ④

기존의 정보를 객관적으로 분석하는 것은 논리적 사고 또는 비판적 사고와 관련이 있다. 창의적 사고에는 성격, 태도에 걸친 전인격적 가능성이 포함되므로 모험심과 호기심이 많고 집념과 끈기가 있으며, 적극적·예술적·자유분방적일수록 높은 창의력을 보일 수 있다.

47 정답 ②

창의적 사고를 개발하는 방법
- 자유 연상법 : 어떤 생각에서 다른 생각을 계속해서 떠올리는 작용을 통해 어떤 주제에서 생각나는 것을 계속해서 열거해 나가는 방법 예 브레인스토밍
- 강제 연상법 : 각종 힌트에서 강제적으로 연결지어서 발상하는 방법 예 체크리스트
- 비교 발상법 : 주제와 본질적으로 닮은 것을 힌트로 하여 새로운 아이디어를 얻는 방법 예 NM법, Synetics

48 정답 ②

[오답분석]
① 다른 사람을 공감시켜 움직일 수 있게 한다.
③ 행동을 하기 전에 생각을 먼저 하게 한다.
④ 주위를 설득하는 일이 훨씬 쉬워진다.
⑤ 직장생활 중에서 지속적으로 요구되는 능력이다.

49 정답 ③

문제해결을 위한 기본 요소
- 체계적인 교육훈련
- 문제해결 방법에 대한 지식
- 문제관련 지식에 대한 가용성
- 문제해결자의 도전의식과 끈기
- 문제에 대한 체계적인 접근

50 정답 ②

문제해결의 장애 요소
- 문제를 철저하게 분석하지 않는 경우
- 고정관념에 얽매이는 경우
- 쉽게 떠오르는 단순한 정보에 의지하는 경우
- 너무 많은 자료를 수집하려고 노력하는 경우

제2회 필수영역 NCS 최종모의고사

01	02	03	04	05	06	07	08	09	10	11	12	13	14	15	16	17	18	19	20
③	①	⑤	①	⑤	③	④	①	②	①	⑤	⑤	③	①	②	①	④	⑤	⑤	③
21	22	23	24	25	26	27	28	29	30	31	32	33	34	35	36	37	38	39	40
⑤	②	②	②	②	③	③	③	③	②	①	③	③	③	③	③	④	③	②	③
41	42	43	44	45	46	47	48	49	50										
③	⑤	③	④	④	④	⑤	④	②	④										

01
정답 ③

ㄴ. 1개의 적혈구는 3억 개의 헤모글로빈을 가지고 있으며, 1개의 헤모글로빈에는 4개의 헴이 있다. 그리고 헴 1개가 산소 분자 1개를 운반한다고 하였다. 따라서 1개의 적혈구에는 12억 개의 헴이 있으며, 이 12억 개의 헴은 산소 분자 12억 개를 운반한다.
ㄹ. SPF 40은 자외선 차단 시간이 15×40=600분=10시간이다.

오답분석

ㄱ. 피부색은 멜라닌, 카로틴 및 헤모글로빈이라는 세 가지 색소에 의해 나타나는 것이지 멜라닌의 종류에 의해 결정되는 것이 아니다. 또한 제시문에서는 멜라닌의 종류에 대한 내용은 언급되어 있지 않다.
ㄷ. SPF는 자외선 B를 차단해주는 시간을 나타낼 뿐 차단 정도(양)와는 관계가 없다고 하였다.

02
정답 ①

제시문의 마지막 문단에서 최초 진입 기업이 후발 진입 기업의 시장 진입을 막기 위한 마케팅 활동을 한다고 설명한다. 그러나 최초 진입 기업과 후발 진입 기업 중에 누가 더 많은 마케팅 비용을 사용하는지에 대한 언급은 없으므로 ①은 적절하지 않다.

오답분석

② 두 번째 문단에 따르면 후발 진입 기업의 모방 비용은 최초 진입 기업이 신제품 개발에 투자한 비용 대비 65% 수준이다.
③ 마지막 문단에 따르면 최초 진입 기업은 인지도 측면에서 후발 진입 기업보다 월등한 우위에 있다. 또한 첫 번째 문단에 따르면 기업이 시장에 최초로 진입하여 무형(인지도 등) 및 유형의 이익을 얻는 것을 A효과라고 한다.
④ 두 번째 문단에 따르면 후발 진입 기업은 절감된 비용을 마케팅 등에 효과적으로 투자하여 최초 진입 기업의 시장 점유율을 단기간에 빼앗아 오는 것이 성공의 핵심 조건이다.
⑤ 첫 번째 문단에 따르면 후발 진입 기업이 최초 진입 기업과 동등한 수준의 기술 및 제품을 보다 낮은 비용으로 개발할 수 있을 때만 B효과를 얻을 수 있다.

03
정답 ⑤

제시문 후반부의 '기다리지 못함도 삼가고 아무것도 안 함도 삼가야 한다.'라는 문장이 이 글의 주제라고 할 수 있다. 여기서 기다리지 못한다는 것은 의도적인 개입을 의미하며, 아무것도 안 한다는 것은 방관적인 태도를 뜻한다.

오답분석

① 제시문에서는 개입하고 힘을 쏟고자 하는 대신에 이 잠재력을 발휘할 수 있도록 하는 것이 중요하다고 하였으므로 인위적 노력과는 거리가 멀다.
② 싹을 잡아당겨서도 안 되지만 그렇다고 단지 싹이 자라는 것을 지켜만 봐서도 안 된다고 하였다.

③ 명확한 목적성을 설정하는 것과 제시문의 내용과는 크게 관계가 없다.
④ 기다리지 못함도 삼가고 아무것도 안 함도 삼가야 한다고 하면서 작동 중에 있는 자연스런 성향이 발휘되도록 돕는 노력, 즉 어느 정도의 개입도 해야 한다고 하였다.

04　　　　　　　　　　　　　　　　　　　　　　　　　　　　　　　　　　　　　　정답 ①

빈칸의 전 문단에서 '보손 입자는 페르미온과 달리 파울리의 배타 원리를 따르지 않는다. 그래서 같은 에너지 상태를 지닌 입자라도 서로 겹쳐서 존재할 수 있다. 만져지지 않는 에너지 덩어리인 셈이다.'라고 하였고, 빈칸 다음 문장에서 '빛은 실험해보면 입자의 특성을 보이지만, 질량이 없고 물질을 투과하며 만져지지 않는다.'라고 하였다. 또한 마지막 문장에서 '포논은 광자와 마찬가지로 스핀이 0인 보손 입자이다.'라고 하였으므로 광자는 스핀이 0인 보손 입자라는 것을 알 수 있다. 따라서 빈칸에 들어갈 내용으로는 ①이 적절하다.

[오답분석]
②·⑤ 스핀이 1/2의 홀수배인 입자들을 페르미온이라고 하였고, 광자는 스핀이 0인 보손 입자이므로 적절하지 않은 내용이다.
③ 광자가 파울리의 배타 원리를 따른다면, 파울리의 배타 원리에 따라 페르미온 입자로 이뤄진 물질은 우리가 손으로 만질 수 있어야 한다. 그러나 광자는 질량이 없고 물질을 투과하며 만져지지 않는다고 하였으므로 적절하지 않은 내용이다.
④ '포논은 광자와 마찬가지로 스핀이 0인 보손 입자이다.'라는 문장에서 광자는 스핀 상태에 따라 분류할 수 있는 입자임을 알 수 있다.

05　　　　　　　　　　　　　　　　　　　　　　　　　　　　　　　　　　　　　　정답 ⑤

자기 공명 방식이 상용화되기 위해서는 현재 사용되는 코일 크기로는 일반 가전제품에 적용할 수 없으므로 코일을 소형화해야 할 필요가 있다고 언급하였다.

[오답분석]
① 자기 유도 방식은 유도 전력을 이용하지만, 무선 전력 전송을 하기 때문에 철심을 이용하지 않는다.
② 자기 공명 방식에서 2차 코일은 공진 주파수를 전달받는다. 1차 코일에서 공진 주파수를 만든다.
③ 자기 유도 방식의 2차 코일은 교류 전류 방식이다.
④ 자기 유도 방식은 전력 전송률이 높으나 1차 코일에 해당하는 송신부와 2차 코일에 해당하는 수신부가 수 센티미터 이상 떨어지거나 송신부와 수신부의 중심이 일치하지 않게 되면 전력 전송 효율이 급격히 저하된다.

06　　　　　　　　　　　　　　　　　　　　　　　　　　　　　　　　　　　　　　정답 ③

포도 재배 환경의 날씨가 더울수록 향은 진해진다고 하였으므로, 진한 향의 레드와인을 원한다면 기온이 높은 지역의 포도를 사용한 와인을 구매해야 한다.

[오답분석]
① 레드와인은 포도에서 과육뿐만 아니라 껍질과 씨를 모두 사용하여 제조한다.
② 기온이 높은 환경에서 재배한 포도로 만든 와인이 산도가 약해진다고 하였으므로, 레드와인 특유의 신맛이 강해지려면 기온이 낮은 환경에서 재배한 포도로 만들어야 한다.
④ 레드와인의 색상은 포도의 품종뿐만 아니라 포도의 재배 환경에 따라서도 영향을 받으므로, 같은 품종의 포도로 제조한 와인이라도 그 색상은 다를 수 있다.
⑤ 제시문에서 심혈관 질환 중 고혈압 이외의 내용은 없으므로 모든 심혈관 질환자들에게 유익한 영향을 준다고 보기는 어렵다.

07　　　　　　　　　　　　　　　　　　　　　　　　　　　　　　　　　　　　　　정답 ④

제시문은 중세 유럽에서 유래된 로열티 제도가 산업 혁명부터 현재까지 지적 재산권에 대한 보호와 가치 확보를 위해 발전되었음을 설명하고 있다. 따라서 가장 적절한 제목은 '로열티 제도의 유래와 발전'이다.

08

정답 ①

제시문에서는 천재가 선천적인 재능뿐만 아니라 후천적인 노력에 의해서도 만들어지는 존재라고 주장하고 있기 때문에 ①은 옳지 않다.

오답분석
②·④·⑤ 제시문에서 언급된 절충적 천재(선천적 재능과 후천적 노력이 결합한 천재)에 대한 내용이다.
③ 영감을 가져다주는 것은 신적인 힘보다도 연습이라는 논지이므로 제시문과 같은 입장이다.

09

정답 ②

제시문은 강이 붉게 물들고 산성으로 변화하는 이유인 티오바실러스와 강이 붉어지는 것을 막기 위한 방법에 대하여 설명하고 있다. 따라서 (가) 철2가 이온(Fe^{2+})과 철3가 이온(Fe^{3+})의 용해도가 침전물 생성에 중요한 역할을 함 → (라) 티오바실러스가 철2가 이온(Fe^{2+})을 산화시켜 만든 철3가 이온(Fe^{3+})이 붉은 침전물을 만듦 → (나) 티오바실러스는 이황화철(FeS_2)을 산화시켜 철2가 이온(Fe^{2+}), 철3가 이온(Fe^{3+})을 얻음 → (다) 티오바실러스에 의한 이황화철(FeS_2)의 가속적인 산화를 막기 위해서는 광산의 밀폐가 필요함의 순서대로 나열하는 것이 적절하다.

10

정답 ①

고대 그리스, 헬레니즘 시기, 로마 시대를 순서대로 나열하여 설명하였으므로, 역사적 순서대로 주제의 변천에 대해 서술하고 있다. 따라서 제시문의 서술 방식으로는 ①이 가장 적절하다.

11

정답 ⑤

네 번째 문단에 따르면 아재 개그를 잘하기 위해서는 타고난 언어 감각이 좋아야 한다고 말하고 있다.

오답분석
① 아재 개그는 청자가 결국 다른 곳에 가서 그것을 전달한다는 점에서 어느 정도의 파급력을 가진 것으로 볼 수 있다.
② 아재 개그는 여러 번 생각하면 웃긴 경우도 많다고 하였다.
③ 너무 많이 아재 개그를 하면 사람들의 반응이 차가울 수 있다고 하였다.
④ 제시문에서 예시로 든 '친구가 군대에서 전역했어요.'는 발음의 유사성을 활용한 아재 개그이며, 동음이의어는 오래 전부터 개그의 소재가 되었다고 하였다.

12

정답 ⑤

제시문에 따르면 교열은 독자들이 쉽게 이해할 수 있도록 문장을 다듬는 복잡한 과정이다. 즉, 교열은 교열자에게 힘들고 지겨운 과정이지만, 교열자가 출간된 책을 접하게 되면 삶의 보람을 느끼게 된다는 것이다. 따라서 ⑩ 앞에는 '독자'가 아닌 '교열자'가 주어로 추가되어야 한다.

13

정답 ③

제시문은 유명인의 중복 광고 출연으로 인한 부정적인 효과를 설명하고 있다. 따라서 사람들이 유명연과 브랜드 이미지를 연관 짓지 않는다는 주장을 반박으로 내세울 수 있다.

오답분석
①·⑤ 제시문의 내용과 일치하는 주장이다.
②·④ 유명인의 중복 출연으로 인한 부정적인 효과를 말하고 있다.

14
정답 ①

보기의 '이 둘'은 제시문의 산제와 액제를 의미하므로 이 둘에 관해 설명하고 있는 위치에 들어가야 함을 알 수 있다. 또 상반되는 사실을 나타내는 두 문장을 이어 줄 때 사용하는 접속어 '하지만'을 통해 산제와 액제의 단점을 이야기하는 보기의 문장 앞에는 산제와 액제의 장점에 관한 내용이 와야 함을 알 수 있다. 따라서 보기는 (가)에 들어가는 것이 적절하다.

15
정답 ②

(가) 개요에서 (나) 개요로 고쳐진 부분은 'Ⅰ. 서론'과 '2. 고령화 사회의 문제점' 부분이다. 이는 고령화 사회로 인해 발생할 수 있는 사회적 비용을 의료 및 복지 비용으로, 인구 감소로 인한 노동력 공급 감소 및 생산성 저하로 구체화한 것이다.

[오답분석]
④ 구체적으로 문제 상황을 한정했다고 해서 논의 대상의 범위가 한정된 것은 아니다. 논의 대상인 고령화 사회의 문제점 자체는 그대로이기 때문이다.

16
정답 ①

제시문의 ㉠에서 다섯째 줄의 접속어 '그러나'를 기준으로 앞부분은 사물 인터넷 사업의 경제적 가치 및 외국의 사물 인터넷 투자 추세, 뒷부분은 우리나라의 사물 인터넷 사업 현황에 대하여 설명하고 있다. 따라서 두 문단으로 나누는 것이 적절하다.

[오답분석]
② 문장 앞부분에서 '통계에 따르면'으로 시작하고 있으므로, 이와 호응되는 서술어를 능동 표현인 '예상하며'로 바꾸는 것은 어색하다.
③ 우리나라의 사물 인터넷 시장이 선진국에 비해 확대되지 못하고 있는 것은 사물 인터넷 관련 기술을 확보하지 못한 결과이다. 따라서 수정하는 것은 옳지 않다.
④ 문맥상 '기술력을 갖추다.'라는 의미가 되어야 하므로 '확보'로 바꾸어야 한다.
⑤ 사물 인터넷의 의의와 기대효과로 글을 마무리하는 문장이므로 삭제할 필요가 없다.

17
정답 ④

제시문은 첫 문단에서 이앙법의 확산이 양반과 농민들 중에서 다수의 부농이 나타나게 된 계기가 되었다는 역사학자들의 주장을 언급한 후 두 번째 문단에서 양반층에게 이 주장이 적용되기 어렵다고 하였고, 세 번째 문단에서 농민층이 부농으로 성장하기 어려웠던 이유를 들면서 첫 문단의 내용을 비판하는 내용으로 구성되어 있다. 따라서 마지막 문장의 빈칸에 들어가기에 가장 적절한 것은 제시문의 내용을 포괄하고 있는 ④이다.

18
정답 ⑤

슈퍼문일 때는 지구와 달의 거리가 35만 7,000km 정도로 가까워지며, 이때 지구에서 보름달을 바라보는 시각도는 0.56도로 커지므로 0.49의 시각도보다 크다는 판단은 적절하다.

[오답분석]
① 케플러의 행성 운동 제1법칙에 따라 태양계의 모든 행성은 태양을 중심으로 타원 궤도로 돈다. 따라서 지구도 태양을 타원 궤도로 돌기 때문에 지구에서 태양까지의 거리는 항상 일정하지 않을 것이다.
② 달이 지구에 가까워지면 달의 중력이 더 강하게 작용하여 달을 향한 쪽의 해수면이 평상시보다 더 높아진다. 즉, 지구와 달의 거리에 따라 해수면의 높이가 달라지므로 서로 관계가 있다.
③ 달이 지구에 가까워지면 평소 달이 지구를 당기는 힘보다 더 강하게 지구를 당긴다. 따라서 이와 반대로 달이 지구에서 멀어지면 지구를 당기는 달의 힘은 약해질 것이다.
④ 달의 중력 때문에 높아진 해수면이 지구의 자전을 방해하게 되고, 이 때문에 지구의 자전 속도가 느려져 100만 년에 17초 정도씩 길어진다고 하였으므로 지구의 자전 속도는 점점 느려지고 있다.

19

정답 ⑤

㉠ 현재 주택을 소유한 노년층은 소득 축적 기회가 적었고 현재도 특별한 소득이 없다면 역시 금융 소비자가 될 것이므로 역모기지론 정책이 효과적으로 시행될 수 있다.
㉡ 만 65세 이상인 가구주의 주택 소유 비율이 높을수록 역모기지론 정책이 효과적으로 시행될 수 있다.
㉢ 역모기지론을 이용할 수 있는 대상자는 공시 가격 8억 원 이하의 주택을 한 채만 소유하고 있는 만 65세 이상의 중산・서민층이므로, 만 65세 이상의 노인들이 보유하고 있는 주택의 공시 가격이 대부분 8억 원 이하라면 역모기지론 정책이 효과적으로 시행될 수 있다.
㉣ 86%에 달하는 노인들이 양로원이나 기타 사회복지 시설을 이용하는 것보다 자기 집에 그대로 머물러 살기를 원한다고 응답했다면 노인들의 집을 담보삼아 금융을 소비하는 역모기지론 정책이 효과적으로 시행될 수 있다.

20

정답 ③

첫 번째 문단의 '동일한 곡이지만 템포의 기준을 어떻게 잡아서 재현해 내느냐에 따라서 그 음악의 악상은 달라진다.'라는 문장을 통해 템포의 완급에 따라 악상이 변화하는 것을 알 수 있다.

오답분석
① 서양 음악과 한국 전통 음악의 차이는 심장의 고동을 중시하는 서양의 민족의식과 호흡을 중시하는 우리 민족의식에 따른 차이에서 발생한다는 글 전체의 내용을 통해 확인할 수 있다.
②・⑤ 다섯 번째 문단에서 확인할 수 있다.
④ 두 번째 문단에서 확인할 수 있다.

21

정답 ⑤

전체 단속 건수에서 광주시와 대전시가 차지하는 비율은 다음과 같다.
- 광주시 : $\frac{1,090}{20,000} \times 100 = 5.45\%$
- 대전시 : $\frac{830}{20,000} \times 100 = 4.15\%$

따라서 광주시가 대전시보다 1.3%p 더 높다.

오답분석
① 수도권 지역의 단속 건수는 3,010+2,650+2,820=8,480건으로 전체 단속 건수에서 차지하는 비중은 $\frac{8,480}{20,000} \times 100 = 42.4\%$이다. 따라서 수도권 지역의 단속 건수는 전체 단속 건수의 절반 미만이다.
② 경기도의 무단횡단・신호위반・과속・불법주정차 위반 건수는 서울시보다 적지만, 음주운전 위반 건수는 서울시보다 많다.
③ 신호위반이 가장 많이 단속된 지역은 980건으로 제주시이지만, 과속이 가장 많이 단속된 지역은 1,380건으로 인천시이다.
④ 울산시의 단속 건수는 1,250건으로 전체 단속 건수에서 차지하는 비중은 $\frac{1,250}{20,000} \times 100 = 6.25\%$이다.

22

정답 ③

- 희수 : 상품수지는 기간 내에 항상 흑자였다.
- 소정 : 소득수지는 항상 흑자였으므로, 만약 대외 금융자산 및 부채와 관련된 투자소득을 0이라고 할 때, 우리나라에 있는 외국인 노동자에게 지급되는 임금 총량보다 외국에 있는 우리나라 노동자에게 지급되는 임금 총량이 더 크다고 할 수 있다.

오답분석
- 난정 : 개인송금에 해당하므로 경상이전수지에 해당한다.
- 만호 : 무역수지는 항상 흑자였다. 무역수지와 관련된 수치는 왼쪽 축이 아닌 오른쪽 축에 있으므로 유의해서 보아야 한다. 꺾은선 그래프가 0 미만이었던 적이 단 한 번도 없으므로, 무역수지는 항상 흑자이다.

23

정답 ②

㉠ 2025년 추석교통대책기간 중 고속도로 총이동인원은 6,160만 명으로 전년 대비 $\frac{6,160-3,540}{3,540}\times100 ≒ 74\%$ 증가했다.

㉢ 2025년 추석 당일 고속도로 교통량은 588만 대로 전년 대비 $\frac{588-535}{535}\times100 ≒ 9.9\%$ 증가했다.

오답분석

㉡ 2025년 1일 추석교통대책기간 중 평균 이동인원은 560만 명으로 전년 대비 $\frac{3,540}{6}=590$만 명보다 $\frac{560-590}{590}\times100 ≒ 5.1\%$ 감소했다.

㉣ 2025년 고속도로 최대 소요시간은 귀성의 경우 '서울 – 부산' 구간이 7시간 15분에서 7시간 50분으로 증가하였으므로 옳지 않은 설명이다.

24

정답 ②

㉠ 2021 ~ 2025년 동안 전년 대비 문화재의 증가 건수를 구하면 다음과 같다.
- 2021년 : 3,459-3,385=74건
- 2022년 : 3,513-3,459=54건
- 2023년 : 3,583-3,513=70건
- 2024년 : 3,622-3,583=39건
- 2025년 : 3,877-3,622=255건

따라서 전년 대비 전체 국가지정문화재 건수가 가장 많이 증가한 해는 2025년이다.

㉢ 2020년 대비 2025년의 문화재 종류별 건수의 증가율을 구하면 다음과 같다.
- 국보 : $\frac{328-314}{314}\times100 ≒ 4.46\%$
- 보물 : $\frac{2,060-1,710}{1,710}\times100 ≒ 20.47\%$
- 사적 : $\frac{495-479}{479}\times100 ≒ 3.34\%$
- 명승 : $\frac{109-82}{82}\times100 ≒ 32.93\%$
- 천연기념물 : $\frac{456-422}{422}\times100 ≒ 8.06\%$
- 국가무형문화재 : $\frac{135-114}{114}\times100 ≒ 18.42\%$
- 중요민속문화재 : $\frac{294-264}{264}\times100 ≒ 11.36\%$

따라서 2020년 대비 2025년의 국가지정문화재 건수의 증가율이 가장 높은 문화재는 명승 문화재이다.

오답분석

㉡ 2025년의 국보 문화재 건수는 2020년에 비해 328-314=14건 증가했다. 그러나 2020년에 전체 국가지정문화재 중 국보 문화재가 차지하는 비율은 $\frac{314}{3,385}\times100 ≒ 9.28\%$, 2025년에 전체 국가지정문화재 중 국보 문화재가 차지하는 비율은 $\frac{328}{3,877}\times100 ≒ 8.46\%$이다. 따라서 2025년에 국보 문화재가 전체 국가지정문화재에서 차지하는 비중은 2020년에 비해 감소했다.

㉣ 연도별 국가무형문화재 건수의 4배의 수치를 구하면 다음과 같다.
- 2020년 : 114×4=456건
- 2021년 : 116×4=464건
- 2022년 : 119×4=476건
- 2023년 : 120×4=480건
- 2024년 : 122×4=488건
- 2025년 : 135×4=540건

따라서 2020년에서 2024년까지는 사적 문화재의 지정 건수가 국가무형문화재 건수의 4배가 넘지만, 2025년의 경우 국가무형문화재 건수의 4배를 넘지 못한다.

25

정답 ②

2025년 국제소포 분야 매출액의 2021년 대비 증가율은 $\frac{21{,}124-17{,}397}{17{,}397}\times100≒21.4\%$이므로 옳지 않은 설명이다.

오답분석

① 자료를 통해 2025년 4/4분기 매출액이 2025년 다른 분기에 비해 가장 높은 것을 확인할 수 있다.
③ 2025년 분야별 매출액의 2021년 대비 증가율은 다음과 같다.

- 국제통상 분야 : $\frac{34{,}012-16{,}595}{16{,}595}\times100≒105.0\%$
- 국제소포 분야 : $\frac{21{,}124-17{,}397}{17{,}397}\times100≒21.4\%$
- 국제특급 분야 : $\frac{269{,}674-163{,}767}{163{,}767}\times100≒64.7\%$

따라서 2025년 매출액 증가율이 2021년 대비 가장 큰 분야는 국제통상 분야의 매출액이다.
④ 2024년 국제통상 분야의 매출액 비율은 $\frac{26{,}397}{290{,}052}\times100≒9.1\%$이므로 10% 미만이다.
⑤ 2025년 총매출액에서 2/4분기 매출액이 차지하고 있는 비율은 $\frac{72{,}391}{324{,}810}\times100≒22.3\%$이므로 20% 이상이다.

26

정답 ⑤

- 지연 중 A/C 정비가 차지하는 비율 : $\frac{117}{2{,}986}\times100≒4$(∵ 소수점 첫째 자리에서 반올림)
- 결항 중 기상이 차지하는 비율 : $\frac{17}{70}\times100≒24$(∵ 소수점 첫째 자리에서 반올림)

따라서 지연 중 A/C 정비가 차지하는 비율은 결항 중 기상이 차지하는 비율의 $\frac{4}{24}=\frac{1}{6}$이다.

오답분석

① 17×5=85<118이므로 올바르지 않다. 118÷17≒7이다(∵ 소수점 첫째 자리에서 반올림).
② 기타를 제외하고 지연이 발생한 원인 중 가장 높은 비중을 차지하고 있는 것은 A/C 접속이며, 결항이 발생한 원인 중 가장 높은 비중을 차지하고 있는 것은 기상이다.
③ 9월 동안 운항된 전체 비행기 수를 알 수 없으므로 구할 수 없다.
④ 기상 원인으로 지연 및 결항된 비행기는 모두 135편이다. 하지만 이 비행기가 모두 같은 날 지연 및 결항이 되었을 수도 있고, 모두 다른 날 지연 및 결항되었을 수도 있으므로 제시된 자료만으로는 날씨를 예측할 수 없다.

27

정답 ③

오답분석

① 1985년의 A국의 석유 수입액은 74달러이고 B국의 석유 수입액은 75달러이므로 B국이 더 많다.
② 2005년의 A국의 석유 수입액과 석탄 수입액의 합은 110.7달러고 LNG 수입액의 2배는 108.6달러이므로 2배보다 많다.
④ 두 국가의 1985년 대비 2025년의 LNG 수입액 증가율은 다음과 같다.

- A국 : $\frac{79.9-29.2}{29.2}\times100≒173.6\%$
- B국 : $\frac{102-30}{30}\times100=240\%$

따라서 증가율은 B국이 더 크다.
⑤ 두 국가의 1985년 대비 2025년의 석탄 수입액 감소율은 다음과 같다.

- A국 : $\frac{28-82.4}{82.4}\times100≒-66\%$
- B국 : $\frac{7.1-44}{44}\times100≒-83.9\%$

따라서 감소율은 B국이 더 크다.

28 정답 ③

- 차량용 방향제 : 7,000÷5=1,400원
- 식용유 세트 : 10,000÷4=2,500원
- 유리용기 세트 : 6,000÷6=1,000원
- 32GB USB : 5,000÷4=1,250원
- 머그컵 세트 : 10,000÷5=2,000원
- 육아 관련 도서 : 8,800÷4=2,200원
- 핸드폰 충전기 : 7,500÷3=2,500원

할당받은 예산을 고려하여 고객 만족도 1점당 비용이 가장 낮은 상품부터 구매비용을 구하면 다음과 같다.
- 유리용기 세트 : 6,000×200=1,200,000원
  → 남은 예산 : 5,000,000−1,200,000=3,800,000원
- 32GB USB : 5,000×180=900,000원
  → 남은 예산 : 3,800,000−900,000=2,900,000원
- 차량용 방향제 : 7,000×300=2,100,000원
  → 남은 예산 : 2,900,000−2,100,000=800,000원
- 머그컵 세트 : 10,000×80=800,000원
  → 남은 예산 : 800,000−800,000=0원

즉, 확보 가능한 상품의 개수는 200+180+300+80=760개이다.
따라서 사은품을 나누어 줄 수 있는 고객의 수는 760÷2=380명이다.

29 정답 ③

폐수처리량이 가장 적었던 연도는 204,000m^3를 기록한 2024년이다. 그러나 오수처리량이 가장 적은 연도는 27,000m^3를 기록한 2025년이므로 옳지 않은 내용이다.

[오답분석]
① 2,900÷3,100×100≒94%
② 온실가스 배출량은 2023년 1,604,000tCO$_2$eq에서 2025년 1,542,000tCO$_2$eq까지 매년 감소하고 있다.
④ (1,700+2,900+2,400)÷3≒2,333백만 원이므로 약 23억 3,300만 원이다.
⑤ 에너지 사용량의 전년 대비 증감률을 구하면 다음과 같다.
- 2024년 : $\frac{29,000-30,000}{30,000} \times 100 ≒ -3.33\%$
- 2025년 : $\frac{30,000-29,000}{29,000} \times 100 ≒ 3.45\%$

따라서 전년 대비 증감률의 절댓값은 2024년보다 2025년이 더 크다.

30 정답 ③

연도별 환경지표점수를 산출하면 다음과 같다.

(단위 : 점)

구분	녹색제품 구매액	에너지 사용량	폐수처리량	합계
2023년	5	5	5	15
2024년	10	10	10	30
2025년	10	5	5	20

따라서 환경지표점수가 가장 높은 연도는 2024년이고, 그 점수는 30점이다.

31

정답 ②

A국 GDP는 18,562십억 달러로, 나머지 다섯 국가의 GDP 값의 합인 4,730+3,495+2,650+2,488+1,404=14,767십억 달러보다 크다.

오답분석

ㄱ. B국은 C국보다 GDP와 GDP 대비 국가자산총액 모두 크다.
ㄷ. (국가자산총액)=(GDP 대비 국가자산총액)×(GDP)÷100으로 F국과 D국의 국가자산총액을 구하면 D국의 총액이 더 크다.
- D국 : $\frac{522}{100} \times 2,650 ≒ 13,833$십억 달러
- F국 : $\frac{828}{100} \times 1,404 ≒ 11,625$십억 달러

32

정답 ⑤

ㄷ. 청팀의 최종점수는 6,867점, 백팀의 최종점수는 5,862점으로 백팀은 청팀의 $\frac{5,862}{6,867} \times 100 ≒ 85.4\%$이다.
ㄹ. 백팀이 구기종목에서 획득한 승점은 육상종목에서 획득한 승점의 $\frac{2,780}{3,082} \times 100 ≒ 90.2\%$이므로 85% 이상이다.

오답분석

ㄱ. 전 종목에서 가장 높은 승점을 획득한 부서는 운영팀(2,752점)이나, 가장 낮은 승점을 획득한 부서는 기술팀(1,859점)이 아닌 지원팀(1,362점)이다.
ㄴ. 청팀이 축구에서 획득한 승점은 청팀이 구기종목에서 획득한 승점의 $\frac{1,942}{4,038} \times 100 ≒ 48.1\%$이므로 45% 이상이다.

33

정답 ①

하루 평균 총 200잔이 팔렸다면, 카페라테는 전체에서 25%, 에스프레소는 6%이므로 각각 50잔, 12잔이 판매되었다. 따라서 카페라테는 에스프레소보다 하루에 50-12=38잔이 더 팔린다.

34

정답 ③

이날 판매된 커피 180잔 중 아메리카노는 50%로, 90잔이 판매되었고, 매출은 90×2,000=180,000원이다.

35

정답 ③

A씨의 식단을 끼니별로 나누어 칼로리를 계산하면 다음과 같다. 이때, 주어진 칼로리 정보를 고려하면 g에 비례하여 칼로리를 계산하여야 하는 것에 주의한다.

구분	식단
아침	우유식빵 280kcal, 사과잼 110kcal, 블루베리 30kcal
점심	현미밥 360kcal, 갈비찜 597kcal, 된장찌개 88kcal, 버섯구이 30kcal, 시금치나물 5kcal
저녁	현미밥 180kcal, 미역국 176kcal, 고등어구이 285kcal, 깍두기 50kcal, 연근조림 48kcal

따라서 A씨가 하루에 섭취하는 열량은 280+110+30+360+597+88+30+5+180+176+285+50+48=2,239kcal이다.

36

정답 ③

제시된 자료에 따르면 해당 프로모션은 지정된 행사 매장에 방문 또는 상담하는 고객에게 구매 여부와 관계없이 다이어리를 증정한다고 되어 있으므로 전국 매장이라는 표현은 잘못 이해한 것이다.

37

정답 ④

모든 시설은 공통적으로 K공사 홈페이지를 통해 견학 신청 접수가 가능하다.

[오답분석]
① 본사와 각 지사의 견학 시간은 동일하지만(평일 오전 10시 ~ 오후 4시), 통합운영센터는 1시간 더 길다(평일 오전 10시 ~ 오후 5시).
② 본사는 홍보실, 각 지사는 홍보과에서 담당하며, 통합운영본부는 통합운영부에서 담당한다.
③ 통합운영센터에 일반인 단체가 견학하는 경우 인솔자의 참석이 필수가 아니다.
⑤ K공사 시설 중 통합운영센터는 견학 가능 인원이 5 ~ 40명이므로 최소 5명 이상의 단체를 구성해야 한다.

38

정답 ③

ㄱ. • K공사 본사의 경우에 견학 가능 시간은 총 360분(평일 오전 10시 ~ 오후 4시)이며, 한 번 견학하는 데 40분이 소요된다. 따라서 9개 조가 견학할 수 있고, K고등학교는 8개 학급이 견학을 가므로 견학 계획을 완료할 수 있다.
• K공사 지사의 경우에 견학 가능 시간은 총 360분(평일 오전 10시 ~ 오후 4시)이며, 한 번 견학하는 데 50분이 소요되므로 하루에 7개의 조가 견학을 할 수 있다. 그러나 8개의 견학 조가 있으므로 마지막 1개 조는 견학을 완료하지 못한다.
• K공사 통합운영센터의 경우에 견학 가능 시간은 총 420분(평일 오전 10시 ~ 오후 5시)이며, 한 번 견학하는 데 60분이 소요되므로 하루에 7개 조가 견학을 할 수 있다. 따라서 통합운영센터의 경우에도 1개 조는 견학을 완료하지 못한다.
ㄷ. 견학하려는 학생은 모두 20명×8개 학급=160명이므로 24명씩 조를 구성한다면 24명으로 된 6개의 조와, 16명으로 구성된 1개의 마지막 조가 구성된다[(24×6)+16=160]. 16명은 시설별 견학 가능 인원을 만족하므로 ㄱ에서 확인했듯 이렇게 총 7개의 조를 이루어 3개의 시설에서 모두 견학 계획을 완료할 수 있다.

39

정답 ②

한글 자음을 순서에 따라 바로 뒤의 자음으로 변환하면 다음과 같다.

ㄱ	ㄴ	ㄷ	ㄹ	ㅁ	ㅂ	ㅅ
ㄴ	ㄷ	ㄹ	ㅁ	ㅂ	ㅅ	ㅇ
ㅇ	ㅈ	ㅊ	ㅋ	ㅌ	ㅍ	ㅎ
ㅈ	ㅊ	ㅋ	ㅌ	ㅍ	ㅎ	ㄱ

한글 모음을 순서에 따라 영어로 변환하면 다음과 같다.

ㅏ	ㅐ	ㅑ	ㅒ	ㅓ	ㅔ	ㅕ
a	b	c	d	e	f	g
ㅖ	ㅗ	ㅘ	ㅙ	ㅚ	ㅛ	ㅜ
h	i	j	k	l	m	n
ㅝ	ㅞ	ㅟ	ㅠ	ㅡ	ㅢ	ㅣ
o	p	q	r	s	t	u

ㄴ=ㄱ, u=ㅣ, ㅂ=ㅁ, ㅋ=ㅊ, u=ㅣ, ㅊㅊ=ㅉ, u=ㅣ, ㄴ=ㄱ, b=ㅐ
따라서 김대리가 말한 메뉴는 김치찌개이다.

40

정답 ③

ㅈ=ㅊ, ㅗ=i, ㄴ=ㄷ, ㅈ=ㅊ, ㅜ=n, ㅇ=ㅈ, ㄱ=ㄴ, ㅘ=j, 공백=0, ㅂ=ㅅ, ㅐ=b, ㄹ=ㅁ, ㅕ=g

41
정답 ③

조선 시대의 미시(未時)는 오후 1시~3시를, 유시(酉時)는 오후 5시~7시를 나타낸다. 오후 2시부터 4시 30분까지 운동을 하였다면, 조선 시대 시간으로 미시(未時) 정(正)부터 신시(申時) 정(正)까지 운동을 한 것이 되므로 옳지 않다.

[오답분석]
① 초등학교의 점심시간이 오후 1시부터 2시까지라면, 조선 시대 시간으로 미시(未時, 1~3시)에 해당한다.
② 조선 시대의 인시(寅時)는 현대 시간으로 오전 3~5시를 나타낸다.
④ 축구 경기가 전반전 45분과 후반전 45분으로 총 90분 동안 진행되었으므로 조선 시대 시간으로 한시진(2시간)이 되지 않는다.
⑤ 조선 시대의 술시(戌時)는 오후 7~9시를 나타내므로 오후 8시 30분은 술시(戌時)에 해당한다.

42
정답 ⑤

[오답분석]
① W3은 (3, 5)와 (10, 2)에 위치해 있다.
② B3은 (2, 2)와 (9, 4)에 위치해 있다.
③ W5는 (3, 10)와 (12, 10)에 위치해 있다.
④ B6는 (6, 6)와 (13, 6)에 위치해 있다.

43
정답 ③

W6(13, 6)이 아닌 B6(13, 6) 또는 W6(12, 4)이거나 W6(2, 8)이다.

44
정답 ④

직원 다섯 명에 대한 1일 평균임금 및 퇴직금을 구하면 다음과 같다.

(단위 : 원)

구분	A	B	C	1일 평균임금	퇴직금
최과장	9,000,000	450,000	175,000	106,944	38,499,840
박과장	8,100,000	375,000	143,750	95,764	28,729,200
홍대리	8,850,000	337,500	156,250	103,819	24,916,560
신대리	9,000,000	300,000	121,875	104,688	18,843,840
양주임	6,300,000	225,000	106,250	73,681	6,631,290

따라서 두 번째로 퇴직금이 적은 직원은 신대리이다.

45
정답 ④

행사장 방문객은 시계 반대 방향으로 돌면서 전시관을 관람한다. 400명의 방문객이 출입하여 제1전시관에 100명이 관람한다면 나머지 300명은 관람하지 않고 지나치게 된다. 따라서 A에서 홍보판촉물을 나눠 줄 수 있는 대상자는 300명이 된다. 그리고 B는 A를 걸쳐서 오는 300명과 제1전시관을 관람하고 나온 100명의 인원이 합쳐지는 장소이므로 총 400명을 대상으로 홍보판촉물을 나눠 줄 수 있다. 이러한 개념으로 모든 장소를 고려해 보면 각 전시관과의 출입구가 합류되는 B, D, F에서 가장 많은 사람들에게 홍보판촉물을 나눠 줄 수 있다.

46

정답 ④

10월 20 ~ 21일은 주중이며, 출장 혹은 연수 일정이 없고, 부서이동 전에 해당되므로 김인턴이 경기본부의 파견 근무를 수행할 수 있는 일정이다.

[오답분석]
① 10월 6 ~ 7일은 김인턴의 연수 참석 기간이므로 파견 근무를 진행할 수 없다.
② 10월 11 ~ 12일은 주말인 11일을 포함하고 있다.
③ 10월 14 ~ 15일 중 15일은 목요일로, 김인턴이 H본부로 출장을 가는 날짜이다.
⑤ 10월 27 ~ 28일은 김인턴이 27일부터 부서를 이동한 이후이므로, 김인턴이 아니라 후임자가 경기본부로 파견 근무를 간다.

47

정답 ⑤

- A펀드 : 한 번은 우수(5점), 한 번은 우수 아님(2점)
- B펀드 : 한 번은 우수(5점), 한 번은 우수 아님(2점)
- C펀드 : 두 번 모두 우수 아님(2점+2점)
- D펀드 : 두 번 모두 우수(5점+5점)

각 펀드의 비교 대상은 다른 펀드 중 2개이며, 총 4번의 비교를 했다고 하였으므로 다음과 같은 경우를 고려할 수 있다.

- 경우 1

A		B		C		D	
B	D	A	C	B	D	A	C
5	2	2	5	2	2	5	5

표의 결과를 정리하면 D>A>B, A>B>C, B·D>C, D>A·C이므로 D>A>B>C이다.

- 경우 2

A		B		C		D	
B	C	A	D	A	D	C	B
2	5	5	2	2	2	5	5

표의 결과를 정리하면 B>A>C, D>B>A, A·D>C, D>C·B이므로 D>B>A>C이다.

- 경우 3

A		B		C		D	
D	C	C	D	A	B	A	B
2	5	5	2	2	2	5	5

표의 결과를 정리하면 D>A>C, D>B>C, A·B>C, D>A·B이므로 D>A·B>C이다.

ㄱ. 세 가지 경우 모두 D펀드는 C펀드보다 우수하다.
ㄴ. 세 가지 경우 모두 D펀드가 B펀드보다 우수하다.
ㄷ. 세 번째 경우에서 A펀드와 B펀드의 우열을 가릴 수 있으면 A ~ D까지 우열순위를 매길 수 있다.

48

정답 ④

ㄴ. 민간의 자율주행기술 R&D를 지원하여 기술적 안정성을 높이는 전략은 위협을 최소화하는 내용은 포함하지 않고 약점만 보완하는 내용이므로 ST전략이라 할 수 없다.
ㄹ. 국내기업의 자율주행기술 투자가 부족한 약점을 국가기관의 주도로 극복하려는 내용은, 약점을 최소화하고 위협을 회피하려는 WT전략의 내용으로 적합하지 않다.

[오답분석]
ㄱ. 높은 수준의 자율주행기술을 가진 외국 기업과의 기술이전협약 기회를 통해 국내외에서 우수한 평가를 받는 국내 자동차기업이 국내 자율주행자동차 산업의 강점을 강화하는 전략은 SO전략에 해당한다.
ㄷ. 국가가 지속적으로 자율주행차 R&D를 지원하는 법안이 본회의를 통과한 기회를 토대로 기술개발을 지원하여 국내 자율주행자동차 산업의 약점인 기술적 안정성을 확보하려는 전략은 WO전략에 해당한다.

49

정답 ②

서울 지점의 B씨에게 배송할 제품과 경기남부 지점의 P씨에게 배송할 제품에 대한 기호를 모두 기록해야 한다.
- B씨 : MS11EISS
  - 재료 : 연강(MS)
  - 판매량 : 1box(11)
  - 지역 : 서울(E)
  - 윤활유 사용 : 윤활작용(I)
  - 용도 : 스프링(SS)
- P씨 : AHSS00SSST
  - 재료 : 초고강도강(AHSS)
  - 판매량 : 1set(00)
  - 지역 : 경기남부(S)
  - 윤활유 사용 : 밀폐작용(S)
  - 용도 : 타이어코드(ST)

50

정답 ④

발행형태가 4로 전집이기 때문에 한 권으로만 출판된 것이 아님을 알 수 있다.

[오답분석]
① 국가번호가 05(미국)로 미국에서 출판되었다.
② 서명식별번호가 1011로 1011번째 발행되었다. 441은 발행자의 번호로 이 책을 발행한 출판사의 발행자번호가 441이라는 것을 의미한다.
③ 발행자번호는 441로 세 자리로 이루어져 있다.
⑤ 도서의 내용이 710(한국어)이지만 도서가 한국어로 되어 있는지는 알 수 없다.

제3회 핵심영역 NCS 최종모의고사

01	02	03	04	05	06	07	08	09	10	11	12	13	14	15	16	17	18	19	20
⑤	④	②	②	⑤	③	①	④	④	③	⑤	⑤	③	④	⑤	④	②	③	①	⑤
21	22	23	24	25	26	27	28	29	30	31	32	33	34	35	36	37	38	39	40
⑤	④	④	⑤	④	②	①	③	④	①	⑤	①	⑤	②	④	②	④	④	②	②
41	42	43	44	45	46	47	48	49	50										
①	②	⑤	②	②	④	④	④	①	④										

01
정답 ⑤

ⓒ의 앞뒤 문장은 생활 속에서 초미세먼지에 적절히 대응하기 위한 방안을 나열하고 있으므로 ⓒ에는 문장을 병렬적으로 연결할 때 사용하는 접속어인 '그리고'가 들어가는 것이 적절하다.

02
정답 ④

제시문을 통해 4세대 신냉매는 온실가스를 많이 배출하는 기존 3세대 냉매의 대체 물질로 사용되어 지구 온난화 문제를 해결하는 열쇠가 될 것임을 알 수 있다.

03
정답 ②

권위를 제한적으로 사용한다면 구성원들의 자발적인 복종을 가져올 수 있다. 권위를 전혀 사용하지 않는 것은 적절하지 않다.

[오답분석]
① 리더가 덕(德)을 바탕으로 행동하면 구성원들은 마음을 열고 리더의 편이 된다.
③ 리더의 강압적인 행동이나 욕설은 구성원들의 '침묵 효과'나, 무엇을 해도 소용이 없을 것이라 여겨 저항 없이 시키는 일만 하는 '학습된 무기력'의 증상을 야기할 수 있다.
④ 덕(德)으로 조직을 이끄는 것은 구성원들의 행동에 긍정적인 효과를 미친다.
⑤ 조직에서 성과를 끌어내기 위한 가장 좋은 방법은 구성원들 스스로 맡은 일에 전념하게 하는 것이다. 지속적으로 권위적인 행동을 하는 것은 권위 없이 움직일 수 없는 비효율적인 집단이 되게 만들기에 적절하지 않다.

04
정답 ②

제시문은 식물의 이름을 짓는 방식을 생김새, 쓰임새, 향기, 소리 등으로 분류하여 그에 해당하는 예를 들고 있다. 따라서 ②가 서술 방식의 특징으로 가장 적절하다.

05
정답 ⑤

빈칸 ㉠ 뒤의 내용은 동물실험의 어두운 면으로 앞에 제시된 내용과 상반되므로 빈칸에는 서로 반대되는 내용을 이어 주는 접속어를 넣어야 한다. 따라서 '하지만'이 적절하다.

06
정답 ③

네 번째 문단에서 쥐와 인간의 유전자는 약 99% 정도가 유사하며 300개 정도의 유전자만 다르다고 하였다.

오답분석
① 첫 번째 문단에 제시되어 있다.
② 두 번째 문단에 제시되어 있다.
④ 여섯 번째 문단에서 2022년 12월 미국 FDA에서 동물실험 의무 조항을 폐지했다 하였으므로 그해 상반기까지는 의무였음을 추측할 수 있다.
⑤ 일곱 번째 문단에서 확인할 수 있다.

07
정답 ①

탈리도마이드는 널리 쓰였던 약품이었으나 인체에 대한 유해성이 확인된 이후 사용이 금지 또는 제한되었다. ②·③·④·⑤ 모두 탈리도마이드와 유사한 사례로서, 사람들에게 널리 쓰였으나 인체 유해성이 확인된 이후 제한적으로 사용 또는 금지되며 퇴출당하였다. 하지만 ①의 햄버거가 인체에 유해하다는 지적은 제시문에서 찾아볼 수 없으므로 탈리도마이드와 유사한 사례라고 볼 수 없다.

08
정답 ④

미생물을 끓는 물에 노출하면 영양세포나 진핵포자는 죽일 수 있으나, 세균의 내생포자는 사멸시키지 못한다. 멸균은 포자, 박테리아, 바이러스 등을 완전히 파괴하거나 제거하는 것이므로 물을 끓여서 하는 열처리 방식으로는 멸균이 불가능함을 알 수 있다. 따라서 빈칸에 들어갈 내용으로는 소독은 가능하지만, 멸균은 불가능하다는 ④가 가장 적절하다.

09
정답 ④

성과 이름은 붙여 쓰고 이에 덧붙는 호칭어, 관직명 등은 띄어 써야 하므로 '김민관 씨'가 올바른 표기이다. 따라서 ④는 A사원에 대한 B대리의 조언으로 적절하지 않다.

10
정답 ③

• 문서적인 의사소통 : ㉠, ㉢, ㉤
• 언어적인 의사소통 : ㉡, ㉣

직장생활에서 요구되는 문서적인 의사소통능력은 문서로 작성된 글이나 그림을 읽고 내용을 이해하고 요점을 판단하며, 이를 바탕으로 목적과 상황에 적합하도록 아이디어와 정보를 전달할 수 있는 문서를 작성하는 능력을 말한다. 반면, 언어적인 의사소통능력은 상대방의 이야기를 듣고 의미를 파악하며, 이에 적절히 반응하고, 이에 대한 자신의 의사를 목적과 상황에 맞게 설득력을 가지고 표현하기 위한 능력을 말한다.

11
정답 ⑤

2022년의 인구성장률은 0.63%, 2025년의 인구성장률은 0.39%이다. 2025년의 인구성장률은 2022년의 인구성장률에서 40% 감소한 값인 $0.63 \times (1-0.4) = 0.378\%$보다 값이 크므로 40% 미만으로 감소하였다.

오답분석
① 2022년 이후 인구성장률이 매년 감소하고 있으므로 옳은 설명이다.
② 2020년부터 2025년까지의 인구성장률이 가장 낮았던 해는 2025년이며, 합계출산율도 2025년에 가장 낮았다.
③ 인구성장률과 합계출산율은 모두 2021년에는 전년 대비 감소하고, 2022년에는 전년 대비 증가하였으므로 옳은 설명이다.
④ 인구성장률이 높은 순서로 나열하면 2022년 – 2023년 – 2020년 – 2021년 – 2024년 – 2025년이다. 합계출산율이 높은 순서로 나열하면 2020년 – 2023년 – 2022년 – 2021년 – 2024년 – 2025년이다. 따라서 인구성장률과 합계출산율이 두 번째로 높은 해는 2023년이다.

12

정답 ⑤

1인당 GDP 순위는 E>C>B>A>D이다. 그런데 1인당 GDP가 가장 큰 E국은 1인당 GDP가 2위인 C국보다 1% 정도밖에 높지 않은 반면, 인구는 C국의 $\frac{1}{10}$ 이하이므로 총 GDP 역시 C국보다 작다. 따라서 1인당 GDP 순위와 총 GDP 순위는 일치하지 않는다.

13

정답 ③

2024년 전체 실적은 45+50+48+42=185억 원이며, 1~2분기와 3~4분기가 차지하는 비율을 구하면 다음과 같다.

- 1~2분기 : $\frac{45+50}{185} \times 100 ≒ 51.4\%$
- 3~4분기 : $\frac{48+42}{185} \times 100 ≒ 48.6\%$

따라서 바르게 나열한 것은 ③이다.

14

정답 ④

지하철이 A, B, C역에 동시에 도착하였다가 다시 동시에 도착하는 데까지 걸리는 시간은 3, 2, 4의 최소공배수인 12분이다. 따라서 세 지하철역에서 5번째로 지하철이 동시에 도착한 시각은 12×4=48분 후인 5시 18분이다.

15

정답 ⑤

영업팀별 연간 매출액을 구하면 다음과 같다.

- 영업 A팀 : 50×0.1+100×0.1+100×0.3+200×0.15=75억 원
- 영업 B팀 : 50×0.2+100×0.2+100×0.2+200×0.4=130억 원
- 영업 C팀 : 50×0.3+100×0.2+100×0.25+200×0.15=90억 원
- 영업 D팀 : 50×0.4+100×0.5+100×0.25+200×0.3=155억 원

따라서 연간 매출액이 큰 순서로 팀을 나열하면 D-B-C-A이고, 이때 매출 1위인 영업 D팀의 연 매출액은 155억 원이다.

16

정답 ④

일본의 R&D 투자 총액은 1,508억 달러이며, 이는 GDP의 3.44%이므로 $3.44 = \frac{1,508}{(\text{GDP 총액})} \times 100$이다.

따라서 일본의 GDP 총액은 $\frac{1,508}{0.0344} ≒ 43,837$억 달러이다.

17

정답 ②

성재의 수학 점수를 x점이라고 하자. 네 사람의 평균이 105점이므로 다음 식이 성립한다.

$\frac{101+105+108+x}{4} = 105$

→ $x+314=420$

∴ $x=106$

따라서 성재의 점수는 106점이다.

18

정답 ③

13번째 강연이 포함되는 2주 동안 신입사원들이 듣는 강연은 총 5회이다. 그러므로 금요일 강연이 없는 주의 월요일에 첫 강연을 들었다면 5주 차 월요일의 강연을 듣기 전까지 10개의 강연을 듣게 된다. 5주 차 월요일, 수요일의 강연을 듣고 6주 차 월요일의 강연이 13번째 강연이 된다.

따라서 6주 차 월요일이 13번째 강연을 듣는 날이므로 8월 1일 월요일을 기준으로 35일 후가 된다. 8월은 31일까지 있으므로 1+35−31=5일, 즉 9월 5일이 된다.

19

정답 ①

2023년을 기점으로 볼 때, 2021년의 노동생산성 지수는 일본이 96.52포인트, 독일이 96.39포인트로 일본이 약간 앞서 있었다.

오답분석

② 독일과 일본은 2023년의 노동생산성을 기준으로 계속 감소하고 있음을 알 수 있다.
③ 우리나라는 2021년에 44,103포인트에서 2025년에 48,627포인트로, 4,524포인트가 증가했다.
④ 2022년의 노동생산성 지수가 가장 크게 변한 나라는 중국으로 9.24포인트 상승했고, 가장 적게 변한 나라는 미국으로 0.78포인트 상승했다. 따라서 그 차이는 8.46포인트이다.
⑤ 지수를 보면 우리나라는 2021년부터 2025년까지 0.62~3.68포인트 사이의 지속적인 소폭 상승세를 타고 있으며, 중국은 9.24~18.02포인트만큼 증가하여 다른 나라에 비해 급상승세를 보이고 있음을 알 수 있다.

20

정답 ⑤

(단위 : 명, 억 원)

테니스 팀	선수 인원수		총연봉		2025년 선수 한 명당 평균 연봉
	2024년	2025년	2024년	2025년	
A	$\frac{5}{1+0.25}=4$	5	$\frac{15}{1+0.5}=10$	15	$\frac{15}{5}=3$
B	$\frac{10}{1+1}=5$	10	$\frac{25}{1+1.5}=10$	25	$\frac{25}{10}=2.5$
C	$\frac{10}{1+0.25}=8$	10	$\frac{24}{1+0.2}=20$	24	$\frac{24}{10}=2.4$
D	$\frac{6}{1+0.5}=4$	6	$\frac{30}{1+0.2}=25$	30	$\frac{30}{6}=5$
E	$\frac{6}{1+0.2}=5$	6	$\frac{24}{1+0.5}=16$	24	$\frac{24}{6}=4$

2024년의 총연봉은 2025년의 총연봉의 전년 대비 증가율 그래프의 수치로 구할 수 있다.

- A팀 : $\frac{15}{1+0.5}=10$억 원

- E팀 : $\frac{24}{1+0.5}=16$억 원

따라서 2024년의 총연봉은 E팀이 A팀보다 더 많다.

오답분석

① 2025년의 테니스 팀 선수당 평균 연봉은 D팀이 5억 원으로 가장 많다.
② 2025년의 전년 대비 증가한 선수 인원수는 2명으로 C팀과 D팀이 동일하다.
③ 2025년의 A팀의 팀 선수 평균 연봉은 2024년에 2.5억 원에서 3억 원으로 증가하였다.
④ 2025년의 선수 인원수가 전년 대비 가장 많이 증가한 B팀은 총연봉도 가장 많이 증가하였다.

21

정답 ⑤

- 1년=12개월=52주 동안 렌즈 교체(=구매) 횟수
  - A : 12÷1=12번을 구매해야 한다.
  - B : 서비스가 1+1으로, 한 번에 4달 치의 렌즈를 구매할 수 있으므로 12÷4=3번을 구매해야 한다.
  - C : 3월, 7월, 11월은 1+2의 서비스로, 1월, 2월, 3월(4, 5월), 6월, 7월(8, 9월), 10월, 11월(12월) 총 7번을 구매해야 한다.
  - D : 착용기한이 1주이므로 1년에 총 52번을 구매해야 한다.
  - E : 서비스가 1+2으로, 한 번에 6달 치의 렌즈를 구매할 수 있으므로 12÷6=2번을 구매해야 한다.
- (최종 가격)=(가격)×(횟수)
  - A : 30,000×12=360,000원
  - B : 45,000×3=135,000원
  - C : 20,000×7=140,000원
  - D : 5,000×52=260,000원
  - E : 65,000×2=130,000원

따라서 1년간 가장 적은 비용으로 사용할 수 있는 렌즈는 E이다.

22

정답 ④

부서별 투입시간을 구하면 다음과 같다.

부서	인원(명)	개인별 투입시간(시간)	총 투입시간(시간)
A	2	41+3×1=44	44×2=88
B	3	30+2×2=34	34×3=102
C	4	22+1×4=26	26×4=104
D	3	27+2×1=29	29×3=87
E	5	17+3×2=23	23×5=115

따라서 업무효율이 가장 높은 부서는 총투입시간이 가장 적은 D부서이다.

23

정답 ④

서비스 품질 5가지 항목의 점수와 서비스 쇼핑 체험 점수를 비교해 보면, 모든 대형마트에서 서비스 쇼핑 체험 점수가 가장 낮다는 것을 확인할 수 있다. 따라서 서비스 쇼핑 체험 부문의 만족도는 서비스 품질 부문들보다 낮다고 이해할 수 있으며, 서비스 쇼핑 체험 점수의 평균은 $\frac{3.48+3.37+3.45+3.33}{4} ≒ 3.41$점이다.

[오답분석]

① 대형마트 인터넷/모바일쇼핑 소비자 만족도 자료에서 마트별 인터넷·모바일쇼핑 만족도의 차를 구해 보면 A마트는 0.07점, B마트·C마트는 0.03점, D마트는 0.05점으로 A마트가 가장 크다.
② 주어진 자료에서 단위를 살펴보면 5점 만점으로 조사되었음을 알 수 있고, 종합만족도의 평균은 $\frac{3.72+3.53+3.64+3.56}{4} ≒ 3.61$점이다. 업체별로는 A마트 → C마트 → D마트 → B마트 순서로 종합만족도가 낮아짐을 알 수 있다.
③ 평균적으로 고객접점직원 서비스보다는 고객관리 서비스가 더 낮게 평가되었다.
⑤ 모바일쇼핑 만족도는 평균 3.845점이며, 인터넷쇼핑은 평균 3.80점이다. 따라서 모바일쇼핑이 평균 0.045점 더 높게 평가되었다고 이해하는 것이 옳다.

24

정답 ⑤

음식점까지의 거리를 $x$km라 하면 역에서 음식점까지 왕복하는 데 걸리는 시간과 음식을 포장하는 데 걸리는 시간이 1시간 30분 이내여야 하므로 다음 식이 성립한다.

$\dfrac{x}{3} + \dfrac{15}{60} + \dfrac{x}{3} \leq \dfrac{3}{2}$

→ $20x + 15 + 20x \leq 90$

→ $40x \leq 75$

∴ $x \leq \dfrac{75}{40} = 1.875$

즉, 역과 음식점 사이 거리는 1.875km 이내여야 하므로 갈 수 있는 음식점은 'N버거'와 'B도시락'이다.
따라서 K사원이 구입할 수 있는 음식은 햄버거와 도시락이다.

25

정답 ④

가을의 평균 기온은 2023년까지 계속 감소하다가 2024년에 증가했다가 2025년에 다시 감소하므로 옳지 않은 설명이다.

오답분석

① 2025년의 봄의 평균 기온은 2023년보다 12.2−10.8=1.4℃ 상승했다.

② 2024년의 겨울의 평균 기온을 x℃라 하면 $\dfrac{10.7 + 24.0 + 15.3 + x}{4} = 12.4$ → $50 + x = 49.6$ → $x = -0.4$이므로 옳다.

③ 연평균 기온은 2024년까지 감소하는 추이를 보이고 있는 것을 확인할 수 있다.

⑤ 2025년에 가을의 평균 기온이 전년 대비 감소한 정도는 15.3−13.7=1.6℃이고, 여름의 평균 기온이 전년 대비 상승한 정도는 24.7−24.0=0.7℃이므로 옳다.

26

정답 ②

제시된 진료 현황을 각각의 명제로 보고 이들을 수식으로 설명하면 다음과 같다(단, 명제가 참일 경우 그 대우도 참이다).
- B병원이 진료를 하지 않으면 A병원이 진료를 한다(~B → A / ~A → B).
- B병원이 진료를 하면 D병원은 진료를 하지 않는다(B → ~D / D → ~B).
- A병원이 진료를 하면 C병원은 진료를 하지 않는다(A → ~C / C → ~A).
- C병원이 진료를 하지 않으면 E병원이 진료를 한다(~C → E / ~E → C).

이를 하나로 연결하면, D병원이 진료를 하면 B병원이 진료를 하지 않고, B병원이 진료를 하지 않으면 A병원은 진료를 한다. A병원이 진료를 하면 C병원은 진료를 하지 않고, C병원이 진료를 하지 않으면 E병원은 진료를 한다(D → ~B → A → ~C → E). 명제가 참일 경우 그 대우도 참이므로 ~E → C → ~A → B → ~D가 된다. E병원은 공휴일에 진료를 하지 않으므로 위의 명제를 참고하면 C와 B병원만이 진료를 하는 경우가 된다. 따라서 공휴일에 진료를 하는 병원은 2곳이다.

27

정답 ①

한 번 배정받은 층은 다시 배정받을 수 없기 때문에 A는 3층, B는 2층에 배정받을 수 있다. C는 1층 또는 4층에 배정받을 수 있지만, D는 1층에만 배정받을 수 있으므로 C는 4층, D는 1층에 배정받는다. 이를 표로 정리하면 다음과 같다.

A	B	C	D
3층	2층	4층	1층

따라서 항상 참인 것은 ①이다.

오답분석

②·③·④ 주어진 조건만으로는 판단하기 힘들다.

⑤ 매년 새롭게 층을 배정받기 때문에 B 또한 3년 이상 기숙사에 살았을 것이다.

28
정답 ③

[오답분석]
(라)・(마) 아동수당 제도 첫 도입에 따라 초기에 아동수당 신청이 한꺼번에 몰릴 것으로 예상되어 연령별 신청기간을 운영한다. 그러므로 만 5세 아동은 7월 1~5일 사이에 접수를 하거나 연령에 관계없는 7월 6일 이후에 신청하도록 안내하는 것이 옳다. 또한 아동수당 관련 신청서 작성 요령이나 수급 가능성 등 자세한 내용은 아동수당 홈페이지에서 확인 가능한데, 어떤 홈페이지로 접속해야 하는지 안내를 하지 않았다. 따라서 옳지 않은 답변이다.

29
정답 ④

[오답분석]
① 재질이 티타늄, 용도가 일반이므로 옳지 않다.
② 용도가 선박이므로 옳지 않다.
③ 재질이 크롬 도금, 직경이 12mm이므로 옳지 않다.
⑤ 재질이 티타늄, 직경이 12mm이므로 옳지 않다.

30
정답 ①

먼저 세 번째 조건에 따라 C주임은 아일랜드로 파견된다. 그러므로 네 번째 조건의 후단이 거짓이 되므로 네 번째 조건이 참이 되기 위해서는 전단이 참이 되어야 한다. 따라서 E주임은 몽골로 파견되고, 첫 번째 조건의 대우에 따라 A대리는 인도네시아로 파견된다. A대리가 인도네시아로 파견되어 다섯 번째 조건의 전단이 거짓이므로 다섯 번째 조건이 참이 되기 위해서는 후단이 참이어야 하므로 B대리는 우즈베키스탄에 파견되지 않는다. 마지막으로 두 번째 조건의 대우에 따라 B대리가 우즈베키스탄에 파견되지 않는다면 D주임 또한 뉴질랜드에 파견되지 않는다. 이를 정리하면 다음과 같다.
• A대리 : 인도네시아 파견 ○
• B대리 : 우즈베키스탄 파견 ×
• C주임 : 아일랜드 파견 ○
• D주임 : 뉴질랜드 파견 ×
• E주임 : 몽골 파견 ○
따라서 보기 중 반드시 참인 것은 ㄱ, ㄴ이며, ㄷ, ㄹ은 반드시 거짓이다.

31
정답 ⑤

제시된 조건에 따라 계산한 1~5층의 월 전기료는 다음과 같다.
• 1층 : 10×5만+4×3만=62만 원
• 2층 : 13×5만+5×3만=80만 원
• 3층 : 15×5만+7×3만=96만 원
• 4층 : 11×5만+6×3만=73만 원
• 5층 : 12×5만+5×3만=75만 원

1번 조건을 충족하지 않는 층은 2・3・5층이고, 조건을 충족하기 위해 2・3・5층에 각각 구형 에어컨 2대, 5대, 1대를 판매하게 된다. 이때 발생하는 수입은 구형 에어컨의 중고 판매가격에 따라 총 10만×8=80만 원이다.
구형 에어컨을 판매하고 난 후 각 층의 구형 에어컨의 개수와 신형 에어컨 개수 및 비율을 구하면 다음과 같다.

구분	1층	2층	3층	4층	5층
구형 에어컨	10대	13−2=11대	15−5=10대	11대	12−1=11대
신형 에어컨	4대	5대	7대	6대	5대
비율	$\frac{4}{10}$	$\frac{5}{11}$	$\frac{7}{10}$	$\frac{6}{11}$	$\frac{5}{11}$

2번 조건에서 비율이 $\frac{1}{2}$ 미만인 층은 1・2・5층이고, 조건을 충족하기 위해 신형 에어컨을 1대씩 구입하면, 신형 에어컨의 총 구입비용은 50만×3=150만 원이 나온다. 따라서 K공사는 150만−80만=70만 원의 지출(비용)이 발생한다.

32

정답 ①

먼저 16진법으로 표현된 수를 10진법으로 변환하여야 한다.
43=4×16+3=67
41=4×16+1=65
54=5×16+4=84
변환된 수를 아스키 코드표를 이용하여 해독하면 67=C, 65=A, 84=T임을 확인할 수 있다. 따라서 철수가 장미에게 보낸 문자의 의미는 CAT이다.

33

정답 ⑤

ⓒ에는 약점을 보완하여 위협에 대비하는 WT전략이 들어가야 하는데, 제시된 ⑤의 전략은 풍부한 자본을 토대로 하는 경영상태라는 강점을 이용하여 위협에 대비하는 ST전략이다.

[오답분석]
① 테크핀 기업과의 협업 기회를 통해 경영 방식을 배워 시중은행의 저조한 디지털 전환 적응력을 개선하려는 것이므로 WO전략에 해당한다.
② 테크핀 기업과 협업을 하며, 이러한 혁신 기업의 특성을 파악해 발굴하고 적극적으로 대출을 운영함으로써 전당포식의 소극적인 대출 운영이라는 약점을 보완할 수 있다는 것으로 WO전략에 해당한다.
③ 오프라인 인프라가 풍부하다는 강점을 이용하여, 점유율을 높이고 있는 기업들에 대해 점유율 방어를 하고자 하는 전략이므로 ST전략에 해당한다.
④ 디지털 문화에 소극적인 문화를 혁신하여 디지털 전환 속도를 높임으로써 테크핀 및 핀테크 기업의 점유율 잠식으로부터 방어하려는 내용이므로 WT전략에 해당한다.

34

정답 ②

주어진 조건을 순서대로 논리 기호화하면 다음과 같다.
• 첫 번째 조건 : ~C
• 두 번째 조건 : ~B → (C ∧ E)
• 세 번째 조건 : (~E ∨ ~F) → D
• 네 번째 조건 : B → (~A ∧ ~E)
첫 번째 조건이 참이므로 두 번째 조건의 대우[(~C ∨ ~E) → B]에 따라 B는 공휴일에 영업한다. 이대 네 번째 조건에 따라 A와 E는 영업하지 않고, 다섯 번째 조건에 따라 F도 영업하지 않는다. 마지막으로 세 번째 조건에 따라 D는 영업한다. 따라서 공휴일에 영업하는 사무용품점은 B와 D 2곳이다.

35

정답 ④

문제 해결은 문제 해결자의 개선 의식, 도전 의식과 끈기를 필요로 한다. 특히 문제 해결자의 현상에 대한 도전 의식과 새로운 것을 추구하려는 자세, 난관에 봉착했을 때 헤쳐 나가려는 태도 등이 문제 해결의 밑바탕이 된다. A씨의 경우 문제 해결 방법에 대한 지식이 충분함에도 불구하고 이런 도전 의식과 끈기가 부족하여 문제 해결에 어려움을 겪고 있다.

36

정답 ②

• (가) : A유형의 시험체 강도 평균은 24.2MPa이며, 기준강도는 24MPa이다. 그러므로 각 시험체 강도가 모두 기준강도에서 3.5MPa을 뺀 값(20.5MPa) 이상이어야 한다. A유형의 3개의 시험체는 모두 이 조건을 충족하므로 판정 결과는 합격이다.
• (나) : C유형의 시험체 강도 평균은 35.1MPa이며, 기준강도는 35MPa이다. 그러므로 각 시험체 강도가 모두 기준강도에서 3.5MPa을 뺀 값(31.5MPa) 이상이어야 한다. C유형의 3개의 시험체는 모두 이 조건을 충족하므로 판정 결과는 합격이다.
• (다) : E유형의 시험체 강도 평균은 45.5MPa이며, 기준강도는 45MPa이다. 그러므로 각 시험체 강도가 모두 기준강도의 90%(40.5MPa) 이상이어야 한다. 그러나 E유형의 시험체 1은 이 조건을 충족하지 못하므로 판정 결과는 불합격이다.

37

정답 ④

A ~ E학생이 얻는 점수는 다음과 같다.
- A : 기본 점수 80점에 오탈자 33건이므로 5점 감점, 전체 글자 수 654자이므로 3점 추가, A등급 2개와 C등급 1개이므로 15점 추가하여 총 80−5+3+15=93점이다.
- B : 기본 점수 80점에 오탈자 7건이므로 0점 감점, 전체 글자 수 476자이므로 0점 추가, B등급 3개이므로 5점 추가하여 총 80+5=85점이다.
- C : 기본 점수 80점에 오탈자 28건이므로 4점 감점, 전체 글자 수 332자이므로 10점 감점, B등급 2개와 C등급 1개이므로 0점 추가하여 총 80−4−10=66점이다.
- D : 기본 점수 80점에 오탈자 25건이므로 4점 감점, 전체 글자 수가 572자이므로 0점 추가, A등급 3개이므로 25점 추가하여 총 80−4+25=101점이다.
- E : 기본 점수 80점에 오탈자 12건이므로 1점 감점, 전체 글자 수가 786자이므로 8점 추가, A등급 1개와 B등급 1개와 C등급 1개이므로 10점 추가하여 총 80−1+8+10=97점이다.

따라서 점수가 가장 높은 학생은 D이다.

38

정답 ④

장소 선정 기준에 따라 현수막 설치 후보 장소를 비교하면 다음과 같다.
- 하루 평균 유동인구가 가장 많은 곳 : C마트(300명)
- 게시 가능한 기간이 제일 긴 곳 : B대학교

구분	공사 본관	A고등학교	B대학교	C마트	D주유소
게시 가능 기간	5일	4일	7일	3일	6일

- 총비용이 가장 적게 드는 곳 : C마트

(단위 : 만 원)

구분	공사 본관	A고등학교	B대학교	C마트	D주유소
총 게시비용	(3×8)+(2×13)=50	4×10=40	7×12=84	3×26=78	(5×9)+11=67
설치비용	250	280	240	200	220
철거비용	50	56	48	40	44
총비용	50+250+50=350	40+280+56=376	84+240+48=372	78+200+40=318	67+220+44=331

따라서 유동인구가 가장 많으면서도 총비용이 가장 적게 드는 C마트와 게시 가능한 기간이 제일 긴 B대학교에 현수막을 설치한다.

39

정답 ②

하루 평균 유동인구가 상대적으로 많은 2곳은 C마트(300명)와 B대학교(280명)이다.
C마트와 B대학교에 현수막을 설치할 경우 소요되는 총비용을 계산하면 다음과 같다.

(단위 : 만 원)

구분	B대학교	C마트
총 게시비용	3×12=36	3×26=78
설치비용	240	200
철거비용	48	40
총비용	36+240+48=324	78+200+40=318

따라서 현수막 설치 과정에 필요한 총비용은 324+318=642만 원이다.

40

정답 ②

주어진 상황에 따라 갑~정이 갖춘 직무역량을 정리하면 다음과 같다.

구분	의사소통역량	대인관계역량	문제해결역량	정보수집역량	자원관리역량
갑	O	O	×	×	O
을	×	×	O	O	O
병	O	×	O	O	×
정	×	O	O	×	O

이를 바탕으로 갑~정의 수행 가능한 업무는 다음과 같다.
- 갑 : 심리상담, 지역안전망구축
- 을 : 진학지도
- 병 : 위기청소년지원, 진학지도
- 정 : 지역안전망구축

따라서 서로 다른 업무를 맡으면서 4가지 업무를 분담할 수 있는 후보자는 갑과 병뿐이므로 A복지관에 채용될 후보자는 갑, 병이다.

41

정답 ①

1분기 예산서 중 간접비는 '마'뿐이다. 따라서 간접비의 총액은 7,500,000원이다.
- 직접비 : 재료비, 원료와 장비, 시설비, 여행(출장) 및 잡비, 인건비 등
- 간접비 : 보험료, 건물관리비, 광고비, 통신비, 공과금, 사무비품비 등

42

정답 ②

가중평균은 각각에 해당하는 가중치를 적용하여 더한 값을 가중치 총합으로 나눈 것이다. 5개 업체의 가중치를 적용한 총점을 구하면 다음과 같다.

(단위 : 점)

구분	총점
A업체	$(8 \times 0.2)+(8 \times 0.5)+(7 \times 0.3)=7.7$
B업체	$(7 \times 0.2)+(9 \times 0.5)+(8 \times 0.3)=8.3$
C업체	$(6 \times 0.2)+(10 \times 0.5)+(5 \times 0.3)=7.7$
D업체	$(5 \times 0.2)+(7 \times 0.5)+(10 \times 0.3)=7.5$
E업체	$(8 \times 0.2)+(6 \times 0.5)+(8 \times 0.3)=7.0$

이때 가중치의 합은 $0.2+0.5+0.3=1$이므로 가중치를 적용한 총점과 가중평균 값은 같다. 따라서 총점이 가장 높은 B업체가 선정될 것이다.

43

정답 ⑤

밑줄 친 '이것'은 간접비용(Indirect Cost)을 의미한다.
- 장원 : 간접비용은 생산에 직접적으로 관련이 있는 비용인 직접비용에 상대되는 개념이다.
- 휘동·경원 : 간접비용에는 생산과 직접적으로 관련이 없는 보험료, 건물관리비, 광고비, 통신비, 사무비품비, 각종 공과금 등이 포함된다.

오답분석
- 창수 : 직접비용의 구성 중 하나인 인건비를 설명하고 있다.

44 정답 ②

조건에 따라 최대리가 각 노트북에 부여할 점수를 표로 나타내 보면 다음과 같다.

구분	A	B	C	D	E
저장용량	4	2+3=5	5	2+3=5	3+3=6
배터리 지속시간	2	5	1	4	3
무게	2	5	1	4	3
가격	2	5	1	3	4
합계	4+2+2+2 =10	5+5+5+5 =20	5+1+1+1 =8	5+4+4+3 =16	6+3+3+4 =16

따라서 최대리는 점수가 가장 높은 B노트북을 고른다.

45 정답 ②

1) R기사가 거쳐야 할 경로는 'A도시 → E도시 → C도시 → A도시'이다. A도시에서 E도시로 바로 갈 수 없으므로 다른 도시를 거쳐야 하는데, 가장 짧은 시간 내에 A도시에서 E도시로 갈 수 있는 경로는 B도시를 경유하는 것이다. 따라서 R기사의 운송경로는 'A도시 → B도시 → E도시 → C도시 → A도시'이며, 이동시간은 1.0+0.5+2.5+0.5=4.5시간이다.
2) P기사는 A도시에서 출발하여 모든 도시를 한 번씩 거친 뒤 다시 A도시로 돌아와야 한다. 해당 조건이 성립하는 운송경로의 경우는 다음과 같다.
   • A도시 → B도시 → D도시 → E도시 → C도시 → A도시
   - 이동시간 : 1.0+1.0+0.5+2.5+0.5=5.5시간
   • A도시 → C도시 → B도시 → E도시 → D도시 → A도시
   - 이동시간 : 0.5+2.0+0.5+0.5+1.5=5시간
   따라서 P기사가 운행할 최소 이동시간은 5시간이다.

46 정답 ④

14일까지 A기업이 보유한 모든 트랙터는 대여 상태이고(K기업에 대여한 2대 포함), 17일에 트랙터 2대가 재입고되므로 트랙터는 18일에 추가로 빌릴 수 있다.
ⅰ) 기존 트랙터 대여 비용(2월 14일~2월 20일) : (12,000×2)×7×0.9=151,200원
ⅱ) 추가 트랙터 대여 비용(2월 18일~2월 20일) : (12,000×2)×3=72,000원
∴ 트랙터 대여 총 비용 : 151,200+72,000=223,200원

47 정답 ④

구분	월	화	수	목	금	토	일
오전	공주원 지한준 김민정	이지유 최유리	강리환 이영유	공주원 강리환 이건율	이지유 지한준	김민정 최민관 강지공	이건율 최민관
오후	이지유 최민관	최민관 이영유 강지공	공주원 지한준 강지공 김민정	최유리	이영유 강지공	강리환 최유리 이영유	이지유 김민정

당직 근무 규칙에 따르면 오후 당직의 경우 최소 2명이 근무해야 한다. 그러나 목요일 오후에 최유리 1명만 근무하므로 최소 1명의 근무자가 더 필요하다. 이때, 한 사람이 같은 날 오전·오후 당직을 모두 할 수 없으므로 목요일 오전 당직 근무자인 공주원, 강리환, 이건율은 제외된다. 또한 당직 근무는 주당 5회 미만이므로 이번 주에 4번의 당직 근무가 예정된 근무자 역시 제외된다. 따라서 지한준의 당직 근무 일정을 추가해야 한다.

48

정답 ④

승진시험 성적은 100점 만점이므로 제시된 점수를 그대로 반영하고 영어 성적은 5를 나누어서 반영한다. 성과 평가의 경우는 2를 나누어서 합산해 그 합산점수가 가장 큰 사람을 선발한다. 이때, 합산점수가 높은 E와 I는 동료 평가에서 하를 받았으므로 승진 대상자에서 제외된다. 합산점수는 다음과 같이 나온다.

(단위 : 점)

구분	A	B	C	D	E	F	G	H	I	J	K
합산점수	220	225	225	200	제외	235	245	220	제외	225	230

따라서 점수가 높은 2명인 F, G가 승진 대상자가 된다.

49

정답 ①

- B씨 가족이 주간권을 구매할 경우의 할인금액
  $(54,000 \times 0.4) + \{(54,000 + 46,000 + 43,000) \times 0.1\} = 35,900$원
- B씨 가족이 야간권을 구매할 경우의 할인금액
  $(45,000 \times 0.4) + \{(45,000 + 39,000 + 36,000) \times 0.1\} = 30,000$원

따라서 할인금액의 차이는 $35,900 - 30,000 = 5,900$원이다.

50

정답 ④

위험 한 단위당 기대수익률은 '(기대수익률)÷(표준편차)'로 구할 수 있다. E는 $8 \div 4 = 2$이며, F는 $6 \div 3 = 2$이다. 따라서 E와 F는 위험 한 단위당 기대수익률이 같다.

오답분석

① 지배 원리에 의해 동일한 기대수익률이면 최소의 위험을 선택하여야 하므로, 동일한 기대수익률인 A와 E, C와 F는 표준편차를 기준으로 우열을 가릴 수 있다.
② 위험 한 단위당 기대수익률이 높은 투자 대안을 선호한다고 하였으므로 A, B, C, D 중에서 D가 가장 낮다고 평가할 수 있다.
③ G가 기대수익률이 가장 높지만 표준편차도 가장 높기 때문에 가장 바람직한 대안이라고 볼 수 없다.
⑤ E는 B와 G에 비해 표준편차는 낮지만, 기대수익률 역시 낮으므로 우월하다고 볼 수 없다.

제4회 핵심영역 NCS 최종모의고사

01	02	03	04	05	06	07	08	09	10	11	12	13	14	15	16	17	18	19	20
③	②	⑤	⑤	②	④	④	①	②	③	②	②	④	④	④	④	④	①	①	④
21	22	23	24	25	26	27	28	29	30	31	32	33	34	35	36	37	38	39	40
④	④	⑤	⑤	②	③	④	④	②	①	⑤	⑤	⑤	③	④	④	⑤	④	④	④
41	42	43	44	45	46	47	48	49	50										
④	③	④	④	⑤	③	④	①	③	③										

01

정답 ③

제시문의 두 번째 문단은 우울증의 긍정적인 면모인 보호 기제로서의 측면에 대한 내용을 다루고 있다. ⓒ은 지금의 경쟁 사회가 정신적인 소진 상태를 초래하기 쉬운 환경이라는 내용이므로 오늘날 우울증이 급격히 늘어나는 원인을 설명하고 있는 세 번째 문단의 마지막 문장 바로 앞에 들어가는 것이 더 적절하다.

[오답분석]
① 우울증과 창조성의 관계를 설명하면서 그 예시로 우울증을 겪고 있었던 위대한 인물들을 들고 있다. 따라서 천재와 우울증이 동전의 양면과 같으므로 인류 문명의 진보를 이끌었다고 볼 수 있다는 내용의 ㉠은 첫 번째 문단의 결론이므로 삭제할 필요가 없다.
② 문장의 주어가 '엄청난 에너지를 소모하는 것', 즉 행위이므로 이 행위는 어떤 상태에 이르게 '만드는' 것이 되어야 자연스럽다. 따라서 문장의 주어와 호응하는 것은 '이르게도 할 수 있다'이다.
④ ㉣을 기준으로 앞 문장은 새로운 조합을 만들어내는 창조성 있는 사람이 이익을 갖게 된다는 내용이고, 뒤 문장은 새로운 조합을 만들어내는 일이 많은 에너지를 요하는 어려운 일이라는 내용이다. 따라서 뒤 문장이 앞 문장의 결과라고 보기 어렵다.
⑤ 세 번째 문단 앞 부분의 내용에 따르면 경쟁 사회에서 창조성 있는 사람이 이익을 얻는다. 따라서 ㉤을 '억제하지만'으로 바꾸는 것은 적절하지 않다.

02

정답 ②

제시문에서는 한 마리의 개를 사례로 들어 '꿈의 가설'보다 '상식의 가설'이 우리가 경험하는 사실들을 더 잘 설명한다고 주장한다. 즉, 개는 '나'의 감각에 의존하는 감각들의 집합이 아닌 독립적으로 존재하는 대상이라는 '상식의 가설'을 통해 개가 이동하는 모습이나 개가 배고픔을 느끼는 것 등을 이해할 수 있다는 것이다.

03

정답 ⑤

우리말과 영어의 어순 차이에 대해 설명하면서, 우리말에서 주어 다음에 목적어가 오는 것은 '나의 의사보다 상대방에 대한 관심을 먼저 보이는 우리의 문화'에서 기인한 것이라고 언급하고 있다. 그리고 '나의 의사를 밝히는 것이 먼저인 영어를 사용하는 사람들의 문화'라는 내용으로 볼 때, 상대방에 대한 관심보다 나의 생각을 우선시하는 것은 영어의 문장 표현이다.

04

정답 ⑤

수정주의는 미국의 경제적 동기에 의해 냉전이 발생했다고 보며, 탈수정주의 역시 경제와 더불어 안보 문제를 고려해서 파악해야 한다고 주장한다.

[오답분석]
①·② 탈수정주의는 책임이 양쪽 모두에게 있다고 보는 입장이다.
③ 전통주의는 소련의 팽창 정책을 냉전의 원인으로 본다.
④ 수정주의는 소련이 적극적인 팽창 정책을 펼칠 능력이 없었다고 주장한다.

05

정답 ②

제시문은 사회의 변화 속도를 따라가지 못하는 언어의 변화 속도에 대해 문제를 제기하며 구체적 예시와 함께 이를 시정할 것을 촉구하고 있다. 따라서 (나) 사회의 변화 속도를 따라가지 못하고 있는 언어의 실정 – (라) 성별을 구분하는 문법적 요소가 없는 우리말 – (가) 성별을 구분하여 사용하는 단어들의 예시 – (다) 언어의 남녀 차별에 대한 시정 노력 촉구의 순서로 나열되어야 한다.

06

정답 ④

제시문은 대중문화가 대중을 사회 문제로부터 도피하게 하거나 사회 질서에 순응하게 하는 역기능을 수행하여 혁명을 불가능하게 만든다는 내용이다. 따라서 제시문의 주장에 대한 반박은 대중문화가 순기능을 한다는 태도여야 한다. 그런데 ④는 현대 대중문화의 질적 수준에 대한 평가에 관한 내용이므로 연관성이 없다.

07

정답 ④

첫 번째 문단에서 영업 비밀의 범위와 영업 비밀이 법적 보호 대상으로 인정받기 위해 일정 조건을 갖추어야 한다는 것은 언급하고 있으나, 영업 비밀이 법적 보호 대상으로 인정받기 위한 절차는 언급되어 있지 않다.

[오답분석]
① 첫 번째 문단에서 영업 비밀은 생산 방법, 판매 방법, 그 밖에 영업 활동에 유용한 기술상 또는 경영상의 정보 등이라고 언급하고 있다.
② 두 번째 문단에서 디지털세를 도입하게 된 배경에는 국가가 기업으로부터 걷는 세금 중 가장 중요한 법인세의 감소에 대한 각국의 우려가 있다고 언급하고 있다.
③ 첫 번째 문단에서 법으로 보호되는 특허권과 영업 비밀은 모두 지식 재산이라고 언급하고 있다.
⑤ 네 번째 문단에서 지식 재산 보호의 최적 수준은 유인 비용과 접근 비용의 합이 최소가 될 때라고 언급하고 있다.

08

정답 ①

세 번째 문단에 따르면 ICT 다국적 기업이 여러 국가에 자회사를 설립하는 이유는 디지털세가 아닌 법인세를 피하기 위해서이다.

[오답분석]
② 두 번째 문단에서 디지털세는 이를 도입한 국가에서 ICT 다국적 기업이 거둔 수입에 대해 부과되는 세금이라고 언급하고 있다.
③ 첫 번째 문단과 두 번째 문단에 따르면 일부 국가에서 디지털세 도입을 진행하는 것은 지식 재산 보호를 위해서가 아니라 ICT 다국적 기업이 지식 재산으로 거두는 수입에 대한 과세 문제를 해결하기 위해서이다.
④ 두 번째 문단에 '디지털세의 배경에는 법인세 감소에 대한 각국의 우려가 있다.'는 내용이 나와 있다.
⑤ 세 번째 문단에서 ICT 다국적 기업의 본사를 많이 보유한 국가 중 어떤 국가들은 디지털세 도입에는 방어적이라고 언급하고 있다.

09 정답 ②

제시문은 '인간 본성을 구성하는 하부 체계들은 서로 극단적으로 밀접하게 연관되어 있기 때문에 어느 일부를 인위적으로 개선하려 한다면 인간 본성이라는 전체가 변화되어 결국 무너지는 위험에 처한다.'라고 주장한다. 그러므로 ⓒ처럼 하부 체계가 서로 분리되어 특정 부분의 변화가 다른 부분에 영향을 끼치지 못한다는 것은 제시문의 논증을 약화시킨다.

오답분석

㉠ 제시문에서 인간이 갖고 있는 개별적인 요소들이 모여 만들어 낸 인간 본성이라는 복잡한 전체는 인간에게 존엄성을 부여한다고 했으므로, ㉠처럼 인간 본성은 인간의 도덕적 지위와 존엄성의 근거가 된다고 볼 수 있다. 따라서 ㉠은 제시문의 논지를 강화한다.
㉡ 제시문의 논증과 관련이 없으므로 논지를 약화시키지도 강화시키지도 않는다.

10 정답 ③

거래에 참여하는 사람들 간에는 목적이나 재산 등의 측면에서 큰 차이가 존재하는 것이 보통이다. 이런 경우에는 상품의 가격이 우리의 상식으로는 도저히 이해하기 힘든 수준까지 일시적으로 뛰어오르는 현상이 나타날 가능성이 있다.

오답분석

①·④는 네 번째 문단, ②는 마지막 문단, ⑤는 세 번째 문단에서 확인할 수 있다.

11 정답 ②

K통신회사의 기본요금을 x원이라 하면 8월과 9월의 요금 계산식은 각각 다음과 같다.
$x+60a+30\times 2a=21,600 \rightarrow x+120a=21,600 \cdots$ ㉠
$x+20a=13,600 \cdots$ ㉡
㉠-㉡을 하면 다음과 같다.
$100a=8,000$
$\therefore a=80$

12 정답 ②

- (가) : 반도체 시장과 SW 시장은 2,410 : 10,090이므로 약 4배이다.
- (나) : 핸드폰 시장과 SW 시장은 1,689 : 10,090이므로 약 6배이다.

13 정답 ④

ㄴ. 건설 부문의 도시가스 소비량은 2023년에 1,808TOE, 2024년에 2,796TOE이다. 따라서 전년 대비 2024년의 증가율은 $\frac{2,796-1,808}{1,808}\times 100 ≒ 54.6\%$이므로 옳은 설명이다.

ㄷ. 2024년 온실가스 배출량 중 간접 배출이 차지하는 비중은 $\frac{28,443}{35,638}\times 100 ≒ 79.8\%$이고, 2023년 온실가스 배출량 중 고정 연소가 차지하는 비중은 $\frac{4,052}{30,823}\times 100 ≒ 13.1\%$이다. 이의 5배는 $13.1\times 5=65.5\%$로 2024년 온실가스 배출량 중 간접 배출이 차지하는 비중인 79.8%가 더 크므로 옳은 설명이다.

오답분석

ㄱ. 에너지 소비량 중 이동 부문에서 경유가 차지하는 비중은 2023년에 $\frac{196}{424}\times 100 ≒ 46.2\%$이고, 2024년에 $\frac{179}{413}\times 100 ≒ 43.3\%$이다. 따라서 전년 대비 $46.2-43.3=2.9\%p$ 감소하였으므로 옳지 않은 설명이다.

14

정답 ④

미국의 점수 총합은 4.2+1.9+5.0+4.3=15.4점으로 프랑스의 총점 5.0+2.8+3.4+3.7=14.9점보다 높다.

[오답분석]
① 기술력 분야에서는 프랑스가 제일 높다.
② 성장성 분야에서 점수가 가장 높은 국가는 한국이고, 시장지배력 분야에서 점수가 가장 높은 국가는 미국이다.
③ 브랜드파워 분야에서 각국 점수 중 최댓값과 최솟값의 차이는 4.3-1.1=3.2점이다.
⑤ 시장지배력 분야의 점수는 일본이 1.7점으로 3.4점인 프랑스보다 낮다.

15

정답 ④

총무부서 직원은 총 250×0.16=40명이다. 2023년과 2024년의 독감 예방접종 여부 그래프가 총무부서에 대한 자료라고 한다면, 총무부서 직원 중 2023년과 2024년의 예방접종자 수의 비율 차는 56-38=18%p이다. 따라서 40×0.18≒7.2이므로 약 7명 증가하였다.

[오답분석]
① 2023년 독감 예방접종자 수는 250×0.38=95명, 2024년 독감 예방접종자 수는 250×0.56=140명이므로, 2023년에는 예방접종을 하지 않았지만, 2024년에는 예방접종을 한 직원은 총 140-95=45명이다.
② 2023년의 예방접종자 수는 95명이고, 2024년의 예방접종자 수는 140명이다. 따라서 $\frac{140-95}{95}\times 100 ≒ 47\%$ 증가했다.
③ 2024년의 독감 예방접종 여부 그래프가 2023년의 예방접종을 하지 않은 직원들을 대상으로 2024년의 독감 예방접종 여부를 조사한 자료라고 한다면, 2023년과 2024년 모두 예방접종을 하지 않은 직원은 총 250×0.62×0.44≒68명이다.
⑤ 제조부서를 제외한 직원은 250×(1-0.44)=140명이고, 2024년에 예방접종을 한 직원은 250×0.56=140명이다. 따라서 제조부서 중 예방접종을 한 직원은 없다.

16

정답 ④

2022년부터 2024년까지 경기 수가 증가하는 스포츠는 배구와 축구 2종목이다.

[오답분석]
① 농구의 2022년 전년 대비 경기 수의 감소율은 $\frac{413-403}{413}\times 100 ≒ 2.4\%$이며, 2025년의 전년 대비 경기 수의 증가율은 $\frac{410-403}{403}\times 100 ≒ 1.7\%$이다. 따라서 2022년의 전년 대비 경기 수 감소율이 더 높다.
② 2021년의 농구와 배구의 경기 수의 차이는 413-226=187회이고, 야구와 축구의 경기 수의 차이는 432-228=204회이다. 따라서 $\frac{187}{204}\times 100 ≒ 91.7\%$이므로 90% 이상이다.
③ 5년 동안의 종목별 스포츠 경기 수의 평균은 다음과 같다.
- 농구 : $\frac{413+403+403+403+410}{5}=406.4$회
- 야구 : $\frac{432+442+425+433+432}{5}=432.8$회
- 배구 : $\frac{226+226+227+230+230}{5}=227.8$회
- 축구 : $\frac{228+230+231+233+233}{5}=231.0$회

따라서 야구의 평균 경기 수는 축구의 평균 경기 수의 약 1.87배로 2배 이하이다.
⑤ 2025년의 경기 수가 5년 동안의 종목별 평균 경기 수보다 적은 스포츠는 야구이다.

17 정답 ④

생산이 증가한 2020년, 2023년, 2024년에는 수출과 내수도 모두 증가했으므로 옳지 않은 설명이다.

[오답분석]
① 2020년에는 전년 대비 생산, 내수, 수출이 모두 증가한 것을 확인할 수 있다.
② 내수가 가장 큰 폭으로 증가한 해는 2022년으로, 생산과 수출 모두 감소했다.
③ 수출이 증가한 2020년, 2023년, 2024년에는 내수와 생산도 증가했다.
⑤ 수출이 가장 큰 폭으로 증가한 2023년에는 생산도 가장 큰 폭으로 증가한 것을 확인할 수 있다.

18 정답 ①

㉠ • 1시간 미만 운동하는 3학년 남학생 수 : 87명
  • 4시간 이상 운동하는 1학년 여학생 수 : 46명
  따라서 옳은 설명이다.
㉡ 제시된 자료에서 남학생 중 1시간 미만 운동하는 남학생의 비율이 여학생 중 1시간 미만 운동하는 여학생의 비율보다 각 학년에서 모두 낮음을 확인할 수 있다.

[오답분석]
㉢ 남학생과 여학생 모두 학년이 높아질수록 3시간 이상 4시간 미만 운동하는 학생의 비율은 낮아진다. 그러나 남학생과 여학생 모두 학년이 높아질수록 4시간 이상 운동 하는 학생의 비율은 높아지므로 옳지 않은 설명이다.
㉣ 3학년 남학생의 경우 3시간 이상 4시간 미만 운동하는 학생의 비율은 4시간 이상 운동하는 학생의 비율보다 낮다.

19 정답 ①

졸업 후 창업하는 학생들은 총 118+5+5+1+37=166명이며, 이 중 특성화고 졸업생은 37명이다. 따라서 졸업 후 창업하는 졸업생들 중 특성화고 졸업생이 차지하는 비율은 $\frac{37}{166} \times 100 ≒ 22.3\%$이다.

[오답분석]
② 졸업생 중 대학 진학률이 가장 높은 학교 유형은 과학고·외고·국제고이며, 창업률이 가장 높은 학교 유형은 예술·체육고이다.
③ 진로를 결정하지 않은 졸업생 수가 가장 많은 학교 유형은 일반고이다.
④ 일반고 졸업생 중 대학에 진학하는 졸업생 수는 6,773명, 특성화고 졸업생 중 대학에 진학하는 졸업생 수는 512명이다. 따라서 일반고 졸업생 중 대학에 진학하는 졸업생 수는 특성화고 졸업생 중 대학에 진학하는 졸업생 수보다 $\frac{6,773}{512} ≒ 13.2$배 많다.
⑤ 졸업 후 군 입대를 하거나 해외 유학을 가는 졸업생들은 297+5+3+6+86=397명이며, 이 중 과학고·외고·국제고와 마이스터고 졸업생들은 5+6=11명이다. 따라서 졸업 후 군 입대를 하거나 해외 유학을 가는 졸업생들 중 과학고·외고·국제고와 마이스터고 졸업생들이 차지하는 비율은 $\frac{11}{397} \times 100 ≒ 2.8\%$이다.

20 정답 ④

㉡ 졸업 후 취업한 인원은 457+11+3+64+752=1,287명이므로 1,200명을 넘었다.
㉣ 특성화고 졸업생 중 진로를 결정하지 않은 졸업생 수는 260명, 대학에 진학한 졸업생 수는 512명이다. 따라서 특성화고에서 진로를 결정하지 않은 졸업생은 대학에 진학한 졸업생의 수의 $\frac{260}{512} \times 100 ≒ 50.8\%$이다.

[오답분석]
㉠ 마이스터고와 특성화고의 경우 대학에 진학한 졸업생 수보다 취업한 졸업생 수가 더 많았다.
㉢ 일반고 졸업생 중 취업한 졸업생 수는 457명으로, 창업한 졸업생 수의 4배인 118×4=472명보다 적으므로 옳지 않은 설명이다.

21

정답 ④

메인 메뉴 단위당 영양성분표에서 모든 메인 메뉴의 단백질 함량은 포화지방 함량의 2배 이상인 것을 확인할 수 있다.

오답분석

① 새우버거의 중량 대비 열량의 비율은 $\frac{395}{197} ≒ 2.0$이고, 칠리버거는 $\frac{443}{228} ≒ 1.9$로 칠리버거가 더 낮다.
② 메인 메뉴 단위당 영양성분표의 나트륨 함량의 단위 mg을 당 함량 단위 g과 같게 만들면 $0.5g ≤ (나트륨) ≤ 1.2g$의 범위가 나온다. 그런데 당 함량은 모두 6g 이상이므로 모든 메뉴에서 당 함량이 나트륨 함량보다 많다.
③ 스낵 메뉴 단위당 영양성분표에서 모든 스낵 메뉴의 단위당 중량 합은 114+68+47=229g이고, 메인 메뉴 단위당 영양성분표에서 메인 메뉴 중 베이컨버거의 중량은 242g이므로 모든 스낵 메뉴의 단위당 중량 합보다 크다.
⑤ 메인 메뉴와 스낵 메뉴 중 열량이 가장 낮은 햄버거와 조각치킨의 열량 합은 248+165=413kcal이고, 500-413=87kcal 이하인 음료 메뉴는 커피 또는 오렌지 주스이므로 커피 외에 오렌지 주스도 주문이 가능하다.

22

정답 ④

ㄱ. 2025년의 상업용 무인기의 국내 시장 판매량 대비 수입량의 비율은 $\frac{5}{202} \times 100 ≒ 2.5\%$이다.

ㄴ. 2022 ~ 2025년 동안 상업용 무인기 국내 시장 판매량의 전년 대비 증가율은 다음과 같다.
 • 2022년 : $\frac{72-53}{53} \times 100 ≒ 35.8\%$
 • 2023년 : $\frac{116-72}{72} \times 100 ≒ 61.1\%$
 • 2024년 : $\frac{154-116}{116} \times 100 ≒ 32.8\%$
 • 2025년 : $\frac{202-154}{154} \times 100 ≒ 31.2\%$
 따라서 2023년의 증가율이 가장 높다.

ㄹ. 2023년의 상업용 무인기 수출량의 전년 대비 증가율은 $\frac{18-2.5}{2.5} \times 100 = 620\%$이고, 2023년의 K기업의 상업용 무인기 매출액의 전년 대비 증가율은 $\frac{304.4-43}{43} \times 100 ≒ 608\%$로 차이는 620-608=12%이다.

오답분석

ㄷ. 2022 ~ 2025년 동안 상업용 무인기 수입량의 전년 대비 증가율이 가장 작은 해는 2025년으로 $\frac{5-4.2}{4.2} \times 100 ≒ 19\%$이며, 2025년 상업용 무인기 수출량의 전년 대비 증가율은 268%로, 2023년의 620%보다 작다.

23

정답 ⑤

• 술에 부과되는 세금
 - 종가세 부과 시 : 2,000×20×0.2=8,000원
 - 정액세 부과 시 : 300×20=6,000원
• 담배에 부과되는 세금
 - 종가세 부과 시 : 4,500×100×0.2=90,000원
 - 정액세 부과 시 : 800×100=80,000원

그러므로 조세 수입을 극대화시키기 위해서 술과 담배 모두 종가세를 부여해야 한다. 따라서 종가세 부과 시 조세 총수입은 8,000+90,000=98,000원이다.

24

정답 ⑤

주어진 자료를 토대로 조건을 분석하면 다음과 같다.
- 첫 번째 조건에 의해 ㉠~㉣ 국가 중 연도별로 8위를 두 번 한 나라는 ㉠과 ㉣이므로 둘 중 한 곳이 한국, 나머지 하나가 캐나다임을 알 수 있다.
- 두 번째 조건에 의해 2023년 대비 2024년의 이산화탄소 배출량 증가율은 ㉡과 ㉢이 각각 $\frac{556-535}{535} \times 100 ≒ 3.93\%$와 $\frac{507-471}{471} \times 100 ≒ 7.64\%$이므로 ㉢은 사우디아라비아가 되며, 따라서 ㉡은 이란이 된다.
- 세 번째 조건에 의해 이란의 수치는 고정값으로 놓고 2019년을 기점으로 ㉠이 ㉣보다 배출량이 커지고 있으므로 ㉠이 한국, ㉣이 캐나다임을 알 수 있다.

따라서 ㉠~㉣은 순서대로 한국, 이란, 사우디아라비아, 캐나다이다.

25

정답 ②

도시별 5년간 변화량은 다음 표와 같다.

구분		증감량(천 호, 천 가구)	구분		증감량(천 호, 천 가구)
서울	가구 수	111	인천	가구 수	76
	주택 수	106		주택 수	68
부산	가구 수	41	광주	가구 수	20
	주택 수	69		주택 수	41
대구	가구 수	40	대전	가구 수	26
	주택 수	58		주택 수	23

따라서 5년간 가구 수보다 주택 수가 더 많이 늘어난 도시는 부산, 대구 그리고 광주이다.

[오답분석]
① 서울을 제외한 5개 도시 중 가구 수가 가장 많이 증가한 도시는 인천이 7만 6천 가구로 가장 많다.
③ 2023년의 서울의 가구 수는 381만 3천 가구이며, 대구와 인천, 광주 그리고 대전의 가구 수의 합은 948+1,080+576+598=3,202천 가구, 즉 320만 2천 가구로 서울의 가구 수가 더 많다.
④ 2024년의 서울과 부산 그리고 대구의 가구 수는 3,840+1,364+958=6,162천 가구이며, 전국 가구 수 대비 $\frac{6,162}{19,979} \times 100 ≒ 30.8\%$로 30% 이상이다.
⑤ 5년간 주요 도시의 가구 수와 주택 수는 모두 지속적으로 증가하고 있다.

26

정답 ③

B안의 가중치는 전문성인데 자원봉사 제도는 (-)이므로 적절하지 않은 판단이다.

[오답분석]
① 전문성 면에서는 유급법률구조 제도가 (+), 자원봉사 제도가 (-)이므로 옳은 설명이다.
② A안에 가중치를 적용할 경우 접근용이성과 전문성에 가중치를 적용하므로 두 정책목표 모두에서 (+)를 보이는 유급법률구조 제도가 가장 적절하다.
④ B안에 가중치를 적용할 경우 전문성에 가중치를 적용하므로 (+)를 보이는 유급법률구조 제도가 가장 적절하며, A안에 가중치를 적용할 경우 ②에 의해 유급법률구조 제도가 가장 적절하다. 따라서 어떤 것을 적용하더라도 결과는 같다.
⑤ 비용저렴성을 달성하려면 (+)를 보이는 자원봉사 제도가 가장 유리하다.

27 정답 ④

을, 정, 무의 경우 정이 운전을 하고 을이 차장이며, 부상 중인 사람이 없기 때문에 17시에 도착하므로 정의 당직 근무에도 문제가 없다. 따라서 가능한 조합이다.

오답분석

① 갑, 을, 병 : 갑이 부상인 상태이므로 B지사에 17시 30분에 도착하는데, 을이 17시 15분에 계약업체 면담을 진행해야 하므로 가능하지 않은 조합이다.
② 갑, 병, 정 : 갑이 부상인 상태이므로 B지사에 17시 30분에 도착하는데, 정이 17시 10분부터 당직 근무가 예정되어 있으므로 가능하지 않은 조합이다.
③ 을, 병, 무 : 1종 보통 운전면허를 소지하고 있는 사람이 없으므로 가능하지 않은 조합이다.
⑤ 병, 정, 무 : 책임자로서 차장 직위가 한 명은 포함되어야 하므로 가능하지 않은 조합이다.

28 정답 ④

먼저 층이 정해진 부서를 배치하고, 나머지 부서들의 층수를 결정해야 한다. 변경사항에서 연구팀은 기존 5층보다 아래층으로 내려가고, 영업팀은 기존 6층보다 아래층으로 내려간다. 또한 생산팀은 연구팀보다 위층에 배치되어야 하지만 인사팀과의 사이에는 하나의 부서만 가능하므로 6층에 총무팀을 기준으로 5층 또는 7층 배치가 가능하다. 그러므로 다음과 같이 4가지의 경우가 나올 수 있다.

층수	경우 1	경우 2	경우 3	경우 4
7층	인사팀	인사팀	생산팀	생산팀
6층	총무팀	총무팀	총무팀	총무팀
5층	생산팀	생산팀	인사팀	인사팀
4층	탕비실	탕비실	탕비실	탕비실
3층	연구팀	영업팀	연구팀	영업팀
2층	전산팀	전산팀	전산팀	전산팀
1층	영업팀	연구팀	영업팀	연구팀

따라서 생산팀은 어느 경우에도 3층에 배치될 수 없다.

29 정답 ②

ㄱ. LNG 구매력이 우수하다는 강점을 이용해 북아시아 가스관 사업이라는 기회를 활용하는 것은 SO전략에 해당한다.
ㄷ. 수소 자원 개발이 고도화되고 있는 기회를 이용하여 높은 공급단가라는 약점을 보완하는 것은 WO전략에 해당한다.

오답분석

ㄴ. 북아시아 가스관 사업은 강점이 아니라 기회에 해당하므로 ST전략에 해당한다고 볼 수 없다.
ㄹ. 높은 LNG 확보 능력이라는 강점을 이용해 높은 가스 공급단가라는 약점을 보완하려는 것은 WT전략에 해당한다고 볼 수 없다.

30 정답 ①

ㄱ. 부패금액이 산정되지 않은 6번의 경우에도 고발하였으므로 옳지 않은 설명이다.
ㄴ. 2번의 경우, 해임당하였음에도 고발되지 않았으므로 옳지 않은 설명이다.

오답분석

ㄷ. 직무관련자로부터 금품을 수수한 사건은 2번, 4번, 5번, 7번, 8번으로 총 5건 있었다.
ㄹ. 2번과 4번은 모두 '직무관련자로부터 금품 및 향응 수수'로 동일한 부패행위 유형에 해당함에도 2번은 해임, 4번은 감봉 1개월의 처분을 받았으므로 옳은 설명이다.

31

정답 ⑤

D주임은 좌석이 2(다) 석으로 정해져 있다. 그리고 팀장은 두 번째 줄에 앉아야 하며 대리와 이웃하게 앉아야 하므로 A팀장의 자리는 2(가) 석 혹은 2(나) 석임을 알 수 있다.
또한 A팀장의 옆자리에 앉을 사람은 B대리 혹은 C대리이며, 일곱 번째 조건에 의해 B대리는 창가 쪽 자리에 앉아야 한다. 그리고 세 번째 조건에서 주임끼리는 이웃하여 앉을 수 없으므로 D주임을 제외한 E주임과 F주임은 첫 번째 줄 중 사원의 자리를 제외한 1(가) 석 혹은 1(라) 석에 앉아야 한다.
따라서 B대리가 앉을 자리는 창가 쪽 자리인 2(가) 석 혹은 2(라) 석이다.
H사원과 F주임은 함께 앉아야 하므로 이들이 첫 번째 줄[1(가) 석, 1(나) 석]에 앉거나, [1(다) 석, 1(라) 석]에 앉는 경우가 가능하다. 이러한 요소를 고려하면 다음 4가지 경우만 가능하다.

• 경우 1

E주임	G사원	복도	H사원	F주임
A팀장	C대리		D주임	B대리

• 경우 2

E주임	G사원	복도	H사원	F주임
B(C)대리	A팀장		D주임	C(B)대리

• 경우 3

F주임	H사원	복도	G사원	E주임
A팀장	C대리		D주임	B대리

• 경우 4

F주임	H사원	복도	G사원	E주임
B(C)대리	A팀장		D주임	C(B)대리

ㄱ. 경우 3과 4를 보면 반례인 경우를 찾을 수 있다.
ㄴ. C대리가 A팀장과 이웃하여 앉으면 (라) 열에 앉지 않는다.
ㄹ. 경우 1과 3을 보면 반례인 경우를 찾을 수 있다.

[오답분석]
ㄷ. 조건들을 고려하면 1(나) 석과 1(다) 석에는 G사원 혹은 H사원만 앉을 수 있고, 1(가) 석, 1(라) 석에는 E주임과 F주임이 앉아야 한다. 그런데 F주임과 H사원은 이웃하여 앉아야 하므로, G사원과 E주임은 어떤 경우에도 이웃하게 앉는다.

32

정답 ⑤

비용이 17억 원 이하인 업체는 A, D, E, F업체이며, 이 중 1차로 선정될 업체를 위해 가중치를 적용한 점수는 다음과 같다.
• A업체 : $(18 \times 1)+(11 \times 2)=40$점
• D업체 : $(16 \times 1)+(12 \times 2)=40$점
• E업체 : $(13 \times 1)+(10 \times 2)=33$점
• F업체 : $(16 \times 1)+(14 \times 2)=44$점
따라서 1차로 선정될 3개 업체는 A, D, F업체이며, 이 중 친환경소재 점수가 가장 높은 업체인 F업체가 최종 선정된다.

33

정답 ⑤

비용이 17억 2천만 원 이하인 업체는 A, C, D, E, F업체이며, 이 중 1차로 선정될 업체를 위해 가중치를 적용한 점수는 다음과 같다.
• A업체 : $(11 \times 3)+(15 \times 2)=63$점
• C업체 : $(13 \times 3)+(13 \times 2)=65$점
• D업체 : $(12 \times 3)+(14 \times 2)=64$점
• E업체 : $(10 \times 3)+(17 \times 2)=64$점
• F업체 : $(14 \times 3)+(16 \times 2)=74$점
따라서 1차 선정될 업체는 C업체와 F업체이며, 이 중 입찰 비용이 더 낮은 업체인 F업체가 최종 선정된다.

34

정답 ③

우선 아랍에미리트에는 해외 EPS센터가 없으므로 제외한다. 또한 한국 기업이 100개 이상 진출해 있어야 한다는 두 번째 조건에 따라 인도네시아와 중국으로 후보를 좁힐 수 있으나, '우리나라 사람들의 해외취업을 위한 박람회'이므로 성공적인 박람회 개최를 위해선 취업까지 이어지는 것이 중요하다. 중국의 경우 청년 실업률은 높지만 경쟁력 부문에서 현지 기업의 80% 이상이 우리나라 사람을 고용하기를 원하므로 중국 청년 실업률과는 별개로 우리나라 사람들의 취업이 쉽게 이루어질 수 있음을 알 수 있다. 따라서 박람회 장소로 선택할 나라는 중국이 적절하다.

35

정답 ④

C, D, F지점의 사례만 고려하면 F지점에서 마카롱과 쿠키를 함께 먹었을 때, 알레르기가 발생하지 않았으므로 마카롱과 쿠키는 알레르기 발생 원인이 될 수 없다. 따라서 ④는 반드시 거짓이 된다.

[오답분석]
① A, B, D지점의 사례만 고려한 경우 : 빵과 마카롱을 함께 먹은 경우에는 알레르기가 발생하지 않았으므로, 케이크가 알레르기 발생 원인이 된다.
② A, C, E지점의 사례만 고려한 경우 : 케이크와 쿠키를 함께 먹은 경우에는 알레르기가 발생하지 않았으므로, 빵이 알레르기 발생 원인이 된다.
③ B, D, F지점의 사례만 고려한 경우 : 빵과 마카롱 또는 마카롱과 쿠키를 함께 먹은 경우에 알레르기가 발생하지 않았으므로, 케이크가 알레르기 발생 원인이 된다.
⑤ D, E, F지점의 사례만 고려한 경우 : 케이크와 마카롱을 함께 먹은 경우에 알레르기가 발생하였으므로, 쿠키는 알레르기 발생 원인이 될 수 없다.

36

정답 ④

ㄴ. 사슴의 남은 수명이 20년인 경우, 사슴으로 계속 살아갈 경우의 총효용은 $20 \times 40 = 800$인 반면, 독수리로 살 경우의 효용은 $(20-5) \times 50 = 750$이다. 따라서 사슴은 총효용이 줄어드는 선택은 하지 않는다고 하였으므로 독수리를 선택하지 않을 것이다.
ㄷ. 사슴의 남은 수명을 x년이라 할 때, 사자를 선택했을 때의 총효용은 $(x-14) \times 250$이며, 호랑이를 선택했을 때의 총효용은 $(x-13) \times 200$이다. 두 식이 같을 경우 x의 값을 구하면 $x=18$이다. 따라서 사슴의 남은 수명이 18년일 때 둘의 총효용이 같게 된다.

[오답분석]
ㄱ. 사슴의 남은 수명이 13년인 경우, 사슴으로 계속 살아갈 경우의 총효용은 $13 \times 40 = 520$인 반면, 곰으로 살 경우의 효용은 $(13-11) \times 170 = 340$이다. 따라서 사슴은 총효용이 줄어드는 선택은 하지 않는다고 하였으므로 곰을 선택하지 않을 것이다.

37

정답 ⑤

우선 면적이 가장 큰 교육시설과 면적이 2번째로 작은 교육시설을 각각 3시간 대관한다고 했다. 면적이 가장 큰 교육시설은 강의실(대)이며, 면적이 2번째로 작은 교육시설은 강의실(중)이다.
• 강의실(대)의 대관료 : $(129{,}000+64{,}500) \times 1.1 = 212{,}850$원($\because$ 3시간 대관, 토요일 할증)
• 강의실(중)의 대관료 : $(65{,}000+32{,}500) \times 1.1 = 107{,}250$원($\because$ 3시간 대관, 토요일 할증)
다목적홀, 이벤트홀, 체육관 중 이벤트홀은 토요일에 휴관하므로 다목적홀과 체육관의 대관료를 비교하면 다음과 같다.
• 다목적홀 : $585{,}000 \times 1.1 = 643{,}500$원($\because$ 토요일 할증)
• 체육관 : $122{,}000+61{,}000 = 183{,}000$원($\because$ 3시간 대관)
즉, 다목적홀과 체육관 중 저렴한 가격으로 이용할 수 있는 곳은 체육관이다.
따라서 H주임에게 안내해야 할 대관료는 $212{,}850+107{,}250+183{,}000 = 503{,}100$원이다.

38

정답 ④

황지민 대리는 부친 장례식, 박재연 부장은 본인 결혼식, 조성우 차장은 자녀 돌잔치, 서호연 과장은 모친 회갑으로 현금과 화환을 모두 받을 수 있다. 황지민 대리의 배우자인 이민현 과장의 경우, 장인어른 장례식은 지원 규정상 지원 대상이 아니므로 현금 또는 화환을 받을 수 없고, 최현서 사원의 배우자인 이천재 대리의 경우, 배우자의 졸업식은 지원 규정상 지원 대상이 아니므로 현금 또는 화환을 받을 수 없다.
따라서 현금과 화환을 모두 받을 수 있는 사람은 총 4명이다.

39

정답 ④

박재연 부장은 본인 결혼식이므로 결혼식 축화화환을 제공받으며 그 금액은 82,000원이다.

오답분석
① 최현서 사원은 본인의 졸업식이므로 입학 및 졸업 축하화환을 제공받으며, 그 금액은 56,000원이다.
② 정서민 대리는 결혼기념일이므로 결혼기념일 축하화환을 제공받으며, 그 금액은 79,000원이다.
③ 서호연 과장은 모친의 회갑이므로 회갑 축하화환을 제공받으며, 그 금액은 80,000원이다.
⑤ 황지민 대리는 부친의 장례식이므로 장례식 근조화환을 제공받으며, 그 금액은 95,000원이다.

40

정답 ④

다국적기업에서 출원한 완제 의약품 특허출원 중 다이어트제 출원 비중은 제시된 자료에서 확인할 수 없다.

오답분석
① 의약품별 특허출원 현황의 합계를 살펴보면 매년 감소하고 있음을 확인할 수 있다.
② 2025년에 전체 의약품 특허출원에서 기타 의약품이 차지하는 비중 : $\frac{1,220}{4,719} \times 100 ≒ 25.85\%$
③ • 2025년의 원료 의약품 특허출원 건수 : 500건
  • 2025년의 다국적기업의 원료 의약품 특허출원 건수 : 103건
  ∴ 2025년에 원료 의약품 특허출원에서 다국적기업 특허출원이 차지하는 비중 : $\frac{103}{500} \times 100 = 20.6\%$

41

정답 ④

성과급 기준표를 적용한 A~E교사에 대한 성과급 배점을 정리하면 아래와 같다.

구분	주당 수업시간	수업 공개 유무	담임 유무	업무 곤란도	호봉	합계
A교사	14점	-	10점	20점	30점	74점
B교사	20점	-	5점	20점	30점	75점
C교사	18점	5점	5점	30점	20점	78점
D교사	14점	10점	10점	30점	15점	79점
E교사	16점	10점	5점	20점	25점	76점

따라서 D교사가 가장 높은 배점을 받게 된다.

42

정답 ③

A씨가 쓸 수 있는 항공료는 최대 450,000원이다. 항공료 지원율을 반영해 실제 비용을 계산하면 다음과 같다.
• 중국 : 130,000×2×2×0.9=468,000원
• 일본 : 125,000×2×2×0.7=350,000원
• 싱가포르 : 180,000×2×2×0.65=468,000원
따라서 A씨는 일본 여행만 가능하며, 8월 3~4일은 휴가가 불가능하다고 하였으므로 A씨가 선택할 여행기간은 16~19일이다.

43

모든 컴퓨터 구매 시 각각 사는 것보다 세트로 사는 것이 한 세트(모니터+본체)당 약 5만 원에서 10만 원 정도 이득이다. 하지만 SET 혜택이 아닌 다른 혜택에 해당하는 조건에서는 비용을 비교해 보아야 한다. 다음은 컴퓨터별 구매 비용을 계산한 것이다. 또한 E컴퓨터는 성능 평가에서 '하'를 받았으므로 계산에서 제외한다.
- A컴퓨터 : 80만 원×15대=1,200만 원
- B컴퓨터 : (75만 원×15대)−100만 원=1,025만 원
- C컴퓨터 : (20만 원×10대)+(20만 원×0.85×5대)+(60만 원×15대)=1,185만 원 또는 70만 원×15대=1,050만 원
- D컴퓨터 : 66만 원×15대=990만 원

따라서 조건을 만족하는 컴퓨터는 D컴퓨터이다.

44

정답 ④

추가근무 계획표를 정리하면 다음과 같다.

월	화	수	목	금	토	일
김혜정 정해리 정지원	이지호 이송기 최명진	김재건 신혜민	박주환 신혜민 정지원 김우석 이성엽	김혜정 김유미 차지수	이설희 임유진 김유미	임유진 한정미 이성엽

위와 같이 목요일은 추가 근무자가 5명임을 알 수 있다. 하루에 4명까지만 근무를 할 수 있으므로 목요일의 추가근무자 중 1명이 일정을 바꿔야 한다. 단 1명만 추가근무 일정을 바꿔야 하므로 목요일 6시간과 일요일 3시간 일정으로 6+3×1.5=10.5시간을 근무하는 이성엽 직원의 일정을 바꿔야 한다. 따라서 목요일에 추가근무 예정인 이성엽 직원의 요일과 시간을 수정해야 한다.

45

제주 출장 시 항공사별 5명(부장 3명, 대리 2명)의 왕복항공권에 대한 총액을 구하면 다음과 같다.

구분	비즈니스석	이코노미석	총액
A항공사	12만 원×6=72만 원	8.5만 원×4=34만 원	72만 원+34만 원=106만 원
B항공사	13만 원×6=78만 원	7만 원×4=28만 원	78만 원+28만 원=106만 원
C항공사	15만 원×6=90만 원	8만 원×4=32만 원	(90만 원+32만 원)×0.9=109.8만 원
D항공사	13만 원×6=78만 원	7.5만 원×4=30만 원	78만 원+30만 원=108만 원
E항공사	15만 원×6=90만 원	9.5만 원×4=38만 원	(90만 원+38만 원)×0.8=102.4만 원

따라서 E항공사가 102.4만 원으로 총비용이 가장 적으므로 A사원은 E항공사를 선택할 것이다.

46

정답 ③

C대리의 2025년 업무평가 점수는 직전연도 업무평가 점수인 89점에서 지각 1회에 따른 5점, 결근 1회에 따른 10점을 제한 74점이다. 따라서 승진 대상에 포함되지 못하므로 그대로 대리일 것이다.

[오답분석]
① A사원은 근속연수가 3년 미만이므로 승진 대상이 아니다.
② B주임은 출산휴가 35일을 제외하면 근속연수가 3년 미만이므로 승진 대상이 아니다.
④·⑤ 승진 대상에 대한 자료로 대리가 될 수 없다.

47

정답 ④

- A고객의 상품 값
  [전복(1kg)]+[블루베리(600g)]+[고구마(200g)]+[사과(10개)]+[오렌지(8개)]+[우유(1L)]
  =50,000+(6×1,200)+(2×5,000)+(2×10,000)+12,000+3,000=102,200원
- B고객의 상품 값
  [블루베리(200g)]+[오렌지(8개)]+[S우유(1L)]+[소갈비(600g)]+[생닭(1마리)]
  =(2×1,200)+12,000+(3,000−200)+20,000+9,000=46,200원
- A고객이 내야 할 총액
  (상품 값)+(배송비)+(신선포장 비용)
  =102,200+3,000+1,500=106,700원(∵ 봉투는 배송 시 무료 제공)
- B고객이 내야 할 총액
  (상품 값)+(생닭 손질 비용)+(봉투 2개)
  =0.95×[46,200+1,000+(2×100)]=45,030원(∵ K카드 결제 시 5% 할인 적용)

따라서 답은 ④이다.

48

정답 ①

승진자 결정 방식에 따라 승진 대상자 갑, 을, 병, 정, 무의 승진점수를 계산하면 다음과 같다.

구분	업무실적점수	사고점수	근무태도점수	가점 및 벌점		승진점수
				점수	사유	
갑	20	7	7	+2	수상 1회	36
을	17	9	10	+4	수상 2회	40
병	13	8	7	−	−	28
정	20	6	4	−	−	30
무	10	10	10	+4	수상 1회, 무사고	34

따라서 승진점수가 가장 높은 직원은 승진점수가 40점인 을과 36점인 갑이므로, 갑과 을이 승진하게 된다.

49

정답 ③

주어진 조건에 의하면 C참가자는 재료손질 역할을 원하지 않고, A참가자는 세팅 및 정리 역할을 원하고, D참가자 역시 재료손질 역할을 원하지 않는다. A참가자가 세팅 및 정리 역할을 하면 A참가자가 받을 수 있는 가장 높은 점수는 90+9=99점이고, C·D참가자는 요리보조, 요리 두 역할을 나눠하면 된다. 마지막으로 B참가자는 어떤 역할이든지 자신 있으므로 재료손질을 담당하면 된다.
C·D참가자가 요리보조와 요리 역할을 나눠가질 때, D참가자는 기존 점수가 97점이므로, 요리를 선택할 경우 97+7=104점이 되어 100점이 넘어가므로 요리 역할을 선택할 수 없다. 따라서 A참가자는 세팅 및 정리, B참가자는 재료손질, C참가자는 요리, D참가자는 요리보조 역할을 담당하면 모든 참가자들의 의견을 수렴하면서 지원자 모두 최종점수가 100점을 넘지 않는다.

50

정답 ③

[오답분석]

- A지원자 : 9월에 복학 예정이기 때문에 인턴 기간이 연장될 경우 근무할 수 없으므로 인턴사원으로 부적합하다.
- B지원자 : 경력 사항이 없으므로 인턴사원으로 부적합하다.
- D지원자 : 근무 시간(9~18시) 이후에 업무가 불가능하므로 인턴사원으로 부적합하다.
- E지원자 : 포토샵을 활용할 수 없으므로 인턴사원으로 부적합하다.

제5회 통합 NCS 최종모의고사

01	02	03	04	05	06	07	08	09	10	11	12	13	14	15	16	17	18	19	20
①	⑤	③	①	⑤	③	②	⑤	③	⑤	②	①	②	②	①	④	②	⑤	③	④
21	22	23	24	25	26	27	28	29	30	31	32	33	34	35	36	37	38	39	40
①	④	③	②	④	②	②	③	④	③	④	⑤	②	⑤	②	①	③	②	④	②
41	42	43	44	45	46	47	48	49	50	51	52	53	54	55	56	57	58	59	60
⑤	①	②	③	③	①	⑤	③	①	④	③	④	⑤	⑤	②	①	③	②	①	③
61	62	63	64	65	66	67	68	69	70	71	72	73	74	75	76	77	78	79	80
③	④	②	②	④	⑤	②	②	②	②	①	①	④	③	②	④	②	②	③	④

01

정답 ①

- 첫 번째 빈칸 : 공간정보가 정보 통신 기술의 발전으로 시간에 따른 변화를 반영할 수 있게 되었다-는 빈칸 뒤의 내용을 통해 빈칸에는 시간에 따른 공간의 변화를 포함한 공간정보를 이용할 수 있게 되면서 '최적의 경로 탐색'이 가능해졌다는 내용의 ㉠이 적절함을 알 수 있다.
- 두 번째 빈칸 : ㉡은 빈칸 앞 문장의 '탑승할 버스 정류장의 위치, 다양한 버스 노선, 최단 시간 등을 분석하여 제공'하는 지리정보 시스템이 '더 나아가' 제공하는 정보에 대해 이야기한다. 따라서 빈칸에는 ㉡이 적절하다.
- 세 번째 빈칸 : 빈칸 뒤의 내용에서는 공간정보가 활용되고 있는 다양한 분야와 앞으로 활용될 수 있는 분야를 이야기하고 있으므로 빈칸에는 공간정보의 활용 범위가 계속 확대되고 있다는 ㉢이 적절함을 알 수 있다.

02

정답 ⑤

- 병 : 병은 상대방을 향하여 상체를 기울여 다가앉는 자세를 취함으로써 자신이 열심히 들을 것이라는 것을 강조하였다. 따라서 올바른 경청 방법으로 볼 수 있다.
- 정 : 정은 현재 심란한 상황이지만, 직원의 말을 경청하기 위해 비교적 편안한 자세를 취했으므로 올바른 경청 방법으로 볼 수 있다.

오답분석

- 갑 : 상대방의 말에 경청을 할 때에는 상대와 정면으로 눈을 마주치는 자세가 필요하다. 따라서 상대방과의 눈을 피해 바닥을 보는 갑의 행동은 올바른 경청 방법이 아니다.
- 을 : 손이나 다리를 꼬지 않는 자세는 개방적 자세로 상대에게 마음을 열어 놓고 있다는 표시이다. 따라서 다리를 꼬고 앉아 있는 을은 자신의 의견에 반대하는 후배에게 마음을 열고 경청하고 있다고 보기 어렵다.

03

정답 ③

제시문은 동양과 서양에서 서로 다른 의미를 부여하고 있는 달에 대해 설명하고 있는 글이다. 따라서 (나) 동양에서 나타나는 해와 달의 의미 – (라) 동양과 상반되는 서양에서의 해와 달의 의미 – (다) 최근까지 지속되고 있는 달에 대한 서양의 부정적 의미 – (가) 동양에서의 변화된 달의 이미지의 순으로 나열하는 것이 적절하다.

04
정답 ①

제시문에서는 물리적 태세와 목적론적 태세, 그리고 지향적 태세라는 추상적 개념을 구체적인 사례(소금, 〈F8〉키, 쥐)를 통해 설명하고 있다.

05
정답 ⑤

두 번째 문단에 따르면 민속문화는 특정 시기에 장소마다 다양하게 나타나는 경향이 있지만 대중문화는 특정 장소에서 시기에 따라 달라지는 경향이 크다.

[오답분석]
① 첫 번째 문단에 따르면 민속문화는 고립된 촌락 지역에 거주하는, 규모가 작고 동질적인 집단에 의해 전통적으로 공유된다.
② 세 번째 문단에 따르면 대중문화는 대부분이 선진국, 특히 북아메리카, 서부 유럽, 일본의 산물이다.
③ 민속 관습은 흔히 확인되지 않은 기원자를 통해서, 잘 알려지지 않은 시기에, 출처가 밝혀지지 않은 미상의 발상지로부터 발생하며, 민속문화가 된다.
④ 다섯 번째 문단에 따르면 스포츠는 민속문화로 시작되었지만, 현대의 스포츠는 대중문화의 특징을 보여 준다.

06
정답 ③

첫 번째 문단에서는 하천의 과도한 영양분이 플랑크톤을 증식시켜 물고기의 생존을 위협한다고 이야기하며, 두 번째 문단에서는 이러한 녹조 현상이 우리가 먹는 물의 안전까지도 위협한다고 이야기한다. 마지막 세 번째 문단에서는 생활 속 작은 실천을 통해 생태계와 인간의 안전을 위협하는 녹조를 예방해야 한다고 이야기하므로 글의 제목으로는 ③이 가장 적절하다.

07
정답 ②

- A : 아이의 이야기를 들어주기보다는 자신의 기준에 따라 성급하게 판단하여 충고를 하고 있다. 상대방의 생각이나 느낌과 일치된 의사소통을 하지 못하는 인습적 수준에 해당한다.
- B : 아이의 이야기에 대하여 긍정적으로 반응하고 아이가 자신의 일에 책임감을 가질 수 있도록 돕고 있다. 상대방의 내면적 감정과 사고를 지각하고 적극적인 성장 동기를 이해하는 심층적 수준에 해당한다.
- C : 아이의 현재 마음 상태를 이해하고 있으며, 아이의 의견을 재언급하면서 반응을 보이고 있다. 상대방의 마음 상태나 전달하려는 내용을 파악하고 그에 맞는 반응을 보이는 기본적 수준에 해당한다.

> **공감적 이해**
> - 인습적 수준 : 청자가 상대방의 말을 듣고 그에 대한 반응을 보이기는 하지만, 청자가 주로 자신의 생각에 사로잡혀 있기 때문에 자기주장만 할 뿐 상대방의 생각이나 느낌과 일치된 의사소통을 하지 못하는 경우이다.
> - 기본적 수준 : 청자는 상대방의 행동이나 말에 주의를 기울여 상대방의 현재 마음 상태나 전달하려는 내용을 정확하게 파악하고 그에 맞는 반응을 보이는 것이다.
> - 심층적 수준 : 청자는 언어적으로 명백히 표현되지 않은 상대방의 내면적 감정과 사고를 지각하고 이를 자신의 개념 틀에 의하여 왜곡 없이 충분히 표현함으로써 상대방의 적극적인 성장 동기를 이해하고 표출한다.

08
정답 ⑤

ㄷ. 마켓홀의 천장 벽화인 '풍요의 뿔'은 시장에서 판매되는 먹을거리가 하늘에서 떨어지는 모습을 표현하기 위해 4,500개의 알루미늄 패널을 사용했으며, 이 패널은 실내의 소리를 흡수해 소음을 줄여주는 기능 또한 갖추고 있다.
ㄹ. 마켓홀은 전통시장의 상설화와 동시에 1,200대 이상의 차량을 주차할 수 있는 규모의 주차장을 구비해 이용객들이 자연스레 로테르담의 다른 상권에 찾아갈 수 있도록 도왔다.

[오답분석]
ㄱ. 마켓홀 내부에 4,500개의 알루미늄 패널을 설치한 주체는 네덜란드의 예술가 아르노 코넨과 이리스 호스캄이다.
ㄴ. 마켓홀이 로테르담의 무역 활성화에 기여했다는 내용은 본문에서 찾아볼 수 없다.

09   정답 ③

글의 맥락상 '뒤섞이어 있음'을 의미하는 '혼재(混在)'가 적절하다.
• 잠재(潛在) : 겉으로 드러나지 않고 속에 잠겨 있거나 숨어 있음

10   정답 ⑤

두 번째 문단에 따르면 정교한 형태의 네트워크 유지에 필요한 비용이 줄어듦에 따라 시민사회 단체, 범죄 조직 등 비국가행위자들의 영향력이 사회의 거의 모든 부문으로 확대되면서 국가가 사회에서 차지하는 역할의 비중이 축소되었음을 알 수 있다.

오답분석
① 첫 번째 문단에 따르면 네트워크가 복잡해질수록 결집력이 강해지므로 가장 기초적인 형태의 네트워크인 점조직의 결집력은 '허브' 조직이나 '모든 채널' 조직에 비해 상대적으로 약하다.
② 세 번째 문단에 따르면 네트워크의 확산이 인류 미래에 긍정적·부정적 영향을 미칠 것을 예상하고 있으나, 영향력의 크기를 서로 비교하는 내용은 찾아볼 수 없으므로 알 수 없다.
③ 첫 번째 문단에 따르면 조직의 네트워크가 복잡해질수록 외부 세력이 조직을 와해시키기 어려워지므로 네트워크의 외부 공격에 대한 대응력은 조직의 정교성 또는 복잡성과 관계가 있음을 알 수 있다.
④ 조직 구성원 수에 따른 네트워크의 발전 가능성은 제시문에 나타나 있지 않으므로 알 수 없다.

11   정답 ②

파충류의 성(性)을 결정하는 데 영향을 미치는 것은 B물질이 온도의 변화에 의해 A물질과 C물질로 분화되는 것이지 B물질 자체의 농도가 영향을 미치는 것은 아니다. 따라서 ㄴ은 주어진 가설을 강화하지도, 약화하지도 않는다.

오답분석
ㄱ. 수컷을 생산하는 온도에서 배양된 알에서는 C물질의 농도가 더 높으며, A물질과 C물질의 비율은 단백질 '가'와 단백질 '나'의 비율과 동일하다고 하였다. 따라서 수컷만 생산하는 온도에서 부화되고 있는 알이 단백질 '가'보다 많은 양의 단백질 '나'를 가지고 있다는 사실은 주어진 가설을 강화한다.
ㄷ. 주어진 가설에서 온도의 영향이란 어디까지나 B물질을 A물질과 C물질로 바꾸게 하는 역할을 할 뿐이다. 즉, 중요한 것은 A물질과 C물질의 농도이므로 온도가 어떤 상태에 있든지 간에 A물질의 농도가 C물질보다 더 높아진다면 암컷이 생산될 것이므로 주어진 가설을 강화한다.

12   정답 ①

프리드만의 '우주는 극도의 고밀도 상태에서 시작돼 점차 팽창하면서 밀도가 낮아졌다.'라는 이론과 르메트르의 '우주가 원시 원자들의 폭발로 시작됐다.'라는 이론은 두 가지가 서로 성립하는 이론이다. 따라서 프리드만의 이론과 르메트르의 이론은 양립할 수 없는 관계라는 해석은 제시문에 대한 이해로 적절하지 않다.

13   정답 ②

합통과 추통은 참도 있지만 오류도 있다고 말하고 있다. 그리고 다음 문장에서 더욱 많으면 맞지 않은 경우가 있기 때문이라는 이유를 제시하고 있으므로, 앞 문장에는 합통 또는 추통으로 분별 또는 유추하는 것이 위험이 많다고 말하는 ②가 가장 적절하다.

14   정답 ②

접수기간만 명시되어 있고 1차 예선 발표에 대한 일정은 언급되어 있지 않다.

15 정답 ①

- 빈칸 (가) : 이어지는 부연, 즉 '철학도 ~ 과학적 지식의 구조와 다를 바가 없다.'라는 진술로 볼 때 같은 의미의 내용이 들어가야 하므로 ㉠이 적절하다.
- 빈칸 (나) : 앞부분에서는 '철학과 언어학의 차이'를 제시하고 있고, 뒤에는 언어학의 특징이 구체적으로 서술되어 있다. 그 뒤에는 분석철학에 대한 설명이 따르고 있으므로 여기에는 언어학에 대한 일반적인 개념 정의가 서술되어야 한다. 따라서 ㉡이 적절하다.
- 빈칸 (다) : 앞부분에서 '철학의 기능은 한 언어가 가진 개념을 해명하고 이해'한 것이라고 설명하고 있다. 따라서 '철학은 개념의 분석에 지나지 않는다.'라는 ㉢이 적절하다.

16 정답 ④

2023년 전년 대비 각 시설의 증가량은 축구장 60개소, 체육관 58개소, 간이운동장 789개소, 테니스장 62개소이다.
따라서 가장 적게 늘어난 곳은 체육관이며, 가장 많이 늘어난 곳은 간이운동장이므로 합은 639+11,458=12,097개소이다.

17 정답 ②

$$\frac{529}{467+529+9,531+428+1,387} \times 100 ≒ 4.3\%$$

18 정답 ⑤

L사의 가습기 B와 H의 경우 모두 표시지 정보와 시험 결과에서 아파트 적용 바닥면적이 주택 적용 바닥면적보다 넓다.

오답분석

① D가습기와 G가습기의 실제 가습능력은 표시지 정보보다 더 나음을 알 수 있다.
② W사의 G가습기 소음은 33.5dB(A)로, C사의 C가습기와 E가습기보다 소음이 더 크다.
③ L사의 H가습기는 표시지 정보보다 시험 결과의 전력 소모가 덜함을 알 수 있다.
④ W사의 D가습기는 표시지 정보보다 시험 결과의 미생물 오염도가 덜함을 알 수 있다.

19 정답 ③

ㄴ. 115,155×2=230,310>193,832이므로 옳은 설명이다.
ㄷ. • 2023년 : $\frac{18.2}{53.3} \times 100 ≒ 34.1\%$

  • 2024년 : $\frac{18.6}{54.0} \times 100 ≒ 34.4\%$

  • 2025년 : $\frac{19.1}{51.9} \times 100 ≒ 36.8\%$

  따라서 2023 ~ 2025년 동안 석유제품 소비량 대비 전력 소비량의 비율은 매년 증가한다.

오답분석

ㄱ. 비율은 매년 증가하지만, 전체 최종에너지 소비량 추이를 알 수 없으므로 절대적인 소비량까지 증가하는지는 알 수 없다.
ㄹ. • 산업 부문 : $\frac{4,750}{15,317} \times 100 ≒ 31.0\%$

  • 가정・상업 부문 : $\frac{901}{4,636} \times 100 ≒ 19.4\%$

  따라서 산업 부문의 유연탄 소비량 대비 무연탄 소비량의 비율은 25% 이상이므로 옳지 않다.

20

정답 ④

㉠ 지분율 상위 4개 회원국은 중국, 인도, 러시아, 독일이다. 네 국가의 투표권 비율을 합하면 26.06+7.51+5.93+4.15=43.65%이다.
㉡ 중국을 제외한 지분율 상위 9개 회원국의 지분율과 투표권 비율의 차를 구하면 다음과 같다.
  • 인도 : 8.52-7.51=1.01%p
  • 러시아 : 6.66-5.93=0.73%p
  • 독일 : 4.57-4.15=0.42%p
  • 한국 : 3.81-3.50=0.31%p
  • 호주 : 3.76-3.46=0.30%p
  • 프랑스 : 3.44-3.19=0.25%p
  • 인도네시아 : 3.42-3.17=0.25%p
  • 브라질 : 3.24-3.02=0.22%p
  • 영국 : 3.11-2.91=0.20%p
  따라서 중국을 제외한 지분율 상위 9개 회원국 중 지분율과 투표권 비율의 차이가 가장 큰 회원국은 인도이다.
㉣ 독일과 프랑스의 지분율 합은 4.57+3.44=8.01%이다.
  AIIB의 자본금 총액이 2,000억 달러일 때, 독일과 프랑스가 AIIB에 출자한 자본금의 합이 x억 달러라고 하면 $8.01=\frac{x}{2,000}\times 100 \rightarrow x=\frac{8.01\times 2,000}{100}=160.2$
  따라서 160억 달러 이상이므로 옳은 설명이다.

[오답분석]

㉢ 지분율 상위 10개 회원국 중 A지역과 B지역 회원국의 지분율 합을 구하면 다음과 같다.
  • A지역 : 30.34+8.52+3.81+3.76+3.42=49.85%
  • B지역 : 6.66+4.57+3.44+3.24+3.11=21.02%
  21.02×3=63.06>49.85이므로 옳지 않은 설명이다.

21

정답 ①

색칠된 부분의 넓이를 구하기 위해서는 △CDE와 부채꼴 BCE의 넓이, 그리고 둘 사이의 색칠되지 않은 부분의 넓이를 알아야 한다.

• △CDE의 넓이 : $\frac{\sqrt{3}}{4}\times 12^2$ (∵ 정삼각형의 넓이 공식) → $36\sqrt{3}$

• 부채꼴 BCE의 넓이 : $12^2\pi \times \frac{30°}{360°}$ (∵ 부채꼴의 넓이 공식) → 12π

• [색칠되지 않은 부분(EC)의 넓이]=(부채꼴 CDE의 넓이)-(△CDE의 넓이) → $24\pi-36\sqrt{3}$
∴ (색칠된 부분의 넓이)=$36\sqrt{3}+12\pi-(24\pi-36\sqrt{3})=72\sqrt{3}-12\pi$

22

정답 ④

합격한 사람의 수를 x명이라 하면, 불합격한 사람의 수는 $(200-x)$명이다.
$55\times 200=70\times x+40\times(200-x)$
→ $11,000=30x+8,000$
→ $30x=3,000$
∴ $x=100$
따라서 합격한 사람은 100명이다.

23
정답 ③

가중치는 10 또는 5이므로 계산을 빨리 하기 위해 가중치를 5로 나누어 10을 2로, 5를 1로 계산하여 대학 평판도 총점을 구한다.
D대학의 (사) 지표점수는 x점으로 가정한다.

구분	대학 평판도 총점
A대학	$(9+10+4)\times 2+(6+4+10+8)\times 1=74$점
B대학	$(8+9+6)\times 2+(8+6+9+6)\times 1=75$점
C대학	$(7+10+6)\times 2+(5+6+10+4)\times 1=71$점
D대학	$(3+9+6)\times 2+(8+6+3+x)\times 1=(53+x)$점

D대학은 x점을 최고점인 10점을 받아도 63점으로 C대학보다 낮다. 따라서 대학 평판도 총점이 높은 대학부터 순서대로 나열하면 'B대학 – A대학 – C대학 – D대학'이다.

24
정답 ②

ㄱ. E대학의 지표 (다), (라), (마)의 지표점수를 각각 x점, y점, z점이라고 가정한다. 가중치를 1, 2로 바꾸어 계산하면 대학 평판도 총점은 $\frac{410}{5}=82$점으로 $2x+y+2z=82-32=50$의 방정식을 구할 수 있으며 세 미지수는 0 ~ 10 사이의 정수이다. 이 방정식을 만족하는 경우를 찾으면 (10, 10, 10)이 유일하므로 세 지표점수는 동일함을 알 수 있다.

ㄴ. ㄱ과 같은 방법으로 G대학의 (라) 지표점수를 계산하면, 7점임을 알 수 있다. F대학의 (라), (마) 지표점수를 a점, b점이라고 가정하면 $a+2b=73-45=28$의 방정식을 구할 수 있다. 이 방정식을 만족하는 경우는 $(a, b)=(8, 10), (10, 9)$인데, 두 경우 모두 (라) 지표점수가 7보다 높다.

[오답분석]

ㄷ. H대학은 지표 (나)의 지표환산점수($=8\times 1=8$점)가 지표 (마)의 지표환산점수($=6\times 2=12$점)보다 대학 평판도 총점에서 더 낮은 비중을 차지하므로 옳지 않다(가중치는 5, 10 대신 1, 2를 사용했다).

25
정답 ④

- 변동 후 요금이 가장 비싼 노선은 D이므로 D가 2000번이다.
- 요금 변동이 없는 노선은 B이므로 B가 42번이다.
- 연장운행을 하기로 결정한 노선은 C로, C가 6번이다.
- A가 남은 번호인 3100번이다.

26
정답 ②

(B빌라 월세)+(한 달 교통비)$=250,000+2.1\times 2\times 20\times 1,000=334,000$원
따라서 B빌라에 거주할 경우 회사와 집만 왕복한다면, 고정지출 비용은 한 달에 334,000원이다.

[오답분석]

① • A빌라의 고정지출 비용 : $280,000+2.8\times 2\times 20\times 1,000=392,000$원
   • B빌라의 고정지출 비용 : $250,000+2.1\times 2\times 20\times 1,000=334,000$원
   • C아파트의 고정지출 비용 : $300,000+1.82\times 2\times 20\times 1,000=372,800$원
   따라서 월 예산이 40만 원일 때, 세 거주지의 고정지출 비용은 모두 예산을 초과하지 않는다.
③ C아파트에서 회사까지의 거리(편도)는 1.82km이므로 교통비가 가장 적게 지출된다.
④ C아파트에 거주한다면, A빌라에 거주했을 때보다 한 달 고정지출 비용이 $392,000-372,800=19,200$원 적게 지출된다.
⑤ B빌라에서 두 달 거주할 경우의 고정지출 비용은 $334,000\times 2=668,000$원이고, A빌라와 C아파트에서의 한 달 고정지출 비용을 각각 합한 비용은 $392,000+372,800=764,800$원이므로 옳지 않은 설명이다.

27

정답 ②

ⓒ 2021년 성장률이 가장 높은 지역은 경기로, 이때의 성장률은 11%이다.
ⓔ 2023년 성장률은 인천이 7.4%로 가장 높지만 인천과 경기의 전년 대비 총생산 증가량을 각각 비교해 보면 인천은 47,780−43,311=4,469십억 원, 경기는 193,658−180,852=12,806십억 원이므로 경기가 더 많다.

28

정답 ③

A금속과 B금속의 질량을 ag, bg이라 가정하자. (A+B)합금의 실제 질량과 물속에서의 질량에 대한 방정식을 세우면 다음과 같다.
$a+b=58 \cdots$ ㉠
$\frac{4}{5}a+\frac{2}{3}b=42 \rightarrow 6a+5b=315 \cdots$ ㉡
㉠과 ㉡을 연립하면 $a=25$, $b=33$임을 알 수 있다.
따라서 합금에 포함된 A금속의 질량은 25g이다.

29

정답 ④

남성의 골다공증 진료인원이 많은 연령대는 70대, 60대, 80대 이상 순서이고, 여성의 골다공증 진료인원이 많은 연령대는 60대, 70대, 50대 순서이다. 따라서 연령별 골다공증 진료율이 높은 순서는 남성과 여성이 다르다.

[오답분석]
① 골다공증 발병이 진료로 이어진다면 여성의 진료인원이 남성보다 많으므로 여성의 발병률이 남성의 발병률보다 높은 것을 추론할 수 있다.
② 전체 진료인원 중 40대 이하가 차지하는 비율은 $\frac{44+181+1,666+6,548+21,654}{855,975} \times 100 ≒ 3.5\%$로 옳다.
③ 전체 진료인원 중 골다공증 진료인원이 가장 많은 연령은 60대이고, 그 비율은 $\frac{294,553}{855,975} \times 100 ≒ 34.4\%$로 옳다.
⑤ 전체 진료인원 중 80대 이상이 차지하는 비율은 $\frac{100,581}{855,975} \times 100 ≒ 11.8\%$로 옳다.

30

정답 ③

비공개기록물 공개 재분류 사업 결과에서 30년 경과 비공개기록물 중 공개로 재분류된 기록물의 비율은 $\frac{1,079,690}{1,199,421} \times 100 ≒ 90.0\%$이고, 30년 미경과 비공개기록물 중 비공개로 재분류된 기록물의 비율은 $\frac{1,284,352}{1,503,232} \times 100 ≒ 85.4\%$이므로 옳지 않은 내용이다.

[오답분석]
① 비공개기록물 공개 재분류 사업 결과에서 비공개기록물 공개 재분류 사업 대상 전체 기록물은 2,702,653건이고, 비공개로 재분류된 문건은 1,404,083건이므로 비공개로 재분류된 문건의 비율은 50%를 넘는다.
② 비공개기록물 공개 재분류 사업 결과에서 30년 경과 비공개기록물 중 전부공개로 재분류된 기록 건수는 33,012건이고, 30년 경과 비공개기록물 중 비공개로 재분류된 기록물의 비공개 사유별 현황에서 30년 경과 비공개기록물 중 개인 사생활 침해 사유에 해당하여 비공개로 재분류된 기록물의 건수는 46,298건으로 더 적다.
④ 비공개기록물 공개 재분류 사업 결과에서 30년 경과 비공개기록물 중 재분류 건수가 많은 분류를 순서대로 나열하면 부분공개, 비공개, 전부공개 순서이고, 30년 미경과 비공개기록물 중 재분류 건수가 많은 분류를 순서대로 나열하면 비공개, 전부공개, 부분공개 순서이므로 옳다.
⑤ 30년 경과 비공개기록물 중 비공개로 재분류된 기록물의 비공개 사유별 현황에서 국민의 생명 등 공익침해와 개인 사생활 침해로 비공개 재분류된 기록물 건수는 54,329+46,298=100,627건이고, 그 비율은 $\frac{100,627}{2,702,653} \times 100 ≒ 3.7\%$로 옳다.

31

정답 ④

지원 계획을 보면 지원금을 받을 수 있는 모임의 구성원은 6명 이상 9명 미만이므로, A모임과 E모임은 제외한다. 나머지 B, C, D모임의 총지원금을 구하면 다음과 같다.
- B모임 : 1,500+(100×6)=2,100천 원
- C모임 : 1.3×(1,500+120×8)=3,198천 원
- D모임 : 2,000+(100×7)=2,700천 원

따라서 D모임이 두 번째로 많은 지원금을 받는다.

32

정답 ⑤

세 번째와 일곱 번째 조건에 의해 자전거 동호회에 참여한 직원은 남직원 1명이다. 또한 다섯 번째 조건에 의해 과장과 부장은 자전거 동호회 또는 영화 동호회에 참여하게 된다. 이때, 여덟 번째 조건에 의해 부장은 영화 동호회에 참여하므로 과장은 자전거 동호회에 참여한다. 따라서 자전거 동호회에 참여한 직원의 성별은 남자이고, 직위는 과장이다.
다음으로 네 번째 조건에 의해 여직원 1명이 영화 동호회에 참여하므로 영화 동호회에 참여한 직원의 성별은 여자이고, 직위는 부장이다. 남은 동호회는 농구, 축구, 야구, 테니스 동호회 중에서 여섯 번째 조건에 의해 참여 인원이 없는 동호회가 2개이므로 어떤 동호회의 참여 인원은 2명이다. 아홉 번째 조건에 의해 축구에 참여한 직원의 성별은 남자이고, 여덟 번째 조건에 의해 야구 동호회에 참여한 직원의 성별은 여자이고, 직위는 주임이다. 또한 일곱 번째 조건에 의해 야구 동호회에 참여한 직원 수는 1명이므로 남은 축구 동호회에 참여한 직원은 2명이고, 성별은 남자이며, 직위는 각각 대리와 사원이다.

33

정답 ②

국내 금융기관에 대한 SWOT 분석 결과는 다음과 같다.

강점(Strength)	약점(Weakness)
• 높은 국내 시장 지배력 • 우수한 자산건전성 • 뛰어난 위기관리 역량	• 은행과 이자수익에 편중된 수익 구조 • 취약한 해외 비즈니스와 글로벌 경쟁력
기회(Opportunity)	위협(Threat)
• 해외 금융시장 진출 확대 • 기술 발달에 따른 핀테크의 등장 • IT 인프라를 활용한 새로운 수익 창출	• 새로운 금융 서비스의 등장 • 글로벌 금융기관과의 경쟁 심화

㉠ SO전략은 강점을 살려 기회를 포착하는 전략으로, 강점인 국내 시장점유율을 기반으로 핀테크 사업에 진출하려는 ㉠은 적절한 SO전략으로 볼 수 있다.
㉢ ST전략은 강점을 살려 위협을 회피하는 전략으로, 강점인 우수한 자산건전성을 강조하여 글로벌 금융기관과의 경쟁에서 우위를 차지하려는 ㉢은 적절한 ST전략으로 볼 수 있다.

오답분석

㉡ WO전략은 약점을 강화하여 기회를 포착하는 전략이다. 그러나 위기관리 역량은 국내 금융기관이 지니고 있는 강점에 해당하므로 WO전략으로 적절하지 않다.
㉣ 해외 비즈니스 역량을 강화하여 해외 금융시장에 진출하는 것은 약점을 보완하여 기회를 포착하는 WO전략에 해당한다.

34

정답 ⑤

- A : TOEIC 점수는 국내 응시 시험에 한하므로 지원이 불가능하다.
- B : 지원 분야와 전공이 맞지 않다.
- C : 대학 재학 중이므로 지원이 불가능하다.
- D : TOEIC 점수가 750점 이상이 되지 않는다.
- E : 병역 미필로 지원이 불가능하다.

따라서 A~E 5명 모두 지원자격에 부합하지 않는다.

35

정답 ②

주어진 정보에 따라 연구원들에 대한 정보를 정리하면 다음과 같다.

구분	학위	성과점수	종합기여도	지급 성과금
A연구원	석사	(75×60%)+(85×40%)+(3×2)−1=84점	B등급	240×35%=84만 원
B연구원	박사	(80×60%)+(80×40%)+(3×1)=83점	B등급	300×35%=105만 원
C연구원	석사	(65×60%)+(85×40%)+2=75점	C등급	240×25%=60만 원
D연구원	학사	(90×60%)+(75×40%)=84점	B등급	200×35%=70만 원
E연구원	학사	(75×60%)+(60×40%)+(3×3)+1=79점	C등급	200×25%=50만 원

따라서 가장 많은 성과금을 지급받을 연구원은 B연구원이다.

36

정답 ①

각 자동차의 경비를 구하면 다음과 같다.
- A자동차
  - (연료비)=150,000÷12×1,400=1,750만 원
  - (경비)=1,750+2,000=3,750만 원
- B자동차
  - (연료비)=150,000÷8×900=1,687.5만 원
  - (경비)=1,687.5+2,200=3,887.5만 원
- C자동차
  - (연료비)=150,000÷15×1,150=1,150만 원
  - (경비)=1,150+2,700=3,850만 원
- D자동차
  - (연료비)=150,000÷20×1,150=862.5만 원
  - (경비)=862.5+3,300=4,162.5만 원
- E자동차
  - (연료비)=150,000÷15×1,400=1,400만 원
  - (경비)=1,400+2,600=4,000만 원

따라서 경비가 가장 적게 들어가는 것은 A자동차이다.

37

정답 ③

가습기 → ㅈㅊ
전북 → ㅜ
2025년 → a
예약 → 04
설치 → 14

[오답분석]
① ㅈㅊㅜa0514 → 가습기, 전북, 2025년, 교환, 설치
② ㅈㅊㅗa0414 → 가습기, 경북, 2025년, 예약, 설치
④ ㅈㅊㅜe0414 → 가습기, 전북, 2021년, 예약, 설치
⑤ ㅈㅊㅗe0414 → 가습기, 경북, 2021년, 예약, 설치

38

정답 ②

접수 현황을 정리하면 다음과 같다.

ㅅㅔb02	ㄷㄹe15	ㅅㅗc15	ㅁㅂㅣb0511
냉장고, 경기, 2024년, 질문	TV, 서울, 2021년, 기타	냉장고, 경북, 2023년, 기타	컴퓨터, 강원, 2024년, 교환, 수리
ㄱㄷㅜa03	ㅅㅇㅣb1214	ㅈㅊㅔa02	ㄱㄴㅗc03
ㄱㄷ 없음 잘못된 접수	냉장고, 강원, 2024년, 방문 설치	가습기, 경기, 2025년, 질문	스마트폰, 경북, 2023년, 불만
ㄷㄹㅣa0103	ㅁㅂㅖd0405	ㄱㄴㄷ0013	ㅅㅇㅏa14
TV, 강원, 2025년, 환불, 불만	컴퓨터, 경기, 2022년, 예약, 교환	00 없음 잘못된 접수	냉장고, 서울, 2025년, 설치

따라서 잘못된 접수는 2개이다.

39

정답 ④

(가) 하드 어프로치 : 하드 어프로치에 의한 문제해결 방법은 상이한 문화적 토양을 가지고 있는 구성원을 가정하고, 서로의 생각을 직설적으로 주장하고 논쟁이나 협상을 통해 서로의 의견을 조정해 가는 방법이다.
(나) 퍼실리테이션 : 퍼실리테이션이란 '촉진'을 의미하며, 어떤 그룹이나 집단이 의사결정을 잘하도록 도와주는 일을 의미한다. 퍼실리테이션에 의한 문제해결 방법은 깊이 있는 커뮤니케이션을 통해 서로의 문제점을 이해하고 공감함으로써 창조적인 문제해결을 도모한다.
(다) 소프트 어프로치 : 소프트 어프로치에 의한 문제해결 방법은 대부분의 기업에서 볼 수 있는 전형적인 스타일로, 조직 구성원들을 같은 문화적 토양을 가지고 이심전심으로 서로를 이해하는 상황을 가정한다.

40

정답 ②

- ㉠·㉣·㉥·㉛에 의해 언어영역 순위는 '형준 – 연재 – 소정(또는 소정 – 연재) – 영호' 순서로 높다.
- ㉠·㉡·㉣·㉥·㉙에 의해 수리영역 순위는 '소정 – 형준 – 연재 – 영호' 순서로 높다.
- ㉢·㉤·㉥·㉧에 의해 외국어영역 순위는 '영호 – 연재(또는 연재 – 영호) – 형준 – 소정' 순서로 높다.

[오답분석]
① 언어영역 2위는 연재 또는 소정이다.
③ 외국어영역에서 영호는 1위이다.
④ 언어영역에서 연재가 2위인 경우 1을 더한 값은 3으로, 소정이의 외국어영역 순위인 4와 같지 않다.
⑤ 외국어영역에서 영호는 소정이보다 순위가 높다.

41

정답 ⑤

선택지별 교통편 조합의 비용을 계산해 보면 다음과 같다.
① 대형버스 1대 : 500,000원
② 소형버스 1대, 렌터카 1대 : 200,000+130,000=330,000원
③ 소형버스 1대, 택시 1대 : 200,000+(120,000×2)=440,000원
④ 렌터카 3대 : (80,000×3×0.95)+(50,000×3)=378,000원
⑤ 대중교통 13명 : 13,400×13×2×0.9=313,560원
따라서 주어진 교통편 조합 중 가장 저렴한 방법은 13명 모두 대중교통을 이용하는 것이다.

42

정답 ①

동일성의 원칙은 보관한 물품을 다시 활용할 경우에 보다 쉽고 빠르게 찾을 수 있도록 같은 품종은 같은 장소에 보관하는 것을 말한다.

[오답분석]
② 유사성의 원칙 : 유사품은 인접한 장소에 보관한다.

43

정답 ②

장바구니에서 선택된 상품의 총액을 구하면 다음과 같다.

선택	상품	수량	단가	금액
☑	완도 김	2	2,300원	4,600원
☑	냉동 블루베리	1	6,900원	6,900원
☐	김치	3	2,500원	0원
☑	느타리버섯	1	5,000원	5,000원
☐	냉동 만두	2	7,000원	0원
☑	토마토	2	8,500원	17,000원
총액				33,500원

중복이 불가한 상품 총액의 10% 할인 쿠폰을 적용하였을 때의 금액과 중복이 가능한 배송비 무료 쿠폰과 K카드 사용 시 2% 할인 쿠폰을 중복하여 적용하였을 때의 금액을 비교해야 한다.
• 상품 총액의 10% 할인 쿠폰 적용
 (33,500×0.9)+3,000=33,150원
• 배송비 무료 쿠폰과 K카드 사용 시 2% 할인 쿠폰을 중복 적용
 33,500×0.98=32,830원
따라서 배송비 무료 쿠폰과 K카드 사용 시 2% 할인 쿠폰을 중복 적용했을 때 32,830원으로 가장 저렴하다.

44

정답 ②

각국에서 출발한 직원들이 국내(대한민국)에 도착하는 시간을 계산하기 위해서는 먼저 시차를 구해야 한다. 동일 시점에서의 각국의 현지시각을 살펴보면 국내의 시각이 가장 빠르다는 점을 알 수 있다. 즉, 국내의 현지시각을 기준으로 각국의 현지시각을 빼면 시차를 구할 수 있다. 시차는 계산 편의상 24시를 기준으로 한다.

구분	계산식	시차
대한민국 ~ 독일	24일 06:20-23일 23:20	7시간
대한민국 ~ 인도	24일 06:20-24일 03:50	2시간 30분
대한민국 ~ 미국	24일 06:20-23일 17:20	13시간

각국의 직원들이 국내에 도착하는 시간은 출발지 기준 이륙시각에서 비행시간과 시차를 더하여 구할 수 있다. 계산 편의상 24시를 기준으로 한다.

구분	계산식	대한민국 도착시각
독일	24일 16:20+11:30+7:00	25일 10:50
인도	24일 22:10+08:30+2:30	25일 09:10
미국	24일 07:40+14:00+13:00	25일 10:40

따라서 인도에서 출발하는 직원이 가장 먼저 도착하고, 미국, 독일 순서로 도착하는 것을 알 수 있다.

45

정답 ③

먼저 모든 면접위원의 입사 후 경력은 3년 이상이어야 한다는 조건에 따라 A, E, F, H, I, L직원은 면접위원으로 선정될 수 없다. 이사 이상의 직급으로 6명 중 50% 이상 구성되어야 하므로 자격이 있는 C, G, N은 반드시 면접위원으로 포함한다. 다음으로 인사팀을 제외한 부서는 두 명 이상 구성할 수 없으므로 이미 N이사가 선출된 개발팀은 더 선출할 수 없고, 인사팀은 반드시 2명을 포함해야 하므로 D과장은 반드시 선출된다. 이를 정리하면 다음과 같다.

구분	1	2	3	4	5	6
경우 1	C이사	D과장	G이사	N이사	B과장	J과장
경우 2	C이사	D과장	G이사	N이사	B과장	K대리
경우 3	C이사	D과장	G이사	N이사	J과장	K대리

따라서 B과장이 면접위원으로 선출됐더라도 K대리가 선출되지 않는 경우도 있다.

46

정답 ①

W사원이 영국 출장 중에 사용할 해외여비는 50×5=250파운드이고, 스페인은 60×4=240유로이다. 항공권은 편도 금액이므로 왕복으로 계산하면 영국은 380×2=760파운드, 스페인 870×2=1,740유로이며, 영국과 스페인의 비행시간 추가비용은 각각 20×(12−10)×2=80파운드, 15×(14−10)×2=120유로이다.
따라서 영국 출장 시 드는 비용은 250+760+80=1,090파운드, 스페인 출장은 240+1,740+120=2,100유로이다.
은행별 환율을 이용하여 출장비를 원화로 계산하면 다음과 같다.

구분	영국	스페인	총비용
A은행	1,090×1,470 =1,602,300원	2,100×1,320 =2,772,000원	4,374,300원
B은행	1,090×1,450 =1,580,500원	2,100×1,330 =2,793,000원	4,373,500원
C은행	1,090×1,460 =1,591,400원	2,100×1,310 =2,751,000원	4,342,400원

따라서 환전 시 A은행의 비용이 가장 많이 들고, C은행이 비용의 가장 적으므로 두 은행의 총비용 차이는 4,374,300−4,342,400=31,900원이다.

47

정답 ⑤

A~D기관의 내진성능평가 지수와 내진보강공사 지수를 구한 뒤 내진성능평가 점수와 내진보강공사 점수를 부여하면 다음과 같다.

구분	A기관	B기관	C기관	D기관
내진성능평가 지수	$\frac{82}{100} \times 100 = 82$	$\frac{72}{80} \times 100 = 90$	$\frac{72}{90} \times 100 = 80$	$\frac{83}{100} \times 100 = 83$
내진성능평가 점수	3점	5점	1점	3점
내진보강공사 지수	$\frac{91}{100} \times 100 = 91$	$\frac{76}{80} \times 100 = 95$	$\frac{81}{90} \times 100 = 90$	$\frac{96}{100} \times 100 = 96$
내진보강공사 점수	3점	3점	1점	5점
합계	3+3=6점	5+3=8점	1+1=2점	3+5=8점

B, D기관의 합산 점수는 8점으로 동점이다. 최종순위 결정 조건에 따르면 합산 점수가 동점인 경우에는 내진보강대상 건수가 가장 많은 기관이 높은 순위가 된다. 따라서 최상위기관은 D기관이고 최하위기관은 C기관이다.

48

정답 ③

㉠ 각 팀장이 매긴 순위에 대한 가중치는 모두 동일하다고 했으므로 1, 2, 3, 4순위의 가중치를 각각 4, 3, 2, 1점으로 정해 네 사람의 면접점수를 산정하면 다음과 같다.
- 갑 : 2+4+1+2=9
- 을 : 4+3+4+1=12
- 병 : 1+1+3+4=9
- 정 : 3+2+2+3=10

면접점수가 높은 을, 정 중 한 명이 입사를 포기하면 갑, 병 중 한 명이 채용된다. 갑과 병의 면접점수는 9점으로 동점이지만 조건에 따라 인사팀장이 부여한 순위가 높은 갑을 채용하게 된다.

㉢ 경영관리팀장이 갑과 병의 순위를 바꿨을 때, 네 사람의 면접점수를 산정하면 다음과 같다.
- 갑 : 2+1+1+2=6
- 을 : 4+3+4+1=12
- 병 : 1+4+3+4=12
- 정 : 3+2+2+3=10

즉, 을과 병이 채용되므로 정은 채용되지 못한다.

[오답분석]

㉡ 인사팀장이 을과 정의 순위를 바꿨을 때, 네 사람의 면접점수를 산정하면 다음과 같다.
- 갑 : 2+4+1+2=9
- 을 : 3+3+4+1=11
- 병 : 1+1+3+4=9
- 정 : 4+2+2+3=11

즉, 을과 정이 채용되므로 갑은 채용되지 못한다.

49

정답 ①

㉠ 분류 기준에 따라 위험도와 경제성 점수 중 하나는 3.0점 초과, 다른 하나는 2.5점 초과 3.0점 이하여야 주시광종으로 분류된다. 이 기준을 만족하는 광종은 아연광으로 1종류뿐이다.

㉢ 모든 광종의 위험도와 경제성 점수가 각각 20% 증가했을 때를 정리하면 다음과 같다.

구분	금광	은광	동광	연광	아연광	철광
위험도	2.5×1.2=3	4×1.2=4.8	2.5×1.2=3	2.7×1.2=3.24	3×1.2=3.6	3.5×1.2=4.2
경제성	3×1.2=3.6	3.5×1.2=4.2	2.5×1.2=3	2.7×1.2=3.24	3.5×1.2=4.2	4×1.2=4.8

이때 비축필요광종으로 분류되는 광종은 은광, 연광, 아연광, 철광으로 4종류이다.

[오답분석]

㉡ 분류 기준에 따라 위험도와 경제성 점수 모두 3.0점을 초과해야 비축필요광종으로 분류된다. 이 기준을 만족하는 광종은 은광, 철광이다.

㉣ 주시광종의 분류 기준을 위험도와 경제성 점수 중 하나는 3.0점 초과, 다른 하나는 2.5점 이상 3.0점 이하로 변경할 때 아연광은 주시광종으로 분류되지만, 금광은 비축제외광종으로 분류된다.

50

정답 ④

네 번째 조건에 따라 운동 분야에는 '강변 자전거 타기'와 '필라테스'의 두 프로그램이 있으므로 필요성 점수가 낮은 '강변 자전거 타기'는 탈락시킨다. 마찬가지로 여가 분야에도 '자수교실'과 '볼링모임'이 있으므로 필요성 점수가 낮은 '자수교실'은 탈락시킨다. 나머지 4개의 프로그램에 대해 조건에 따라 수요도 점수와 선정 여부를 나타내면 다음과 같다.

구분	프로그램명	가중치 반영 인기 점수	가중치 및 가점 반영 필요성 점수	수요도 점수	비고
진로	나만의 책 쓰기	10	7+2	19	-
운동	필라테스	14	6	20	선정
교양	독서토론	12	4+2	18	-
여가	볼링모임	16	3	19	선정

수요도 점수는 '나만의 책 쓰기'와 '볼링모임'이 19점으로 동일하지만, 인기점수가 더 높은 '볼링모임'이 선정된다. 따라서 하반기 동안 운영될 프로그램은 '필라테스', '볼링모임'이다.

51 정답 ③

다혈질적인 면은 S사원 자신은 알고, 타인은 모르는 자신의 모습이다. 따라서 자신이 다혈질적인지 생각해 볼 필요는 없으며, 자신이 가지고 있는 다혈질적인 면을 사람들과의 대인관계에 있어 어떻게 해야 할지 고민하는 것이 적절하다.

52 정답 ④

제시된 사례에서 K씨는 자신의 흥미·적성 등을 제대로 파악하지 못한 채 다른 사람을 따라 목표를 세웠고, 이를 제대로 달성하지 못하였다. 이처럼 자신의 흥미·적성 등을 제대로 파악하지 못하면 많은 노력을 하여도 성과로 연결되기가 쉽지 않다.

53 정답 ⑤

ⓒ의 체력 단련이나 취미 활동은 정의에서 언급하는 개인의 경력목표로 볼 수 없다. ⓔ의 경우 직장 생활보다 개인적 삶을 중요시하고 있으므로 조직과 상호작용하며 경력을 개발해 나가야 한다는 경력개발의 정의와 일치하지 않는다. 따라서 ⓒ과 ⓔ은 정의에 따른 경력개발 방법으로 적절하지 않다.

54 정답 ⑤

「=INDEX(범위,행,열)」는 해당하는 범위 안에서 지정한 행, 열의 위치에 있는 값을 출력한다. 따라서 [B2:D9]의 범위에서 2행 3열에 있는 값 23,200,000이 결괏값이 된다.

55 정답 ④

워크시트의 화면 하단에서는 통합문서를 '기본', '페이지 레이아웃', '페이지 나누기 미리보기' 3가지 형태로 볼 수 있다. 머리글이나 바닥글을 쉽게 추가할 수 있는 형태는 '페이지 레이아웃'이며, '페이지 나누기 미리보기'에서는 파란색 실선을 이용해서 페이지를 손쉽게 나눌 수 있다.

56 정답 ①

「=MID(데이터를 참조할 셀 번호,왼쪽을 기준으로 시작할 기준 텍스트,기준점을 시작으로 가져올 자릿수)」로 표시되기 때문에 「=MID(B2,5,2)」가 옳다.

57 정답 ③

VLOOKUP 함수는 「=VLOOKUP(첫 번째 열에서 찾으려는 값,찾을 값과 결과로 추출할 값들이 포함된 데이터 범위,값이 입력된 열의 열 번호,일치 기준)」으로 구성된다. 찾으려는 값은 [B2]가 되어야 하며, 추출할 값들이 포함된 데이터 범위는 [E2:F8]이고, 자동 채우기 핸들을 이용하여 사원들의 교육점수를 구해야 하므로 [$E$2:$F$8]과 같이 절대참조가 되어야 한다. 그리고 값이 입력된 열의 열 번호는 [E2:F8] 범위에서 2번째 열의 값이 입력된 열이므로 2가 되어야 하며, 정확히 일치해야 하는 값을 찾아야 하므로 FALSE 또는 0이 들어가야 한다.

58 정답 ②

제품설명서 중 A/S 신청 전 확인 사항을 보면 기능이 작동하지 않을 경우 수도필터가 막혔거나 착좌센서 오류가 원인이라고 제시되어 있다. 따라서 B씨로부터 접수받은 현상(문제점)의 원인을 파악하려면 수도필터의 청결 상태를 확인하거나 비데의 착좌센서의 오류 여부를 확인해야 한다. 따라서 ②가 가장 적절하다.

59

정답 ①

58번의 문제에서 확인한 사항(원인)은 '수도필터의 청결 상태'이다. 이때 수도필터의 청결 상태가 원인이 되는 또 다른 현상(문제점)으로는 수압이 약해지는 것이 있다. 따라서 ①이 가장 적절하다.

60

정답 ③

안전사고의 원인 중 하나가 작업자의 부주의이므로 버튼을 누르기 전 주변을 둘러볼 것을 권유하는 표어가 적절하다.

[오답분석]
① 제시문에서 음주 작업에 대한 내용은 찾아볼 수 없다.
② 제시문은 고소 작업 자체를 금지하자는 주장은 아니다.
④ 제시문에서 과로 및 휴식에 대한 내용은 찾아볼 수 없다.
⑤ 제시문에서 화재의 위험성에 대한 내용은 찾아볼 수 없다.

61

정답 ③

기술선택을 위한 의사결정
- 상향식 기술선택(Bottom Up Approach) : 기업 전체 차원에서 필요한 기술에 대한 체계적인 분석이나 검토 없이 연구자나 엔지니어들이 자율적으로 기술을 선택하는 것을 말한다.
- 하향식 기술선택(Top Down Approach) : 기술경영진과 기술기획담당자들에 의한 체계적인 분석을 통해 기업이 획득해야 하는 대상기술과 목표기술 수준을 결정하는 것을 말한다.

62

정답 ④

내부역량 분석은 기술능력, 생산능력, 마케팅 및 영업능력, 재무능력 등이 이에 해당하며, 이과장은 이미 이것을 분석하였다.

기술선택을 위한 절차	내용
외부환경 분석	수요 변화 및 경쟁자 변화, 기술 변화 등 분석
중장기 사업목표 설정	기업의 장기 비전, 중장기 매출 목표 및 이익 목표 설정
내부역량 분석	기술능력, 생산능력, 마케팅 및 영업능력, 재무능력 등 분석
사업전략 수립	사업 영역결정, 경쟁 우위 확보 방안 수립
요구기술 분석	제품 설계 및 디자인 기술, 제품 생산공정, 원재료 및 부품 제조기술 분석
기술전략 수립	기술 획득 방법 결정, 핵심기술의 선택

63

정답 ②

사회적 입증이란 사람은 과학적 이론보다는 자신의 동료나 이웃의 말과 행동에 의해 쉽게 설득된다는 것과 관련된 기술로, 예를 들면 광고에서 말하는 소위 '입소문'을 통한 설득이 광고를 내보내서 설득하는 것보다 더 효과가 있다는 것을 이용하는 전략이다.

[오답분석]
① 연결 전략 : 협상 과정에서 갈등이 발생했을 때 그 갈등 문제와 갈등 관리자를 연결하는 것이 아니라 그 갈등을 야기한 사람과 관리자를 연결하면 갈등 해결이 용이해진다는 것을 이용한 전략이다.
③ 호혜관계 형성 전략 : 협상 당사자 간에 어떤 혜택들을 주고받은 관계가 형성되어 있으면 그 협상 과정상의 갈등 해결에 용이하다는 것을 이용한 전략이다.
④ See-Feel-Change 전략 : 설득 전략으로 'See(보고)-Feel(느끼고)-Change(변화한다)'를 이용한 전략이다. See는 시각화하고 직접 보게 해서 이해시키기, Feel은 스스로가 느끼게 하여 감동시키기, Change는 변화시켜 설득에 성공한다는 의미를 가진 전략이다.
⑤ 상대방 이해 전략 : 협상 과정상의 갈등 해결을 위해서 상대방에 대한 이해가 선행되어 있으면 갈등 해결이 용이하다는 것을 이용한 전략이다.

64 정답 ②

3단계는 상대방의 입장을 파악하는 단계이다. 따라서 자기 생각을 말한 뒤 A씨의 견해를 물으며 상대방의 입장을 파악하려는 ②가 3단계에 해당하는 대화로 적절하다.

65 정답 ④

전화를 다른 부서로 연결할 때 양해를 구하지 않았으며, 다른 부서의 사람이 전화를 받을 수 있는 상황인지를 사전에 확인하지 않았다.

66 정답 ⑤

김일동 이사의 리더십 역량은 코칭이다. 코칭은 문제 및 진척 상황을 팀원들과 함께 자세하게 살피고 지도 및 격려하는 활동을 의미하며 지침보다는 질문과 논의를 통해, 통제보다는 경청과 지원을 통해 상황의 발전과 좋은 결과를 이끌어낸다. 직원들을 코칭하는 리더는 팀원 자신이 권한과 목적의식을 가지고 있는 중요한 사람이라는 사실을 느낄 수 있도록 이끌어 주어야 한다. 또한 팀원들이 자신만의 장점과 성공 전략을 활용할 수 있도록 적극적으로 도와야 한다.

> 오답분석
①·② 동기부여 방법에 대한 설명이다.
③ 독재자 유형의 리더십에 대한 설명이다.
④ 관리자에 대한 설명이다.

67 정답 ②

코칭의 혜택
- 문제해결 과정에 대한 적극적인 노력 유도
- 높은 품질의 제품 생산
- 전반적으로 상승된 효율성 및 생산성
- 동기를 부여받은 직원들의 자신감 넘치는 노동력
- 철저한 책임감을 갖춘 직원들
- 기업에 값진 기여를 하는 파트너로서 인식

68 정답 ②

대인관계능력이란 직장생활에서 협조적인 관계를 유지하고, 조직구성원들에게 도움을 줄 수 있으며, 조직 내부 및 외부의 갈등을 원만히 해결하고 고객의 요구를 충족시켜줄 수 있는 능력이다.
B의 경우, 신입직원의 잘한 점을 칭찬하지 않고 못한 점만을 과장하여 지적한 점은 신입직원의 사기를 저하할 수 있고, 신입직원과 보이지 않는 벽이 생길 수 있으므로 좋은 대인관계능력이라고 할 수 없다. F의 경우, 인간관계를 형성할 때 가장 중요한 요소는 무엇을 말하느냐, 어떻게 행동하느냐보다 개인의 사람됨이다. 만약 그 사람의 말이나 행동이 깊은 내면에서가 아니라 피상적인 인간관계 기법이나 테크닉에서 나온다면, 상대방도 곧 그 사람의 이중성을 감지하게 된다. 따라서 효과적인 상호의존성을 위해 필요한 상호신뢰와 교감, 관계를 만들 수도 유지할 수도 없게 된다.

69 정답 ②

목표관리(MBO; Management By Objectives)란 조직의 상하 구성원들이 참여의 과정을 통해 조직 단위와 구성원의 목표를 명확하게 설정하고, 그에 따라 생산 활동을 수행하도록 한 뒤 업적을 측정·평가하는 포괄적 조직관리 체제를 말한다. 목표관리는 종합적인 조직운영 기법으로 활용될 뿐만 아니라 근무성적평정 수단, 예산 운영 및 재정관리의 수단으로 다양하게 활용되고 있다.

오답분석

① 과업평가계획(Project Evaluation and Review Technique) : 특정 프로젝트의 일정과 순서를 계획적으로 관리하는 기법으로, 계획 내용인 프로젝트의 달성에 필요한 모든 작업을 작업 관련 내용과 순서를 기초로 하여 네트워크상으로 파악한다.
③ 조직개발(Organization Development) : 조직의 유효성과 건강을 높이고, 환경 변화에 적절하게 대응하기 위하여 구성원의 가치관과 태도, 조직 풍토, 인간관계 등을 향상시키는 변화 활동을 의미한다.
④ 총체적 품질관리(Total Quality Management) : 조직의 생산성·효율성 제고를 목표로 조직 구성원 전원이 참여해 고객의 욕구와 기대를 충족시키기 위한 지속적인 개선 활동을 하는 것을 의미한다.
⑤ 전사적 자원관리(Enterprise Resource Planning) : 기업 내 생산·물류·재무·회계·영업과 구매·재고 등 경영 활동 프로세스들을 통합적으로 연계해 관리하며, 기업에서 발생하는 정보를 공유하여 새로운 정보의 생성과 빠른 의사결정을 돕는 전사적 자원관리 시스템을 의미한다.

70

구성원들이 보유하고 있는 능력, 스킬, 욕구, 태도 등은 구성원(Staff)에 해당한다. 조직구조(Structure)는 전략을 실행하기 위한 틀로, 조직도라 할 수 있으며, 구성원들의 역할과 구성원 간 상호관계를 지배하는 공식 요소들(예 권한, 책임)을 포함한다. 또한 제도·절차(System)와 함께 구성원들의 행동을 특정 방향으로 유도하는 역할을 한다.

> **맥킨지의 7S 모델**
> - 공유가치(Shared Value) : 모든 조직 구성원들이 공유하는 기업의 핵심 이념이나 가치관, 목적 등을 말한다.
> - 전략(Strategy) : 조직의 장기적 계획 및 목표를 달성하기 위한 수단이나 방법을 말한다.
> - 제도·절차(System) : 조직의 관리 체계나 운영 절차, 제도 등을 말한다.
> - 조직구조(Structure) : 전략을 실행하기 위한 틀로, 조직도라 할 수 있다.
> - 리더십 스타일(Style) : 조직을 이끌어 나가는 관리자의 경영 방식이나 리더십 스타일을 말한다.
> - 관리기술(Skill) : 전략을 실행하는 데 필요한 구체적 요소를 말한다.
> - 구성원(Staff) : 조직 내 인력 구성을 말한다. 구성원들의 단순한 인력 구성 현황을 의미하기보다는 구성원들이 보유하고 있는 능력, 스킬, 욕구, 태도 등을 포함한다.

71

업무를 하며 문제가 생겼을 때는 선배 또는 동료들과 대화를 하며 정보를 얻고 문제를 해결하려고 노력해야 한다.

72

총무 업무는 일반적으로 주주총회 및 이사회 개최 관련 업무, 의전 및 비서업무, 집기비품 및 소모품의 구입과 관리, 사무실 임차 및 관리, 차량 및 통신시설의 운영, 국내외 출장 업무 협조, 복리후생업무, 법률자문과 소송관리, 사내외 홍보 광고업무 등이 있다.

오답분석

② 인사 업무 : 조직기구의 개편 및 조정, 업무분장 및 조정, 직원수급계획 및 관리, 직무 및 정원의 조정 종합, 노사관리, 평가관리, 상벌관리, 인사발령, 교육체계 수립 및 관리, 임금제도, 복리후생제도 및 지원업무, 복무관리, 퇴직관리 등이 있다.
③ 회계 업무 : 회계제도의 유지 및 관리, 재무상태 및 경영실적 보고, 결산 관련 업무, 재무제표 분석 및 보고, 법인세, 부가가치세, 국세 지방세 업무자문 및 지원, 보험가입 및 보상업무, 고정자산 관련 업무 등이 있다.
④ 생산 업무 : 생산계획 수립 및 총괄, 생산실행 및 인원관리, 원자재 수급 및 관리, 공정관리 및 개선업무, 원가관리, 외주관리 등이 있다.
⑤ 기획 업무 : 경영계획 및 전략 수립, 전사기획업무 종합 및 조정, 중장기 사업계획의 종합 및 조정, 경영정보 조사 및 기획보고, 경영진단업무, 종합예산수립 및 실적관리, 단기사업계획 종합 및 조정, 사업계획, 손익추정, 실적관리 및 분석 등이 있다.

73   정답 ④

생산 제품에 대한 지식은 품질관리 직무를 수행하기 위해 필요한 능력이다.

[오답분석]
① 원가절감 활동을 하기 위해서는 원가에 대한 이해력이 있어야 한다.
② 시장조사를 하기 위해서는 각종 데이터 분석 및 가공능력이 있어야 한다.
③ 협상 및 계약을 하기 위해서는 협상능력과 설득능력이 있어야 한다.
⑤ 업체발굴 및 협력사 관리를 위해 필요한 능력이다.

74   정답 ③

비영리조직이면서 대규모조직인 학교에서 5시간 동안 있었다.
• 학교 : 공식조직, 비영리조직, 대규모조직
• 카페 : 공식조직, 영리조직, 대규모조직
• 스터디 : 비공식조직, 비영리조직, 소규모조직

[오답분석]
① 비공식적이면서 소규모조직인 스터디에서 2시간 동안 있었다.
② 공식조직인 학교와 카페에서 8시간 동안 있었다.
④ 영리조직인 카페에서 3시간 동안 있었다.
⑤ 비공식적이면서 비영리조직인 스터디에서 2시간 동안 있었다.

75   정답 ②

K기업은 기존에 수행하지 않던 해외 판매 업무가 추가될 것이므로 그에 따른 해외영업팀 등의 신설 조직이 필요하게 된다. 해외에 공장 등의 조직을 보유하게 됨으로써 이를 관리하는 해외관리 조직이 필요할 것이며, 물품의 수출에 따른 통관 업무를 담당하는 통관물류팀, 외화 대금 수취 및 해외 조직으로부터의 자금 이동 관련 업무를 담당할 외환업무팀, 국제 거래상 발생하게 될 해외 거래 계약 실무를 담당할 국제법무 조직 등이 필요하게 된다. 기업회계팀은 K기업의 해외 사업과 상관없이 기존 회계를 담당하는 조직이라고 볼 수 있다.

76   정답 ④

• A : 영화관 내 촬영이 불법인 줄 모르고 영상을 촬영하였으므로 무지로 인한 비윤리적 행위를 저질렀다.
• B : 불법 도박 사이트 운영이 불법임을 알고 있었지만, 이를 중요하게 여기지 않는 무관심으로 인한 비윤리적 행위를 저질렀다.
• C : 만취한 상태에서 자신을 스스로 통제하지 못하고 폭력을 행사하였으므로 무절제로 인한 비윤리적 행위를 저질렀다.

> **비윤리적 행위의 원인**
> • 무지 : 사람들은 무엇이 옳고, 무엇이 그른지 모르기 때문에 비윤리적 행위를 저지른다.
> • 무관심 : 자신의 행위가 비윤리적이라는 것을 알고 있지만, 윤리적인 기준에 따라 행동해야 한다는 것을 중요하게 여기지 않는다.
> • 무절제 : 자신의 행위가 잘못이라는 것을 알고 그러한 행위를 하지 않으려고 함에도 불구하고 자신의 통제를 벗어나는 어떤 요인으로 인하여 비윤리적 행위를 저지른다.

77   정답 ②

고객접점 서비스(MOT)는 고객과 서비스 요원 사이에서 15초 동안의 짧은 순간 이루어지는 서비스로, 이 15초 동안 고객접점에 있는 서비스 요원이 책임과 권한을 가지고 우리 회사를 선택한 것이 가장 좋은 선택이었다는 사실을 고객에게 입증해야 한다. 이때, 서비스 요원의 용모와 복장 등은 첫인상을 좌우하는 중요한 요소가 된다.

[오답분석]
ㄱ. 고객접점 서비스는 모든 서비스에서 100점을 맞았더라도 한 접점에서 불만이 나오면 100×0=0의 곱셈 법칙이 적용되어 모든 서비스 점수가 0점이 된다.
ㄷ. 고객접점 서비스를 강화하기 위해서는 서비스 요원의 권한을 강화하여야 한다.

78
정답 ②

사내에서 상사나 직장동료로부터 업무적인 전화가 걸려올 경우 너무 사무적인 것보다 친절하고 상냥하게 받는 것이 좋다. 그러나 이웃 주민을 대하듯이 친근하게 하는 것은 격식에 어긋나 무례하다고 느낄 수 있으므로 지나치지 않도록 조심하여야 한다.

79
정답 ③

성과 이름을 함께 말하는 것이 소개 예절이다. 김사원은 이팀장의 성과 이름을 함께 말했으므로 이에 대한 실수를 하지 않았다.

소개예절
- 직장에서 비즈니스 매너상 소개를 할 때는 직장 내에서의 서열과 나이를 고려한다.
- 나이 어린 사람을 연장자에게 먼저 소개한다.
- 자신이 속해 있는 회사의 관계자를 타 회사의 관계자에게 소개한다.
- 동료를 고객에게 소개한다.
- 반드시 성과 이름을 함께 말한다.

80
정답 ④

악수는 오른손으로 하는 것이 일반적인 악수 예절이다.

악수예절
- 비즈니스에서 악수를 하는 동안에는 상대에게 집중하는 의미로 눈을 맞추고 미소를 짓는다.
- 악수를 할 때는 오른손을 사용하고, 너무 강하게 쥐어짜듯이 잡지 않는다.
- 악수는 서로의 이름을 말하고 간단한 인사 몇 마디를 주고받는 정도의 시간 안에 끝내야 한다.
- 악수는 윗사람이 아랫사람에게, 여성이 남성에게, 선배가 후배에게 청한다.

제6회 통합 NCS 최종모의고사

01	02	03	04	05	06	07	08	09	10	11	12	13	14	15	16	17	18	19	20
④	②	④	②	⑤	③	⑤	③	⑤	②	④	③	①	③	④	①	②	⑤	③	④
21	22	23	24	25	26	27	28	29	30	31	32	33	34	35	36	37	38	39	40
②	②	②	⑤	③	②	③	②	①	④	④	①	②	③	②	④	④	②	①	②
41	42	43	44	45	46	47	48	49	50	51	52	53	54	55	56	57	58	59	60
⑤	③	②	①	②	①	④	②	②	④	⑤	④	③	④	④	②	③	③	②	①
61	62	63	64	65	66	67	68	69	70	71	72	73	74	75	76	77	78	79	80
①	④	③	③	③	⑤	①	④	②	②	④	⑤	⑤	③	③	②	③	③	③	⑤

01
정답 ④

'Ⅱ-1-나.'의 내용을 고려하였을 때 '지방 소도시로의 발전소 이전'은 전력 공급 능력을 향상시키는 방안으로 적절하지 않다. 또한 ㉢의 '발전 시설의 정비 및 확충'을 통해 전력 공급을 늘릴 수 있으므로 수정할 필요가 없다.

02
정답 ②

제시문의 세 번째 문단에서 '시장집중률은 시장 내 일정 수의 상위 기업들이 차지하는 비중을 나타내 주는 수치, 즉 일정 수의 상위 기업의 시장점유율을 합한 값이다.'라고 시장집중률의 개념을 설명하고 있다. 그리고 이를 통해 시장 구조를 구분하여 설명하고, 시장 내의 공급이 기업에 집중되는 양상을 파악할 수 있다는 의의를 밝히고 있다. 따라서 제시문의 중심 주제로 가장 적절한 것은 ②이다.

03
정답 ④

제시문에 따르면 색채를 활용하여 먼 거리에서 더 잘 보이게 하거나 뚜렷하게 보이도록 해야 할 때가 있다. 그럴 경우에는 배경과 그 앞에 놓이는 그림의 속성 차를 크게 해야 한다.

오답분석
① 색채의 대비는 2개 이상의 색을 동시에 보거나 계속해서 볼 때 일어나는 현상이다. 전자를 '동시 대비', 후자를 '계속 대비'라 한다.
② 어떤 색을 계속 응시하면 시간의 경과에 따라 그 색의 보이는 상태가 변화한다.
③ 색채가 어떠하며, 우리 눈에 그것이 어떻게 보이고, 어떤 느낌을 주는지는 색채심리학이 다루는 연구 대상 중 가장 주요한 부분이다.
⑤ 멀리서도 잘 보여야 하는 표지류 등은 대비량이 큰 색을 사용한다.

04

정답 ②

연두색과 노란색과 같이 색상이 다른 두 색을 동시에 나란히 놓았을 때 서로의 영향으로 색상 차가 나는 것은 색상 대비로 볼 수 있다.

오답분석
① 명도 대비에 대한 내용이다.
③ 채도 대비에 대한 내용이다.
④ 보색잔상에 대한 내용이다.
⑤ 색순응에 대한 내용이다.

05

정답 ⑤

- 혼란(混亂) : 뒤죽박죽이 되어 어지럽고 질서가 없음
- 곤경(困境) : 어려운 형편이나 처지
- 지양(止揚) : 더 높은 단계로 오르기 위하여 어떠한 것을 하지 아니함

오답분석
- 혼동(混同) : 구별하지 못하고 뒤섞어서 생각함
- 곤욕(困辱) : 심한 모욕 또는 참기 힘든 일
- 지향(志向) : 어떤 목표로 뜻이 쏠리어 향함

06

정답 ③

차로 유지 기능을 작동했을 때 운전자가 직접 운전을 해야 했던 '레벨 2'와 달리 '레벨 3'은 운전자가 직접 운전하지 않아도 긴급 상황에 대응할 수 있는 자동 차로 유지 기능이 탑재되어 있다. 이러한 '레벨 3' 안전기준이 도입된다면, 지정된 영역 내에서 운전자가 직접 운전하지 않고도 주행이 가능해질 것이다. 따라서 빈칸에 들어갈 내용으로 운전자가 운전대에서 손을 떼고도 자율주행이 가능해진다는 ③이 가장 적절하다.

오답분석
① 레벨 3 부분자율주행차는 운전자 탑승이 확인된 후에만 작동할 수 있다.
②·④ 제시문에서는 레벨 3 부분자율주행차의 자동 차로 유지 기능에 관해 이야기하고 있으며, 자동 속도 조절이나 차량 간 거리 유지 기능에 관해서는 제시문을 통해 알 수 없다.
⑤ 레벨 2에 대한 설명이다. 레벨 3 부분자율주행차의 자동 차로 유지 기능은 운전자가 직접 운전하지 않아도 차선을 유지하고, 긴급 상황에 대응할 수 있다.

07

정답 ⑤

제시문에 따르면 신부와 달리 대리인을 통하지 않고 직접 결혼 의사를 공표할 수 있는 신랑은 결혼이 성립되기 위한 필수조건으로 '마흐르'라고 불리는 혼납금을 신부에게 지급해야 한다.

08

정답 ③

제시문은 영화의 리얼리즘 미학에 대한 바쟁의 영화관(映畫觀)을 주제로 한다. 네 번째 문단에 따르면 바쟁은 '형식주의적 기교가 현실의 복잡성과 모호성을 침해하여 현실을 왜곡할 수 있다.'고 보았기 때문에 '현실의 참모습을 변조하는 과도한 편집 기법보다는 단일한 숏(Shot)을 길게 촬영하는 롱 테이크 기법을 지지'하였다. 이를 통해 '사건의 공간적 단일성을 존중하고 현실적 사건으로서의 가치를 보장'한다고 여기기 때문이다. 따라서 ③은 바쟁의 의견과 거리가 멀다.

09
정답 ⑤

바쟁의 영화관(映畫觀)에 동조한다면 리얼리즘적인 특성을 최대한 살릴 수 있도록 영화를 제작했을 것이다. 따라서 인위적인 편집이나 조작을 최대한 배제하고, 현실을 있는 그대로 재현하려고 했을 것이다. 또한 네 번째 문단에서 언급한 것처럼 '관객의 시선에도 자유를 부여'하려고 했을 것이므로 ⑤와 같은 반응은 적절하지 않다.

10
정답 ②

제시문의 핵심 내용을 보면 '반대는 필수불가결한 것이다.', '자유의지를 가진 국민의 범국가적 화합은 정부의 독단과 반대당의 혁명적 비타협성을 무력화시키는 정치권력의 충분한 균형에 의존하고 있다.', '그 균형이 더 이상 존재하지 않는다면 민주주의는 사라지고 만다.'로 요약할 수 있다. 이 내용을 토대로 제목을 찾는다면 ②와 같은 의미가 전체 내용의 핵심이라는 것을 알 수 있다.

11
정답 ④

제시문에 따르면 맥길 대학의 연구팀은 유전자의 발현에 관한 물음에 답하기 위해 유전자의 발현에 대해 연구했고, 그 결과 어미가 많이 핥은 새끼가 그렇지 않은 새끼보다 GR 유전자의 발현을 촉진하는 NGF 단백질 수치가 더 높다는 것을 발견했다. 즉, 연구팀이 발견한 것은 '어미가 많이 핥은 정도'라는 후천적 요소가 'GR 유전자 발현'에 영향을 미친다는 것이다. 따라서 '후천적 요소가 유전자의 발현에 영향을 미칠 수 있는가?'가 ㉠에 대한 설명으로 가장 적절하다.

12
정답 ③

세 번째 문단에 따르면 기원전 1세기경에 고대 로마 시대의 이탈리아 지역에서 롱 파스타의 일종인 라자냐를 먹었다는 기록이 전해진다고 하였으므로 적절한 내용이다.

오답분석
① 두 번째 문단에 따르면 쇼트 파스타의 예로 속이 빈 원통형인 마카로니를 들고 있으므로 적절하지 않은 내용이다.
② 세 번째 문단에 따르면 9~11세기에 이탈리아 남부의 시칠리아에서 아랍인들로부터 제조 방법을 전수받아 건파스타의 생산이 처음으로 이루어졌다고 하였으므로 적절하지 않은 내용이다.
④ 네 번째 문단에 따르면 파스타를 만드는 데 적합한 세몰라 가루는 듀럼밀을 거칠게 갈아 만든 황색의 가루이므로 적절하지 않은 내용이다.
⑤ 세 번째 문단에 따르면 시칠리아에서 재배된 듀럼밀이 곰팡이나 해충에 취약해 장기 보관이 어려웠기 때문에 저장 기간을 늘리고 수송을 쉽게 하기 위해 건파스타를 만들었다고 하였으므로 적절하지 않은 내용이다.

13
정답 ①

말하기, 듣기, 쓰기, 읽기를 가로와 세로 방향에 따라 그 특성으로 분류한 것이다. 먼저, 세로 방향으로 말하기와 쓰기는 생각이나 느낌 등을 표현하는 것이기 때문에 산출이고, 듣기와 읽기는 타인의 생각이나 느낌 등을 받아들이는 것이기 때문에 수용이다. 가로 방향으로 쓰기와 읽기는 의사소통의 방식으로 문자를 사용한다. 이에 따라 말하기와 듣기는 의사소통 방식으로 음성을 사용하므로 ㉠에 가장 적절한 것은 '음성'이다.

14
정답 ③

제시된 사례에 나타난 의사표현에 영향을 미치는 요소는 연단공포증이다. 연단공포증은 90% 이상의 사람들이 호소하는 불안이므로, 이러한 심리현상을 잘 통제하면서 구두표현을 한다면 청자는 그것을 더 인간다운 것으로 생각하게 될 것이다. 이러한 공포증은 본질적인 것이기 때문에 완전히 치유할 수는 없으나, 노력에 의해서 심리적 불안을 얼마간 유화시킬 수 있다. 따라서 완전히 치유할 수 있다는 ③은 적절하지 않다.

15

A씨의 아내는 A씨가 자신의 이야기에 공감해주길 바랬지만, A씨는 아내의 이야기를 들어주기보다는 해결책을 찾아 아내의 문제에 대해 조언하려고만 하였다. 즉, 아내는 마음을 털어놓고 남편에게 위로받고 싶었지만, A씨의 조언하려는 태도 때문에 더 이상 대화가 이어질 수 없었다.

[오답분석]
① 짐작하기 : 상대방의 말을 듣고 받아들이기보다 자신의 생각에 들어맞는 단서들을 찾아 자신의 생각을 확인하는 것이다.
② 걸러내기 : 상대의 말을 듣기는 하지만 상대방의 메시지를 온전하게 듣는 것이 아닌 경우이다.
③ 판단하기 : 상대방에 대한 부정적인 판단 때문에, 또는 상대방을 비판하기 위하여 상대방의 말을 듣지 않는 것이다.
⑤ 옳아야만 하기 : 자존심이 강한 사람은 자존심에 관한 것을 전부 막아버리려 하기 때문에 자신의 부족한 점에 대한 상대방의 말을 들을 수 없게 된다.

16

본인에 대해 아버지가 걱정하는 비율은 27.1%이므로 50% 미만이다.

[오답분석]
② 아버지가 아들보다 딸을 걱정하는 비율이 $89.6-77.1=12.5\%\text{p}$ 더 높고, 어머니가 아들보다 딸을 걱정하는 비율이 $91.1-83.4=7.7\%\text{p}$ 더 높다.
③ 아버지가 본인, 아들, 딸에 대해 걱정하는 비율은 각각 27.1%, 77.1%, 89.6%인 반면, 어머니가 본인, 아들, 딸에 대해 걱정하는 비율은 58.4%, 83.4%, 91.1%이다. 따라서 아버지에 비해 어머니의 비율이 더 높다.
④ 본인의 범죄 피해에 대해 걱정하는 어머니는 58.4%, 걱정하지 않는 어머니는 16.3%이므로 옳은 설명이다.
⑤ 어머니가 아들과 딸에 대해 걱정하지 않는 비율의 차이는 $8.0-5.1=2.9\%\text{p}$이고, 아버지가 아들과 딸에 대해 걱정하지 않는 비율의 차이는 $9.7-5.7=4\%\text{p}$이다. 따라서 어머니의 비율 차이가 아버지의 비율 차이보다 작다.

17

ㄱ. 석유와 천연가스, 원자력 소비량 상위 3개 지역은 각각 석유의 상위 소비량 3개 지역 '인천 – 서울 – 경기', 천연가스의 상위 소비량 3개 지역 '서울 – 경기 – 인천', 원자력의 상위 소비량 3개 지역 '인천 – 서울 – 경기'이므로 상위 3개 지역은 모두 동일하다.
ㄷ. 석유의 소비량이 가장 많은 지역은 인천으로 그 소비량은 3,120만 toe이고, 가장 적은 지역은 광주로 그 소비량은 725만 toe이다. 따라서 인천의 소비량은 광주의 소비량의 $3,120\div725\fallingdotseq4.3$배로 4배 이상이다.

[오답분석]
ㄴ. 강원에서 소비량이 1위인 에너지원은 석탄 하나이므로 옳지 않다.
ㄹ. 수력·풍력의 소비량 상위 5개 지역은 제주, 강원, 부산, 인천, 충청 지역이다. 이들의 소비량의 합은 41만+28만+6만+4만+4만=83만 toe로 전체의 $\frac{83}{96}\times100\fallingdotseq86.5\%$이므로 90% 미만이다.

18

- 석탄(제주) : $\frac{102}{13,520}\times100\fallingdotseq0.75\%$
- 천연가스(광주) : $\frac{31}{3,313}\times100\fallingdotseq0.94\%$
- 원자력(광주) : $\frac{40}{2,668}\times100\fallingdotseq1.50\%$
- 석유(광주) : $\frac{725}{20,867}\times100\fallingdotseq3.47\%$
- 수력·풍력(대전) : $\frac{0.5}{96}\times100\fallingdotseq0.52\%$

따라서 그 비율이 큰 순서대로 에너지원을 나열하면 '석유 – 원자력 – 천연가스 – 석탄 – 수력·풍력' 순서이다.

19

정답 ③

2019년, 2020년, 2023년은 금융부채가 비금융부채보다 각각 약 1.48배, 1.48배, 1.4배 많다.

> 오답분석
> ① 2022년의 부채비율은 56.6÷41.6×100≒136.1로 약 136%이며, 부채비율이 가장 높다.
> ② 2016년에 65.6이었던 자산은 이후 2024년에 106.3까지 매년 꾸준히 증가했다.
> ④ 2022년에 56.6이었던 부채는 이후 2025년에 49.9까지 매년 꾸준히 감소했다.
> ⑤ 자본은 비금융부채보다 매년 약 1.9~6.3배 이상이다.

20

정답 ④

독일은 10.4%에서 11.0로 증가했으므로 증가율은 $\frac{11.0-10.4}{10.4}\times100≒5.77\%$이며, 대한민국은 9.3%에서 9.8%로 증가했으므로 증가율은 $\frac{9.8-9.3}{9.3}\times100≒5.38\%$이다.

> 오답분석
> ① 8.0%에서 7.7로 감소했으므로 감소율은 $\frac{8.0-7.7}{8.0}\times100=3.75\%$이다.
> ②・③・⑤ 자료를 통해 확인할 수 있다.

21

정답 ②

2025년 미국 청년층 실업률은 2020년과 비교하여 6.8%p 증가하였다.

> 오답분석
> ① 5.1%p 감소
> ③ 6.1%p 증가
> ④ 변화 없음
> ⑤ 0.4%p 감소

22

정답 ②

- 전라도 지역에서 광주가 차지하는 비중
  13,379(광주)+13,091(전남)+13,208(전북)=39,678명
  → $\frac{13,379}{39,678}\times100≒33.72\%$
- 충청도 지역에서 대전이 차지하는 비중 11,863(대전)+10,785(충남)+8,437(충북)+575(세종)=31,660명
  → $\frac{11,863}{31,660}\times100≒37.47\%$

따라서 전라도 지역에서 광주가 차지하는 비중이 충청도 지역에서 대전이 차지하는 비중보다 작다.

> 오답분석
> ① 의료인력이 수도권 특히 서울, 경기에 편중되어 있으므로 불균형 상태를 보이고 있다.
> ③ 의료인력수는 세종이 가장 적으며 두 번째로 적은 곳은 제주(도서지역)이다.
> ④ 제시된 자료에 의료인력별 수치가 나와 있지 않으므로 의료인력수가 많을수록 의료인력 비중이 고르다고 말할 수는 없다.
> ⑤ 서울과 경기를 제외한 나머지 지역 중 의료인력수가 가장 많은 지역은 부산(28,871명)이고 가장 적은 지역은 세종(575명)이다. 따라서 부산과 세종의 의료인력의 차는 28,296명으로 이는 경남(21,212명)보다 크다.

23

정답 ②

가. 현재 성장을 유지할 경우의 건수당 도입량은 48÷4.7≒10.2MW, 도입을 촉진할 경우의 건수당 도입량은 49÷4.2≒11.67MW로 도입을 촉진했을 때 건수당 도입량이 더 크다.

다. 도입을 촉진할 경우의 전체 신축주택 도입량 중 10kW 이상이 차지하는 비중은 $\frac{49}{1,281+49}\times100≒3.68\%$이고, 유지할 경우의 전체 신축주택 도입량 중 10kW 이상이 차지하는 비중은 $\frac{48}{1,057+48}\times100≒4.34\%$이므로 4.34−3.68=0.66%p 하락하였다.

[오답분석]

나. 2018년의 10kW 미만 기존주택의 천 건당 도입량은 454÷94.1≒4.82MW이며, 10kW 이상은 245÷23.3≒10.52MW이므로 10kWh 이상의 사용량이 더 많다.

라. $\frac{165-145.4}{145.4}\times100≒13.48\%$이므로 15%를 넘지 않는다.

24

정답 ⑤

해당 쇼핑몰별 중복할인 여부에 따라 배송비를 포함한 실제 구매가격을 정리하면 다음과 같다.

구분	할인쿠폰 적용	회원혜택 적용
A쇼핑몰	$129,000\times\left(1-\frac{5}{100}\right)+2,000=124,550$원	$129,000-7,000+2,000=124,000$원
B쇼핑몰	$131,000\times\left(1-\frac{3}{100}\right)-3,500=123,570$원	
C쇼핑몰	$130,000-5,000+2,500=127,500$원	$130,000\times\left(1-\frac{7}{100}\right)+2,500=123,400$원

따라서 배송비를 포함한 로봇청소기의 실제 구매가격을 비교하면 C < B < A이다.

25

정답 ③

실제 구매가격이 가장 비싼 A쇼핑몰은 124,000원이며, 가장 싼 C쇼핑몰은 123,400원으로 가격 차이는 124,000−123,400=600원이다.

26

정답 ②

유연탄의 CO_2 배출량은 원자력의 $\frac{968}{9}≒107.6$배이다.

[오답분석]

① LPG 판매단가는 원자력 판매단가의 $\frac{132.45}{38.42}≒3.4$배이므로 옳은 설명이다.
③ LPG는 CO_2 배출량이 두 번째로 낮은 것을 확인할 수 있다.
④ 에너지원별 판매단가 대비 CO_2 배출량은 다음과 같다.

- 원자력 : $\frac{9}{38.42}≒0.2$g$-CO_2$/원
- 유연탄 : $\frac{968}{38.56}≒25.1$g$-CO_2$/원
- 중유 : $\frac{803}{115.32}≒7.0$g$-CO_2$/원
- LPG : $\frac{440}{132.45}≒3.3$g$-CO_2$/원

따라서 판매단가 대비 CO_2 배출량이 가장 낮은 에너지원은 원자력이다.

⑤ 판매단가가 두 번째로 높은 에너지원은 중유이고, 중유의 CO_2 배출량은 두 번째로 높다.

27

정답 ③

- 2023년의 경제 분야 투자 규모 전년 대비 감소율 : $\frac{23-24}{24} \times 100 ≒ -4.17\%$
- 2024년의 경제 분야 투자 규모 전년 대비 감소율 : $\frac{22-23}{23} \times 100 ≒ -4.35\%$

따라서 2024년이 2023년보다 더 큰 비율로 감소하였다.

[오답분석]

① 2025년의 총지출을 a억 원이라고 가정하면, $a \times 0.06 = 21$억 원 → $a = \frac{21}{0.06} = 350$이다. 따라서 총지출은 350억 원이므로 320억 원 이상이다.

② 2022년의 경제 분야 투자규모의 전년 대비 증가율은 $\frac{24-20}{20} \times 100 = 20\%$이다.

④ 2021 ~ 2025년 동안 경제 분야에 투자한 금액은 $20+24+23+22+21=110$억 원이다.

⑤ 2022 ~ 2025년 동안 경제 분야 투자규모의 전년 대비 증감 추이는 '증가 – 감소 – 감소 – 감소'이고, 총지출 대비 경제 분야 투자규모 비중의 경우 '증가 – 증가 – 감소 – 감소'이다.

28

정답 ③

자기계발 과목에 따라 해당하는 지원 금액과 신청 인원은 다음과 같다.

구분	영어회화	컴퓨터 활용	세무회계
지원 금액	70,000×0.5=35,000원	50,000×0.4=20,000원	60,000×0.8=48,000원
신청 인원	3명	3명	3명

따라서 교육프로그램마다 3명씩 지원했으므로, K공사에서는 지원하는 총교육비는 $(35,000+20,000+48,000) \times 3 = 309,000$원이다.

29

정답 ①

800g 소포의 개수를 x개, 2.4kg 소포의 개수를 y개라고 하면
$800x + 2,400y \leq 16,000$ → $x + 3y \leq 20$ … ㉠
B기업은 동일 지역, C기업은 타 지역이므로
$4,000x + 6,000y = 60,000$ → $2x + 3y = 30$ → $3y = 30 - 2x$ … ㉡
㉡을 ㉠에 대입하면
$x + 30 - 2x \leq 20$ → $x \geq 10$ … ㉢
따라서 ㉡, ㉢을 동시에 만족하는 x, y값은 $x=12$, $y=2$이다.

30

정답 ④

주차 시간을 x분이라 하면 다음의 식이 성립한다(단, $x > 30$).
$3,000 + 60(x-30) \leq 18,000$ → $50 + x - 30 \leq 300$
∴ $x \leq 280$
따라서 A사원은 최대 280분까지 주차할 수 있다.

31

정답 ④

문제해결은 조직, 고객, 자신의 세 가지 측면에서 도움을 줄 수 있다.
- 조직 측면 : 자신이 속한 조직의 관련 분야에서 세계 일류 수준을 지향하며, 경쟁사와 대비하여 탁월하게 우위를 확보하기 위해서 끊임없는 문제해결이 요구된다.
- 고객 측면 : 고객이 불편하게 느끼는 부분을 찾아 개선하고, 고객 감동을 통해 고객 만족을 높이는 측면에서 문제해결이 요구된다.
- 자신 측면 : 불필요한 업무를 제거하거나 단순화하여 업무를 효율적으로 처리하게 됨으로써 자신을 경쟁력 있는 사람으로 만들어 나가는 데 문제해결이 요구된다.

32

정답 ①

전략적 사고란 당면하고 있는 문제와 그 해결 방법에만 집착하지 않고, 그 문제와 해결 방안이 상위 시스템과 어떻게 연결되어 있는지 생각하는 사고이다. 본사의 규정 변화가 영업점에 미칠 영향을 분석하는 것은 문제나 해결 방안이 하위 시스템과 어떻게 연결되어 있는지를 생각하는 것이다.

[오답분석]
② 문제와 해결 방안이 상위 시스템 또는 다른 문제와 어떻게 연결되어 있는지를 생각하는 전략적 사고에 해당한다.
③ 경영성과와 같은 객관적 사실로부터 사고와 행동을 시작하는 사실 지향의 문제적 사고는 분석적 사고에 해당한다.
④ 전체를 각각의 요소로 나누어 그 요소의 의미를 도출하는 것은 분석적 사고에 해당한다.
⑤ 기대하는 결과를 명시하고 효과적으로 달성하는 방법을 여러 요소의 측면에서 도출하는 분석적 사고에 해당한다.

33

정답 ②

ㄱ. 한류의 영향으로 한국 제품을 선호하므로 한류 배우를 모델로 하여 적극적인 홍보 전략을 추진한다.
ㄷ. 빠른 제품 개발 시스템이 있기 때문에 소비자 기호를 빠르게 분석하여 제품 생산에 반영한다.

[오답분석]
ㄴ. 인건비 상승과 외국산 저가 제품 공세 강화로 인해 적절한 대응이라고 볼 수 없다.
ㄹ. 선진국은 기술 보호주의를 강화하고 있으므로 적절한 대응이라고 볼 수 없다.

34

정답 ③

블록마다 ATM기기를 설치했을 경우 순이익(연)은 '[(월평균 유동인구)×12×(ATM기기 연평균 이용률)×(1인당 연평균 수수료)]−(월임대료)×12'로 구할 수 있다.
- 1블록 : $(73,600×12×0.1×1,000)−(1,500,000×12)=70,320,000$원
- 2블록 : $(72,860×12×0.45×1,000)−(3,500,000×12)=351,444,000$원
- 3블록 : $(92,100×12×0.35×1,000)−(3,000,000×12)=350,820,000$원
- 4블록 : $(78,500×12×0.4×1,000)−(3,000,000×12)=340,800,000$원
- 5블록 : $(62,000×12×0.45×1,000)−(800,000×12)=325,200,000$원
- 6블록 : $(79,800×12×0.4×1,000)−(3,000,000×12)=347,040,000$원

따라서 A사원은 2블록, 3블록, 6블록을 제안하여야 한다.

35

정답 ②

ATM기기 설치 후 연 순이익을 구하는 방식은 앞선 문제와 동일하다. 단, 지도를 참고하여 'M대로'와 인접하면 월 평균 임대료에서 1.5배, 인접하지 않으면 0.8배를 곱하여야 한다.
- 2블록(B) : $(72,860×12×0.45×1,000)−(3,500,000×12×1.5)=330,444,000$원
- 3블록(C) : $(92,100×12×0.35×1,000)−(3,000,000×12×1.5)=332,820,000$원
- 6블록(F) : $(79,800×12×0.4×1,000)−(3,000,000×12×1.5)=329,040,000$원

따라서 3블록(C)이 가장 적합하다.

36

정답 ④

필요한 홍보자료는 20×10=200부이며, 200×30=6,000페이지이다. 이를 활용하여 업체당 인쇄비용을 구하면 다음 표와 같다.

구분	인쇄 비용	유광표지 비용	제본 비용	할인을 적용한 총비용
A인쇄소	6,000×50 =30만 원	200×500=10만 원	200×1,500 =30만 원	30+10+30=70만 원
B인쇄소	6,000×70 =42만 원	200×300=6만 원	200×1,300 =26만 원	42+6+26=74만 원
C인쇄소	6,000×70 =42만 원	200×500=10만 원	200×1,000 =20만 원	42+10+20=72만 원 → 200부 중 100부 5% 할인 → (할인 안 한 100부 비용)+(할인한 100부 비용) =36+(36×0.95)=70만 2천 원
D인쇄소	6,000×60 =36만 원	200×300=6만 원	200×1,000 =20만 원	36+6+20=62만 원
E인쇄소	6,000×100 =60만 원	200×200=4만 원	200×1,000 =20만 원	60+4+20=84만 원 → 총비용 20% 할인 84×0.8=67만 2천 원

따라서 가장 저렴한 비용으로 인쇄할 수 있는 업체는 D인쇄소이다.

37

정답 ④

확정기여형(DC) 퇴직연금유형은 근로자가 선택하는 운용 상품의 운용 수익률에 따라 퇴직 급여가 달라진다.

오답분석
① 확정급여형과 확정기여형은 운영 방법의 차이로 인해 퇴직연금 수준이 달라질 수 있다.
② 확정급여형에서는 기업부담금이 산출기초율로 정해지며, 이는 자산 운용 수익률과 퇴직률 변경 시 변동되는 사항이다.
③ 확정급여형은 직장이동 시 합산이 어렵기 때문에 직장이동이 잦은 근로자들은 확정기여형을 선호할 것이라고 유추할 수 있다.
⑤ 확정급여형은 IRA / IRP를 활용할 수 있으므로 이에 대한 설명을 추가하는 것은 적절하다.

38

정답 ②

운용 현황에 관심이 많은 근로자는 확정기여형 퇴직연금유형에 적합하다.

39

정답 ①

조건을 충족하는 경우를 표로 나타내보면 다음과 같다.

구분	첫 번째	두 번째	세 번째	네 번째	다섯 번째	여섯 번째
경우 1	교육	보건	농림	행정	국방	외교
경우 2	교육	보건	농림	국방	행정	외교
경우 3	보건	교육	농림	행정	국방	외교
경우 4	보건	교육	농림	국방	행정	외교

따라서 교육부는 첫 번째 또는 두 번째에 감사를 시작한다.

오답분석
② 경우 3, 4에서 보건복지부는 첫 번째로 감사를 시작한다.
③ 농림축산식품부보다 늦게 감사를 받는 부서는 3개, 일찍 받는 부서는 2개로, 늦게 감사를 받는 부서의 수가 많다.
④ 경우 1, 3에서 국방부는 행정안전부보다 감사를 늦게 받는다.
⑤ 외교부보다 늦게 감사를 받는 부서는 없다.

40

정답 ②

두 번째 조건에서 D는 A의 바로 왼쪽에 앉으며, 마지막 조건에서 B는 E의 바로 오른쪽에 앉으므로 'D - A', 'E - B'를 각각 한 묶음으로 생각할 수 있다. 두 번째와 세 번째 조건에 의해 C는 세 번째 자리에 앉아야 하며, 네 번째 조건에 의해 'D - A'는 각각 첫 번째, 두 번째 자리에 앉아야 한다. 이를 표로 정리하면 다음과 같다.

첫 번째	두 번째	세 번째	네 번째	다섯 번째
D	A	C	E	B

따라서 E는 네 번째 자리에 앉음을 추론할 수 있다.

오답분석

① D는 첫 번째 자리에 앉는다.
③ C는 세 번째 자리에 앉는다.
④ C는 E의 왼쪽에 앉는다.
⑤ B는 다섯 번째 자리에 앉는다.

41

정답 ⑤

- C사원 : 혁신성, 친화력, 책임감이 '상 - 상 - 중'으로 영업팀의 중요도에 적합하며, 창의성과 윤리성은 '하'이지만 영업팀에서 중요하게 생각하지 않는 역량이기에 영업팀으로의 부서 배치가 적절하다.
- E사원 : 혁신성, 책임감, 윤리성이 '중 - 상 - 하'로 지원팀의 핵심역량가치에 부합하기에 지원팀으로의 부서 배치가 적절하다.

42

정답 ③

항목별 예산 관리는 전년도 예산을 기준으로 하며 점진주의적인 특징이 있기 때문에 예산 증감의 신축성이 없다는 것이 단점이다.

43

정답 ②

B버스(9시 출발, 소요시간 40분) → KTX(9시 45분 출발, 소요시간 1시간 32분) → 도착시간 오전 11시 17분으로 가장 먼저 도착한다.

오답분석

① A버스(9시 20분 출발, 소요시간 24분) → 새마을호(9시 45분 출발, 소요시간 3시간) → 도착시간 오후 12시 45분
③ 지하철(9시 30분 출발, 소요시간 20분) → KTX(10시 30분 출발, 소요시간 1시간 32분) → 도착시간 오후 12시 2분
④ B버스(9시 출발, 소요시간 40분) → 새마을호(9시 40분 출발, 소요시간 3시간) → 도착시간 오후 12시 40분
⑤ 지하철(9시 30분 출발, 소요시간 20분) → 새마을호(9시 50분 출발, 소요시간 3시간) → 도착시간 오후 12시 50분

44

정답 ①

베이징 노선과 방콕 노선은 폐쇄되었으므로, 나머지 노선에 대한 노선지수를 구해서 정한다. 노선지수를 계산하기 위해선 총거리와 총시간, 총요금을 먼저 계산한 후 순위에 따라 다시 한 번 계산해야 한다.

경유지	합산거리	총거리순위	합산시간	총시간순위	합산요금	총요금순위	노선지수
하노이	11,961km	3	15시간	5	120만 원	3	6.5
델리	11,384km	2	13시간	3	110만 원	1	3.9
두바이	12,248km	5	14시간	4	115만 원	2	7.2
카이로	11,993km	4	12시간	2	125만 원	4	5.4
상하이	10,051km	1	11시간	1	135만 원	5	2.5

따라서 노선지수가 낮은 상하이를 경유하는 노선이 가장 적합한 노선이다.

45
정답 ②

11월의 전기세는 기타 계절의 요금으로 구한다.
먼저 전기요금을 구하면 기본요금은 341kWh를 사용했으므로 1,600원이다.
전력량 요금은 341kWh을 사용했으므로 다음과 같다.
- 1단계 : 200kWh×93.3원/kWh=18,660원
- 2단계 : 141kWh×187.9원/kWh=26,493.9원

따라서 전기요금은 1,600+(18,660+26,493.9)=1,600+45,153.9=46,753원(∵ 전기요금은 원 미만 절사)이고, 부가가치세는 46,753원×0.1≒4,675, 전력산업기반기금은 46,753원×0.037≒1,720원이다.
그러므로 11월 청구금액은 46,753+4,675+1,720=53,148이므로 53,140원(∵ 청구금액은 십 원 미만 절사)이다.

46
정답 ①

업체들의 항목별 가중치 미반영 점수를 도출한 후, 가중치를 적용하여 선정점수를 도출하면 아래 표와 같다.

(단위 : 점)

구분	납품품질 점수	가격경쟁력 점수	직원규모 점수	가중치 반영한 선정점수
A업체	90	90	90	(90×0.4)+(90×0.3)+(90×0.3)=90
B업체	80	100	90	(80×0.4)+(100×0.3)+(90×0.3)=89
C업체	70	100	80	(70×0.4)+(100×0.3)+(80×0.3)=82
D업체	100	70	80	(100×0.4)+(70×0.3)+(80×0.3)=85
E업체	90	80	100	(90×0.4)+(80×0.3)+(100×0.3)=90

따라서 선정점수가 가장 높은 업체는 90점을 받은 A업체와 E업체이며, 이 중 가격경쟁력 점수가 더 높은 A업체가 선정된다.

47
정답 ④

문화회관 이용 가능 요일표와 주간 주요 일정표에 따라 B지사가 교육에 참석할 수 있는 요일과 시간대는 화요일 오후, 수요일 오후, 금요일 오전이다.

48
정답 ②

A호텔 연꽃실은 2시간 이상 사용할 경우 추가비용이 발생하고, 수용 가능 인원도 적절하지 않다. B호텔 백합실은 1시간 초과 대여가 불가능하며, C호텔 매화실은 이동수단을 제공하지만 수용 가능 인원이 적절하지 않다. 나머지 C호텔 튤립실과 D호텔 장미실을 비교했을 때, C호텔의 튤립실은 예산 초과로 예약할 수 없고, D호텔 장미실은 대여료와 수용 가능 인원의 조건을 충족하므로 이대리는 D호텔의 연회장을 예약할 것이다.
따라서 이대리가 지불해야 하는 예약금은 150(∵ D호텔 대여료)×0.1=15만 원이다.

49
정답 ④

예산이 200만 원으로 증액되었을 때, 조건에 해당하는 연회장은 C호텔 튤립실과 D호텔 장미실이다. 예산 내에서 더 저렴한 연회장을 선택해야 한다는 조건은 없으므로 이동수단이 제공되는 연회장을 우선적으로 고려해야 한다. 따라서 이대리는 C호텔 튤립실을 예약할 것이다.

50   정답 ③

각 과제의 최종 점수를 구하기 전에, 항목당 최하위 점수가 부여된 과제는 제외하므로 중요도에서 최하위 점수가 부여된 B, 긴급도에서 최하위 점수가 부여된 D, 적용도에서 최하위 점수가 부여된 E를 제외한다. 나머지 두 과제에 대하여 주어진 조건에 의해 각 과제의 최종 평가 점수를 구해보면 다음과 같다. 가중치는 별도로 부여되므로 추가 계산한다.
- A : $(84+92+96)+(84 \times 0.3)+(92 \times 0.2)+(96 \times 0.1)=325.2$
- C : $(95+85+91)+(95 \times 0.3)+(85 \times 0.2)+(91 \times 0.1)=325.6$

따라서 C를 가장 먼저 수행해야 한다.

51   정답 ⑤

L사원이 자기개발을 하지 못하는 이유는 자기실현에 대한 욕구보다 인간의 기본적인 생리적 욕구를 더 우선적으로 여기기 때문이다.

> **자기개발을 방해하는 요인**
> - 욕구와 감정
> - 제한적인 사고
> - 문화적인 장애
> - 자기개발 방법의 무지

52   정답 ④

홍보용 보도 자료 작성은 홍보팀의 업무이며, 물품 구매는 총무팀의 업무이다. 즉, 영업팀이 아니라 홍보팀이 홍보용 보도 자료를 작성해야 하며, 홍보용 사은품 역시 직접 구매하는 것이 아니라 홍보팀이 총무팀에 업무 협조를 요청하여 총무팀이 구매하도록 하여야 한다.

53   정답 ③

ⓒ 흥미나 적성검사를 통해 자신에게 알맞은 직업을 도출할 수는 있으나 이러한 결과가 직업에서의 성공을 보장해 주는 것은 아니다. 실제 직장에서는 직장문화, 풍토 등 외부적인 요인에 의해 적응을 하지 못하는 경우가 발생하기 때문에 기업의 문화와 풍토를 잘 이해하고 활용할 필요가 있다.
ⓔ 일을 할 때는 너무 커다란 업무보다는 작은 단위로 나누어 수행한다. 작은 성공의 경험들이 축적되어 자신에 대한 믿음이 강화되면 보다 큰일을 할 수 있게 되기 때문이다.

54   정답 ④

전략정보 시스템은 기업의 전략을 실현하여 경쟁 우위를 확보하기 위한 목적으로 사용되는 정보 시스템으로, 기업의 궁극적 목표인 이익에 직접 영향을 줄 수 있는 시장점유율 향상, 매출 신장, 신상품 전략, 경영 전략 등의 전략계획에 도움을 준다.

[오답분석]
① 비즈니스 프로세스 관리 : 기업 내외의 비즈니스 프로세스를 실제로 드러나게 하고, 비즈니스의 수행과 관련된 사람 및 시스템을 프로세스에 맞게 실행·통제하며, 전체 비즈니스 프로세스를 효율적으로 관리하고 최적화할 수 있는 변화 관리 및 시스템 구현 기법이다.
② 전사적 자원관리 : 인사·재무·생산 등 기업의 전 부문에 걸쳐 독립적으로 운영되던 각종 관리 시스템의 경영자원을 하나의 통합 시스템으로 재구축함으로써 생산성을 극대화하려는 경영혁신 기법이다.
③ 경영정보 시스템 : 기업 경영정보를 총괄하는 시스템으로, 의사결정 등을 지원하는 종합 시스템이다.
⑤ 의사결정 지원 시스템 : 컴퓨터의 데이터베이스 기능과 모델 시뮬레이션 기능을 이용하여 경영의 의사결정을 지원하는 시스템이다.

55 정답 ④

SSD(Solid State Drive)는 전기적인 방식으로 데이터를 읽고 쓰는 반면, HDD(Hard Disk Drive)는 기계적인 방식으로 자기 디스크를 돌려서 데이터를 읽고 쓴다.

[오답분석]
① 일반적으로 SDD는 작동(활성) 상태와 대기(유휴) 상태 모두에서 HDD보다 전력 소비가 적다.
② 기계적 방식인 HDD는 전기 공급이 없어도 데이터를 보존할 수 있기 때문에 장기간 데이터 보존에 유리하다. 반면 전기적 방식인 SSD는 오랜 기간 전원 공급 없이 방치하면 데이터 유실이 일어난다.
③ SSD는 내구성이 높아 충격이나 진동에 덜 민감하지만, HDD는 외부 충격에 의한 데이터 손실 가능성이 비교적 높다.
⑤ 일반적으로 SSD는 데이터 접근 속도가 HDD보다 빠르며, HDD는 SDD보다 저장 용량이 더 크다.

56 정답 ②

부서를 우선 기준으로 하며(고객관리처 ~ 재무실), 다음은 직위순으로 정렬되었다(부장 ~ 사원).

[오답분석]
㉠ 부서를 기준으로 오름차순으로 정렬되었다.
㉢ 성명을 기준으로 정렬되지 않았다.

57 정답 ③

세로 막대형 차트는 항목별 비교를 나타내는 데 유용한 차트이다. 일반적으로 항목이 가로 축에 표시되고, 값은 세로 축에 표시된다. 제시된 표를 세로 막대형 차트로 변환시키면 다음과 같다.

[오답분석]
① 원형 차트 : 데이터 계열 하나에 있는 항목의 크기가 항목 합계에 비례하여 표시되며, 데이터 요소는 원형 전체에 대한 백분율로 표시된다. 원형 차트는 각 항목의 값들이 항목 합계의 비율로 표시되므로 중요한 요소를 강조할 때 사용하기 좋은 차트이다.
② 분산형 차트 : 데이터 요소 간의 차이점보다는 큰 데이터 집합 간의 유사점을 표시하려는 경우에 사용한다. 분산형 차트는 가로 축의 값이 일정한 간격이 아닌 경우나, 가로 축의 데이터 요소 수가 많은 경우에 사용한다.
④ 영역형 차트 : 두 개 이상의 데이터 계열을 갖는 차트에서 시간에 따른 특정 데이터 계열을 강조하고자 할 때 사용하면 편리하다. 영역형 차트는 합계 값을 추세와 함께 살펴볼 때 사용하며, 각 값의 합계를 표시하여 전체에 대한 부분의 관계도 보여 준다.
⑤ 표면형 차트 : 두 데이터 집합 간의 최적 조합을 찾을 때 유용하다. 표면형 차트에서 색과 무늬는 같은 값 범위에 있는 영역을 나타내며, 항목과 데이터 계열이 모두 숫자 값인 경우에 사용 가능하다.

58 정답 ③

건조처리 전에 지저분하게 음식물 속에서 이물질을 골라낼 필요가 없으며, 완전 건조 후 이물질을 편하게 골라내면 된다.

59 정답 ②

사용설명서에 따르면 에밀리가 작동되지 않는 경우는 음식물이 건조기 상단의 'MAX'라고 표기된 선을 넘긴 경우임을 알 수 있다. 따라서 음식물 양을 줄이는 것이 적절하다.

60 정답 ①

영상이 희미한 경우 리모컨 메뉴창의 초점 조절 기능을 이용하여 초점을 조절하거나, 투사거리가 초점에서 너무 가깝거나 멀리 떨어져있지 않은지 확인해야 한다.

오답분석
② 메뉴가 선택되지 않을 때는 메뉴의 글자가 회색으로 나와 있지 않은지 확인해야 한다. 외부기기 연결 상태 확인은 외부기기가 선택되지 않을 때의 조치사항이다.
③ 이상한 소리가 계속해서 날 경우 사용을 중지하고 서비스 센터로 문의해야 한다.
④ 화면 잔상은 일정 시간 정지된 영상을 지속적으로 표시하면 나타날 수 있다. 제품 및 리모컨의 배터리 충전 상태와는 무관하다.
⑤ 전원이 자동으로 꺼지는 것은 제품을 20시간 지속 사용하여 전원이 자동 차단된 것으로 확인할 수 있다. 발열이 심한 경우는 화면이 나오지 않는 문제의 원인이다.

61 정답 ①

기술적용 형태 중 선택한 기술을 그대로 적용하되, 불필요한 기술은 과감히 버리고 적용할 때 시간 및 비용을 절감할 수 있다.

불필요한 기술은 과감히 버리고 선택한 기술을 그대로 적용할 때의 상황
- 시간 및 비용 절감
- 프로세스의 효율성 증가
- 부적절한 기술을 선택할 경우 실패할 수 있는 위험부담 존재
- 과감하게 버린 기술이 과연 불필요한가에 대한 문제점 존재

62 정답 ④

기술적용 시 고려사항에는 기술적용에 따른 비용 문제, 기술의 수명 주기, 기술의 전략적 중요도, 기술의 잠재적 응용 가능성 등이 있다.

63 정답 ③

김팀장과 같은 기술경영자에게 필요한 능력은 기업의 전반적인 전략 목표에 기술을 분리시키는 것이 아니라 통합시키는 능력이다.

기술경영자에게 필요한 능력
- 기술을 기업의 전반적인 전략 목표에 통합시키는 능력
- 기술 전문 인력을 운용할 수 있는 능력
- 빠르고 효과적으로 새로운 기술을 습득하고 기존의 기술에서 탈피하는 능력
- 조직 내의 기술 이용을 수행할 수 있는 능력
- 복잡하고 서로 다른 분야에 걸쳐 있는 프로젝트를 수행할 수 있는 능력
- 효과적으로 평가할 수 있는 능력
- 기술 이전을 효과적으로 할 수 있는 능력
- 제품개발 시간을 단축할 수 있는 능력

64
정답 ③

K기업의 사례는 팀워크의 중요성과 주의할 점을 보여주고, A병원의 사례는 공통된 비전으로 인한 팀워크의 성공을 보여준다. 두 사례 모두 팀워크에 대한 내용이지만, 개인 간의 차이를 중시해야 한다는 내용은 언급되지 않았다.

65
정답 ③

리더는 조직 구성원들 중 한 명일 뿐이라는 점에서 파트너십 유형임을 알 수 있다. 독재자 유형과 민주주의에 근접한 유형은 리더와 조직 구성원 사이에 명확한 구분이 있으나, 파트너십 유형에서는 그러한 구분이 희미하고, 리더가 조직의 구성원이 되기도 한다.

[오답분석]
① 독재자 유형 : 독재자에 해당하는 리더가 집단의 규칙하에 지배자로 군림하며, 팀원들이 자신의 권위에 대한 도전이나 반항 없이 순응하도록 요구하고, 개개인들에게 주어진 업무만을 묵묵히 수행할 것을 기대한다.
② 민주주의에 근접한 유형 : 리더는 팀원들이 동등하다는 것을 확신시키고 경쟁과 토론, 새로운 방향의 설정에 팀원들을 참여시킨다. 비록 민주주의적이긴 하지만 최종 결정권은 리더에게 있다.
④ 변혁적 유형 : 변혁적 리더를 통해 개개인과 팀이 유지해 온 업무수행 상태를 뛰어넘으려 한다. 변혁적 리더는 특정한 카리스마를 통해 조직에 명확한 비전을 제시하고, 그 비전을 향해 자극을 주고 도움을 주는 일을 수행한다.
⑤ 자유방임적 유형 : 리더가 조직의 의사결정 과정을 이끌지 않고 조직 구성원들에게 의사결정 권한을 위임해 버리는 리더십 유형이다. 자유로운 회의를 통해 다양한 의견을 제시할 수 있으나, 리더의 지시나 명령이 영향력을 발휘하지 못하고, 구성원의 역량이 낮을 때 의사결정을 내리기 어렵다는 단점이 있다.

66
정답 ⑤

K대리가 부서장의 신임을 얻으려 노력하는 점을 볼 때, 사람의 호의를 쟁취하기 위한 '지식과 노력의 차원'의 협상 사례로 볼 수 있다. 즉, 지식과 노력의 차원에서 협상이란 승진, 돈, 안전, 자유, 사랑, 지위, 명예, 정의, 애정 등 우리가 얻고자 원하는 것을 어떻게 다른 사람들보다 더 우월한 지위를 점유하면서 얻을 수 있을 것인가 등에 대한 지식이며, 노력의 장(場)으로 볼 수 있다.

67
정답 ①

1. 협상 시작 : 소손녕과 서희는 기싸움 등을 하면서 협상 의지를 서로 확인하였고, 협상을 시작하였다.
2. 상호 이해 : 갈등 문제의 진행 상황과 현재의 상황을 점검하는 단계로, 정벌의 명분을 위해 소손녕은 고려가 신라 후예임을, 서희는 고구려의 후예임을 말하였다.
3. 실질 이해 : 겉으로 주장하는 것과 실제로 원하는 것을 구분하여 실제로 원하는 것을 찾아내는 단계로, 소손녕한테서 거란이 송과 전쟁을 위해 후방을 안전하게 하려는 것이 원하는 것임을 알았다.
4. 해결 대안 : 최선의 대안에 대해서 합의하고 선택하는 단계로, 서희는 상호 간에 국교를 하려면 영토를 요구하였다.
5. 합의 : 합의문을 작성하는 단계로, 두 나라는 화의 요청 및 철군, 고려의 영토 개척 동의로써 합의하였다.

68
정답 ④

서희는 직접적으로 상대방의 요구를 거부하지 않았다. 원인과 이유를 말하고 우회하면서 그 요구를 받아들이기 위한 대안을 제시하였다.

69 정답 ②

고객 불만 처리는 정확하게, 그리고 최대한 신속히 이루어져야 한다. 재발 방지 교육은 고객 보고 후 실시해도 무방하므로 신속하게 고객에게 상황을 보고하는 것이 우선이다.

오답분석

① 고객 보고 후 피드백이 이루어지면, 고객 불만 처리의 결과를 잘 파악할 수 있다.
③ 고객 불만 접수와 함께 진심어린 사과도 이루어져야 한다.
④ 고객 불만 접수 단계에서는 고객의 불만을 경청함으로써 불만 사항을 잘 파악하는 것이 중요하다.
⑤ 불만 처리 과정을 고객에게 통보해 줌으로써 업체에 대한 고객의 신뢰도를 높일 수 있다.

70 정답 ②

시각·청각·후각·촉각·미각의 다섯 가지 감각을 통해 만들어진 감각 마케팅의 사례로, 개인화 마케팅의 사례로 보기는 어렵다.

오답분석

① 고객들의 개인적인 사연을 기반으로 광고 서비스를 제공함으로써 개인화 마케팅의 사례로 적절하다.
③ 고객들이 자신이 직접 사과를 받는 듯한 효과를 얻게 됨으로써 개인화 마케팅의 사례로 적절하다.
④ 댓글 작성자의 이름을 기반으로 이벤트를 진행함으로써 개인화 마케팅의 사례로 적절하다.
⑤ 고객의 이름을 불러주고 서비스를 제공해 줌으로써 개인화 마케팅의 사례로 적절하다.

71 정답 ④

제시문은 '한정 판매 마케팅 기법'에 대한 글이다. 이는 한정판 제품의 공급을 통해 의도적으로 공급의 가격탄력성을 0에 가깝게 조정한 것으로, 판매 기업의 입장에서는 이윤 증대를 위한 경영 혁신이지만 소비자의 합리적 소비를 저해할 수 있다.

72 정답 ⑤

서약서 집행 담당자는 보안담당관으로, 보안담당관은 총무국장이기 때문에 서약서는 이사장이 아니라 총무국장에게 제출해야 한다.

73 정답 ⑤

밑줄 친 내용을 통해 도입할 소프트웨어는 사원 데이터 파일을 일원화시키고, 이를 활용하는 모든 응용 프로그램이 유기적으로 데이터를 관리하도록 하는 프로그램이다. 이를 통해 각 응용 프로그램 간에 독립성이 향상되며, 원래의 데이터를 일원화하는 효과를 기대할 수 있다.

74 정답 ③

직장인들이 지속적으로 현 분야 또는 새로운 분야에 대해 공부하는 것은 자기개발의 일환으로, 이는 회사의 목표가 아니라 자신이 달성하고자 하는 목표를 성취하기 위해 필요하다.

75 정답 ③

ㄱ. 최수영 상무이사가 결재한 것은 대결이다. 대결은 결재권자가 출장, 휴가, 기타 사유로 상당 기간 부재중일 때 긴급한 문서를 처리하고자 할 경우에 결재권자의 차하위 직위의 결재를 받아 시행하는 것을 말한다.
ㄴ. 대결 시에는 기안문의 결재란 중 대결한 자의 란에 '대결'을 표시하고 서명 또는 날인한다.

담당	과장	부장	상무이사	전무이사
○○○	최경옥	김석호	대결 최수영	전결

76 정답 ②

소금이나 후추 등이 다른 사람 손에 거치면 좋지 않다는 풍습을 볼 때, 소금과 후추가 필요할 때는 웨이터를 부르는 것보다 자신이 직접 가져오는 것이 적절한 행동이다.

77 정답 ③

㉠과 ㉣은 윤리적인 문제에 대하여 제대로 인식하지 못한 채 취해야 할 행동을 취하지 않는 도덕적 타성에 해당하고, ㉡과 ㉢은 자신의 행위가 나쁜 결과를 가져올 수 있다는 것을 모르는 도덕적 태만에 해당한다.

> **비윤리적 행위의 유형**
> - 도덕적 타성 : 직면하는 윤리적 문제에 대하여 무감각하거나 행동하지 않는 것
> - 도덕적 태만 : 비윤리적인 결과를 피하기 위하여 일반적으로 필요한 주의나 관심을 기울이지 않는 것
> - 거짓말 : 상대를 속이려는 의도로 표현되는 메시지

78 정답 ③

B사원의 업무 방식은 그의 성격으로 나타나는 것이며, B사원의 잘못이 아님을 알 수 있다. 따라서 A대리는 업무 방식에 대해 서로 다른 부분을 인정하는 상호 인정에 대한 역량이 필요하다고 볼 수 있다.

79 정답 ③

①·②·④·⑤는 전략과제에서 도출할 수 있는 추진 방향이지만, ③의 국제경쟁입찰의 과열 경쟁 심화와 컨소시엄 구성 시 민간기업과 업무 배분, 이윤추구 성향 조율의 어려움 등은 문제점에 대한 언급이기 때문에 추진 방향으로 적절하지 않다.

80 정답 ⑤

E과장은 아랫사람에게 인사를 먼저 건네며 즐겁게 하루를 시작하는 공경심이 있는 예도를 행하였다.

[오답분석]
① 비상금을 털어 무리하게 고급 생일선물을 사는 것은 자신이 감당할 수 있는 능력을 벗어나므로 적절하지 않다.
② 장례를 치루는 문상 자리에서 애도할 줄 모르는 것이므로 적절하지 않다.
③ 선행이나 호의를 베풀 때도 받는 자에게 피해가 되지 않도록 주의해야 하므로 적절하지 않다.
④ 아랫사람의 실수를 너그럽게 관용하는 태도에 부합하지 않으므로 적절하지 않다.

필수영역 NCS 최종모의고사 답안카드

필수영역 NCS 최종모의고사 답안카드

핵심영역 NCS 최종모의고사 답안카드

핵심영역 NCS 최종모의고사 답안카드

※ 본 답안지는 마킹연습용 모의 답안지입니다.

핵심영역 NCS 최종모의고사 답안카드

핵심영역 NCS 최종모의고사 답안카드

통합 NCS 최종모의고사 답안카드

통합 NCS 최종모의고사 답안카드

통합 NCS 최종모의고사 답안카드

통합 NCS 최종모의고사 답안카드

2026 최신판 시대에듀 공기업 NCS 고졸채용 최종모의고사 9회분

개정7판1쇄 발행	2025년 12월 15일 (인쇄 2025년 11월 19일)
초 판 발 행	2019년 06월 10일 (인쇄 2019년 04월 30일)
발 행 인	박영일
책 임 편 집	이해욱
편 저	SDC(Sidae Data Center)
편 집 진 행	여연주 · 오세혁
표지디자인	김경모
편집디자인	차성미 · 장성복
발 행 처	(주)시대고시기획
출 판 등 록	제10-1521호
주 소	서울시 마포구 큰우물로 75 [도화동 538 성지 B/D] 9F
전 화	1600-3600
팩 스	02-701-8823
홈 페 이 지	www.sdedu.co.kr
I S B N	979-11-434-0535-7 (13320)
정 가	23,000원

※ 이 책은 저작권법의 보호를 받는 저작물이므로 동영상 제작 및 무단전재와 배포를 금합니다.
※ 잘못된 책은 구입하신 서점에서 바꾸어 드립니다.

공기업 NCS 고졸채용

최종모의고사 9회분

기업별 맞춤 학습 "기본서" 시리즈

공기업 취업의 기초부터 심화까지! 합격의 문을 여는 **Hidden Key!**

기업별 시험 직전 마무리 "모의고사" 시리즈

   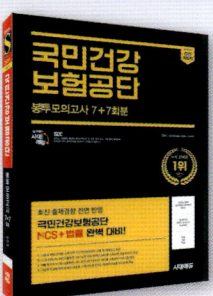

실제 시험과 동일하게 마무리! 합격을 향한 **Last Spurt!**

※ **기업별 시리즈** : HUG 주택도시보증공사/LH 한국토지주택공사/강원랜드/건강보험심사평가원/국가철도공단/국민건강보험공단/국민연금공단/근로복지공단/발전회사/부산교통공사/서울교통공사/인천국제공항공사/코레일 한국철도공사/한국농어촌공사/한국도로공사/한국산업인력공단/한국수력원자력/한국수자원공사/한국전력공사/한전KPS/항만공사 등

※도서의 이미지 및 구성은 변동될 수 있습니다.

NEXT STEP

시대에듀가 합격을 준비하는
당신에게 제안합니다.

성공의 기회
시대에듀를 잡으십시오.

시대에듀

기회란 포착되어 활용되기 전에는 기회인지조차 알 수 없는 것이다.
- 마크 트웨인 -